청개구리 '0원경매'란?
내 돈 안 들이고 집 사는 비결!

고정관념
예시 : "반지하, 1층 빌라 등 애물단지 부동산은 피해야 한다."

↓ **NO!**

청개구리 역발상
예시 : 반지하 빌라라도 ⇨ 역세권이면 인기짱!
(남들이 기피하는 경매물건의 숨은 가치 찾기)

↓

낮은 경쟁률로 낙찰 가능 → 높은 시세차익을 얻으며 낙찰!

경우1. 낙찰 후 전세 놓기

예시
- 매매시세 : 1억 원
- 낙찰금액 : 6천만 원

- 임대금액 : 7천만 원 전세
- 내가 들인 돈 : 0원,
- 1천만 원 이득!
  ↓
- 낙찰가보다 높은 전세금으로
- 내 돈 전액 회수!

경우2. 낙찰 후 월세 놓기

예시
- 매매시세 : 1억 원
- 낙찰금액 : 8천만 원

- 대출금액 : 6천만 원
- 임대금액 : 보증금 2천만 원,
- 월세 30만 원
  ↓
- 보증금과 월세금으로
- 내 돈과 대출이자 전액 회수!

경우3. 낙찰 후 급매로 되팔기

예시
- 매매시세 : 1억 원
- 낙찰금액 : 6천만 원

- 매매금액 : 9천만 원 (되팔기)
- 내가 들인 돈 : 0원,
- 3천만 원 이득!
  ↓
- 낙찰가보다 높은
- 매매가로 수익 발생!

내 돈 없이, 0원으로 집 사기 성공!

나는
청개구리 경매로
집 400채를
돈 없이 샀다

나는 청개구리 경매로 집 400채를 돈 없이 샀다

1,300채 경매 성공의 신화!

400채 '0원 경매' 부동산의 전설!

대한민국 대표 경매 마스터
김덕문 지음

다산4.0

들어가는 말

안녕하세요. 독자 여러분 저는 부동산에 미친 남자입니다. 정확히 말씀드리면 부동산을 미치도록 사랑한다는 표현이 맞는 것 같습니다. 제가 제 직원들에게 자주 하는 얘기가 있습니다. "나는 내일 지구가 멸망하더라도, 오늘 부동산을 볼 것이다." 이제부터 제가 만난 부동산 이야기를 시작해보렵니다.

120 대 1. 10여 년 전, 제가 현대자동차에 입사하던 때의 서류전형 경쟁률입니다. 저는 80회가 넘는 서류전형과 면접 끝에 결국 현대자동차에 입사할 수 있었습니다. 합격하고 너무 기뻤고 뿌듯했습니다. 지금은 부동산 투자 회사를 운영하고 있지만, 그래도 저는 현대맨입니다. 지금의 회사를 세울 수 있었던 기반은 현대자동차에서 근무할 때의 경험에서부터 비롯되었기 때문이죠.

처음 지역본부라는 부서로 발령 받았을 때부터 일선 지역 현장인 고객과 영업 접점에서 부딪치며 일했습니다. 고생스럽긴 했어도 그때 보고 배운 것들이 참 많았습니다. 마케팅은 어떻게 하는지, 연도별·분기별 사업 계획들을 어떻게 세우는지, 어떤 것들이 고객을 감동시키는지 등 다양한 영역에서 많은 생각들을 키워나갈 수 있었습니다. 무엇보다도 가장 큰 배움은 도전 정신이었습니다. 그때 사무실 입구에는 '위기는 기회다'라는 슬로건이 걸려 있었는데, 저는 위기에 봉착할 때마다 늘 그 말을 떠올리며 힘을 내곤 했습니다.

저는 현대자동차와 같은 좋은 회사를 직접 내 손으로 키워보고 싶었습니다. 직원들과 함께 배우고 성장하며 함께 어려움을 극복해나가기를 꿈꿨습니다. 나 자신의 능력을 시험해보고 싶었습니다. 인간은 누구나 능력을 갖고 태어나는데 그 능력을 제대로 발휘하려면 극한 상황에 부딪쳐봐야 한다고 생각했습니다. 벼랑 낭떠러지 끝에 서봐야 몰려오는 두려움 속에서도 살아남아야 한다는 초인적인 힘이 생겨나는 것이니까요. 그래서 저는 대기업이라는 안전한 울타리에서 벗어나자고 결심했습니다. 현대자동차 기획팀을 퇴사하고 평소 관심과 흥미를 가져왔던 부동산 공부에 뛰어들었습니다. 그리고 부동산 투자회사를 설립했습니다.

초기 1년은 부동산을 배우는 과정이라 정말 수입이 한 푼도 없었습니다. 오히려 교통비며 식대며 지출만 있는 적자 인생이었지요. 당시 제 아내가 첫째 딸아이를 가졌던 때여서 제 두 어깨는 이루 말할 수 없이 무거웠습니다. 밤마다 잠을 설치곤 했습니다. 소주를 마시지 않으면 잠자리에 들 수 없던 날도 많았습니다. 남들은 못 가서 안달인 대기업을 괜히 그만둔 건 아닌지, 내가 과연 회사를 잘 운영할 수 있을지 매일같이 스스로에게 묻고 또 물었습니다.

그럴수록 더 미친 듯이 부동산을 답사하고 조사했습니다. 막상 현장에서 부동산을 보고 있으면 잡생각이 나지 않고 마음이 편해졌습니다. 새벽부터 밤늦도록, 비가 오나 눈이 오나, 평일이나 주말이나 저는 답사 또 답사를 다녔습니다. 하루에 30개 이상을 답사한 적도 많았습니다. 초창기 한참 걸어서 현장을 답사할 때는 도봉구에서 시작해 마포구까지 걸어본 적도 있습니다. 더운 여름, 도보로 너무 많이 걸어 다녀 허벅지 안쪽이 다 상처가 나서 고통스러워도, 좋은 물건을 발견하면 언제 그랬느냐는 듯 아픔도 한순간에 사라지곤 했습니다. 그런 고생이 지금의 나 자신에게 뼈가 되고 살이 되어주었다고 생각합니다.

현장 답사를 하면서 정말 많이 배웠습니다. 세상이 달라보였습니다. 뭐든지 할 수 있다는 자신감이 생겼습니다. 성격도 더 낙천적이 되고 긍정적이 되었습니다. 그러니 현장을 다니고 경매를 진행하는 일에도 더 의욕적이 되고 그만큼 수익도 더 따라왔습니다. 스스로 그런 변화를 느끼게 되니 인생의 맛이 이런 거구나 하는 생각이 들었습니다.

아직 경매를 잘 모르는 분들도 저와 같은 경험을 한번 해보셨으면 하는 생각이 들었습니다. 저와 같은 기쁨을 맛봤으면 하는 마음으로 글을 쓰기 시작했습니다. 현장을 다니면서 느끼고 깨달았던 점들, 이 물건은 어떻게 해야 돈이 될 수 있는지, 이 물건은 무엇이 문제이고 어떻게 개선하면 좋을지 연구했던 것들을 정리했습니다. 그 결실이 결국 이 책이 되었습니다.

특별히 제가 말하고자 하는 '청개구리 역발상 경매'란, 전래동화의 엄마 말에 뭐든지 반대로 행동하는 청개구리처럼 남들이 기피하고 주목하지 않는 물건의 가치를 보는 역발상 경매법입니다. 통상 경매의 목적은 싸게 사서 비싸게 파는 것, 혹은 싸게 사서 내 집을 마련하기 위함입니다. 안타깝게도 좋은 물건은 당연히 인기가 좋습니다. 그 말은 낙찰이 어렵고, 시세차익이 적다는 이야기가 됩니다. 또 시세보다 비싸게 낙찰되는 경우도 있지요. 그러나 청개구리 역발상 경매는 남들이 기피하는 물건의 숨은 가치를 파악하여, 결국 낙찰 경쟁이 낮은 물건을 싸게 사서, 시세차익을 높이는 방법입니다. 즉, 내 돈은 전혀 안 들이고 살 수 있는 '0원경매'가 가능한 것입니다. 저는 이 방법을 통해 100원 한 푼 안 들이고 낙찰에 성공한 사례가 400건이 넘습니다. 그 노하우를 다른 어느 경매책보다도 많은 실전사례를 통해 이 책에 담았습니다.

흙 속의 진주를 캐내기란 여간 쉽지 않지요. 그러나 풍부한 경험으로 축적된 노하우를 안다면 남들보다 빨리 진주를 찾아낼 수 있습니다. 또한 이 책에는 어려운 민사집행법, 복잡한 권리분석, 난해한 법률 용어와 같은 탁상공론식의 내용은 전혀 없습니다. 전부 제가 현장에서 고민하고 연구하여 몸소 체험한 경험이고 노하우들입니다. 누군가는 그렇게 힘들게 고생하며 얻은 노하우를 공개하는 게 아깝지 않으냐고 묻기도 합니다. 더 직설적으로 말해 부동산 전문가에게 욕먹을 내용이라고, 이렇게 다 알려주면 남는 게 있냐고도 합니다. 물론 그런 점도 없지 않아 있습니다. 그러나 저는 나누고 싶습니다. 계속해서 또 다른 경매의 X파일을 만들어갈 것입니다.

《나는 청개구리 경매로 집 400채를 돈 없이 샀다》는 제가 10년간 청개구리식 역발상을 통해 1300채 이상 낙찰받았던 저의 모든 노하우를 풀어낸 책입니다. 돈 없는 월급쟁이의 소박하게 '내 집 딱 1채' 장만하기부터 매달 꼬박꼬박 2번째 월급을 벌어다 주는 흐뭇한 맞벌이 역할의 건물 만들기까지, 관심과 정성만 있다면 누구나 1년에 5채는 낙찰받게 해주는 지침서입니다. 또한 국내 최초 100여 건의 사례를 수록한 최다 사례집이기도 합니다. 이 책을 통해 여러분도 알짜 경매를 찾아내는 청개구리 경매로 투자금을 훌쩍 뛰어넘는 수익을 올리는 0원경매를 체득하시길 바랍니다.

마지막으로, 이 책의 출간에 도움을 주신 여러분들께 감사의 말씀을 전하고 싶습니다. 먼저 안정된 대기업을 뛰쳐나와 세상에 새로운 도전을 할 수 있도록 지켜주고 격려해준 사랑하는 아내, 벼랑 끝에 있을 때마다 초인적인 힘을 내게 해준 우리 시연이와 상호, 그리고 늘 못난 아들이 최고라 말씀해주시는 부모님께 평생 사랑한다는 이야기를 전합니다.

또한 저의 영원한 멘토이신 곽금훈 사무장님, 강은현 대표님, 문현웅 대표님께 감사드리며, 제 인생의 파트너인 고영권 팀장님, 김정래 팀장님, 김동현 팀장님, 인기남 부매니저님에게 고맙다는 말을 전하고 싶습니다. 저를 믿고 따라와준 우리 청개구리 스쿨 학생분들께 감사의 말씀을 전합니다. 이 책에 관련 경매 정보를 사용하도록 허락해주신 ㈜스피드옥션 박정우 대표님께도 감사드립니다. 그리고 보잘 것 없는 무명 저자인 저에게 출판의 기회를 준 김선식 대표님, 좋은 책이 나올 수 있게 자신의 일처럼 밤낮으로 모든 수고와 노력을 아끼지 않은 편집부에도 머리 숙여 감사의 인사를 전합니다.

DM 인베스트 대표
김 덕 문

청개구리 경매법 200% 이해하기

청개구리 경매 파악하기

챕터 제목만 봐도 해당 빌라를 공략하는 방법을 간략하게 알 수 있도록 하였습니다.

27 청개구리만 아파트 공략하기
1층 아파트라도 언덕지형이면 2~3층 효과!

바로 여기가 마포구 신수동 ○○아파트

본문에서 설명하는 경매물의 실제 위치를 표시합니다.

청개구리 역발상

선입견 아파트 1층은 밖에서 실내가 보여 사생활 침해가 심하다.

역발상 1층을 주차장이나 창고로 만든 2~3층 높이의 1층 아파트는 밖에서 실내를 볼 수 없으므로 투자 가치가 우수하다.

해당 경매물에 대해 우리가 일반적으로 가지는 고정관념을 보여줍니다.

제시된 고정관념에서 벗어날 수 있는 역발상 포인트를 제공하여, 남들이 간과하는 부분을 발 빠르게 확인하는 방법, 즉 경매를 통해 남다르게 수익을 누리는 방법을 알려줍니다. 이게 바로 "청개구리 경매"의 요지입니다.

경매 사건표 파악하기

실제로 경매가 이루어진
실전사례만 담았습니다.

아래 표를 보기 전에, 실제 들어간
비용과 수익이 어느 정도인지
한눈에 보여줍니다(참고로, 이사비용
및, 수리비용, 취득세 등의 각종
세금, 법무사 수수료 등을 제외한
결과입니다).

이 마크가 찍힌 사례는
'내가 들인 돈이 0원'인 경우,
즉 "0원경매"에
성공한 사례입니다.

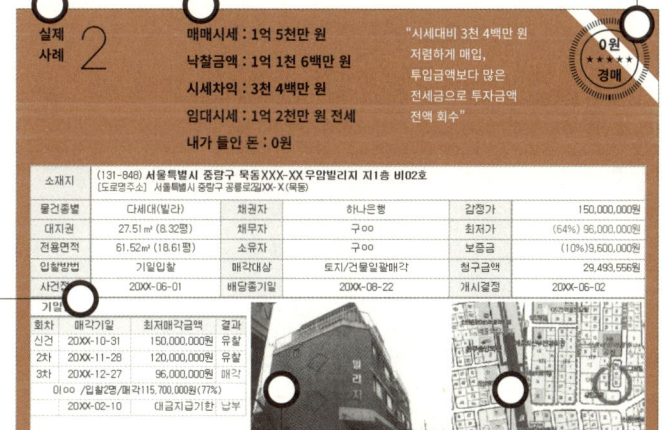

표 안의 사항들을 보는
방법은 STEP1
'경매물건 검색하기'
30페이지에 자세하게
설명했습니다.

경매 사례에 해당하는
실제 건물의 모습을
보여줍니다.

경매물이 위치한 곳을 지도로 보여주어
역세권인지, 공원 주변인지 혹은 외진
곳인지 가늠할 수 있도록 하였습니다.

경매 사건표는 스피드옥션에서
캡처한 것입니다.
경매물의 사진을 더 보고 싶으시면
www.speedauction.co.kr에서
확인하실 수 있습니다.

차례

들어가는 말 ——————————————————— 4

청개구리 경매법 200% 이해하기 ——————————— 8

Intro 1시간에 훑어보는 기초 경매이론 벼락치기!

도움닫기　내 돈 안 들이고 집 만드는 비결, "청개구리 0원경매"! ——— 18

STEP 1　경매물건 검색하기 ————————————— 28

STEP 2　임장: 현장 방문 및 물건 조사하기 ——————— 31

　　　　신의 한 수 1　외부에서 보고 내부구조를 알 수 있는 방법

STEP 3　경매 입찰하기 ———————————————— 36

STEP 4　점유자 명도하기 —————————————— 48

　　　　신의 한 수 2　명도를 잘하기 위한 가장 중요한 노하우

　　　　신의 한 수 3　점유자 형태별 명도 전략

　　　　신의 한 수 4　가압류가 많으면 명도가 어려운 경우가 많다

STEP 5　낙찰 부동산 마무리하기 ——————————— 60

　　　　신의 한 수 5　경매 대출을 활용해 0원경매에 성공하는 방법

Part 1 청개구리의 빌라 공략하기

1 반지하 빌라라도 ⇨ 역세권이면 인기짱! ─────────── **0원경매 성공** 67
2 시끄러운 1층 빌라라도 ⇨ 상가로 바꾸면 OK! ─────────── **0원경매 성공** 71
3 1층 빌라라도 ⇨ 언덕지형이면 2층 효과! ─────────── **0원경매 성공** 75
4 계단 많은 탑층 빌라라면 ⇨ 조망부터 살펴라 ─────────── **0원경매 성공** 79
5 밖에선 안 보이는 확장 공간이 있다면 ⇨ 가치 상승 ─────────── **0원경매 성공** 83

　신의 한 수 6 요즘 유행하는 신축빌라들에 대한 유의사항

6 감정가가 낮아도 ⇨ 수익률을 높일 수 있는 빌라 ─────────── **0원경매 성공** 92
7 재매각 되는 빌라 중에도 ⇨ 안전한 물건이 있다 ─────────── 96
8 도면에는 없어도 ⇨ 보너스 공간이 있는 빌라 ─────────── **0원경매 성공** 99
9 오래된 빌라라도 ⇨ 대지지분이 큰 빌라면 주목! ─────────── 103
10 대지지분이 작아도 ⇨ 전용면적이 크면 합격! ─────────── 107
11 지분경매 빌라라도 ⇨ 구분소유적 공유관계면 안전하다 ─────────── **0원경매 성공** 112
12 과태료가 나와도 ⇨ 저가로 사면 문제없는 근린생활시설 ─────────── **0원경매 성공** 115
13 좌·우 호실이 바뀌었어도 ⇨ 전용면적이 비슷하면 OK! ─────────── **0원경매 성공** 118
14 주변이 다 거기서 거기라도 ⇨ 공원 옆 빌라는 다르다 ─────────── **0원경매 성공** 123
15 공장 밀집 지역일수록 ⇨ 공실률이 적다 ─────────── **0원경매 성공** 126

　신의 한 수 7 이런 지역의 빌라도 주목해보라

★ 절대 실수하지 마세요! ─────────── 133

Part 2 청개구리의 오피스텔 공략하기

16 서울을 벗어났어도 ⇨ 역세권이면 수익률 우수! ———————— 0원경매 성공 137

17 지하철역에서 멀어도 ⇨ 관리가 잘됐다면 Good! ———————————— 143

18 감정가가 옛날 거라면 ⇨ 현 시세와의 차익을 노려라 ———————————— 146

19 쓰리룸이라도 ⇨ 원룸, 투룸만큼 임대가 잘된다 ———————————————— 150

　　신의 한 수 8 하우스메이트식 임대 놓는 방법

20 업무용 오피스텔이라면 ⇨ 업무 밀집지역인지 살펴라 ———————————— 155

21 고시원 같은 오피스텔이라도 ⇨ 위치가 좋으면 해결! ———————— 0원경매 성공 158

22 월세만 받기 아깝다면 ⇨ 게스트하우스로 변신 가능 ———————————— 160

　　신의 한 수 9 피트니스 스튜디오로 활용하기

23 오피스텔 부자가 부럽다면 ⇨ 땡처리 미분양 오피스텔을 노려라 ———————— 165

　　신의 한 수 10 낙찰 받기 쉬운 타이밍은?

24 리스크가 높은 특수물건이라면 ⇨ 옥석을 가려내라 ———————— 0원경매 성공 171

　　신의 한 수 11 특수건물 저는 이렇게 해결했어요

★ 절대 실수하지 마세요! ————————————————————————— 188

Part 3 청개구리의 아파트 공략하기

25 애물단지 중대형 아파트라도 ⇨ 수도권 인근에 있으면 인기짱! —— 0원경매 성공 **191**

26 유동인구가 많아 시끄럽다면 ⇨ 상가 및 사무실 용도로 최적! —— **198**

27 1층 아파트라도 ⇨ 언덕지형이면 2~3층 효과! —— 0원경매 성공 **201**

    <u>신의 한 수 12</u>   1층 아파트를 어린이집으로 활용하기

28 경매기록에는 없어도 ⇨ 숨은 보너스 공간이 있는 아파트 —— 0원경매 성공 **207**

29 오래된 아파트라면 ⇨ 저가로 사서 리모델링을! —— **211**

30 비선호물인 주상복합 아파트라도 ⇨ 역세권에 있으면 선호 —— **214**

31 전망이 좋아도 ⇨ 조망권 프리미엄이 반영 안 된 물건이 있다 —— **218**

32 귀농을 원해도 시골이 불편하다면 ⇨ 수도권의 한적한 아파트를! —— **220**

33 나홀로 아파트라도 ⇨ 주변 시세가 비싸면 인기짱! —— 0원경매 성공 **223**

    <u>신의 한 수 13</u>   낙찰 받은 부동산을 비싸게 파는 방법

34 인기가 좋은 곳이면 ⇨ 동시에 여러 물건이 진행될 때를 노려라 —— **239**

    <u>신의 한 수 14</u>   감정가를 무조건 신뢰하면 안 되는 이유

★ 절대 실수하지 마세요! —— **244**

Part 4 청개구리의 상가 및 공장 공략하기

35 등기부등본상 지하라 해도 ⇨ 1층인 지하상가가 있다 ——— 247

36 지하층 상가라도 ⇨ 위치가 좋으면 매매하기 쉽다 ——— 250

37 지하상가라면 ⇨ 1층에 별도의 출입구가 있는지 확인하라 ——— 253

38 2층이라도 1층과 연결시키면 ⇨ 수익률이 높아진다 ——— 256

39 인테리어에 투자를 많이 한 상가면 ⇨ 재계약이 수월하다 ——— 258

    신의 한 수 15   상가를 소호텔로 만들기

40 장사 잘되는 상가라도 ⇨ 지켜보다 경매에 나올 때를 노려라 ——— 266

    신의 한 수 16   주변에 이미 입점한 점포로 상권을 파악하는 법

41 알박기 상가면 ⇨ 기존 상인이 다시 매입할 수밖에 없다 ——— 271

42 수요가 적은 단지 내 상가라면 ⇨ 소액투자자에게 안성맞춤 ——— 276

43 대단지 아파트 내 상가라도 ⇨ 두터운 수요층으로 투자 가치가 높다 ——— 280

    신의 한 수 17   재개발·재건축 되는 대단지 아파트 상가에 대한 착각

44 도로가 없는 땅에 있어도 ⇨ 건축허가를 받았다면 반드시 매입! ——— 285

45 4층 이상의 고층상가라도 ⇨ 역세권에 있으면 공실률이 낮다 ——— 288

46 개인에겐 인기 없어도 ⇨ 기업에겐 인기만점인 아파트형 공장 ——— 291

    신의 한 수 18   상가 투자 성공의 열쇠, 우량 임차인 유치 방법

★ 절대 실수하지 마세요! ——— 298

Part 5 청개구리의 단독 및 다가구주택 공략하기

47 허름하더라도 ⇨ 저가에 사서 리모델링만 하면 새집으로! ─────── 301

48 오래된 다가구주택이라면 ⇨ 여러 개의 원룸으로 개조 ─────── 305

   신의 한 수 19   주택의 부가가치를 높이는 다양한 방법들
         1. 회사 사무실로 변신
         2. 엔터테인먼트 사무실로 변신
         3. 수익성 높은 점포로 변신
         4. 어린이집으로 변신
         5. 게스트하우스로 변신
         6. 고풍스러운 개량 한옥으로 변신
         7. 친환경 그린홈으로 변신
         8. 벽화로 꾸미기

49 비교대상이 적은 고급주택은 ⇨ 실제보다 높은 감정 가능 ─────── 321

   신의 한 수 20   호화주택의 취득세 중과세를 조심하라

50 지방의 전원주택이라도 ⇨ 서울과 접근성이 좋으면 Good! ─────── 328

51 쓰러져가는 미등기 무허가 주택이라도 ⇨ '개축'하면 가치 상승 ─────── 331

★ 절대 실수하지 마세요! ─────── 334

부록   0원경매가 보이는 우수지역 HOT 12 ─────── 335

나가는 말 ─────── 367

INTRO

1시간에 훑어보는
기초 경매이론 벼락치기!

초보자라면,
본격적으로 실전 경매 사례를 읽기 전에
'기초 경매이론 벼락치기'로 경매의 기본적인 절차와
개념을 훑어보세요. '벼락치기'를 읽고 나면
경매 사례가 더욱 잘 이해됩니다!

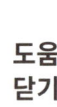

도움
닫기

내 돈 안 들이고 집 만드는 비결, "청개구리 0원경매"!

저는 지난 10년간 청개구리식 역발상을 통해 약 1300채의 물건을 낙찰 받았고, 그중 내 돈 한 푼 안 들이고 마련한 집이 400채 정도 있습니다. 낙찰 건수의 약 3분의 1을 0원경매로 얻었다고 보면 되죠. 믿기지 않는 숫자라고요? 하지만 사실입니다. 다른 어떤 프로 경매사보다도 월등한 기록이라 자부합니다.

남들은 제가 0원경매로 400채의 집을 샀다고 하면 믿지 않습니다. 아마 이 책을 보고 계신 분들 중에서도 '0원경매(공짜 집)'가 정말 가능하냐고 의문을 가지는 분들이 많을 것입니다. 그러나 저는 분명히 말씀드릴 수 있습니다. 가능합니다! 돈이 없어도, 저처럼 튼튼한 두 다리와 남들보다 조금만 다르게 생각하면 할 수 있습니다. 부동산에 대한 열정, 그 열정을 이루려는 노력만 있다면 1년에 집 5채 낙찰이 현실화 될 수 있습니다.

이제부터 그 노하우를 100여 개의 실전사례를 통해 낱낱이 공개하려고 합니다. 이 사례들은 제가 직접 했거나, 남에게 컨설팅한 사례들, 그외의 도움이 될만한 사례들을 모은 것입니다. 낙찰에 성공한 사례가 대부분이지만, 실패한 것도 있습니다. 하지만 '실패와 역경을 통해 배워나간다'고, 독자분들에게 도움이 된다고 생각하여 숨김없이 실었습니다.

기존의 경매 서적들은 이론 중심이 대부분이고, 본인의 경매 사례는 많아봤자 10개 미만입니다. 자신의 노하우를 직접적으로 공개하길 꺼려하는 것이죠. 그럴 것이, 공개하는 만큼 경쟁자가 늘어나는 셈이니 말입니다. 저는 동종업계의 종사하는 분들에게 욕먹을 각오로, 저희 피땀 어린 경매 사례들을 여과없이 공개하고자 합니다. 저의 청춘과 함께한 사례를 통해, 여러분이 제가 전수하고자 하는 청개구리 경매 노하우를 잘 터득한다면, 0원경매에 더 가깝게 다가갈 수 있을 것입니다.

'0원경매'란, 전세가격 이하로 집을 매입하거나 혹은 매입 시 발생하게 되는 총 대출이자보다 월세가격이 높은 경우를 말합니다. 다시 말해, 내가 들인 돈이 결국 0원이 되는 경매법을 말합니다. 0원경매는 청개구리 경매를 통해서 더 쉽게 이룰 수 있습니다. 〈청개구리 경매의 공식〉을 쉽게 표현하면 다음과 같습니다.

> 남들이 기피하는 물건 ⇨ 입찰경쟁률 낮음 ⇨ 쉽게 낙찰 가능
> ⇨ 낮은 금액으로 낙찰 ⇨ 시세차익 커짐 ⇨ 0원경매 성공!

청개구리 경매를 통해 0원경매에 성공하는 게 가능한 또 다른 이유는 '경매 대출' 때문입니다. 일반 부동산 담보 대출에서는 DTI(총부채상환비율)와 LTV(주택담보대출비율) 등 여러 금융 규제로 많은 금액을 대출받기가 매우 어렵습니다. 잘 받아야 매매가의 60%선이고 보통은 40~50% 정도로 제한되어 있기 때문입니다. 하지만 경매 대출은 일반 담보 대출을 제한하는 정부의 금융 규제에서 비교적 자유롭고, 저축은행, 새마을금고, 신협 등 제2금융기관에서 이루어지기 때문에 보통 낙찰가의 80%까지 대출을 받을 수 있습니다. 대신 이자율이 제1금융권보다 1~1.5% 높은 수준입니다.

0원경매에서 대출이 이처럼 중요한 이유는 현재 정부의 금융정책이 저금리 기조이기 때문인데 그만큼 돈을 저렴하게 이용할 수 있다는 뜻이기도 합니다. 그리고 앞으로도 우리 경제가 저성장 모드로 지속될 것으로 전망되고 있기 때문에, 향후에도 기준금리가 낮아지면 낮아지지 급격히 오르기는 힘들 것으로 보입니다.

최근 한국은행 금융통화위원회가 기준금리를 1.25%로 동결한 것도 우리 경제가 얼마나 침체 국면에 있고 성장 둔화 위험이 커졌는지 반증하는 지표이며 가계와 기업에 돈을 더 풀고 성장을 유도하겠다는 정부의 숨겨진 뜻이기도 합니다.

다시 본론으로 돌아가서, 대출 금리와 0원경매가 어떤 관계가 있는지 예를 들어 살펴보기로 하겠습니다. 가령, 매매가격이 1억 원인데 보증금 1천만 원에 월세가 40만 원하는 오피스텔이 있다고 해봅시다. 일반적인 대출 비율대로 매매가의 50%(5천만 원)를 대출받으면 초기에 내 돈 5천만 원이 투입되는 것입니다. 매매를 한 후 임대를 놓아 보증금 1천만 원을 회수하

면 내 돈이 4천만 원 투입되는 것이지요. 여기에, 일반적인 대출이자율 5%로 계산하면 월 대출이자가 약 15만 원 정도로 월 순수익은 월세(40만 원)에서 이자(15만 원)을 뺀 25만 원이 됩니다. 1년으로 환산하면 25만 원×12개월이므로 300만 원이고요. 즉 4천만 원을 투자하여 1년에 300만 원의 수익이 발생하므로 연 7.5% 수익률을 달성하는 것입니다. (계산 편의상 각종 세금, 법무사수수료, 중개수수료 등은 제외했습니다.)

그러나 이와 같은 물건을 경매로 매입하고 낙찰가의 80%인 8천만 원을 대출받는다면, 결과가 판이하게 달라집니다. 초기에 투자되는 내 돈은 2천만 원, 매월 이자는 24만 원이 발생합니다. 그다음이 중요합니다. 임대를 놓을 때, 보증금 2천만 원에 월세 30~33만 원으로 조정하면 보증금 1천, 월세 40만 원일 때보다 훨씬 더 잘 나갑니다. 월세보다 전세를 선호하듯, 월세를 더 내기 부담스러워하는데다 여러 가지 전세자금 대출의 확대로 월세보다 임대보증금이 많은 것을 선호하는 추세이기 때문입니다. 따라서 이 경우에는, 내 투자금 2천만 원이 임대보증금으로 전부 회수가 되고, 이자 24만원은 월세 30~33만 원으로 변제됩니다. 즉, '0원경매'가 완성되는 것이죠.

더욱이 일반 매매시세보다 최소 3천만 원은 저렴하게 매입하기 때문에 위와 같은 방식으로 0원에 집을 소유하고 더 느긋하게 수익을 기다릴 수 있습니다. 시세차익(3천만 원 혹은 그 이상)을 얻었고, 매월 대출이자는 월세 수익으로 낼 수 있으니 급히 싸게 팔 이유도 없지요. 정말 내 돈 한 푼 안 들이고 등기부등본상 내 명의의 소유권을 얻는 0원 부동산이 탄생하게 되는 것입니다. (부동산 투자에서 치명적인 단점이라고 할 수 있는 '환금성'을 전세나 월세로 커버할 수 있는 것이죠.)

거듭 강조해보자면, 이렇게 마술처럼 0원경매가 성공할 수 있는 이유는 법원 경매로 시세보다 아주 저렴하게 매입할 수 있고, 경매 대출을 이용하여 큰돈을 싸게 조달할 수 있기 때문입니다. 이는 0원으로 내 집을 만드는 아주 기본적인 노하우이며, 이에 더해 ①창의적으로 건물의 용도를 변경하거나 ②법원 경매의 틈새시장을 연구하거나 ③복잡하고 어려운 특수물건(가장 임차인, 허위 유치권, 가짜 예고등기 등)을 해결하는 등 다양한 방법들은 더 많습니다.

이와 같이, 0원경매를 완성시켜주는 '청개구리 경매'는 바로 내 앞에 있는 부동산을 있는 모습 그대로 보지 말고 창의적으로 보는 방법입니다. 세상에 단 하나도 쓸모없는 부동산은 없습니다. 다만 제 짝(용도)을 못 찾고 있을 뿐입니다. 많은 사람들이 기피하는 반지하층 빌라, 도로변 1층 빌라, 탑층(꼭대기 층) 빌라, 1층 아파트 등의 애물단지 부동산들도 선입견을 버리고 깊이 생각하며 제 용도를 찾아주면 높은 수익률을 실현할 수 있습니다.

물론, 그게 쉬운 일은 아닙니다. 하루 30여 개의 경매물건을 답사하는 저도, 남들이 관심 갖지 않는 물건들 중 아주 좋은 프리미엄 집들을 찾기가 쉽지 않습니다. 한 달에 서너 건 찾기도 힘들지요. 운 좋게 찾아내서 입찰에 참여한다 하더라도 반드시 낙찰을 받는다는 보장도 없는 게 부동산경매입니다. 그만큼 엄청난 노력과 발품을 팔아야지 그 기회가 주어지는 것입니다. 다시 말해, 열정과 노력으로 채워야 하는 것이죠.

다음의 사례들은 제가 직접 낙찰 받은 물건들로, 청개구리 경매로 제 명의의 부동산이 된 효자 물건들입니다.

첫 번째로 마포구 연남동에 위치한 전용면적 7.3평짜리 빌라입니다. 최초 감정가격이 8천 4백만 원으로, 형성되어 있는 주변 시세(1억 3천만 원)보다 낮게 감정되어 나온 물건이었습니다. 2003년도에 지은 관리가 잘된 깔끔한 빌라인데다 필로티 주차장 중앙에 엘리베이터도 있고, 서울에서 임대수요가 풍부하기로 소문난 대표 지역 중 한 곳인 홍대역 근처에 위치하고

소재지	(121-869) **서울특별시 마포구 연남동 XXX-XX 필하우스 3층 301호**				
	[도로명주소] 서울특별시 마포구 월드컵북로8길 XX-X(연남동)				
물건종별	다세대(빌라)	채권자	윤 oo 외 1명	감정가	84,000,000원
대지권	13.99㎡ (4.23평)	채무자	김 oo 외1명	최저가	(100%) 84,000,000원
전용면적	24.08㎡ (7.28평)	소유자	김 oo 외	보증금	(10%) 8,400,000원
입찰방법	기일입찰	매각대상	토지/건물일괄매각	청구금액	114,408,536원
사건접수	20XX-10-15	배당종기일	20XX-12-31	개시결정	20XX-10-16

기일현황			
회차	매각기일	최저매각금액	결과
신건	20XX-03-18	84,000,000원	매각
원oo /입찰3명/매각88,900,000원(106%)			
	20XX-04-21	대금지급기한	납부

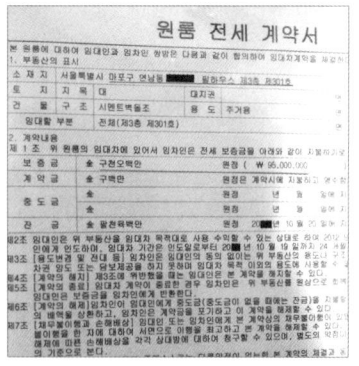

있었기 때문에 저는 과감하게 처음부터 8천 8백만 원에 입찰을 했습니다.

3명이 경쟁해서 제가 최고가 낙찰을 받았지요. 그리고 잔금 납부 후에 처음 투입한 금액보다 약 6백만 원이 넘는 9천 5백만 원에 전세계약을 체결했습니다. 전세계약만으로 제가 투입된 금액은 모두 회수되었을 뿐만 아니라 그에 더해 수익을 남겨준 물건이며 향후 매도 시 시세차익도 약 4천만 원이 예상되는 물건입니다.

다음 물건은 경기도 안산시 상록구에 위치한 오피스텔입니다. 다음 페이지에서 보이는 것처럼 이 물건은 유치권 신고가 되어 5차례 이상 유찰이 된 사례였습니다. 저는 다양한 조사를 통해 유치권이 성립되지 않는다는 정보를 찾아낸 후 과감하게 입찰에 참여했으며 단독으로 5건 모두 낙찰 받았습니다. (유치권 해결 방법에 대한 더 자세한 내용은 '신의 한 수'에서 살펴보기로 하겠습니다.) 제가 보유한 어떤 물건도 다 소중하지만 많은 고생을 하고 공을 들인 이곳은 제게 너무나도 많은 가르침과 교훈을 줬기 때문에 더 애착이 가는 물건이지요.

이들의 경매 사건번호는 2004 타경 18661호이고 물건번호는 80번, 97번, 106번, 107번, 110번인 총 5개 호실입니다. 매매시세는 9천만 원이고 전세는 6천 5백만 원, 월세는 보증금 500만 원에 45~50만 원을 받을 수 있는 초우량 물건입니다. 저는 평균적으로 한 호실 당 2천 3백만 원에 매입을 하고 6천 5백만 원에 전세를 놓았습니다. 모두 다 0원경매가 된 건 물론이고 전세 수익률만으로도 대략 250% 수익을 달성했습니다.

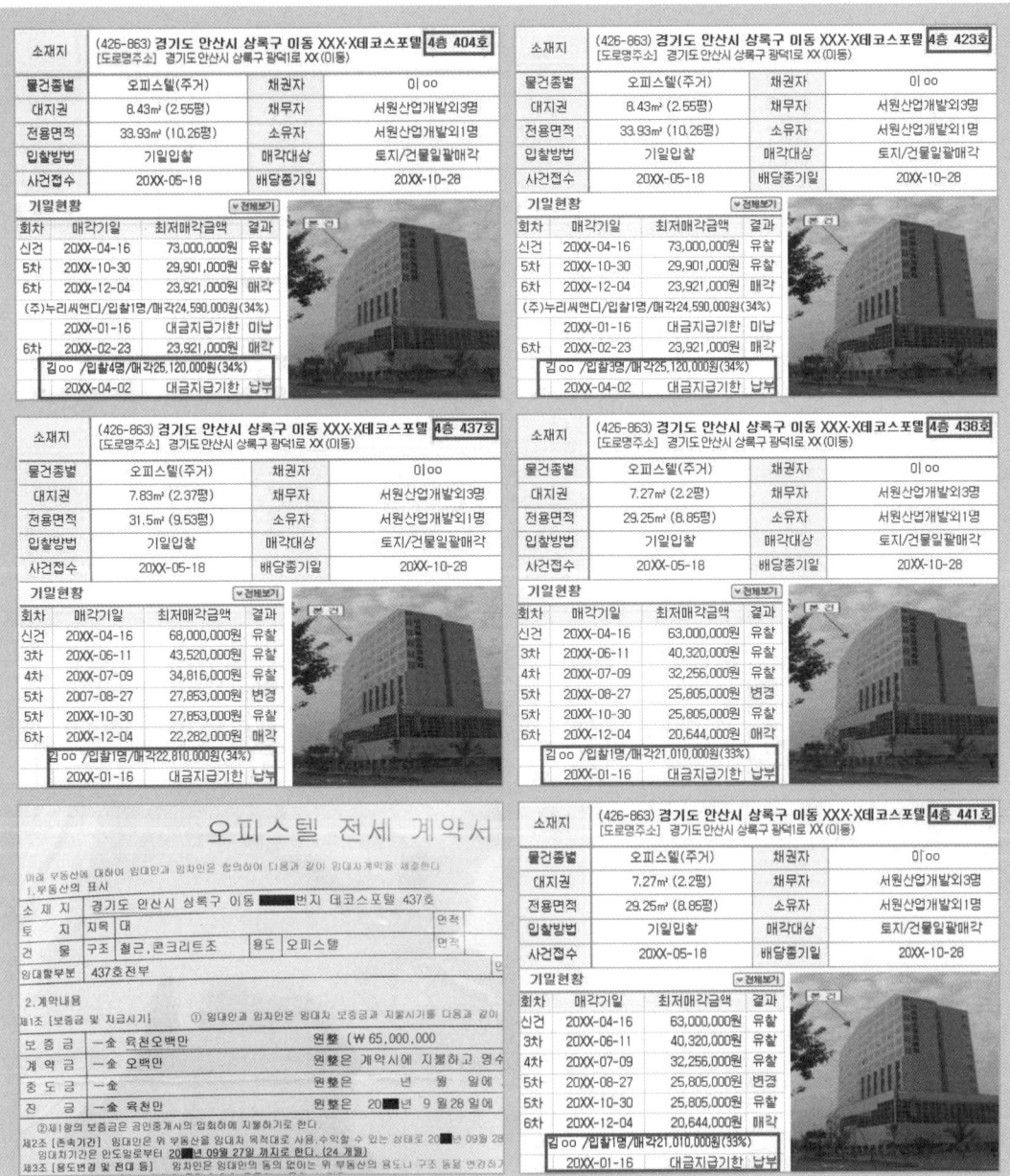

　　이들 중 한 개 호실(437호)을 2015년 상반기에 9천만 원에 매각했습니다. 최근 이 지역이 더블 역세권(지하철 4호선과 수인선)으로 좋아지고 있어 오피스텔 가격이 상승세라 나머지는 매매시세가 1억 원이 되면 모두 매각할 예정입니다.

소재지	(110-280) 서울특별시 종로구 원서동 X-X 지하층 B01호		
	[도로명주소] 서울특별시 종로구 창덕궁7길 XX (원서동)		
물건종별	다세대(빌라)	채권자	장OO
대지권	17.19㎡ (5.2평)	채무자	강OO
전용면적	46.71㎡ (14.13평)	소유자	박OO
입찰방법	기일입찰	매각대상	토지/건물일괄매각
사건접수	20XX-11-03	배당종기일	20XX-01-27
기일현황			
회차	매각기일	최저매각금액	결과
신건	20XX-05-04	100,000,000원	매각
(주)디에이케이/입찰1명/매각106,800,000원(107%)			
	20XX-05-11	매각결정기일	허가
	20XX-06-08	대금지급기한	납부

B01호 1억 6백만원 매입 → 1억 1천만 원 전세

소재지	(110-280) 서울특별시 종로구 원서동 X-X 지하층 B02호		
	[도로명주소] 서울특별시 종로구 창덕궁7길 XX (원서동)		
물건종별	다세대(빌라)	채권자	장OO
대지권	17.19㎡ (5.2평)	채무자	강OO
전용면적	46.71㎡ (14.13평)	소유자	박OO
입찰방법	기일입찰	매각대상	토지/건물일괄매각
사건접수	20XX-11-03	배당종기일	20XX-01-27
기일현황			
회차	매각기일	최저매각금액	결과
신건	20XX-05-04	100,000,000원	매각
(주)디에이케이/입찰1명/매각103,600,000원(104%)			
	20XX-05-11	매각결정기일	허가
	20XX-06-08	대금지급기한	납부

B02호 1억 3백만원 매입 → 1억 1천만 원 전세

위의 물건은 서울 종로구 원서동에 위치한 지하빌라 B01호와 B02호로 2개의 호실이 경매에 나온 사건입니다. 이곳은 지하철 3호선 안국역에서 도보 10분 거리에 위치해 있으며 인근에 헌법재판소, 감사원, 청와대, 현대자동차, 현대건설, 보건복지부가 있습니다. 또한 가회동 북촌 한옥보존지구 내 외국인 대상 점포들이 밀집되어 있는 곳으로 임대 및 매매 수요가 풍부한 대표 지역입니다.

B01호는 1억 6백만 원에 낙찰을 받고 1억 1천만 원에 전세를 놓았고, B02호는 1억 3백만 원에 낙찰을 받아 1억 1천만 원에 전세를 놓아 0원경매가 된 사례입니다. (매매시세는 1억 7천만 원입니다.)

이렇듯 제가 낙찰 받은 경매 물건들은 대부분 전세가가 낙찰가를 훌쩍 뛰어넘는 '0원경매' 집입니다. 이는 매일같이 현장을 답사하며 얻은 노력의 결과이며 바로 그렇게 얻는 노하우를 저는 이 책을 통해 여러분과 함께 나누려고 하는 것입니다.

엄격하게 말하자면 법원 경매는 부동산을 싸게 사는 방법인 급급매, 초급매, 공매, 경매 중 제일 저렴하게 매입할 수 있는 하나의 방법에 지나지 않습니다. 또한 부동산경매로 시세보다 싸게 매입했다고 무조건 돈을 벌 수 있는 것도 아닙니다. 부동산 가격이 하락해 낙찰 받은 가격 이하로 시세가 떨어지는 경우도 부지기수이고요. (특히 거품이 끼어 있어 고평가 되어 있는 지역) 따라서 법원 경매로 안전하게 수익을 내기 위해서 가장 중요한 것은 우수한 지역, 즉 매매나 임대수요가 풍부한 지역을 찾는 것이 최우선적으로 중요합니다. 또한 향후에도 꾸준히 매매나 임대수요가 지속적으로 받쳐주어야 하며, 임대와 매매가격을 단숨에 떨어뜨릴 수 있는 부동산의 과잉공급도 수시로 체크해봐야 합니다.

한 예로 종로구 경복궁 주변은 전통 문화재급 유산들과 청와대로 인해 각종 고도제한이나 자연경관지구, 북촌 한옥보존지역 등과 같이 여러 가지 건축 규제로 묶여 있어 신규 부동산 공급이 제한을 받는 대표적인 지역입니다. 이런 지역들은 부동산 공급 과잉으로 인한 가격 하락을 걱정하지 않아도 되는 안전한 지역이죠. 이런 지역들을 선별할 수 있는 안목을 키우는 것이 먼저 선행돼야 많은 0원 부동산을 소유할 수 있습니다.

그렇다면 어떻게 안목을 키우느냐? 발품을 많이 파는 방법 외에는 다른 왕도가 없습니다. 다음의 사진은 제 다이어리의 일부를 찍은 것입니다. 입찰했던 경매물건 사건번호를 기록한 것이지요. 여기서 보이는 것처럼 저는 하루에 보통 5개 이상의 물건 입찰에 참여합니다. 여기 적힌 물건 1개를 찾기 위해 저는 통상적으로 하루에 최소 10개 이상의 현장을 답사하며 발품을 팔고 있습니다. 이렇게 현장답사를 해온 덕분에 서울 및 수도권 지역의 웬만한 골목길과 언덕 지형까지 기억할 수 있을 정도가 되었습니다.

초기 투자지역 선정 시 독자 여러분들은 어린 시절을 보냈거나 현재 거주하고 있어서 골목 구석까지 잘 아는 지역부터 시작하시라 말하고 싶습니다. 그런 지역과 그 주변지역들 경매물건부터 조금씩 조사하다 보면 스스로 느끼기에도 괜찮은 물건을 발견하게 됩니다. 주변 지역부터 답사하고 연구하며 차근차근 공부해나간다면 우수한 부동산을 찾을 수 있는 안목이 생길 것입니다. 이것이 청개구리 경매의 시작입니다.

현명한 수박장수는 좋은 수박을 싸게 사서 비싸게 파는 것을 잘하면 성공합니다. 즉 수박장수에겐 좋은 수박을 한눈에 알아보는 안목이 필요합니다. 그다음으로 밭떼기(밭에서 나는 작물을 밭에 나 있는 채로 몽땅 사는 것) 등 수박을 저렴하게 매입하는 여러 방법을 찾는 것이죠. 품질이 우수한 수박(좋은 물건)은 싸게 매입하지 못했더라도 약간의 이윤을 붙이면 어느 정도 남길 수는 있습니다. 하지만 품질이 좋지 않거나 상한 수박은 아무리 싸게 매입하더라도 팔기가 어렵고 한 번 산 고객들이 다시는 찾지 않아 결국 고객에게 신뢰를 잃은 수박장수는 망하고 말 것입니다.

부동산 투자도 마찬가지입니다. 남들이 알지 못하는 품질이 좋은 지역을 찾아내는 남들과는 다른 안목, 즉 청개구리 역발상이 제일 중요합니다. 이윤을 극대화하기 위해 부동산경매 등으로 싸게 매입하는 것이 그다음으로 중요하고요. 경매로 싸게 사려는 노력도 중요하지만, 그보다 미래가치가 큰 물건과 우수한 지역을 볼 수 있는 안목을 기르기 위해 노력하는 게 훨씬 더 중요하다는 것을 잊지 마시기 바랍니다.

요즘 같은 부동산 호황기에는 낙찰 받기가 하늘의 별따기입니다. 조금이라도 저렴하게 내 집을 마련해 보려는 실제 실수요자들이 법원경매 시장에 몰리기 때문입니다. 특히 유명한 지역의 아파트는 시세보다 1천만 원 싸게 혹은 시세에 육박하게 낙찰이 되고 있는 실정입니다. 이런 투자는 하지 마십시오. 잘못된 투자입니다. 그러나 어려운 현실에서도 남들이 보지 못하는 물건들을 창의적으로 찾아내며 얼마든지 낙찰을 받고 고수익을 올릴 수 있는 방법이 있습니다.

저는 이처럼 낙찰받기 어려운 시기에도 높은 수익을 올리며 안전하게 살아남을 수 있는 창의적인 투자법, 즉 청개구리 경매를 종목별로(빌라, 오피스텔, 아파트 상가 및 공장, 단독 및 다가구주택 등) 분류하여 그 노하우를 실제 사례를 통해 정리해 보았습니다. 덧붙여 부록으로 임대 및 매매수요가 우수한 서울의 대표적인 지역에 대한 소개도 담았습니다.

위기는 기회입니다. 요즘같이 경매시장에서 낙찰받기 어려운 시기에 창의적인 청개구리 역발상을 활용하면 고수익을 창출하고 0원경매를 통해 돈 한 푼 안 들이고 집을 마련할 수 있는 좋은 기회를 만들 수 있습니다. 이 책을 통해 월급쟁이도, 은퇴한 월급쟁이도 경제적 자유를 누려보지 않으시겠습니까? 저처럼 청개구리 경매에 성공하는 분들이 많아지길 간절히 소망해봅니다.

> "부자가 되는 데에는 그 어떤 비결도 없다.
> 당신이 해야 할 일은 오직 싸게 사서, 비싸게 파는 것이다."
>
> 월가 최고 투자 전문가, 헤티 그린

STEP 1   # 경매물건 검색하기

부동산경매에 관심을 가지고 처음 접하시는 분들은 대개 무엇을 먼저 해야 하는지 몰라 걱정을 합니다. 모든 일이 그렇듯 익숙해지면 눈에 보이지만 그렇지 않다면 막막하고 두려운 게 사실이죠. 특히나 내 소중한 자금을 투입해서 진행하는 경매의 경우엔 단 한 번의 실수가 치명적인 상처로 다가올 수 있기 때문에 그만큼 꼼꼼하고 신중해야 하는 것도 사실입니다. 서론이 길면 본론이 재미없으니 바로 넘어가도록 하겠습니다.

    경매는 크게 물건 검색 - 현장 방문 - 입찰 - 명도의 4단계로 구분할 수 있습니다. 어렵게 생각하면 어렵지만 간단하게 생각하면 또 쉬운 것이 경매의 단계입니다. 마음에 드는 물건을 검색하고 현장조사를 통해 물건을 확인한 다음에 법원에 가서 낙찰을 받고, 그런 후에 점유자와의 원만한 대화를 통해 명도를 이끌어내 완전한 내 소유의 부동산을 만드는 것. 이것이 부동산경매의 시작과 끝입니다. 어렵지 않죠?

우선적으로 해야 할 일은 어떠한 물건들이 경매로 진행 중인지 알아보는 것입니다. 대법원 경매 홈페이지나 각종 유료 경매 사이트에서 다양한 경매 정보를 제공하고 있습니다. 각종 사이트마다 같은 듯 다른 정보를 제공하고 있으니 마음에 드는 사이트를 정하시는 것이 좋습니다.

    먼저 지역을 선택하고 관심이 있는 카테고리를 클릭하여 원하는 정보만 분류해 검색할 수 있습니다. 오른쪽과 같이 서울 은평구 지역의 빌라를 검색하면 경매가 진행 중인 모든 사건 내역이 화면에 표시가 됩니다.

    나열된 목록 중에서 하나의 사건을 클릭하면 세세한 정보가 담긴 창이 30페이지와 같이 열립니다. 이 창에서 해당 물건의 임차인 현황, 건물 사진, 대지 면적 등 경매를 진행하면서 꼭 알아야 하는 중요한 정보를 얻을 수 있기 때문에 꼼꼼하게 확인하는 습관을 갖도록 하는 것이 좋습니다.

    경매를 처음 접하는 분들의 경우 어느 지역을 검색해야 할지 망설이는 분들이 간혹 계신데 어렵게 생각하지 말고 현재 거주하고 있거나 잘 아는

	서울특별시 은평구 신사동 XX-XX제지하1호 [대지권 8평] [전용 12.6평]	다세대 (빌라)	98,000,000 78,400,000	20XX-07-21 (입찰 21일전)	유찰 1회 (80%)	86
	서울특별시 은평구 역촌동XX-X 지하층 나호 [대지권 7평] [전용 10.3평]	다세대 (빌라)	52,000,000 52,000,000	20XX-06-30 (입찰당일)	신건 (100%)	44
	서울특별시 은평구 신사동 X-XX [토지 67.1평] [건물 95평]	주택	934,406,900 934,406,900	20XX-06-30 (입찰당일)	신건 (100%)	199
	서울특별시 은평구 역촌동 산X 번지 서북병원 주차장 내에 보관중 [쏘울]	승용 자동차	8,500,000 6,800,000	20XX-07-28 (입찰 28일전)	유찰 1회 (80%)	69
	서울특별시 은평구 역촌동XX-XX우성빌라 4층 401호 [대지권 7평] [전용 13평] [대항력있는임차인, 선순위임차권]	다세대 (빌라)	110,000,000 88,000,000	20XX-07-21 (입찰 21일전)	유찰 1회 (80%)	87
	서울특별시 은평구 역촌동XX-XX정우빌라 제1층 제101호 [대지권 5.4평] [전용 12.8평] [대항력있는임차인, 선순위임차권]	다세대 (빌라)	101,000,000 80,800,000	20XX-07-21 (입찰 21일전)	유찰 1회 (80%)	93

지역의 물건을 먼저 검색해보시는 걸 추천합니다. 내가 살고 있는 동네의 물건 검색 및 경매 참여를 통해 실전 감각을 늘린다면 향후 다른 지역에 도전할 때 분명 많은 도움이 될 것입니다.

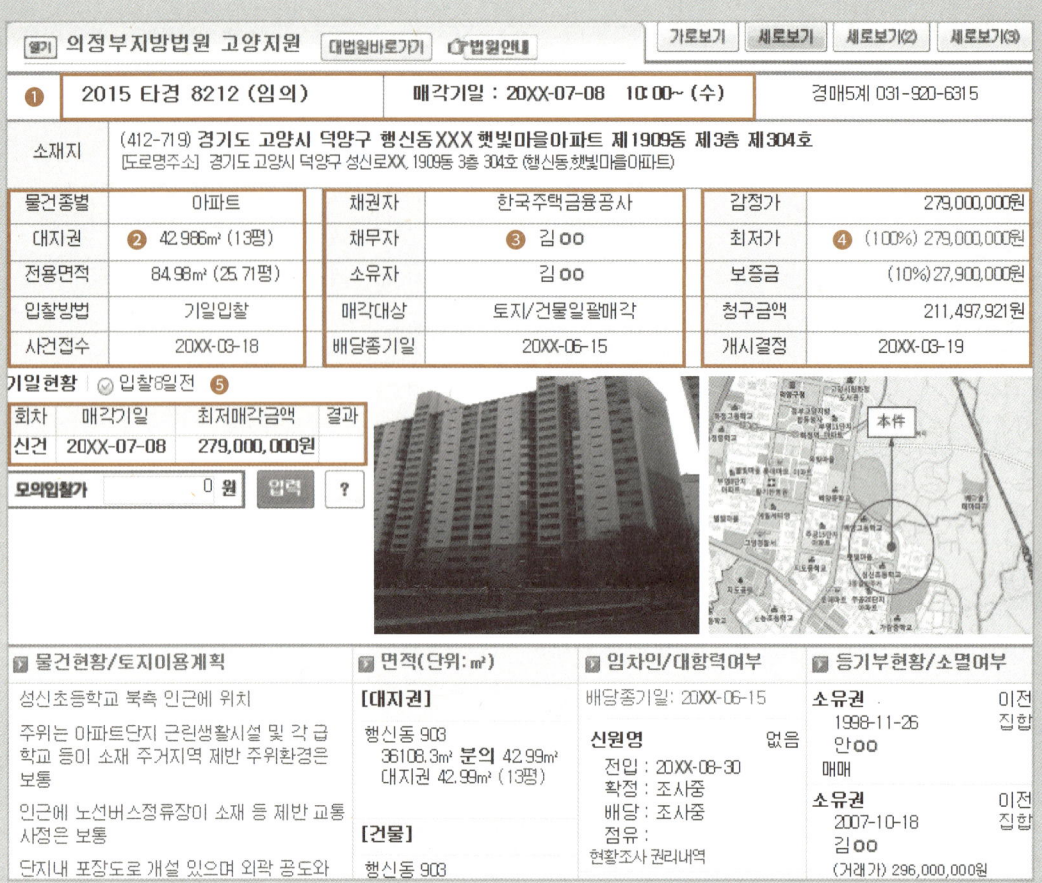

1. 경매가 진행되고 있는 사건의 사건번호와 입찰일을 알려주는 매각기일입니다.
2. 해당 건물의 종류와 경매물건의 전용 및 대지평수를 알 수 있습니다.
3. 해당 사건과 관계있는 이해관계자들(채권자, 채무자, 소유자)입니다.
4. 감정평가사가 최초에 평가한 감정 금액과 유찰된 가격, 그에 따른 입찰보증금입니다.
5. 예전 매각기일과 유찰된 정보를 알 수 있습니다. 매각이 되지 않으면 통상적으로 1개월에 한 번씩 재매각기일이 잡힙니다.

임장 : 현장방문 및 물건 조사하기

STEP 2

부동산경매에선 현장 방문을 임장이라고 합니다. 원하시는 물건을 고르셨다면 현장 답사를 통해 홈페이지에서 봤던 내용을 토대로 세세한 물건 조사가 이루어져야 합니다.

경매물건의 현장 답사는 매우 중요합니다. 모든 건물을 평면으로만 표현하고 있는 지도와 달리, 건물이 가파른 비탈에 위치할 수 있고, 사진으로 보이는 것보다 주변 환경이 훨씬 열악할 수도 있으니 반드시 확인을 해봐야 합니다. 저는 입찰을 하려고 하는 경매물건의 대부분은 내부 상태를 확인하고 입찰을 합니다. 그래야 내부 파손, 누수 및 결로 등의 부동산 하자로 발생되는 리스크를 미연에 예방할 수 있습니다.

현장 조사를 하면서 가장 중요한 부분은 시세(매매·전세·월세) 조사, 인근 대 중교통 조사, 경매물건 하자 조사, 점유자 조사로 나눌 수 있습니다.

시세 조사

제 개인적으로 가장 중요하게 생각하는 부분이 바로 시세 조사입니다. 감정평가 시점이 경매물건의 매각 시점보다 보통 4~6개월 이전이기 때문에 그동안 매매시세가 변동될 여지가 많을 뿐더러 감정평가사도 사람인지라 간혹 실수를 하는 경우도 있습니다. 따라서 현장 방문 시 인근 부동산 중개업소를 방문해 매매 및 임대시세를 반드시 조사해야 합니다. 향후 이를 기반으로 입찰가격을 결정해야 하기 때문입니다.

온라인을 통하면 현장 방문을 하지 않고 시세를 파악할 수 있는 방법도 있습니다. 국토해양부 아파트 실거래가 조회(rt.molit.go.kr)나 부동산114(www.r114.com), 네이버 부동산(land.naver.com)에 접속하면 매매 및 전세시세가 어느 정도인지 알아볼 수 있습니다. 하지만 허위 매물들도 많이 있으니 저는 가급적 현장에 나가서 직접 확인하는 걸 추천해드립니다.

대중교통 조사

저는 지나가는 현지 주민에게 인근에 지하철역이나 버스 정류장이 있는지, 도보로 얼마나 걸리는지 등을 물어보고 실제로 그 길을 걸어가봅니다. 특히 빌라와 같은 경우는 대부분 서민들이 주 수요층이라 통상 지하철을 타고 출퇴근을 하기 때문에 대중교통 편의성에 따라 향후 매각 시 환금성과 매매가격에 큰 차이를 보입니다.

경매물건 하자 조사

부동산경매의 어려움 중 하나는 대상 부동산의 내부를 볼 수 없다는 것입니다. 간혹 사람 좋은 임차인이 살고 있으면 내부를 보여주는 경우가 있긴 하나 대부분은 문전박대를 당하거나 부재중인 경우가 많습니다.

경매 절차상 법원 집행관 혹은 감정평가사가 방문하여 조사를 하는 과정이 있는데 이때에도 경매물건 내부를 쉽게 보는 경우는 많지 않습니다. 따라서 내부를 보지 않고 비가 새지 않는지, 결로가 있지는 않은지, 하수도가 역류하여 장마철에 물바다가 되지 않는지 등을 꼼꼼히 조사해야 합니다.

천장에서 물이 새는 경우는 통상 윗집에서 수리를 해줘야 하는 경우가 대부분이기 때문에 윗집에 물어보고, 내부 결로나 하수도가 역류하는 경우는 바로 옆집인 이웃집에 문의를 하면 쉽게 알아낼 수 있습니다. 이웃 주민을 만나지 못할 경우에는 건물 외부에서 살펴보았을 때 벽에 금이 가지 않았는지, 경매물건 입구에서 퀴퀴한 곰팡이 냄새가 나지 않는지, 현관 입구 바닥에 물이 고인 흔적이 없는지 등을 살펴봄으로써 간접적으로 알아낼 수 있습니다.

점유자 조사

현장에 방문하면 경매물건의 점유자와 대면하기가 쉽지 않습니다. 집 안에 있다 하더라도 극도의 스트레스를 받고 있기 때문에 문전박대를 하는 경우가 대부분이죠. 이럴 경우에도 이웃집을 탐문하여 알아보는 것이 좋습니다. 나중에 점유자의 성향에 따라 명도(이사를 내보내는 것) 기간과 명도 비용(이사비용)이 달라지기 때문에 미리 파악해보는 것이 도움이 됩니다.

제 경험상 부부와 자녀가 있는 일반 가정인 경우는 명도가 그리 어렵지 않지만, 남자가 혼자 은둔하면서 점유하고 있는 경우는 명도하기가 매우 어려웠습니다. 또는 중증 환자가 거주하고 있거나 조폭들이 점유하는 경우도 명도에 어려움이 많으니 이런 경우는 세밀한 명도 전략을 수립한 후 경매 입찰에 참여해야 합니다.

신의 한 수 1

외부에서 보고 내부구조를 알 수 있는 방법

아래 사진은 제게 문의가 들어왔던 물건인 마포구 망원동 빌라인데 외부에서만 보고 내부구조를 알 수 있는 좋은 예라 설명을 하고자 합니다.

 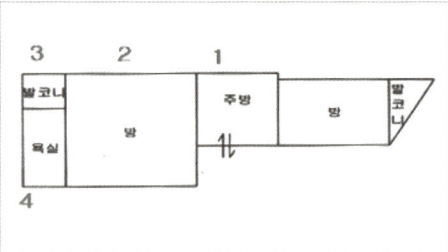

눈치 채셨나요? 좌측 사진에서 건물에 숫자로 표시한 창문 모양과 제가 그려본 우측 도면을 비교해보며 자세히 한번 보시길 바랍니다.

현장 조사에서 창문 모양은 굉장히 중요합니다. 창문 모양으로 내부가 어떻게 쓰이고 있는지 유추할 수 있기 때문입니다.

1번 창문은 가로로 긴 형태의 작은 창문으로 우측 도면상 주방 창문입니다. 주방 창문은 싱크대 상부 수납장 때문에 세로로 길게 만들지 못합니다. 2번 창문은 우리가 흔히 접하는 방에 설치된 창문입니다. 3번은 지붕에 샌드위치 패널(스티로폼을 가운데 두고 양쪽에 철판을 붙여 만든 판재)을 덮어 발코니를 확장한 것이 보이시죠? 바로 우측 도면상 발코니 부분입니다. 마지막으로 4번은 흔히 볼 수 있는 화장실 창문입니다. 화장실 창문은 채광을 좋게 하고 화장실에서 발생되는 냄새를 빨리 빠지게 하기 위해 세로로 길게 만들어집니다.

창문 모양만으로도 우측 도면과 정확히 매칭이 되죠? 조금 숙달되면 저처럼 창문만 보고도 내부 구조를 유추할 수 있습니다. 1층에서 창문을(위를) 보면서 걸어보면 방이 몇 평인지, 발코니가 몇 평인지 그림이 그려집니다. 약 여섯 걸음이 한 평 정도 됩니다. 이런 방법으로 하면 외부에서도 내부를 상상할 수 있습니다. (☞ 한 평의 크기를 걸어서 계산하는 방법에 대해서는 88페이지를 참조하세요.)

또 다른 경매 사건을 살펴볼까요? 경기도 파주 금촌동에 있는 신축빌라입니다. 좌측의 사진과 우측 도면의 숫자를 매칭해보며 차근차근 살펴보시길 바랍니다. 앞서 설명한 것과 같이 방, 주방, 화장실 창문이 보입니다. 물건의 토지(땅) 모양이 삼각형처럼 생겨서 건물에 여러 개의 각이 생겼는데 자세히 보면 각진 부분이 도면처럼 되어 있습니다. 그러면 내부 인테리어 상태는 어떻게 알아볼 수 있을까요? 이웃집이나 위아래 집을 살펴보는 것도 방법입니다. '부동산 중개업소에서 나왔는데 옆집(아랫집)이 부재중이라 잠깐만 볼 수 있겠느냐'고 양해를 구하면 됩니다.

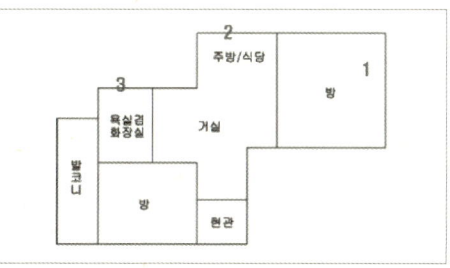

STEP 3   경매 입찰하기

임장을 거친 후 결정한 물건이 마음에 든다면 매각기일 당일 경매가 진행되는 관할법원에 방문하여 경매에 참여하면 됩니다.

입찰 준비물은 보증금(현금 또는 자기앞수표), 주민등록증(또는 여권이나 운전면허 증), 도장이며 대리인이 대신 입찰할 경우는 본인의 주민등록증, 도장, 위임인의 인감증명서와 위임장을 지참해야 합니다.

입찰가는 현장에서 조사한 매매와 전세시세를 기반으로 각종 비용(세금, 밀린 공과금, 명도비용 등)과 수익률을 계산해 적정한 수준을 산정해야 합니다. 예를 들어 매매시세가 1억인 빌라가 3회 유찰되어 5천 1백만 원으로 경매가 진행되고 있는 경우, 매매 시세차익을 3천만 원 생각하고 있고 각종 비용은 대략 5백만 원 정도로 가정할 때 6천 5백만 원 정도로 입찰 가격을 결정하시면 됩니다.

참고로 법원별 관할(담당) 지역, 입찰 당일 꼭 확인해야 할 사항, 기일입찰표 작성 요령, 부동산경매에서 발생하는 비용들, 경매의 법적 절차에 대하여 정리해보자면 다음과 같습니다.

법원별 관할(담당) 지역

원하는 경매물건을 발견하고 법원에 입찰하기 위해서는 먼저 해당 물건이 어느 법원에서 진행되는지 알아야 합니다. 아래 표는 소재지별 담당 관할 법원입니다. 법원의 정확한 위치는 인터넷으로 해당 법원 홈페이지를 방문하거나 114에 전화로 문의하면 됩니다.

서울	중앙지방법원	중구, 종로구, 서초구, 동작구, 관악구, 강남구
	동부지방법원	송파구, 성동구, 광진구, 강동구
	서부지방법원	마포구, 서대문구, 용산구, 은평구
	남부지방법원	강서구, 구로구, 금천구, 양천구, 영등포구

서울	북부지방법원	강북구, 노원구, 도봉구, 동대문구, 중랑구, 성북구
의정부	의정부지방법원	가평군, 구리시, 남양주시, 동두천시, 양주시, 연천군, 의정부시, 철원군, 포천군
	고양지원	고양시 덕양구, 고양시 일산구, 파주시
인천	인천지방법원	강화군, 계양구, 남구, 남동구, 동구, 부평구, 서구, 연수구, 중구
	부천지원	김포시, 부천시
수원	수원지방법원	과천시, 군포시, 수원시, 안양시, 오산시, 용인시, 의왕시, 화성시
화성시	평택지원	평택시, 안성시
	성남지원	광주시, 성남시, 하남시
	여주지원	양평군, 여주군, 이천시
	안산지원	광명시, 시흥시, 안산시,
	안양지원	과천시, 군포시, 안양시, 의왕시
대전	대전지방법원	금산군, 대덕구, 동구, 서구, 연기군, 유성구, 중구
	천안지원	천안시, 아산시
	서산지원	당진군, 서산시, 태안군
	홍성지원	보령시, 서천군, 예산군, 홍성군
	논산지원	계룡시, 논산시, 부여군
	공주지원	공주시, 청양군
청주	청주지방법원	괴산군, 보은군, 진천군, 청원군, 청주시
	충주지원	음성군, 충주시
	영동지원	영동군, 옥천군
	제천지원	단양군, 제천시
춘천	춘천지방법원	양구군, 인제군, 춘천시, 홍천군, 화천군
	강릉지원	강릉시, 동해시, 삼척시
	원주지원	원주시, 횡성군
	속초지원	고성군, 속초시, 양양군
	영월지원	영월군, 정선군, 태백시, 평창군

부산	부산지방법원	강서구, 금정구, 동구, 동래구, 부산진구, 북구, 사상구, 사하구, 서구, 연제구, 영도구, 중구
	동부지원	기장군, 남구, 수영구, 해운대구
	서부지원	사상구, 사하구, 서구, 강서구
울산	울산지방법원	남구, 동구, 북구, 양산시, 울주군, 중구
창원	창원지방법원	김해시, 의령군, 진해시, 창원시, 함안군
	진주지원	남해군, 사천시, 산청군, 진주시, 하도군
	통영지원	거제시, 고성군, 통영시
	밀양지원	밀양시, 창녕군
	거창지원	거창군, 함양군, 합천군
	마산지원	마산시
대구	대구지방법원	동구, 남구, 북구, 중구, 수성구, 청도군, 영천시, 칠곡군, 경산시
	경주지원	경주시
	포항지원	울릉군, 포항시
	김천지원	구미시, 김천시
	안동지원	봉화군, 안동시, 영주시
	상주지원	문경시, 상주시, 예천군
	영덕지원	영덕군, 영양군, 울진군
	의성지원	군위군, 의성군, 청송군
전주	전주지방법원	김제시, 무주군, 완주군, 임실군, 전주시, 진안군
	군산지원	군산시, 익산시
	정읍지원	고창군, 부안군, 정읍시
	남원지원	남원시, 순창군, 장수군
광주	광주지방법원	광주, 나주, 화순군, 장성군, 담양군, 곡성군, 영광군
	순천지원	고흥군, 광양시, 구례군, 보성군, 순천시, 여수시
	해남지원	완도군, 진도군, 해남군
	장흥지원	강진군, 장흥군
	목포지원	목포시, 무안군, 신안군, 영암군, 함평군
제주	제주지방법원	남제주군, 북제주군, 서귀포시, 제주시

입찰 당일 꼭 확인해야 할 사항

법원에 입찰하러 가기 전에 먼저 인터넷 대법원 경매 사이트 (www.courtauction.go.kr)에 들어가 본인이 입찰할 경매 사건번호를 조회해봐야 합니다.

물건내역					
물건번호	1	물건용도	근린시설	감정평가액	18,827,302,930원
물건비고	-일괄매각 -대금지급기일(기한)이후 지연이자율:연2할 -임대차:매각물건명세서와같음 -2011.05.20.자 최선순위 전세권자 서울축산업협동조합의 권리신고 및 배당요구신청서 접수				
목록1	서울특별시 관악구 봉천동 XXX-XX		목록구분	토지	비고 취하
목록2	서울특별시 관악구 봉천동 XXX-XX		목록구분	건물	비고 취하
물건상태	매각준비 → **매각공고**				

위와 같이 입찰 전날 채무자가 대출금을 변제하여 경매가 취하(취소)될 수 있고 채권자의 신청에 의해 입찰 날짜가 변경될 수도 있기 때문입니다. 경매가 취하나 변경될 경우 당일 법원에 가봐야 그 경매물건을 살 수 없어 헛걸음만 하게 됩니다.

입찰 당일에서야 경매가 취하 및 변경되는 경우도 종종 있습니다. 이런 경우는 입찰 당일 법원에 부착된 게시판에서 확인할 수 있습니다. 법원 입구 앞 게시판에서 경매가 진행되지 않은 이유(취하 및 변경)와 사건번호를 기재하여 법원 게시판에 공고하고 있으니 입찰 당일 법정에 가면 이 내용을 제일 먼저 확인해보셔야 합니다.

또한 경매에 입찰하려면 최저매각금액의 10%에 해당하는 입찰 보증금을 입찰 서류와 함께 동봉하여 제출해야 하는데, 이때 입찰 보증금은 한 장짜리 자기앞수표로 내는 것이 편리합니다. 향후 혹시 모를 분실사고를 대비하여

 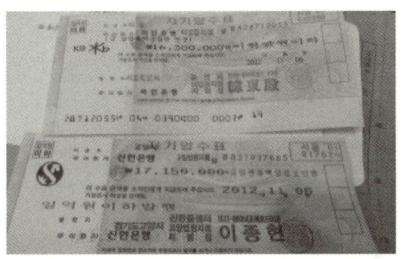

사진처럼 자기앞수표 번호를 알아볼 수 있도록 촬영을 해두는 것도 좋은 방법입니다. 만약 자기앞수표를 분실하면 바로 해당 은행에 전화하여 분실 수표 지급정지 신청을 해 아무도 현금화할 수 없도록 조치해야 합니다. 한 가지 더 알려드리자면, 입찰 보증금을 준비할 때를 대비해 신한은행과 거래하면 아주 편리합니다. 대부분의 법원 내부에 신한은행이 입점해 있어 돈을 인출하기도 편하고, 나중에 경매에 입찰해 떨어졌을 때도 다시 은행에 재입금하기 편하기 때문입니다.

한편, 입찰 당일 차량을 갖고 법원에 방문해보셨던 분들은 상습적인 주차난

때문에 주차할 곳을 찾지 못해 애먹었던 경험이 있으실 겁니다. 입찰 당일에는 경매 참여자들이 갑자기 몰려들고 법원 주차장은 좁기 때문에 아주 일찍 가지 않고서는 주차하기가 매우 힘듭니다. 이런 경우에는 법원 주변의 아파트 단지를 이용하면 좋습니다. 서울중앙지방법원은 삼풍아파트 및 삼호아파트, 서울남부지방법원은 목동9단지아파트, 서울서부지방법원은 삼성 래미안 및 한화 꿈에그린, 서울북부지방법원은 럭키아파트 및 동아아파트 등입니다. 경기도에 위치한 법원 중에서 고양지방법원은 일산 호수마을 아파트(5단지), 부천지방법원은 중동신도시 꿈동산마을(19단지), 인천지방법원은 신동아1차 아파트에 주차하면 고질적인 주차난을 피하기가 한결 수월할 것입니다.

기일입찰표 작성 요령

오른쪽 페이지의 기일입찰표를 참고하세요. 작성 요령은 다음과 같습니다.

❶ 이 칸에는 경매가 진행 중인 곳의 관할 법원 명칭을 적어주세요.
❷ 입찰기일은 본인이 입찰하는 물건의 입찰 날짜를 쓰세요.
❸ 입찰하는 물건의 사건번호를 적습니다. 틀리지 않게 정확하게 쓰셔야 합니다. 잘못 기재 시 최고가로 낙찰이 되었다 하더라도 무효가 될 수 있습니다.
❹ 물건번호는 본인이 입찰하려는 사건에 여러 개의 물건이 존재할 때 각 물건마다 번호가 주어지는데 이때 해당 사건의 물건번호를 기입하시면 됩니다. (채권자가 채무자가 소유한 여러 개의 부동산에 경매를 신청하면 각 부동산마다 구별하기 위해 다른 물건번호가 지정됩니다.) 만약 단 하나의 사건만 진행 중이라면 적지 않아도 무방합니다.
❺ 본인의 신상 정보를 기입합니다.
❻ 입찰할 물건의 가격을 기입합니다. 최저가보다 낮게는 안 되니 같거나 높은 금액을 적습니다.
❼ 통상적으로 최저가의 10%가 보증금액입니다. 만약 2억이라면 2천만 원, 1억이라면 1천만 원이 됩니다.
❽ 입찰 참여 시 보증금액의 형태로 자신이 준비해온 방법에 표시하시면 됩니다. 대부분 자기앞수표를 준비해오는 경우가 많습니다.
❾ 본인 또는 대리인의 도장을 찍습니다. 본인이 직접 입찰에 참여할 경우 서명 혹은 지장도 가능합니다.

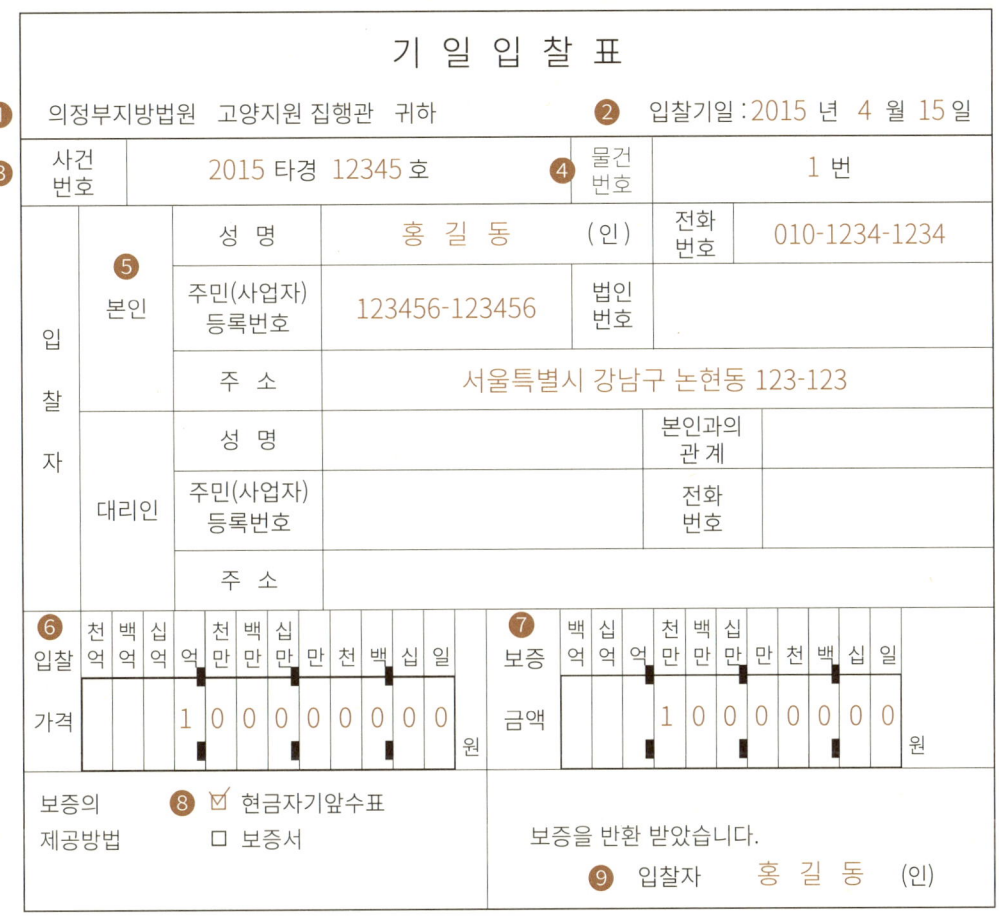

1. 입찰표는 물건마다 별도의 용지를 사용하십시오. 다만, 일괄 입찰 시에는 1매의 용지를 사용하십시오.
2. 한 사건에서 입찰물건이 여러 개 있고 그 물건들이 개별적으로 입찰에 부쳐진 경우에는 사건번호 외에 물건번호를 기재하십시오.
3. 입찰자가 법인인 경우에는 본인의 성명 란에 법인의 명칭과 대표자의 지위 및 성명을, 주민등록란에는 입찰자가 개인인 경우에는 주민등록번호를, 법인인 경우에는 사업자 등록번호를 기재하고, 대표자의 자격을 증명하는 서면(법인의 등기부 등·초본)을 제출하여야 합니다.
4. 주소는 주민등록상의 주소를, 법인은 등기부상의 본점소재지를 기재하시고, 신분 확인상 필요하오니 주민등록증을 꼭 지참하십시오.
5. 입찰가격은 수정할 수 없으므로, 수정을 요하는 때에는 새 용지를 사용하십시오.
6. 대리인이 입찰하는 때에는 입찰자란에 본인과 대리인의 인적사항 및 본인과의 관계 등을 모두 기재하는 외에 본인의 위임장(입찰표 뒷면을 사용)과 인감증명을 제출하십시오.
7. 위임장, 인감증명 및 자격증명서는 이 입찰표에 첨부하십시오.
8. 일단 제출된 입찰표는 취소, 변경이나 교환이 불가능합니다.
9. 공동으로 입찰하는 경우에는 공동입찰신고서를 입찰표와 함께 제출하되, 입찰표의 본인란에는 "별첨 공동입찰자목록 기재와 같음"이라고 기재한 다음, 입찰표와 공동입찰신고서 사이에는 공동입찰자 전원이 간인하십시오.
10. 입찰자 본인 또는 대리인 누구나 보증을 반환 받을 수 있습니다.
11. 보증의 제공방법(현금·자기앞수표 또는 보증서)중 하나를 선택하여 표를 기재하십시오.

부동산경매에서 발생하는 비용들

1. 세금

가. 취득세 (+ 농어촌특별세 + 지방교육세)

경매는 낙찰금액을 기준으로 취득세율이 적용됩니다. 부동산을 낙찰 받은 날로부터 60일 이내에 낙찰금액의 1%(6억 이하 1%, 6~9억 2%, 9억 초과 3%)을 부동산 소재지 시·군·구청에 신고 및 납부하여야 합니다. 기한을 넘길 시 신고불성실 가산세(20%)와 납부불성실 가산세(60일 초과 후 1일당 1만분의 3)를 추가로 납부해야 하니 기일을 지켜야 소중한 내 돈을 아낄 수 있습니다.

2015년 부동산 과세표준 및 취득세율

구분		취득세	농어촌특별세	지방교육세	합계
6억원 이하 주택	85㎡ 이하	1.0 %	비과세	0.1 %	1.1 %
	85㎡ 초과	1.0 %	0.2 %	0.1 %	1.3 %
6억 초과 9억 이하 주택	85㎡ 이하	2.0 %	비과세	0.2 %	2.2 %
	85㎡ 초과	2.0 %	0.2 %	0.2 %	2.4 %
9억 초과 주택	85㎡ 이하	3.0 %	비과세	0.3 %	3.3 %
	85㎡ 초과	3.0 %	0.2 %	0.3 %	3.5%
주택 외 매매(토지, 건물 등)		4.0 %	0.2 %	0.4 %	4.6 %
원시취득, 상속(농지 외)		2.8 %	0.2 %	0.16 %	3.16 %
무상취득(증여)		3.5 %	0.2 %	0.3 %	4.0 %
농지	일반	3.0 %	0.2 %	0.2 %	3.4 %
	2년 이상 자경	1.5%	비과세	0.1 %	1.6 %
	상속	2.3 %	0.2 %	0.06 %	2.56%

나. 양도소득세

양도소득세는 향후 부동산을 팔 때 발생하는 비용이라 초기 구입 시 고려할 필요는 없지만 수익률에 영향을 주는 중요한 부분이라 짚고 넘어가겠습니다. 주의 깊게 살펴봐야 할 부분은 집이 많은 다주택자라도 1년 이상 보유하면 누진세율을 적용받아 세금을 줄일 수 있다는 것입니다(1년 미만은 40%). 만약 1년간 보유하여 4천만 원 수익이 생겼다면 약 15% 이하의 양도소득세만 내면 됩니다.

구분			보유기간	세율	비고
주택	2주택		1년 미만	40%	(경합없음)
			2년 미만	누진세율	
	3주택	지정지역	1년 미만	40%, 누진세율+10%	산출세액 중 큰 것
			2년 미만	누진세율+10%	
		일반지역	1년 미만	40%	(경합없음)
			2년 미만	누진세율	
비사업용 토지		지정지역 (2016.1.1 이후 모든 지역)	1년 미만	50%, 누진세율+10%	산출세액 중 큰 것
			2년 미만	40%, 누진세율+10%	산출세액 중 큰 것
		일반지역	1년 미만	50%	(경합없음)
			2년 미만	40%	

다만 2017년 8월 2일 발표된 부동산 대책으로 청약 조정 대상 지역에서는 내년 4월부터 1세대 2주택은 기본 세율에 10% 중과, 1세대 3주택은 기본 세율에 20% 중과할 예정입니다.

2. 이사비용

저의 경우 전세보증금 중 한 푼도 배당받지 못하는 임차인은 약 300만 원, 소유자나 채무자는 약 200만 원, 일부 배당받는 임차인은 50~100만 원의 이사 비용을 책정하고, 전액 배당받는 임차인은 이사비용을 책정하지 않습니다. 이 기준은 실제로 강제집행을 실시할 때 발생되는 집행 비용으로 산출한 것이며 여기서 점유자의 어려운 상황에 따라 이사비용을 소폭 조정하기도 합니다.

 법에 이사비용을 주라고 명시되어 있는 부분은 없습니다. 누군가에겐 기회가 되지만 또 누군가에겐 아픔일 수 있는 것이 부동산경매입니다. 베풀면서 살면 언젠가 도움이 될 수 있으니 아까워 마시고 넉넉히 이사비용을 책정하시는 것이 좋다는 게 저의 생각입니다.

3. 밀린 관리비나 공과금

아파트의 경우 관리사무소를 직접 방문하거나 114에 관리사무소를 문의한 후 전화를 하여 연체 관리비를 쉽게 조사할 수 있습니다. 각각의 공과금은 다음의 번호로 전화한 후 해당 물건 소재지를 말하면 연체된 비용을 쉽게 알아낼 수 있습니다.

- 전기요금 조회 02-123
- 도시가스 요금 조회 02-1588-5788
- 수도요금 조회 02-120

    법적으로 아파트의 경우 밀린 관리비 중 공용부분(입주민이 공동으로 사용하여 발생되는 비용으로 경비실 인건비, 엘리베이터 수리 및 유지비, 공동 전기료 등)을 낙찰인이 부담해야 하고, 관리사무소가 없는 빌라 같은 경우의 공과금은 등기부등본의 소유권 이전일 이후부터 발생되는 금액만 낙찰인이 부담하면 됩니다.

4. 등기 비용

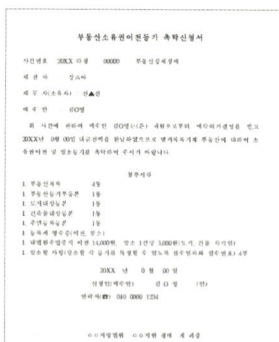

법무사에서 위탁하여 등기하게 되면 40~50만 원의 추가 비용이 발생합니다. 하지만 저는 직접 등기를 해보라고 권유하고 싶습니다. 생각보다 어렵지 않고 직접 등기할 수 있는 자료들이 인터넷에 많이 배포되어 있어 몇 번 해보면 쉽게 따라할 수 있습니다. 관련 내용은 대법원 인터넷 등기소 홈페이지(www.iros.go.kr)에 필요한 서류 및 절차가 자세히 구비되어 있습니다.

5. 부동산 중개수수료

경매로 구입 후 나중에 임대로 세를 놓을 때 발생하는 비용이며 아래와 같이 발생합니다. 부동산 직거래 인터넷 카페에 올려 직접 임차인을 구하면 비용을 절감할 수 있습니다.

거래금액 산정	주택			
	거래금액	요율상한	한도액	비고
매매교환	5천만 원 미만	0.6% 이내	25만 원	중개수수료= 거래가액 ×중개수수료율
	5천만 원 이상 2억 원 미만	0.5% 이내	80만 원	
	2억 원 이상 6억 원 미만	0.4% 이내	-	
	6억 원 이상 9억 원 미만	0.5% 이내	-	
	9억 원 이상	0.9% 이내	협의	
임대차 등	5천만 원 미만	0.5% 이내	20만 원	중개수수료= 거래가액 ×중개수수료율 (5천 미만)보증금 +(월차임액 ×70%)
	5천만 원 미만 1억 원 미만	0.4% 이내	80만 원	
	1억 원 이상 3억 원 미만	0.3% 이내	-	
	3억 원 이상 6억 원 미만	0.4% 이내	-	
	6억 원 이상	0.8% 이내	협의	

경매의 법적 절차 알아보기

1. 경매신청 및 경매개시 결정

먼저 채권자의 신청이 있으면 법원은 경매개시 결정을 하여 목적부동산을 압류하고 관할 등기소에 경매개시 결정의 기입등기(특정한 사항을 등기부에 새롭게 기입하는 등기)를 촉탁하여 등기관(지방법원, 그 지원과 등기소에 근무하는 법원서기관·등기사무관·등기주사 또는 등기주사보 중에서 등기사무를 처리하도록 지방법원장이 지정한 자)으로 하여금 등기부에 기입등기를 하도록 합니다. 경매개시 결정 정본은 채무자에게 송달하게 됩니다.

2. 배당요구의 종기 결정 및 공고

구 민사소송법에서는 낙찰기일까지 배당요구를 할 수 있었으나, 새로운 민사집행법에서는 법원이 정한 배당요구의 종기(법률행위의 효력이 소멸되는 기한)까지만 배당요구를 할 수 있도록 하고 있습니다. 배당요구의 종기는 경매개시 결정에 따른 압류의 효력이 생긴 때부터 1주일 내에 결정하되, 종기는 첫 매각기일 이전의 날로 정하게 됩니다.

3. 매각의 준비

부동산의 현상, 점유관계, 차임 또는 보증금 액수, 기타 현황에 관하여 조사를 명하고, 감정인에게 부동산을 평가하게 하여 그 평가액을 참작, 최저매각가격(최저입찰가격)을 정합니다.

4. 매각 및 매각 결정기일의 지정, 공고, 통지

위의 절차가 끝나면 법원은 매각 및 매각결정기일을 지정하여 이를 공고합니다.

5. 매각의 실시

매각기일에는 집행관이 집행보조기관으로서 미리 지정된 장소에서 매각을 실시하여 최고가 매수신고인 및 차순위 매수신고인을 정합니다. 매각기일에 매수인이 없는 경우에 법원은 최저매각가격을 낮추고 새 매각기일을 정하여 다시 매각을 실시합니다.

6. 매각결정 절차

그 후 법원은 매각결정기일에 이해관계인의 의견을 들은 후 매각 허가여부 결정을 합니다. 매각 허가여부의 결정에 대하여 이해관계인은 즉시 항고할 수 있습니다.

7. 매각(낙찰) 대금의 납부

매각허가 결정이 확정되었을 때 법원은 대금지급기일을 정하여 매수인에게 매각잔금의 납부를 명합니다. 매각허가 결정이 확정되면 법원은 대금지급기한을 지정하므로, 정해진 기한 내에 언제든지 대금을 납부할 수 있습니다.

8. 배당절차

매수인이 매각대금을 완납하면 법원은 배당기일을 정하여 이해관계인과 배당을 요구한 채권자에게 통지하여 배당을 하게 됩니다. 매수인이 지정한 기일까지 대금을 완납하지 아니한 경우, 차순위 매수신고인이 있는 때에는 그에 대하여 매각의 허가 여부를 결정하고 차순위 매수신고인이 없는 때에는 재매각을 명합니다.

9. 소유권이전등기 등의 촉탁, 부동산 인도명령

매수인은 매각허가 결정이 선고된 후에는 매각부동산의 관리명령을 신청할 수 있고 대금 완납 후에는 또한 매수인이 부동산의 소유권을 취득하므로, 집행법원은 매수인으로부터 필요서류의 제출이 있을 시 매수인을 위하여 소유권이전등기, 매수인이 인수하지 아니하는 부동산상 부담의 말소등기를 등기관에 촉탁하게 됩니다.

10. 잔금 납부절차

① 담당 계에 가서 잔금납부 영수증을 받는다.
② 매각대금 완납증명원을 2부 작성한다.
③ 은행에 잔금납부 후 영수증은(법원제출용) 완납증명원 1부 뒷면에 붙인다. 수입인지 500원짜리 하나를 앞면 상단에 붙인다.
④ 접수계에 접수하고 다시 완납증명서를 받는다.
⑤ 담당 계에 다시 가서 완납증명원 2부 중 영수증을 붙인 1부를 제출하고 나머지 1부에 담당계장 확인 도장을 받는다.

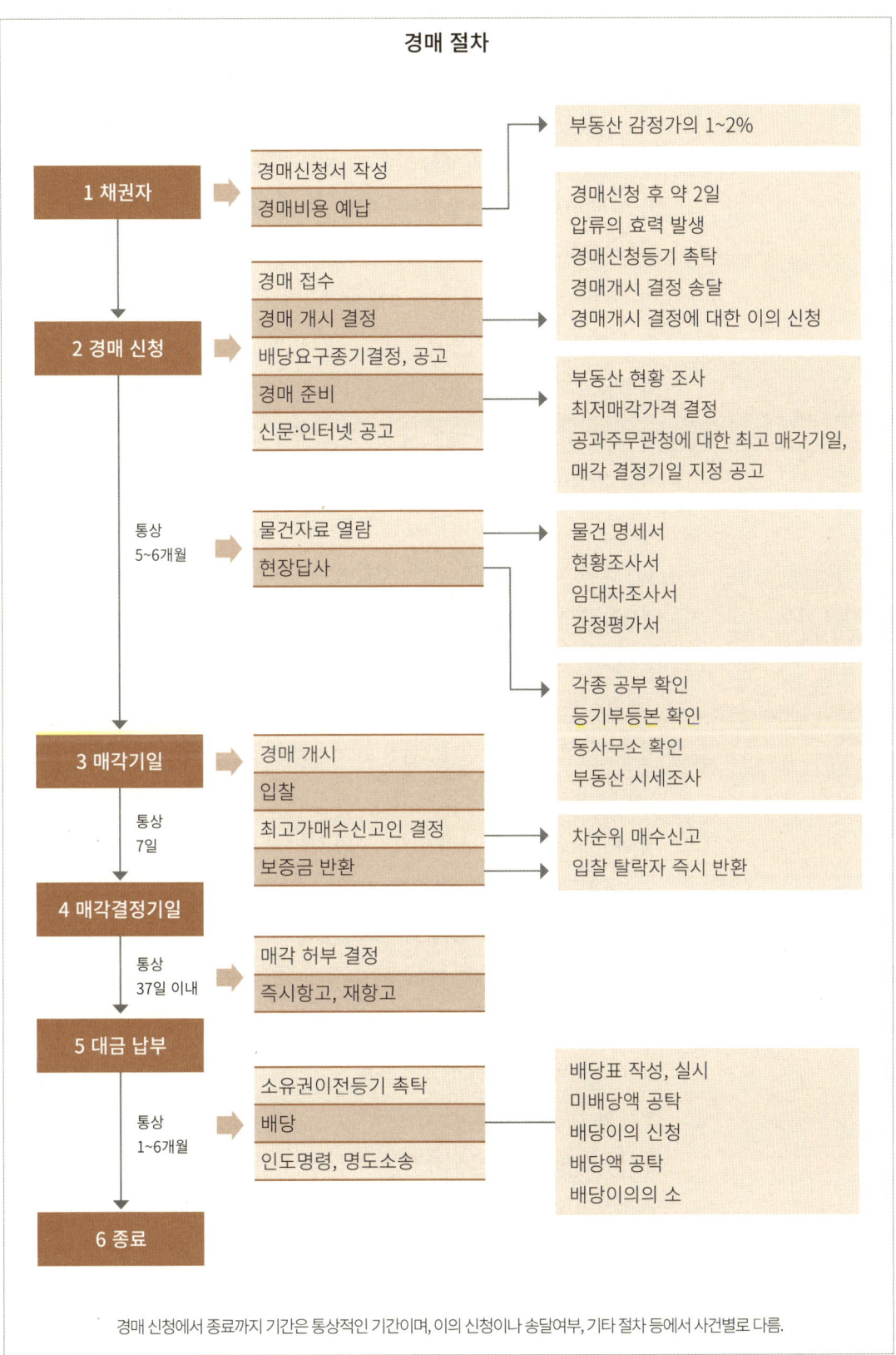

STEP 4 점유자 명도하기

물건을 낙찰 받았다면 잔금 납부 후 해당 물건의 점유자(전 소유자 혹은 임차인)의 명도, 즉 이사 보내기를 진행해야 합니다.

부동산경매에서는 낙찰을 받았다고 해서 소유권이 낙찰자에게 있는 것이 아니라 모든 잔금을 완납해야 낙찰자가 진정한 소유권을 갖게 되고, 그 후 인도명령이나 점유이전금지 가처분 등으로 임차인과 같은 점유자를 이사 내보낼 수 있는 자격을 얻게 됩니다. 즉 경매에서 낙찰 받았다는 것은 일반매매에서 계약금 10%만 걸어놓은 상황과 같은 경우이며 이때는 매매 청약만 한 것이지 진정한 소유권은 아직 이전 소유자에게 있는 것입니다.

모든 단계를 수월하게 밟았다 하더라도 많은 분들이 명도를 하는 데 어려움을 호소합니다. 명도만을 전문적으로 하는 분들도 많은 이유는 그만큼 명도가 쉽지 않다는 걸 말해주는 것이기도 하고요. 저 또한 들뜬 마음으로 첫 명도를 하던 때를 잊지 못합니다.

8년 전 동작구 상도동 빌라를 낙찰 받고 명도했을 때였는데 자식도 없이 홀로 지내던 할머니가 3천만 원 전세보증금을 한 푼도 돌려받지 못했던 사건이었습니다. 첫 방문 때 할머니께서 제 손을 부여잡고 눈물을 흘리셨는데 너무 마음이 아픈 나머지 할머니와 같이 눈물만 흘렸습니다.

이후 재방문 때도 이야기는 제대로 하지도 못한 채 식사를 거르셨다는 할머니의 말씀에 주변 식당에서 설렁탕을 사드린 후 집에 모셔다 드리고 다시 돌아왔습니다. 6개월 정도 별다른 성과 없이 시간만 흘려보낸 후 안 되겠다 싶어 이전 소유자에게 지급 명령을 신청해서 3천만 원짜리 판결문을 만들어드린 후 할머니에게 이사비용 명목으로 500만 원을 드리고 명도를 마무리 한 게 저의 첫 명도였습니다.

어떤 사람이 살고 있는지 모르고 그 사람의 성향 또한 알 수 없기 때문에 명도가 어려운 것입니다. 명도에는 왕도가 없습니다. 그들의 성향을 파악하고 원만한 대화를 이끌어내는 것이 최선이자 최고의 방법입니다. 여러분의 이해를 돕고자 저만의 명도 노하우를 다음 페이지의 '신의 한 수'에서 자세히 설명해드리겠습니다.

민사집행법 제135조
(경매에서 낙찰인의 소유권 취득 시기)
경매 매수인은 매각대금을 다 낸 때에 매각의 목적인 권리를 취득한다.

신의 한 수

2

명도를 잘하기 위한
가장 중요한 노하우

이 책을 보는 많은 독자 분들이 어렵게 여기는 것 중 하나가 명도일 것입니다. 종종 세면기, 좌변기, 싱크대 등과 같은 내부 시설물을 파손하겠다는 분도 계시고 또 어떤 분은 문신을 보여주며 낙찰인을 협박하고 겁을 주는 분도 계십니다. 저는 방문도 뜯어 가려고 하는 분을 만난 적도 있습니다.

제가 알려드리고자 하는 '명도 잘하는 특별한 노하우'는 별 게 아닙니다. 바로 상대방 입장에서 생각하는 역지사지 마음, 그것이지요. 말은 쉽지만 실제로 행동하기는 쉽지 않습니다. 점유자를 방문할 때 '빨리 이사를 내보내야겠다'는 마음보다는 그들이 상처받은 마음을 위로해주려는 마음이 우선 되어야 합니다.

그분들도 누군가 낙찰을 받으면 이사를 가야 한다는 것쯤은 다 알고 있습니다. 또한 이사를 가지 않고 버티면 강제집행이 기다리고 있다는 것도 알고 있습니다. 그러니 첫 방문 때 그 사람들의 고충과 상처를 많이 들어주시길 권합니다. 첫 방문이 굉장히 중요합니다. 첫 인상을 좋게 남기고 첫 단추가 잘 꿰어져야 나중에 꿰는 단추도 잘 마무리가 되기 때문입니다. 아픔은 나누면 반이 되고 기쁨은 나누면 배가 된다는 말이 있지 않습니까. 들어주는 것만으로도 그분들의 슬픔을 나눌 수가 있습니다.

더 나아가 그분들을 위로하고, 반드시 재기할 수 있다는 용기를 드려야 합니다. 경매를 당한 많은 분들이 굉장히 낙심해 있고 절망에 빠져 있습니다. 우울증과 정신착란, 알코올중독자인 분들도 많습니다. 그분들을 강제집행과 같은 더 어려운 상황으로 몰아붙이면 자살과 같은 극단적인 선택을 할 수도 있습니다. 절망과 좌절감이 모여 '무작정 버티기'와 같은 상황을 만들면 누구에게도 좋을 게 없습니다.

이렇게 만나는 것 또한 인연이라고 생각해야 합니다. 그분들이 이사를 간 후 여러분들께 꾸준히 연락을 하고 안부를 물으며 지낸다면 여러분은 성공적인 명도를 한 것입니다. 이사를 보낸 것만이 성공적인 명도가 절대 아닙니다. 서로 존중하고 위로하는 마음을 갖고 이사를 보내야 성공적인 명도를 한 것임을 잊지 마시길 바랍니다.

간혹 점유자 중에 괜히 버티고 '배 째라' 하는 분들도 있는데 그런 경우는 낙찰인과 감정적으로 틀어졌기 때문에 발생하는 경우가 많습니다. 낙찰인이 자기 이익만 주장하면 점유자가 일부러 더 마음을 못되게 먹는 것이죠. 그건 낙찰인이 그런 상황을 자초하는 것과 다름없습니다.

이 세상일들은 결국 다 사람이 하는 것입니다. 진실한 대화로 안 되는 것은 없다고 생각합니다. 돕고자 하는 진심이 전해진다면 상대방도 마음을 열고 여러분을 돕기 위해 노력할 것입니다. 상대방에게 진실된 마음이 전달된다면 여러분도 최고의 명도 노하우를 익히게 될 것이라 확신합니다.

신의 한 수
3

점유자 형태별 명도 전략

1. 점유자 스타일

저는 명도를 진행하면서 다양한 사람들을 만났습니다. 점유자들도 저마다 다 스타일이 다릅니다. 그래서 먼저 그들의 성향부터 잘 살피는 것이 중요합니다. 제가 경험해본 점유자들의 스타일을 정리해보자면 다음과 같습니다.

가. 자존심 강한 스타일

중소·중견업체 대표이사나 혹은 개인사업을 크게 하다가 어려워져 결국 경매를 당하게 분들은 자존심이 무척 셉니다. 이런 분들은 이웃에 알려져 창피를 당하는 게 싫어 이사비를 요구하기보다는 조용히 이사 가기를 원합니다. 실례로 제가 낙찰 받았던 대형 평수 아파트의 점유자가 예전 중견 IT 회사 대표이사였는데 연체 관리비도 모두 정산하고서 저도 모르게 조용히 이사를 가셨습니다.

나. '배 째라' 스타일

법을 잘 모르시는 어르신들이 이런 경우가 많습니다. 어디서 이사비를 몇 천 받았으니 하며 꽤 많은 이사비를 요구하거나 버티시기 일쑤죠. 강제집행을 당할 수도 있다는 걸 잘 알지 못한다거나, 잘못된 지식 혹은 예전 명도 소송 시절의 정보만 가지고 있어서 막무가내로 버티면 낙찰인한테서 돈이 나올 거라 생각하는 경우입니다.

다. 조폭 스타일

일반 물건에서도 가끔 만날 수 있으나 대부분 유치권 권리신고가 된 물건에서 자주 접할 수 있습니다. 이런 분들은 자신의 신체 여기저기에 있는 문신을 보여주며 위협하거나 거친 말로 협박을 하기도 합니다. 가끔씩 흉기를 들고 겁을 주는 경우도 있어 집행관도 집행을 못 하는 경우가 종종 발생하기도 하고요. 하지만 이런 분들이 원하는 것이 결국은 돈이고, 이렇게 점유를 유지하는 것에도 많은 비용(인건비)이 발생한다는 것 또한 알고 있습니다. 그들이 뭘 원하는지 알고 당당하게 접근하면 의외로 의리가 있는 분들이 많아 충분히 대화로 해결할 수도 있습니다. 경우에 따라서 공갈과 협박하는 상황을 녹취하거나 흉기를 들고 있는 경우에는 비디오 촬영을 하여 공갈 및 협박죄로 형사 고소를 하는 방법으로 해결해야 할 때도 있습니다. 대한민국은 법치국가이니 너무 겁먹지 말고 당당하게 대면하십시오.

라. 천사 스타일

이사비를 요구하기는커녕 공과금(전기 요금, 도시가스 요금, 수도요금 등)도 다 정산하고 실내 청소까지 말끔하게 해놓고 이사를 가는 분들도 있습니다. 오히려 낙찰인이 미안한 마음이 들 정도이죠. 제 경우엔 이런 분들에게 주기적으로 안부 전화를 드려 부동산에 관한 모든 문제가 발생하면 무료로 달려가 직접 도와드리고 있습니다.

마. 환자가 있는 경우

명도 시 가장 어려운 상황입니다. 이때는 최대한 빨리 환자 가족들을 찾아야 합니다. 보통 자녀들이 돌아가면서 찾아와 환자를 돌보는 경우가 많아 이런 경우 주변 가족들을 먼저 찾고 많은 이사비를 제시해서 병원이나 요양원으로 이송하도록 설득하는 것이 우선입니다. 통상 이런 경우는 물건을 매입하기 전에 현장 답사 시 이웃들로부터 쉽게 확인이 되기 때문에 저는 이런 경우에는 가급적 매입을 피합니다. 특히 중증 환자의 경우라면 집행관도 강제집행을 주저할 수밖에 없습니다.

2. 점유자 형태별 명도 전략

가. 채무자나 소유자가 점유하는 경우

잉여 배당금이 있을 때 : 이런 경우는 낙찰자가 급한 케이스입니다. 점유자가 명도확인서 없이 잉여 배당금을 수령하기 전에 낙찰인은 서둘러 배당금에 가압류를 해야 합니다. 배당금은 수령하고 이사는 안 나가고 있을 수 있기 때문입니다. 하지만 한편으론, 배당금을 받아야 점유자가 이사를 가기 때문에 가압류를 하기도, 안 하기도 애매한 상황이 벌어집니다. 혹자는 배당금에 가압류를 하고 점유자가 이사를 갈 때 명도확인서처럼 가압류 해제 신청서를 주면 되지 않느냐고 생각할 수 있지만, 가압류 해제 신청서를 접수하면 법적 절차상 잉여 배당금을 수령하기까지는 약 1~2주의 기간이 소요되어 결국 타이밍이 안 맞는 상황이 연출됩니다.

　이럴 때는 점유자에게 약 3~5백만 원 정도 보증금을 받고 서류를 작성한 후 배당금에 가압류를 하지 않는 것이 최선이며, 퇴거가 확인되면 받은 돈을 돌려주면 됩니다. 점유자가 그렇게 할 수 없다고 한다면, 배당금에 가압류를 할 수밖에 없고 가압류 소송 비용이 청구될 것임을 인지시킴으로써 협상을 해야 합니다.

잉여 배당금이 없을 때 : 그다지 명도 부담은 없는 상황입니다. 점유자는 이사를 가야 한다는 것을 알고 있고, 어느 정도 마음의 준비를 하고 있는 경우이기 때문에 대화를 잘하면 쉽게 풀어갈 수 있습니다.

나. 임차인이 점유하는 경우

전액 배당받는 임차인 : 배당을 받으려면 낙찰인의 명도확인서가 필요하기 때문에 명도가 가장 쉽습니다. 하지만 종종 다른 집을 구하기 위한 돈이 필요해 이사 가기 전에 먼저 명도확인서를 요구하는 경우가 있습니다. 어쩔 수 없이 미리 발급을 해줘야 하는 상황이 생긴다면, 약 5백만 원 정도 보증금을 받은 후 명도확인서를 발급해주는 것이 하나의 방법입니다.

일부 배당받는 임차인 : 처음에는 강하게 저항을 하는 편이지만, 몇 번 찾아가 명도확인서가 있어야 일부 배당금이라도 찾을 수 있다는 것을 말씀드리면 됩니다. 임차인 명도에서 명도확인서라는 카드는 낙찰인이 유리한 고지에서 협상을 할 수 있도록 합니다.

전혀 배당을 못 받는 임차인 : 가장 마음이 아픈 분들입니다. 대부분은 임대보증금뿐만 아니라 삶의 희망을 잃어버린 경우도 많아서 최대한 도와드릴 수 있는 만큼 도와드리고 위로와 격려를 해드리는 것이 매너라고 생각합니다. 저는 이런 경우 미리 약속했던 이사비보다 얼마라도 조금 더 드리려고 합니다. 인터넷을 통해 이분들이 이사 갈 수 있는 저렴한 집을 알아보아 부동산 중개수수료라도 절약할 수 있도록 합니다. 작게나마 보탬을 드리려고 노력하는 마음이 중요하겠지요.

3. 강제집행 노하우

명도를 진행하다 보면 부득이하게 강제집행을 해야 하는 경우가 발생합니다. 어려운 내용이지만 최대한 쉽게 저의 노하우를 알려드리겠습니다.

가. 임차인이 있어도 무조건 소유자로 인도명령 신청 후 강제집행을 신청한다
강제집행을 신청하면 처음에는 점유자에게 강제집행 날짜를 알리고 강제집행 비용이 얼마나 들지 견적을 뽑기 위하여 1차 방문을 하게 됩니다. 이 과정을 강제집행 예고(계고)라고 하며 법적으로 채무명의가 다르기 때문에 2차적으로 진행되는 실제적인 강제집행을 할 수 없습니다. 저에게 왜 헛수고를 하느냐고 질문할 수도 있을 테지만 임차인의 입장에서는 다음은 자기 차례라고 생각되기 때문에 상당한 부담을 느끼고 명도 협상 시 칼자루를 낙찰인이 확실하게 가질 수 있기 때문입니다. 또한 나중에 새로운 점유자가 나타나도 기존 강제집행문에 승계집행문을 받으면 간단하게 해결할 수 있습니다. 즉 점유이전금지 가처분과 같은 효과가 발생하게 되는 것입니다.

나. 점유자와 함께 거주하는 다른 가족들과 반드시 대화하라

보통 경매 낙찰인들은 낙찰 받은 집을 명도하러 가서는 처음 대면한 점유자와 끝까지 협상하려는 경향이 짙습니다. 하지만 처음 만난 점유자와 대화가 잘되면 다행이지만 '막무가내, 배 째라' 점유자를 만나면 고생은 고생대로 하고 대화도 잘 안 되는데 이럴 때는 점유자와 함께 사는 다른 가족을 만나는 것이 현명한 방법입니다. 그들 중 대화가 통하는 사람이 반드시 있기 마련입니다. 통상 나이가 젊거나 대학생인 사람들이 대화가 잘 통합니다. 그들과 대화를 잘 나눠서 가족의 마음을 돌려줄 수 있도록 해야 합니다. 만약 그것도 통하지 않는다면 그 가족들의 직장 혹은 사업장에 내용증명을 발송할 수밖에 없습니다. '밀린 월세로 급여에 가압류 혹은 사업장 물품을 압류할 수밖에 없다'는 취지로 말입니다.

다. 초기에 명도 합의서를 서둘러 작성한다

보통 명도 초기에는 대화가 잘되다가도 막상 이사 갈 때가 마땅치 않거나 '버티면 돈이 나온다'는 식의 잘못된 조언을 받은 후에 태도가 바뀌는 경우도 종종 발생합니다. 그래서 저는 대화가 잘되는 초기에 언제까지 이사를 가겠다는 명도 합의서를 우선적으로 작성합니다. 명도 합의서에는 언제까지 퇴거하지 않으면 위약금을 물어야 한다는 내용을 넣고 점유자의 인감증명서를 받아 놓습니다. 또한 약속한 날짜에 퇴거하지 않을 시 강제집행을 해도 이의가 없다는 내용도 추가합니다. 이런 문구를 자필로 받으면 강제집행 신청 시 1차 예고 절차 없이 바로 2차 강제집행을 진행할 수 있고, 합의 내용을 어길 시에는 위약금이 발생하기 때문에 점유자도 약속을 어기려고 하지 않습니다.

4. 강제집행 시 발생할 수 있는 문제와 해법

가. 빈집이라 사람은 없고 짐만 있는 경우

인도명령결정문을 수령하고 강제집행을 할 필요 없이 성인 2명의 입회하에 잠금장치 해제 후 내부사진을 자세히 촬영하고 내부에 있는 짐이 파손되지 않도록 잘 보관하면 됩니다. (카메라로 잠금장치 해제하는 것부터 비디오 촬영을 해놓는 것이 좋습니다.) 다만 빈집이라는 것이 이웃이나 관리실을 통해 확실히 입증돼야 하며 관리실이 있는 공동주택일 경우는 관리실 직원도 함께 입회시키고 개문해야 뒤탈이 없습니다.

나. 인도명령결정문 송달을 고의로 안 받는 경우

점유자와 명도 협상이 안 되어 강제집행을 실시하려면 반드시 인도명령결정문이 피신청인(점유자)에게 송달이 되어야 합니다. 강제집행을 한다는 사실을 모르고 있는 상태에서 강제집행을 당하면 안 되기 때문입니다.

이런 법적인 절차를 악용해 우체국 직원이 방문할 때 고의로 인도명령결정문을 받지 않는 경우가 종종 있습니다. 이럴 때는 집행관 특별송달을 신청하고 집행관실 송달 담당 직원에게 송달하는 정확한 날짜와 시간을 문의해 그 시간에 맞춰 점유자가 거주하는 곳에서 협상 약속을 잡습니다. 낙찰인과 집에서 협상하고 있는 중에 송달 직원이 오면 점유자도 더 이상 피할 수가 없기 때문입니다.

다. 갑자기 다른 점유자가 나오는 경우

통상 이런 경우가 발생하면 대부분의 낙찰인들은 점유이전금지 가처분을 신청하여 해결을 하려 합니다. 하지만 저의 경우는 좀 다른데, 점유이전금지 가처분으로 진행하면 절차상 2주가 걸리지만 소유자로 인도명령 신청 후 강제집행을 진행하면 1주로 기간이 단축됩니다.

소유자로 인도명령 결정을 받아 강제집행을 하기 위해 집행관이 현장에 나가 조사를 하는데 이때 인도명령의 피신청인(점유자)과 현재 점유자가 다르면 부동산 인도 집행이 불가능합니다. 그러면 집행관은 제3자가 점유하고 있어 집행이 불능되었다는 집행(불능)조서를 작성하게 되는데 이 조서를 첨부하여 새로운 점유자를 상대로 인도명령을 신청하면서 불법점유자라는 내용과 승계집행문을 신청하면 별도의 심문 절차 없이 인도명령 결정이 나오게 됩니다. 즉 승계집행문으로 인도 집행을 다시 신청하면 됩니다.

라. 내부 시설을 파손하려고 하거나 불을 지르려고 하는 경우

경매대상 부동산에 부착된 물건(종물, 부합물)은 법적으로 낙찰인 소유입니다. 내부 시설을 훼손하려는 이에게는 형법상 재물손괴죄나 절도죄가 적용된다는 점을 숙지시키면 해결할 수 있습니다. 또한 불을 지르는 경우는 형법상 방화죄에 해당되어 엄중하게 처벌됩니다. 제 경험상 실제로 실행에 옮기는 점유자는 아직 보지 못했습니다.

마. 집단(단체)을 명도 하는 경우

다가구주택 및 상가주택 혹은 빌딩처럼 다수의 임차인이 살고 있는 부동산을 낙찰 받게 되면 다수의 점유자를 명도해야 하는 상황에 부딪히게 됩니다. 이들은 서로 뭉쳐서 낙찰인을 압박하거나 대표자를 선출해 단체협상을 벌이려고 합니다. 이럴 경우 이해관계인이 다수라 협상 조건이 매우 까다롭고 한 명이라도 조건이 맞지 않으면 단체행동을 해 낙찰인을 압박하기 때문에 협상이 무척 어렵습니다.

이럴 때에는 오히려 집단을 상대하려고 하지 말고 개인을 상대해야 합니다. 보증금을 전액 배당 받거나, 집안이 누수 및 결로 등으로 파손되어 거주 환경이 매우 열악하거나, 사정상 빨리 이사를 가야 하는 점유자를 우선적으로 접촉해 그들을 설득해야 합니다. 먼저 이사 가는 이들에게 더 많은 이사비용을 지급하고 이사가 늦어질수록 높은 이자 비용 때문에 지급할 수 있는 이사비용이 적어질 수밖에 없다는 것을 사전에 통보합니다. 통상 점유자들끼리는 혈연, 지연, 학연과 같은 끈끈한 인간적인 매개체가 없기 때문에 그들의 단체 행동은 의외로 오래 가지 못하는 경우가 많습니다.

신의 한 수

4

가압류가 많으면 명도가 어려운 경우가 많다

제가 현장에서 명도를 진행하다 보면 법원 경매기록상으로 대략 명도의 난이도를 추측할 수 있는 경우가 많이 있습니다. 누구나 발급받아 볼 수 있는 등기부등본을 예로 들면 어떤 경매물건은 1~3개의 근저당권이 설정된 후 그 설정된 근저당권에 의해 경매가 진행되는 경우가 있고 또 어떤 물건은 여러 개의 카드사 및 개인의 가압류가 많이 걸려 있고 그로 인해 경매가 진행된 경우도 있습니다.

제 경험상 등기부등본에 여러 개의 가압류가 많이 걸려 있는 물건이 명도가 어려운 경우가 많았습니다. 그 이유는, 통상 가압류는 금융권 내 담보(근저당) 대출로도 돈이 부족하여 여기저기에서 채무자의 신용으로 돈을 빌려 쓴 경우로 발생되기 때문입니다. 특히 등기부등본에 각종 카드회사에서 가압류가 많이 걸려 있다면 이는 명도가 무척 어렵다고 봐도 무방합니다. 채무자가 마지막 코너까지 몰려 신용 카드를 돌려막기 한 것이니까요.

이런 경매물건에 점유자가 있다면 통상 수중에 한 푼도 없는 경우가 많아 보증금 부족으로 작은 월세 방이라도 이사 갈 곳을 찾지 못하는 경우가 많습니다. (실제로 채무자 통장에 2천 원밖에 없는 경우도 본 적이 있습니다.) 그래서 이런 물건을 낙찰 받으면 명도로 엄청난 스트레스를 받을 수밖에 없습니다. 통상 이런 분들은 많은 이사비용을 책정해야 하는데, 이사비용으로 월세 계약을 채결해주는 것이 현명한 방법입니다. 지하철 1호선 인천 지역에 역에서 10분 거리 주변으로 공간이 크고 저렴한 월세 방들이 많이 있으니 참고하시기 바랍니다. (만일 점유자가 가압류 채무자가 아니라 임차인이라면 임대보증금을 배당받는 것에 따라 명도의 난이도는 또 달라집니다.)

제 경험상 우측처럼 <u>경매사건의 매각기일이 자주 변경되는 물건은 일반적으로 명도하기가 쉽습니다.</u> (변경이란 채무자가 채권자에게 연체이자를 일부 변제하거나 채권자에게 사정하여, 채권자가 매각기일을 다음기일로 연기하겠다고 법원에 신청하는 것을 말합니다. 몇 달 정도 빚을 갚을 수 있도록 시간 여유를 주는 것이죠.)

대부분의 사람들은 변경이 많이 되면 그만큼 채무자가 그 물건을 포기하지 않고 애착이 많아 매달리기 때문에 명도하기가 어려울 것이라 생각하지만 오히려 이런 물건들은 낙찰 받고 채무자와 다시 임대차 계약을 하면 쉽게 마무리가 되는 경우가 많습니다. 변경이 많다는 것은 변경할 때마다 연체이자를 일부 변제했다는 것이기 때문에 채무자가 어느 정도 금전적 여유가 있다는 뜻이기도 하니까요. 이런 물건은 이사를 내보려고 하지 말고 웬만하면 주변 임대시세보다 조금 낮게 재계약하는 것이 현명한 방법일 것입니다.

STEP 5   낙찰 부동산 마무리하기

모든 단계를 거쳐 원하는 물건을 낙찰 받았다면 임대를 주거나 바로 매매하는 두 가지 방법이 있습니다. 하지만 그전에 해야 할 것이 있습니다. 경매물건은 대부분 지저분한 경우가 많아 그대로 시장에 나가면 상품성이 떨어져 임대가 잘 되지 않고 매매가격 또한 떨어질 우려가 있으니 인테리어에 신경을 써야 합니다. 제가 직접 하고 있는 인테리어 방법을 여러분께 공유해드리겠습니다.

조명
조명은 제일 밝고 화려한 것으로 다는 것이 좋습니다. 특히 반지하층 빌라는 실내가 대부분 어둡기 때문에 가장 밝은 조명으로 달아야 하며 특히 거실은 화려한 조명일수록 좋습니다.

도배와 장판
위와 유사한 맥락으로 도배지와 장판도 흰색 계열의 밝은 톤으로 하며 특히 펄이 들어가 있으면 더 좋습니다. 인근 인테리어 가게에 문의를 해도 좋고 방산시장이나 인터넷을 이용하면 저렴하게 구입할 수 있습니다.

화장실
세면기와 좌변기는 웬만하면 새것으로 교체하는 것이 좋습니다. 보기에 더러운 욕조가 있다면 철거하고 부스형 샤워실로 만드는 것도 좋고요. 요즘은 화장실에 욕조 시설을 하지 않는 추세입니다.

싱크대
싱크대가 더럽다면 예쁜 시트지를 활용하여 화려하게 재사용이 가능합니다. 먼저 싱크대 손잡이들을 전부 떼어내 밝은색 시트지를 붙인 다음 손잡이를 다시 답니다. 손잡이가 녹이 슬었거나 오래된 모델이면 손잡이도 새것으로 교체해주세요. 또한 하부 싱크대와 상부 수납장 사이 벽면에는 타일무

늬의 시트지를 부착하면 새집 같이 변신할 수 있습니다.

방문
오래된 방문에 페인트 칠을 하거나 시트지로 재사용할 때 방문 손잡이와 경첩을 새것으로 교체하는 것이 좋습니다. 비용도 2만 원 내외로 저렴합니다.

몰딩
저는 몰딩에 굉장히 신경을 쓰는 편입니다. 특히 반지하층 빌라는 임대나 매매를 하려는 사람들이 현관문을 여는 순간 '와, 좋은데'라는 감탄사가 절로 나올 정도로 꾸며야 높은 매매가와 임대수익을 올릴 수 있는데, 집 내부를 고급스럽게 만드는 중요한 포인트가 바로 몰딩입니다. 저는 고급 목재로 된 두꺼운 몰딩을 선호하며 방문 틀에도 나무 몰딩을 하여 고급스러움을 연출합니다.

최종 소품
위의 모든 공사가 끝나고 더 이상 할 게 없으면 빨간색과 파란색 실내 슬리퍼 2개를 현관 입구에 둡니다. 마치 모델하우스에 방문하면 슬리퍼를 신고 들어가는 것처럼 연출하여 고급스러움을 더합니다. 또한 현관 입구나 집 곳곳에 예쁜 화분이나 흙 없이 물에서 사는 식물을 배치해 두기도 합니다. 좋은 향기도 나고 이산화탄소와 먼지도 흡수해 고객들이 집 내부로 들어갈 때 상쾌한 느낌을 줄 수 있으니까요. 방향제도 설치해 내부의 공기 정화에도 신경을 쓴다면 집을 보러 온 사람들한테서 큰 호응을 얻을 수 있습니다.

신의 한 수
5

경매 대출을 활용해
0원경매에 성공하는 방법

제가 많은 지인들에게 상담을 하다 보면 그 많은 자금은 어떻게 만드는지, 대출이자가 부담이 되지 않는지, 전세가 안 나가면 어떻게 하는지 등등 자금을 조달하는 방법에서부터 향후 처리 방법에 대해 여러 가지 질문을 받습니다. 지금부터 바로 그 부분에 대해 설명해드리겠습니다.

먼저 경매에 입찰하기 전에 예상 입찰가격의 약 25%의 자금이 필요합니다. 자금이 준비되어 있지 않다면 신용대출이나 지인에게 빌려도 무방합니다. (나중에 받은 전세금으로 변제할 것이기 때문에 큰 문제가 발생하지 않습니다.)

예를 들어 2억짜리 지하 빌라가 여러 번 유찰되어 1억까지 떨어졌고, 전세시세가 1억 5백만 원이라고 가정해보겠습니다. 그럼 25%에 해당되는 2천 5백만 원을 준비해야 합니다. 먼저 그중 10%인 1천만 원은 입찰 시 입찰보증금으로 사용이 됩니다. 최저가의 10%의 금액을 입찰서류에 함께 동봉하지 않으면 그 경매 입찰은 무효로 처리됩니다.

낙찰을 받으면 경매 절차상 대략 45일 이내에 입찰보증금을 제외한 나머지 잔금 9천만 원을 법원에 납부해야 합니다.

이때 경매 대출이 빛을 발휘하게 됩니다. 통상 낙찰가격의 80% 정도 대출이 나오기 때문에 초기에 준비된 1천만 원에 8천만 원의 경매 대출을 더하여 잔금을 전부 납부합니다. (낙찰 받고 법원에서 나오면, 대출을 중개하는 아주머니들이 서로 대출을 받아가라고 줄 서서 기다리고 있습니다. 요즘 은행 및 금융기관에 돈이 갈 때가 없어 서로 대출을 해주겠다고 난리입니다.)

　잔금 납부 시에는 등기부등본상의 부동산 명의에 낙찰인 이름으로 바꿔야 합니다. 이것을 소유권이전 촉탁등기라고 하는데, 이때 취득세 1.1%(1백 1십만 원)를 중앙정부에 납부해야만 등기를 할 수 있습니다.
　그리고 점유자를 이사 보낼 때 발생하는 이사비용과 연체관리비, 부동산 중개수수료를 계산하면 대략 5% 미만으로 추가 비용이 발생하게 됩니다. 낙찰인 본인이 직접 등기를 하면 법무사 등기수수료가 발생하지 않으나, 법무사에게 의뢰하면 4~50만 원 등기비용이 추가로 발생하게 됩니다. 이렇게 잔금을 완납해야 법적으로 완벽한 낙찰인 소유가 되며 이렇게 소유권을 취득해야 점유자를 이사 보내든지, 임대를 놓든지 하는 소유권 행사를 할 수 있습니다.

　그다음, 총 발생비용인 1억 5백만 원으로 전세를 놓습니다. 여기까지 말씀드리면 또 다른 질문을 받게 되죠. 등기부등본에 8천만 원 근저당이 있는데 전세가 나가겠느냐는 것입니다. 정확히 말하면 등기부등본상에는 채권최고액인 9천 6백만 원(8천만 원×120%)이 설정됩니다.

　그래서 부동산 중개업소에 전세를 의뢰할 때 근저당권을 말소하는 조건으로 전세를 놓아야 합니다. 즉 임차인의 전세 보증금을 임대인이 직접 받는 것이 아니라, 임차인과 부동산 중개업소 사장님과 함께 대출받은 은행에 가서 임차인이 직접 말소하게 하는 것입니다. 임차인이 바쁠 경우 부동산 중개업소 사장님이 대신하기도 합니다. 곧 전세금 1억 5백만 원 중 8천만 원은 은행에 납부하여 근저당권을 말소시키고 나머지 2천 5백만 원만 임대인이 받습니다. 초기에 25%의 자금을 지인에게 빌려서 마련했다면 이 자금으로 갚으시면 됩니다. 이것이 0원경매(공짜 집)가 탄생하게 되는 전반적인 과정입니다.

이렇게 은행 대출이 0원경매를 만드는 데에 결정적인 역할을 하게 됩니다. 위 과정의 총 기간이 통상 잔금 납부 후 3개월(점유자 이사기간 2개월, 인테리어 및 전세 중개 기간 1개월) 이내에 해결이 되기 때문에 3개월 정도의 이자만 부담하시면 됩니다. 8천만 원을 대출받으면 매월 24만 원 정도의 대출이자가 발생합니다. 3개월이면 대략 75만 원의 비용으로 8천만 원이라는 큰돈을 활용할 수 있는 것입니다.

요즘 서울 및 수도권에는 전셋집이 매우 희귀합니다. 집주인 입장에서는 전세를 받아 은행에 예치해도 은행 금리가 낮아 수익률이 형편없기 때문에 되도록 월세를 선호하기 때문입니다. 그래서 저는 전세를 선호합니다. 내부 인테리어를 깔끔하게 해서 전세를 최대한 많이 받습니다. 그리고 그 전세금으로 또 다른 공짜 집을 마련하는 데 초기 자금으로 재활용하고 있습니다.

PART

1

청개구리의
빌라 공략하기

먼저 알아두기

빌라는 1~2천만 원의 소액으로 청개구리 경매를 시도하시려는 분들이 시작하기에 좋은 종목입니다. 교통 접근성이 좋으면 환금성도 좋아 투자 상품으로 우수하기 때문입니다. 매매나 임대 대상은 중·서민층이 대다수이며 인근에 가격이 비싼 아파트가 위치해서 빌라와 가격 차이가 클수록 빌라의 매매 및 임대가 유리합니다. 대부분의 사람들이 아파트에서 거주하고 싶어 하지만 기회비용이 높아 진입하지 못하고 대체 주거지로 빌라에 거주하기 때문입니다.

이외에도 부동산 중개업소가 많이 운영되고 있는 지역들을 눈여겨보기 바랍니다. 중개업소가 많다는 것은 그만큼 임대수요가 많다는 반증이기 때문에 중개업소를 찾아보기 힘든 지역보다 훨씬 좋은 지역입니다. 또 인근에 분양되는 빌라가 비싼 지역은 그만큼 수요층이 두터워 가격이 비싼 것이기 때문에 이런 지역의 빌라를 관심 있게 지켜보는 것도 좋은 방법입니다.

또한 제1종 일반주거지역 이하 지역을 주위 깊게 살펴보길 바랍니다. 도시계획에서 주거지역 중 용도가 제1, 2종 전용주거지역 및 제1종 일반주거지역들은 용적률이 많이 제한되어 빌라 분양사업의 수지 타산이 맞지 않기 때문에 신규 빌라가 공급이 어려워집니다. 그래서 이런 지역들은 어느 정도 수요만 받쳐줘도 가격이 꾸준히 상승하거나 불황에도 가격이 떨어지지 않는 우수한 지역이 됩니다.

이번 장에서는 남들이 관심 갖지 않는 빌라 위주로 사례를 설명해드릴 것입니다. 0원경매에 성공하기 위해서는 남들과의 경쟁률이 적은 물건에 투자해야 성공률이 높아지기 때문이지요. 실제로 저는 이런 물건들을 몇 년간 꾸준히 조사하고 입찰에 참여한 결과 서울 시내에 수십 건의 0원경매물을 보유하고 있습니다.

남의 도움을 받고 물건을 낙찰 받는 방법도 좋은 방법입니다. 하지만 직접 본인의 발로 현장을 누비며 낙찰 받았을 때의 희열을 여러분들도 저처럼 직접 느끼셨으면 합니다. 그 희열과 감동을 비교하자면 하늘과 땅 차이라고 해도 과언이 아니지요. 직접 발품을 팔아 손해 볼 일은 절대 없습니다. 나침반과 운동화 한 켤레 장만 하시고 현장으로 어서 나가보길 바랍니다.

* 실제 사례의 계산법은 이사 비용 및 수리 비용, 취득세 등의 각종 세금, 법무사수수료 등을 제외한 결과입니다.

청개구리의 빌라 공략하기

1

반지하 빌라라도 역세권이면 인기짱!

바로 여기! 중랑구 묵동 ○○빌리지

청개구리 역발상

고정관념	햇빛도 안 들고 쾌쾌한 반지하 빌라는 무조건 사면 안 된다.
역발상	역세권 혹은 임대수요가 우수한 지역은 매물이 아예 없기 때문에 반지하 빌라라 할지라도 임대 및 매매가 잘되어 높은 시세차익을 볼 수 있다.

제가 성공한 0원경매(공짜 집) 중 여기에 해당하는 것들이 제일 많습니다. 제가 가장 선호하는 케이스이죠. 부동산 일반 매매나 경매시장에서 대부분의 사람들은 반지하층 빌라를 선호하지 않습니다. 특히, 반지하층 구옥(빨간 벽돌집)들은 경매시장에서도 잘 팔리지 않아 계속해서 유찰을 거듭하는 것이 현실입니다.

하지만 부동산 임대수요가 풍부한 지역에서는 반지하층 빌라나 옥탑방 등도 가릴 것 없이 집이 없어서 난리입니다. 주변 1층 빌라보다 조금만 저렴하게 세를 내놓거나 특히 전세로 임대를 놓으면 금방 계약이 이루어지죠. 요즘처럼 임대시장에서 전셋집이 많지 않을 때에는 임대수요가 풍부한 지역에서 대기수요도 풍부하기 때문에 집 인테리어만 잘 꾸미면 세놓는 것은 그리 어렵지 않습니다.

최근에 지어지는 빌라들은 1층에 필로티 주차장을 만드는 경우가 많아 반지하층 빌라는 차츰 사라질 것으로 보입니다. 그만큼 희소성이 높아지겠

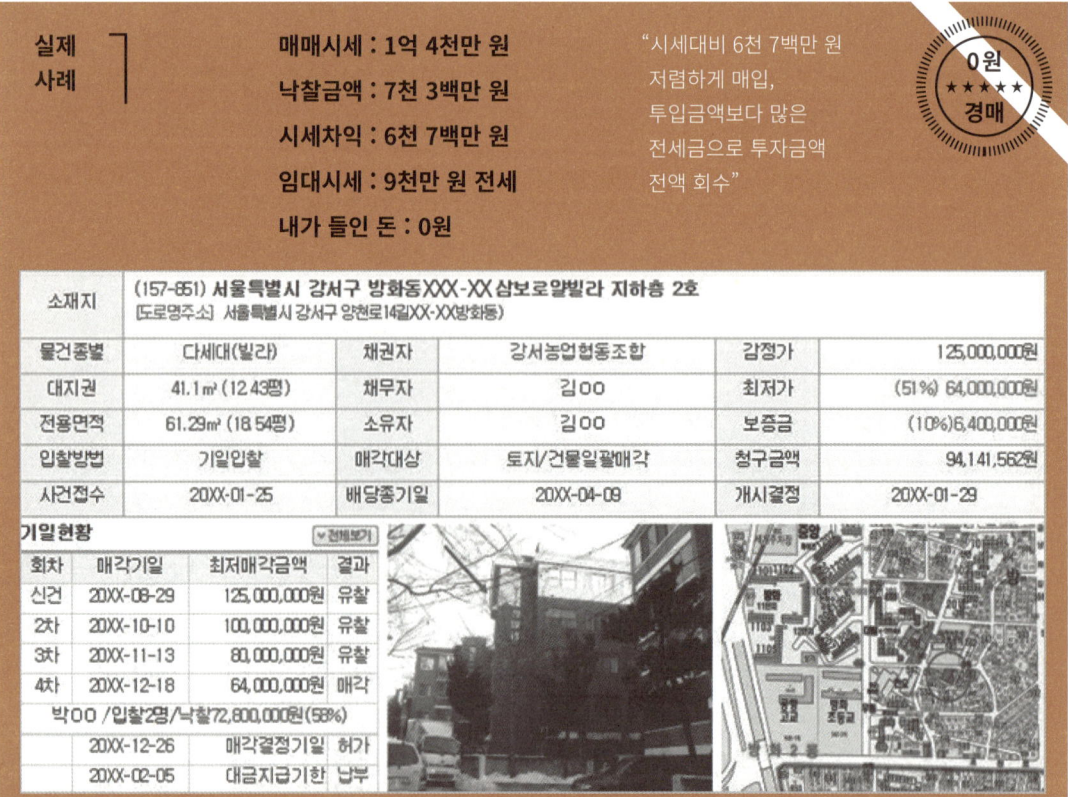

죠. 대부분의 사람들은 반지하층 빌라가 매매가 되겠느냐, 세는 나가겠느냐, 도대체 그걸 어떻게 써먹겠느냐 등 노파심을 갖고 묻는데, 그럴 때마다 저는 당당히 말합니다. "당연히 잘나가고, 잘 써먹을 수 있습니다!"라고요. 위치가 좋거나 임대수요가 풍부한 지역이면 가능합니다. 내부 인테리어를 잘 꾸미고 거실 부분이 지상 위로 노출되어 햇빛이 잘 들어올수록 잘 나갑니다. 반지하층 빌라는 거실 부분의 2분의 1이 지상 위로 노출된 경우, 3분의 1이 노출된 경우, 완전히 지하인 경우 등 다양하게 나눌 수 있습니다.

사례 1번 물건은 지하철 5호선 개화산역과 지하철 9호선 신방화역 중간에 위치하여 5분 내외로 2개의 지하철을 모두 이용할 수 있는 반지층 빌라입니다. 또한 이 빌라 바로 앞에 큰 규모의 근린공원이 위치하여 반지하지만 쾌적한 주거환경을 누릴 수 있는 우수한 빌라입니다. 제 소개로 지인이 위 물건에 응찰하여 7천3백만 원에 낙찰받고 9천만 원 전세 계약을 체결하여 0원 경매가 되었으며, 최근 1천만 원을 증액하여 전세 1억 원에 재계약을 마쳤습니다. 현재 이 지역은 마곡지구와 가까운 관계로 후광효과를 받고 있어 향후 미래 가치가 높아 당분간 매매하지 않고 보유할 계획입니다.

예전에 지은 구옥들은 주차공간이 부족한 빌라들이 많습니다. 그 당시에는 차량이 많지 않아 건축법상 주차장 요건이 지금처럼 까다롭지 않았기 때문입니다. 집집마다 차량이 있는 요즘 실정에는 주차장이 부족한 건물은 낙찰을 받자마자 반드시 주변에 공용주차장이나 거주자우선주차 신청을 하여 주차공간을 선 확보한 후 전·월세를 놓아야 임대수익률을 높일 수 있습니다.

사례 2번 물건은 7호선 먹골역에서 5분 거리에 위치한 빌라로 제가 지인에게 소개하여 낙찰 받은 물건입니다. 반지하층이라 경쟁자가 단 2명뿐이었습니다. 2002년도에 건축된 깔끔한 빌라인데다 지하철로 출퇴근하는 직장인들이 선호하는 위치라 매매가는 1억 5천만 원 전후, 전세가는 1억 2천만 원 정도입니다.

참고로 중랑구 묵동 지역은 남북으로 뻗는 동일로를 기준으로 좌측(서

실제 사례 2

매매시세 : 1억 5천만 원
낙찰금액 : 1억 1천 6백만 원
시세차익 : 3천 4백만 원
임대시세 : 1억 2천만 원 전세
내가 들인 돈 : 0원

"시세대비 3천 4백만 원 저렴하게 매입, 투입금액보다 많은 전세금으로 투자금액 전액 회수"

0원 경매 ★★★★★

소재지	(131-848) 서울특별시 중랑구 묵동 XXX-XX 우암빌리지 지1층 비02호				
	[도로명주소] 서울특별시 중랑구 공릉로2길 XX-X(묵동)				
물건종별	다세대(빌라)	채권자	하나은행	감정가	150,000,000원
대지권	27.51㎡ (8.32평)	채무자	구ㅇㅇ	최저가	(64%) 96,000,000원
전용면적	61.52㎡ (18.61평)	소유자	구ㅇㅇ	보증금	(10%) 9,600,000원
입찰방법	기일입찰	매각대상	토지/건물일괄매각	청구금액	29,493,556원
사건접수	20XX-06-01	배당종기일	20XX-08-22	개시결정	20XX-06-02

기일현황			
회차	매각기일	최저매각금액	결과
신건	20XX-10-31	150,000,000원	유찰
2차	20XX-11-28	120,000,000원	유찰
3차	20XX-12-27	96,000,000원	매각
이ㅇㅇ /입찰2명/매각115,700,000원(77%)			
	20XX-02-10	대금지급기한	납부

쪽)은 묵2동, 우측(동쪽)은 묵1동으로 나뉩니다. 묵2동은 상가와 시장이 혼재되어 있고 오래된 주택이 많아 혼잡한 편이며 묵1동은 주택 밀집지역으로 신축건물과 학교 등이 많아 거주하기에 조용하고 쾌적합니다. 그래서 지하철 7호선을 이용하여 강남으로 출퇴근하는 직장인들이 묵1동을 더 선호하며 임대시세도 조금 더 비싸게 형성되어 있습니다.

청개구리의 빌라 공략하기

2 시끄러운 1층 빌라라도 ⇨ 상가로 바꾸면 OK!

바로 여기! 카페로 변신한 빌라 1층

청개구리 역발상

고정관념   1층은 소음이 심하기 때문에 피해야 한다.

역발상   사람과 차량이 많으니 경매 낙찰 후 1층 상가로 바꿔 팔자.

1층 빌라도 반지하층 빌라처럼 대부분의 투자자들이 선호하지 않는 애물단지 부동산입니다. 특히 차량과 인적이 많은 도로변에 있는 1층 빌라는 소음과 매연, 프라이버시 침해 등으로 임대조차도 잘 나가지 않거나 저렴한 것이 현실입니다.

하지만 도로변에 있는 1층 빌라(반지하층 빌라도 마찬가지입니다)는 주위 상권이 어느 정도만 형성되어 있어도 훌륭한 상가로 변신이 가능합니다. 번잡하고 사람들의 왕래가 잦은 시끌벅적한 지역은 상가가 적합하고, 조용하고 인적이 드문 지역은 주거지(주택)로 적합합니다. 하지만 건축주의 무지와 상권의 급격한 변화로 많은 빌라(특히 구옥)들은 거꾸로 위치한 경우가 상당히 많이 있습니다.

저는 이렇게 상권이 형성된 지역에 있는 1층 빌라(혹은 반지하층 빌라)를 매우 좋아하는데, 이를 훌륭한 상가(근린생활시설)로 용도 변경하여 높은 수익률(0원경매)을 실현하고 있습니다. 1층 상가는 열심히만 하면 어느 정도 장사가 되는 편이라 세입자들이 임대를 제일 선호하기 때문에 세가 잘 나가는 편입니다. 특히 상가는 전세가 없고 대부분 월세라 임대인 입장에서도 더 높은 수익률을 실현할 수 있습니다.

예를 들어, 1층 빌라를 어린이 집으로 꾸민다든지 예쁘고 조그만 카페로 꾸미는 것입니다. 1층 빌라는 발코니도 있고 공간 효율성(전용률)이 높아 실제로 사용할 수 있는 면적이 크고 관리비도 적게 나와 임차인들이 더 선호하게 됩니다.

전용률이란?
분양평형 대비 실제로 사용하는 공간의 비율로 전용률이 50%인 20평형 오피스텔의 실제 사용 평수(전용 평수)는 10평이다.

1층 빌라 활용 사례

어린이집

카페

반지하층 빌라 활용 사례

의류점

카페

부동산 중개업소

카페로 용도 변경 중

빌라를 사무실로 쓰는 경우도 있습니다. 대표적으로 인터넷 쇼핑몰 업체들이 강남 서초구와 마포구 지역 등 업무지구가 밀집되고 교통이 좋은 지역의 빌라를 활용하는 경우가 많습니다. 인터넷 쇼핑몰 업체는 간판을 크게 달 필요가 없지만 사무실 내부에 짐을 보관해야 하는 창고 공간을 필요로 하기 때문에 빌라를 선호합니다. 빌라가 상가 대비 실제 사용공간이 넓고 상가와 달리 관리비가 없거나 저렴하기 때문에 이런 장점을 선호하는 회사들이 많이 찾습니다.

빌라의 거실을 고객응접실로 활용한 사무실 전경

빌라를 상가로 용도변경하려면

해당 관청 건축과 혹은 도시계획과에 용도변경 신청을 해야 합니다. 특별한 문제가 없으면 거의 대부분 쉽게 허가해주는 편입니다. 과태료도 따로 없습니다. 단, 신경 써야 할 부분은 이웃집에서 민원이 들어가지 않도록 하는 것입니다. 평소에 인사를 자주 하면서 이웃과 친해지는 노력도 필요합니다. 용도변경 신청을 할 때 지참서류는 부동산 등기부등본 및 건축물대장이 필요하고, 용도변경 신청서 양식은 아래와 같습니다.

건축·대수선·용도변경신고서		신고번호(연도-구분-신고일련번호) ☐☐☐☐-☐☐☐☐-☐☐☐☐☐	
건축구분	※ 해당항목에 ∨를 표시하시기 바랍니다. ☐신 축　☐증 축　☐개 축　☐재 축　☐이 전 ☐용도변경　☐대수선　☐신고사항변경신고		
① 건축주	성 명		생년월일(법인등록번호)
	주 소		(전화번호 :　　)
② 설계자	성 명	서명 또는 인	면허번호
	사무소명		등록번호
	사무소주소		(전화번호 :　　)
③ 대지조건	대지위치		
	지번		관련지번
	지목		용도지역　　　/
	용도지구　　　/		용도구역　　　/

대수선의 경우에는 대수선개요(IV)만 기재하되, 대수선으로 인하여 층별개요와 동별개요의 (주)구조가 변경되는 경우에는 변경되는 (주)구조를 동별개요와 층별개요에 기재하시기 바랍니다.

I. 전체개요

대지면적(㎡)		건축면적(㎡)		
건 폐 율(%)		연 면 적(㎡)		
용적률산정용 연면적(㎡)		용 적 률(%)		
④건축물명칭		주건축물수　　　동	부속건축물	동　㎡
⑤주 용 도		호(가구)수　　☐호 　　　　　☐가구	총주차대수	대

주택을 포함하는 경우 호(가구)당 평균전용면적(㎡)

⑥오수정화시설		형식		용량		(인용)	
주차장	구분	옥내		옥외		인근	면제
	자주식	대	㎡	대	㎡	대	㎡	대
	기계식	대	㎡	대	㎡	대	㎡	

일괄처리 사 항	☐ 공사용가설건축물축조신고　☐ 공작물축조신고　☐ 개발행위허가 ☐ 도시계획시설사업 시행자의 지정 및 실시계획인가 ☐ 산지전용허가 및 신고　☐ 사도개설허가 ☐ 농지전용허가·신고 및 협의　☐ 도로점용허가 ☐ 비관리청 도로공사시행 허가 및 도로의 연결허가 ☐ 하천점용허가　☐ 공공하수도 배수설비 설치신고 ☐ 오수처리시설 및 단독정화조의 설치신고 ☐ 상수도 공급신청　☐ 자가용전기설비공사계획의 인가 또는 신고

청개구리의 빌라 공략하기

3 1층 빌라라도 언덕지형이면 2층 효과!

바로 여기! 양천구 목동 ○○빌리지

청개구리 역발상

고정관념	1층 빌라는 무조건 피해야 한다.
역발상	언덕지형에 빌라가 위치하여 공부상 1층이지만 실제로는 2~3층 높이의 빌라가 상당히 많다.

등기부등본 상 지하가 필로티 주차장이고 1층이 실제로 2층 높이에 위치해 있어 1층 빌라의 단점들을 상쇄시킨 빌라가 있습니다. 이런 물건은 좋은 기회가 될 수 있습니다. 특히, 서울에서 구릉지(언덕) 지형인 관악구, 동작구, 강서구, 성북구, 강북구, 도봉구 등에 위치한 빌라들 중에 이런 경우가 많습니다.

다음 물건은 양천구 목3동에 있는 1층 빌라입니다. 이 지역 역시 구릉지 지형으로 실제로는 필로티 주차장 위에 있는 2층 높이의 빌라입니다. 1층이라 사람들이 꺼려 두 번이나 유찰되었고 7명이 경합하여 최종 1억 4천 8백만 원에 낙찰이 된 물건입니다.

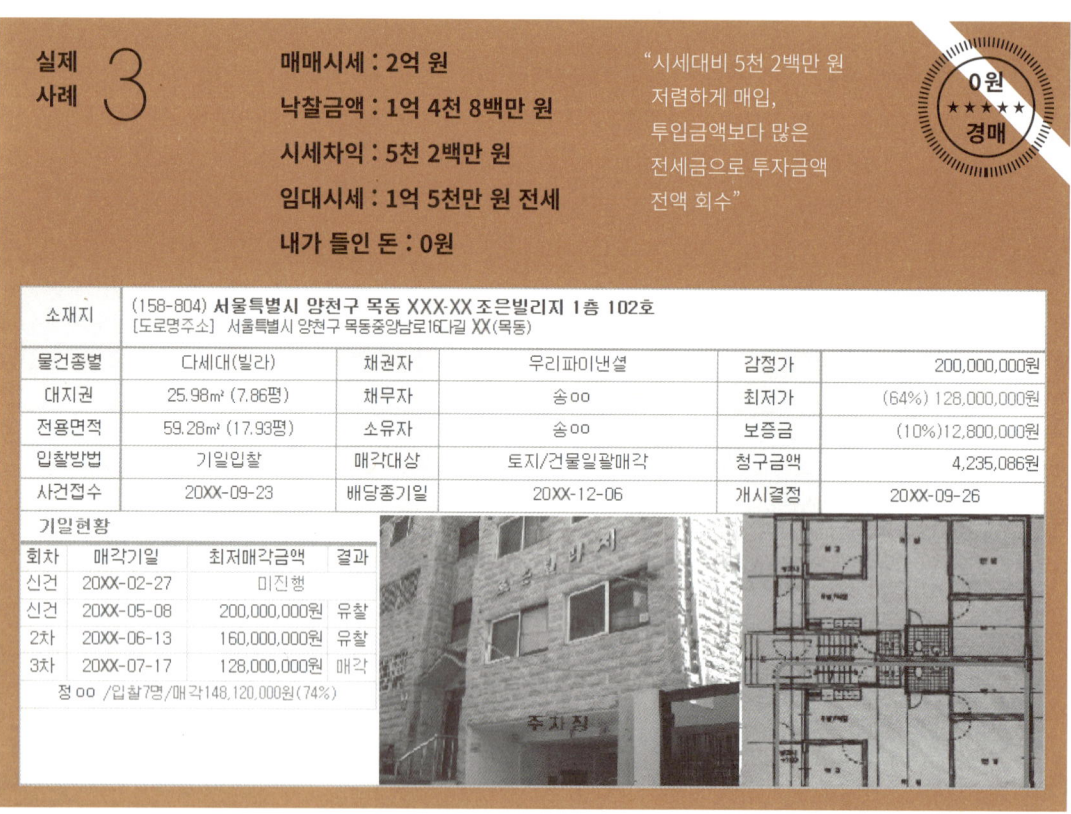

이와 유사한 경우로 등기부등본상 반지하층 빌라인데 실제로는 1층 높이의 빌라도 상당수 있습니다. 반지하층이라 저렴하게 감정되는데 대부분 유찰이 많아 싸게 매입할 수 있고, 임대료는 1층 시세로 받을 수 있어 0원경매로 만들기가 매우 쉽습니다.

실제 사례 4

- 매매시세 : 1억 7천만 원
- 낙찰금액 : 1억 4천 4백만 원
- 시세차익 : 2천 6백만 원
- 임대시세 : 1억 2천 전세
- 내가 들인 돈 : 2천 4백만 원

"시세대비 2천 6백만 원 저렴하게 매입, 1층 높이를 가진 반지하층 빌라 사례(1)"

소재지	(158-803) 서울특별시 양천구 목동XXX- X 효성아트빌 지층 비02호						
	[도로명주소] 서울특별시 양천구 목동중앙본로18길XX(목동)						
물건종별	다세대(빌라)	채권자	동수원신용협동조합	감정가	171,000,000원		
대지권	30.32㎡ (9.17평)	채무자	박ㅇㅇ	최저가	(64%) 109,440,000원		
전용면적	59.8㎡ (18.09평)	소유자	박ㅇㅇ	보증금	(10%)10,944,000원		
입찰방법	기일입찰	매각대상	토지/건물일괄매각	청구금액	105,147,288원		
사건접수	20XX-01-04	배당종기일	20XX-03-21	개시결정	20XX-01-06		
기일현황						
회차	매각기일	최저매각금액	결과
신건	20XX-05-23	171,000,000원	유찰
2차	20XX-06-27	136,800,000원	유찰
3차	20XX-08-01	109,440,000원	매각
강ㅇㅇ /입찰17명/매각143,880,000원(84%)			
20XX-09-07	대금지급기한	납부	

실제 사례 5

- 매매시세 : 1억 4천 5백만 원
- 낙찰금액 : 1억 1천 3백만 원
- 시세차익 : 3천 2백만 원
- 임대시세 : 1억 1천만 원 전세
- 내가 들인 돈 : 300만 원

"시세대비 3천 2백만 원 저렴하게 매입, 1층 높이를 가진 반지하층 빌라 사례(2)"

소재지	(131-849) 서울특별시 중랑구 목동XXX-XX 지하층 비01호						
	[도로명주소] 서울특별시 중랑구 동일로154길XX(목동)						
물건종별	다세대(빌라)	채권자	신행숙외 1명	감정가	130,000,000원		
대지권	25.09㎡ (7.59평)	채무자	정ㅇㅇ	최저가	(80%) 104,000,000원		
전용면적	55.31㎡ (16.73평)	소유자	정ㅇㅇ	보증금	(10%)10,400,000원		
입찰방법	기일입찰	매각대상	토지/건물일괄매각	청구금액	67,500,000원		
사건접수	20XX-08-17	배당종기일	20XX-11-12	개시결정	20XX-08-18		
기일현황						
회차	매각기일	최저매각금액	결과
신건	20XX-02-07	130,000,000원	유찰
2차	20XX-03-14	104,000,000원	매각
이ㅇㅇ /입찰2명/매각112,800,000원(87%)			
20XX-04-28	대금지급기한	납부	

사례 4번 물건을 보면 우측 사진에서 보는 것처럼 실제로는 필로티 주차장 옆에 있는 1층 빌라인데 반지하층으로 구분되어 경매가 진행되었습니다.

사례 5번 물건도 등기부등본상 반지하층 빌라로 지하철 7호선 먹골역에서 도보 5분 거리에 위치해 있습니다. 좌측 사진에서 보이는 것처럼 약간 언덕지형인데 실제로 가보면 거실 부분이 지상 1층 높이에 위치하여 햇빛이 거실 내부까지 잘 들어와 채광이 좋습니다. 이처럼 지하층 빌라라도 햇빛이 잘 들어오는 1층 높이에 있어 전세가 1억 1천만 원에 금방 임대가 된 물건입니다.

청개구리의 빌라 공략하기

4
계단 많은 탑층 빌라라면
⇨ 조망부터 살펴라

바로 여기! 강서구 등촌동 ○○홈타운

청개구리 역발상

고정관념 꼭대기(탑층) 빌라는 피해야한다.

역발상 엘리베이터가 있거나 옥상을 정원으로 꾸며 놓고 있는 탑층 빌라는 매매 및 임대가 쉽다.

일반적으로 아파트처럼 빌라도 탑층(꼭대기 층)은 잘 선호하지 않습니다. 법원 경매시장에서도 탑층 빌라는 유난히 유찰이 많이 되는데, 아파트와 달리 엘리베이터가 거의 없어 꼭대기까지 걸어 올라가야 하기 때문이죠. 그렇다고 탑층 빌라라 하여 무조건 다 무시할 것은 아닙니다.

서울에서 대부분의 빌라는 좁은 지역 내에 빽빽하게 밀집되어 있어 거실 전망이 나오는 경우는 극히 드뭅니다. (대단지 아파트들도 앞 동에 가려 전망이 나오는 경우는 그리 많지 않죠.) 보통 4미터 정도의 도로 거리만큼 간격을 두고 건축을 해서 대부분은 거실에서 보이는 전망이 바로 앞집인 경우가 대부분입니다. 이런 이유로 가끔 거실 전망이 나오는 탑층 빌라는 체력적 부담이 없는 신혼부부들이 선호하며 매매 및 임대가격도 주변에 비해 비싼 편입니다.

좌측 사진에서 보이는 건물은 거실 방향이 바로 옆 교회 주차장을 향해 있는 경우입니다. 주차장 외에는 다른 건물이 없어 전망이 확 트인 건물이죠. 이런 빌라는 탑층이라도 쾌적하고 밝은 전망 때문에 다른 일반 빌라에 비해 매매시세가 1~2천만 원 높게 형성되어 있으며 임대도 빨리 이루어집니다. 실제로 이 집은 전세로 내놓자마자 다음날 처음 본 사람이 바로 계약금을 보내왔습니다.

종종 다세대주택인 빌라에 엘리베이터가 있는 경우도 있는데 이런 빌라는 탑층이라도 로열층(중간층)에 비해 전혀 가격이 뒤지지 않습니다. (일반적으로 탑층 빌라는 로열층 빌라에 비해 1~2천만 원 정도 저렴합니다.)

사례 6번 물건은 제 소개로 지인이 응찰한 물건인데 5층 건물에 탑층 빌라입니다. 2008년에 지어진 새 건물인데 주변 건물이 낮게 지어져 본 물건은 거실 전망이 확 트여 있고 햇빛도 아주 잘 들어오는 좋은 물건입니다. 매매시세는 2014년 낙찰 받을 당시 2억 2천이며 지인이 1억 6천 3백에 낙찰

실제 사례 6	매매시세 : 2억 2천만 원 낙찰금액 : 1억 6천 3백만 원 시세차익 : 6천 7백만 원 임대시세 : 1억 7천만 원 전세 내가 들인 돈 : 0원	"시세대비 6천 7백만 원 저렴하게 매입, 투입금액보다 많은 전세금으로 투자금액 전액 회수"

소재지	(157-836) 서울특별시 강서구 등촌동 XXX-XX 예림홈타운 5층 501호 [도로명주소] 서울특별시 강서구 등촌로39나길XX (등촌동)				
물건종별	다세대(빌라)	채권자	등촌동새마을금고	감정가	240,000,000원
대지권	31.39㎡ (9.5평)	채무자	이ㅇㅇ	최저가	(64%) 153,600,000원
전용면적	49.56㎡ (14.99평)	소유자	이ㅇㅇ 외1명	보증금	(10%) 15,360,000원
입찰방법	기일입찰	매각대상	토지/건물일괄매각	청구금액	150,000,000원
사건접수	20XX-02-13	배당종기일	20XX-05-01	개시결정	20XX-02-15

기일현황	▼전체보기		
회차	매각기일	최저매각금액	결과
신건	20XX-10-10	240,000,000원	유찰
2차	20XX-11-13	192,000,000원	유찰
3차	20XX-12-18	153,600,000원	매각
최ㅇㅇ/입찰3명/낙찰162,800,000원(68%)			
	20XX-12-26	매각결정기일	허가
	20XX-02-05	대금지급기한	납부
	20XX-02-27	배당기일	완료

 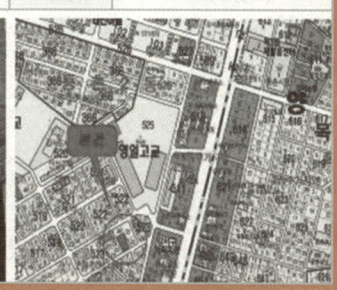

을 받아 1억 7천에 전세를 주었으며 2017년 임대차 계약만료일이 돌아오면 2억 4천만 원에 매도할 계획입니다.

　간혹 탑층으로 올라가는 계단 중간쯤에 현관문을 만들어놓고 옥상을 탑층 거주자가 단독으로 혼자 사용하는 경우가 있는데 이런 경우 또한 좋은 기회가 될 수 있는 물건입니다. 이런 경우는 분양 초기 다른 입주자가 없을 때 건축주가 탑층에 살면서 옥상을 단독으로 사용하기 위해 설치한 것인데, 옥상을 마치 정원처럼 사용하면서 나무나 꽃을 키우며 친환경적 공간으로 꾸며놓기도 합니다. 이런 건물은 주위의 높은 곳에 올라가 옥상을 어떻게 꾸며놓았는지 확인해볼 수 있는데, 어떻게 꾸몄는가에 따라 매매와 임대 가격에 큰 영향을 줍니다.

　다음 사례 7번의 물건은 서울에서 임대 및 매매수요가 풍부한 대표적인 지역 중 하나인 역삼역에서 도보 5분 거리에 위치해 있는 건물로 제가 한눈에 반한 우수한 집입니다. 빌라의 제일 탑층인 4층을 단독으로 사용하면서

실제 사례 7

매매시세 : 5억 원

낙찰금액 : 4억 4천 2백만 원

시세차익 : 5천 8백만 원

임대시세 : 4억 원 전세

소재지	(135-921) 서울특별시 강남구 역삼동 XXX-XX 역삼씨티빌 4층 501호 [도로명주소] 서울특별시 강남구 테헤란로32길XX(역삼동)				
물건종별	다세대(빌라)	채권자	노들새마을금고	감정가	500,000,000원
대지권	52.54㎡ (15.89평)	채무자	장○○	최저가	(80%) 400,000,000원
전용면적	93.06㎡ (28.15평)	소유자	장○○	보증금	(10%) 40,000,000원
입찰방법	기일입찰	매각대상	토지/건물일괄매각	청구금액	195,000,000원
사건접수	20XX-12-22	배당종기일	20XX-02-27	개시결정	20XX-12-23

기일현황

회차	매각기일	최저매각금액	결과
신건	20XX-05-02	500,000,000원	유찰
2차	20XX-06-12	400,000,000원	매각
이○○ /입찰3명/매각442,550,000원(89%)			
	20XX-07-23	대금지급기한	납부

옥상에 큰 나무를 정원처럼 꾸며놓고 있습니다. 이런 집은 단독주택의 장점인 정원도 있고, 빌라의 장점인 편리성도 함께 가진 쉽게 찾아보기 힘든 물건이죠. 그래서 저도 과감하게 4억 초반에 입찰했지만 아쉽게 떨어진 사례입니다.

청개구리의 빌라 공략하기

5 밖에선 안 보이는 확장 공간이 있다면 ⇨ 가치 상승

바로 여기! 은평구 신사동 ○○홈타운

청개구리 역발상

고정 관념	밖에서 보이는 모습이 전부이다.
역발상	현장에서 세밀하게 조사하여 확장된 면적을 찾고 확장으로 인한 가치 상승분을 고려한다면 보다 큰 시세차익을 노릴 수 있다.

전용면적 14평에 거실이 없는 쓰리룸 빌라와, 전용면적은 14평이지만 베란다를 확장하여 실제 평수는 18평처럼 만든 거실이 넓은 쓰리룸 빌라가 있습니다. 실제로 경매에 자주 나오는 물건들이지요. 특히 2007년 이후에 지은 빌라들은 확장된 빌라가 많습니다.

은평구 지역을 예로 들자면, 건축한 지 7년 정도 되고 전용면적 14평인 빌라는 시세가 1억 4천만 원 정도 합니다. 그런데 거실을 확장하여 실제 18평으로 쓰고 있는 빌라는 1억 8천만 원 정도로 시세가 형성되어 있습니다.

여기서 말하는 확장이란 단순히 베란다 부분의 지붕과 벽을 샌드위치 패널로 씌운 게 아니라 베란다 공간까지 방, 거실 혹은 화장실 등의 바닥으로 확장해 베란다를 주거 공간으로 사용할 수 있도록 만든 것을 말합니다.

베란다를 확장하지 않은 집

베란다를 확장한 집

다음에 소개하는 물건의 경우 빌라 내부가 확장되어 실 평수가 20평이고 건물 인테리어가 훌륭해 매매시세가 감정가보다 높은 2억 원에 형성되어 있었습니다. 전세가도 방 3개짜리 빌라의 최대금액인 2억 원까지 받을 수 있는 좋은 물건으로, 1억 4천 8백에 낙찰을 받은 사례입니다.

그런데 문제는 경매대상 물건의 내부를 보기가 쉽지 않은 상황에서 얼마만큼 확장되었는지, 확장된 공간은 무엇으로 사용되는지 등을 어떻게 판별해내느냐에 있습니다. (간혹 법원 경매기록의 매각물건명세서에 나타나 있는 경우도 있긴 합니다.)

베란다의 벽과 지붕이 샌드위치 패널로 덮여 있어도 그 내부공간이 거실 혹은 방으로 사용되는 경우도 있고, 그냥 창고나 빨래를 너는 베란다로 사용되는 경우도 있습니다.

| 실제 사례 8 | 매매시세 : 2억 원
낙찰금액 : 1억 4천 8백만 원
시세차익 : 5천 2백만 원
임대시세 : 1억 5천 전세
내가 들인 돈 : 0원 | "시세대비 5천 2백만 원 저렴하게 매입, 투입금액보다 많은 전세금으로 투자금액 전액 회수" |

소재지	(122-879) 서울특별시 은평구 신사동 X-XX XX타운 4층 401호				
	[도로명주소] 서울특별시 은평구 갈현로2길XX-X(신사동)				
물건종별	다세대(빌라)	채권자	중앙동새마을금고	감정가	180,000,000원
대지권	28.57㎡ (8.64평)	채무자	고○○	최저가	(80%) 144,000,000원
전용면적	51.12㎡ (15.46평)	소유자	고○○	보증금	(10%)14,400,000원
입찰방법	기일입찰	매각대상	토지/건물일괄매각	청구금액	137,924,240원
사건접수	20XX-09-08	배당종기일	20XX-11-25	개시결정	20XX-09-09

기일현황			
회차	매각기일	최저매각금액	결과
신건	20XX-03-22	180,000,000원	유찰
2차	20XX-04-26	144,000,000원	매각
황○○/입찰5명/매각148,800,000원(83%)			
	20XX-05-03	매각결정기일	허가
	20XX-06-08	대금지급기한	납부

 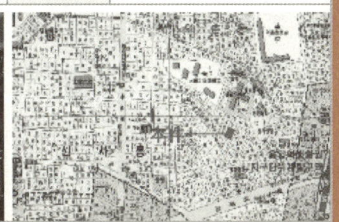

이런 것들을 여러 가지 방법으로 구별해야 합니다. 쉽게는 이웃집 옥상이나 높은 언덕에서 경매대상 빌라의 베란다를 살펴봄으로써 확인할 수 있고, 여러 가지 여건상 조사가 어려울 때는 창문의 모양과 형태, 커튼 설치 여부, 실내 가구 등으로 확인할 수 있습니다. 거실과 방에 쓰이는 창문이 장착되어 있거나 실내 커튼, 에어컨, 거실 조명처럼 거실에서 사용되는 가구 등이 보이면 바닥 확장이 된 경우가 대부분이고, 베란다 천정에 설치되는 빨래걸이와 방치되어 쌓여 있는 짐 등이 보이면 확장하지 않고 원래 용도인 베란다로 사용되고 있다고 보면 됩니다.

 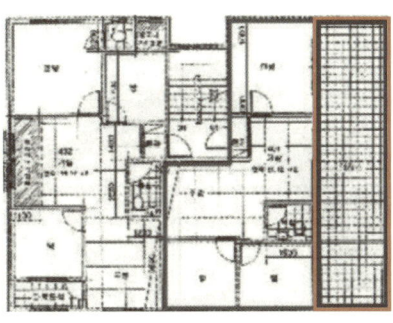

앞 사진을 보면 경매기록에는 우측 평면도에서처럼 파란색 부분이 베란다로 나와 있지만 실제로는 좌측 사진처럼 베란다 부분 5평 정도의 바닥이 확장되어 일부는 거실과 화장실로, 또 일부는 방으로 사용되고 있었습니다.

이렇게 실질적으로 거실과 방이 확장되어 실제 주거 공간을 넓게 사용할 수 있는 빌라는 가치가 매우 높고 매매 및 임대가 잘됩니다.

간혹 위반 건축물로 이행강제금(시정명령을 받은 후 시정기간 내에 시정명령을 이행하지 않은 자에게 부과하는 것)을 우려하는 분들도 있는데, 확장 면적이 $20m^2$(6평) 이하이고 확장 면적을 합산하여 $85m^2$ 이하일 때는 과태료가 50~100만 원으로 그리 많지 않고 5년 동안만 납부하면 됩니다. (최근에 일조권을 침해한 베란다 확장에 대한 철거를 명한 법원 판결이 있으나, 이는 새롭게 단독주택 허물고 신축빌라를 신축하면서 인접한 빌라에 일조권을 침해하면서 소송이 발생하였으며 소송 중 베란다 확장된 부분이 추가되어 소송이 진행된 사건입니다. 경매 물건에 나온 베란다 확장 빌라들은 건축한지 시일이 꽤 지난 것이니 특별한 문제가 없을 것으로 보여지며 혹시 불안하시면 낙찰 후 방문하여 일조권 관련하여 소송이 있는지 확인하고 만일 있다면 불허가 신청으로 매각을 취소하는 것이 바람직해 보입니다.)

확장된 평수는 대략적으로 외부에서도 측량이 가능합니다. 보통 성인 남자의 걸음 한 폭은 60cm이고 한 평은 가로 1.814m×세로 1.814m이므로 대략 가로 3걸음 및 세로 3걸음이 한 평에 가깝게 됩니다. 그런데 보통 빌라들은 베란다 부분이 길쭉한 직사각형 형태인 경우가 대부분이라 이런 경우에는 가로걸음에 세로걸음을 곱한 후 9로 나누면 대략적인 평수를 알 수 있습니다(그림 1 참고).

▶ 그림 1

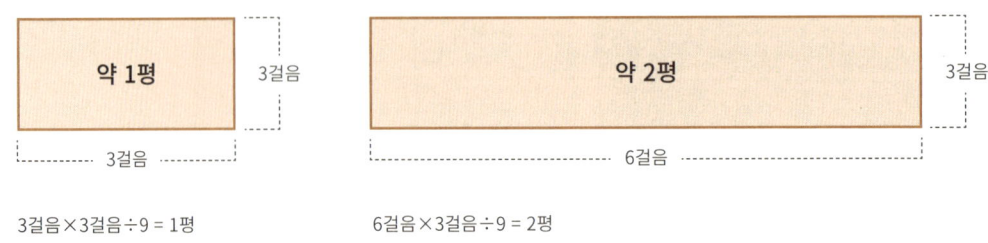

3걸음×3걸음÷9 = 1평　　　　6걸음×3걸음÷9 = 2평

저는 외부에서 이런 방법으로 건물 둘레를 따라 걸어보며 실제 확장된 평수가 어느 정도인지를 고려한 후에 그 빌라의 실질적 가치를 계산합니다. 5년 넘게 매일같이 이런 방법으로 평수를 계산하다 보니 요즘은 눈대중으로만 봐도 대략적인 평수를 알 수 있을 정도가 되었습니다. 건물 외벽 마감 형태나 창문 모양을 보면 대략적인 실내 구조가 보이기도 하고, 건축주가 인테리어에 얼마나 공을 들였는지 판단할 수 있지요. 빌라 외부 및 복도에 고급 대리석, 고급 목재와 타일로 마감되어 있는 빌라라면 추천해드릴 만합니다. 드라이비트와 같은 스티로폼 재질로 된 빌라는 웬만하면 피하는 것이 좋습니다.

자 그럼, 여러분들도 한번 자신의 걸음으로 한 평의 크기를 측정할 수 있는 방법을 터득해보세요. 창문(창호) 전문점에 방문해서 거실, 방, 화장실, 주방 창문들이 어떻게 다른지도 확인해보시고요!

복층 빌라는 어떤가요?

복층 빌라는 크게 2가지 종류로 나눌 수 있습니다. 허가받은 복층 빌라와 허가받지 않고 건축주가 임의로 복층을 만든 경우입니다. (엄연히 말하면 허가받지 않고 건축주가 임의로 만든 복층 빌라는 이행강제금과 같은 과태료가 부과될 수 있습니다.) 다시 말해 건축 허가를 받아 건축물대장과 등기부등본의 전용 평수에 복층의 면적이 포함되어 있는 경우와 건축주가 임의로 복층을 만들었기 때문에 문서상 면적에 포함되지 않는 경우입니다.

복층면적이 포함되어 있지 않는 빌라를 경매로 접하게 되면 0원경매로 만들 수 있는 절호의 기회가 될 수 있습니다. 대부분의 감정평가사가 빌라 내부로 들어가서 조사를 하지 못하기 때문에 건축물대장과 등기부등본 등의 전용면적으로 감정평가를 합니다. 외부에서 복층 여부를 판단하기도 어려워 복층면적이 감정이 되지 않고 시세보다 낮게 감정되는 경우가 많지요.

제 경험상 이런 복층 빌라는 대부분 탑층(꼭대기층)에 옥탑방과 연결해 위치한 경우가 많습니다. 일반적 빌라에 비해 층고가 높은 빌라도 복층을 의심해볼 수 있고요. 저는 복도에서 손을 뻗어 천장에 손이 닿지 않으면 복층의 가능성을 확인해봅니다. (대부분의 빌라는 까치발을 들고 손을 뻗으면 천정에 손이 닿거든요.)

또한 복층 빌라에서 확인해야 할 중요한 포인트는 복층인 부분에 보일러와 같은 난방시설이 설치되어 있는지의 여부입니다. 복층으로 한 층을 더 올렸지만 보일러 배관이 설치되어 있지 않으면 창고로밖에 사용되지 않아 일반적인 다락방과 별반 다를 것이 없어 큰 이익이 없습니다. 하지만 사람이 잘 수 있도록 보일러 배관이 설치된 복층은 가치가 매우 높으며 혹은 전기온돌 패널이 설치된 복층도 매우 우수합니다.

복층인 부분에 별도의 출입구가 설치되어 있는 경우에도 2개 세대에 동시에 임대를 줄 수 있어서 임대수익률을 높일 수 있습니다. 하지만 불법 구조변경으로 인한 이행강제금이 부과될 수 있으니 해당 구청 건축과에 문의해보고 입찰하길 권합니다. 또한 대부분의 복층 빌라들은 높은 층고로 인하여 일반적인 단층 빌라에 비해 여름과 겨울에 난방비가 많이 나오니 물건 조사 시 참고하길 바랍니다.

신의 한 수

요즘 유행하는
신축빌라들에 대한 유의사항

최근 몇 년 전부터 주변에서 신축빌라 분양에 관한 현수막을 자주 접하게 됩니다. 특히 서울의 서민층이 밀집해 거주하고 있는 지역들은 단독주택을 허물고 빌라를 짓는 공사 현장을 자주 목격할 수 있습니다. 그래서인지 지인들로부터 신축빌라 분양에 대한 여러 가지 문의도 늘어나고 있습니다.

결론부터 말씀 드리자면, 저는 신축빌라를 분양받는 것에 대하여 대단히 회의적입니다. 경매로 저가에 낙찰 받는 것은 권하고 있지만 정상 분양가격을 주고 매입하는 것은 추천하지 않습니다. 그 이유는 공부(관공서에서 법규에 따라 작성·비치하는 장부)상 전용 평수가 작고 베란다가 없기 때문입니다. 요즘 유행하는 대부분의 신축빌라는 공부상 14평 크기라도 베란다 부분의 4평을 확장한 후 18평이라고 하여 분양 광고를 합니다. 그러나 실제로 2평을 확장했는지, 4평을 확장했는지 별도로 측량하지 않고서는 소비자로서 알 수 있는 방법이 없습니다. 그냥 분양 광고를 믿을 수밖에요.

또한 확장을 했기 때문에 베란다가 없거나 있어도 면적이 매우 좁습니다. 하지만 실제 생활을 고려해볼 때 베란다는 반드시 필요한 공간입니다. 김치냉장고나 에어컨 실외기를 설치하거나 아이들 장난감 및 각종 도구 등을 보관하는 곳으로 활용할 수 있는 공간이기 때문입니다.

최근 신축빌라를 분양받은 대부분의 수요층들은 가구나 짐이 많지 않은 신혼부부들이 많은데, 이후 아이가 생기거나 짐들이 점점 많아지면 불편을 느끼고 넓은 공간으로 이사 가야 하는 상황이 발생합니다. 아예 작은 방 하나가 베란다 역할을 대신해 창고처럼 사용되기도 하고요.

분양 시점에는 아무래도 새집이고 실내 인테리어도 멋지게 보여 좋아 보일 수는 있으나 대략 5년 정도가 지나면 중고주택이 될 수밖에 없습니다. 그렇게 되면 오히려 베란다가 있고 실제 사용 공간이 큰 빌라에 밀리는 물건이 되어버리는 거죠. 즉, 공부상 전용 평수가 작고 베란다가 없기 때문에 확장하지 않은 빌라에 비해 감가상각이 빨리 진행된다고 이해하면 수월할 것입니다. (중고차의 경우, 3년 된 차량이나 4년 된 차량이나 별반 가격차이가 없고, 대신 주행거리나 차량 관리상태가 중고차 가격에 중요한 변수가 되는데 그 이유와 유사하다고 보면 됩니다.)

하지만 그래도 꼭 신축빌라를 구입해야 하는 상황이라면, 다음의 몇 가지 부분을 반드시 확인하고 매입해야 합니다. 우선, 신축빌라 분양 당시 등기부등본을 확인해야 합니다. 만일 수십 억의 근저당 대출이 있다면 분양받는 것을 심각하게 재고해보길 바랍니다. 건축주가 큰 액수의 대출을 받아 완공했다면, 건축과정에서 시간과 돈에 쫓기어 저가의 불량 자재를 사용하는 등 부실 공사가 이뤄졌을 가능성이 높기 때문입니다.

제 경험상, 건축주가 금전적으로 여유가 있고 본인이 빌라 제일 위층에 살면서 임대를 줄 목적으로 지은 것이라면 좋은 자재를 사용하여 튼튼하게 잘 건축했을 확률이 높습니다. 하지만 큰돈을 대출받아 빌라 분양사업을 전문적으로 하는 건축주는 매월 수백만 원의 이자 부담이 발생하기 때문에 빨리 지어 서둘러 분양을 해야 수익을 낼 수 있습니다. 건축자재는 어차피 도배와 장판을 하면 보이지 않는 것이라 저가의 중국산 자재를 사용하는 경우가 흔하죠.

추운 겨울에 건축한 빌라 역시 하자가 많은 확률이 높기 때문에 가급적 매입하지 않는 게 좋습니다. 겨울에 빌라를 짓다 보면 물과 시멘트와 모래를 섞어 굳히는 과정에서 수분이 얼어버리기 때문에 벽과 기둥의 시멘트가 빈틈없이 견고하게 굳기가 어렵습니다.

　이렇게 지은 빌라들은 봄이 되어 날씨가 풀리면 벽과 기둥 내부에 얼어 있는 수분이 녹아 곰팡이와 같은 하자가 생깁니다. 얼어 있던 수분이 자리 잡고 있던 빈틈으로 인해 단열성도 떨어져 누수와 결로 등으로 인한 보수비용이 계속적으로 발생할 수도 있습니다. 따라서 건축물대장을 발급 받아 준공날짜가 12월부터 2월처럼 추운 겨울이 아닌지 꼼꼼히 확인하고 매입하는 것이 좋습니다.

　탑층 빌라 중에서 아래의 좌측 사진과 같이 경사의 사선 부분에 자리 잡은 빌라도 웬만하면 피하는 것이 좋습니다. 이 경우 내부에 들어가서 살펴보면 경사 부분에는 실내 가구의 배치도 어렵고 실제 사용공간도 좁습니다. 전용 18평의 빌라라면 1~2평 정도 손해를 보게 되어 일반 탑층 빌라에 비해 향후 매매 시 2~3천만 원 저렴하게 거래될 수밖에 없고요. (이렇게 사선 형태로 건물이 지어진 것은 설계 시 이웃 건물의 도로 사선 제한 및 일조권 사선 제한으로 인한 경우입니다.)

　반면, 우측 사진의 빌라는 탑층이지만 경사면 없이 직각으로 설계하고 건축하여 내부 실내 공간도 넓고 우수해서 추천하는 형태의 물건입니다.

청개구리의 빌라 공략하기

6
감정가가 낮아도 수익률을 높일 수 있는 빌라

바로 여기! 마포구 성산동 ○○그린빌

청개구리 역발상

고정관념 전문 감정평가사의 감정가격은 늘 옳다.

역발상 실제가격보다 저렴하게 감정된 것을 찾아내어 투자하면 수익률이 좋다.

아무리 감정평가사라 해도 빌라 감정은 쉽지 않습니다. 게다가 경매물건의 내부는 감정평가사라도 볼 수 없기 때문에 더더욱 감정은 어려워집니다. 제 지인 중 감정평가사무소를 운영하는 분이 있는데 보통 빌라의 경우는 건물을 사진 촬영하고 인근 중개업소에 방문해 시세를 조사하는 것으로 감정을 마친다고 합니다.

아파트의 경우는 건설회사에서 대단지로 건축하기 때문에 인근에 비교 가능한 동일 평형 및 동일 향(남향, 동향 등)이 많아 매매 및 임대시세를 쉽게 파악할 수 있지만, 빌라는 건축주가 개인이고 그들마다 각각 다른 철학을 가지고 건축을 하기 때문에 인근에 비교대상 물건을 찾는 것이 쉽지 않습니다. 어린 아이들까지 생각한 친환경적 인테리어에 내진 설계까지 반영한 빌라가 있는가 하면, 어떤 경우는 이윤의 극대화를 위해 제일 저렴하고 싼 자재(드라이비트 등)들로 건축하고 마감하기도 하니까요.

빌라 가격은 향(남향, 북향)에 따라서도 달라지고 (보통 1~2천만 원 정도 가격 차이가 발생합니다), 구조의 영향도 받습니다. 같은 20평형이라도 2베이 구조보다는 3베이, 4베이 구조가 인기가 많습니다. 또 중앙에 현관이 있는 ㄷ구조보다는 ㅁ구조인 직사각형 혹은 정사각형 구조를 더 선호하는 편입니다. 이런 것들이 다양하게 빌라 가격에 영향을 미치기 때문에 인근 중개업소에 방문해 시세를 조사할 때 중개업소마다 시세가 제각각이기도 합니다. 그래서 부동산 중개업소로부터 시세 정보를 얻는 감정평가사들도 가끔 감정이 틀릴 수 있는 것입니다. 통상 이런 경우는 감정이 어려운 빌라나 토지에 집중되는 편이죠.

베이란?
전면 발코니에 접한 거실과 방의 숫자, 즉 외벽과 만나는 공간의 개수를 말한다

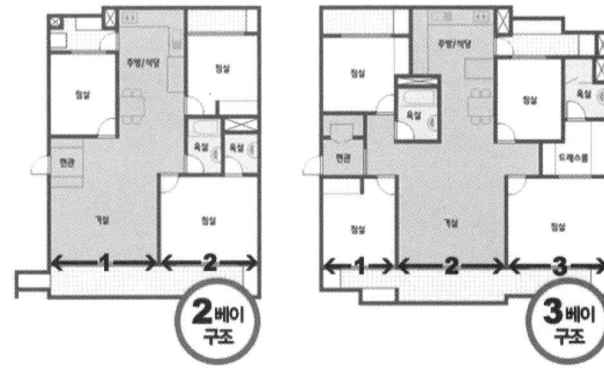

아래 물건은 마포구 연남동에서 전용면적 7.3평짜리 빌라가 8천 4백만 원에 감정되어 경매가 시작된 경우입니다. 하지만 특이하게도 이 시세는 서울 외곽에 위치한 도봉구나 금천구에 있는 빌라의 시세입니다. 서울에서 임대수요가 풍부하기로 소문난 홍대역 근처에 위치하고 있는데, 이 지역의 빌라 시세는 약 1억 3천만 원 전후이죠. 더욱이 이 빌라는 필로티 주차장에, 엘리베이터도 있고 2003년도에 지은 관리가 잘된 깔끔한 건물이었습니다. 저는 처음부터 8천 8백만 원에 입찰을 했고 3명이 경쟁해 제가 최고가 낙찰을 받았습니다.

또한 경매는 절차상 감정한 시점과 매각하는 시점이 약 4~6개월 정도 차이가 발생하기 때문에 이 사이에 집값이 급격하게 상승하면 최초 감정가격이 매각 시점의 시세보다 저렴하게 됩니다. 이 경우 0원경매로 만들 수 있는 좋은 타이밍이 되죠. (☞ 이 부분에 대해서는 '18. 감정가가 옛날 거라면 ⇨ 현 시세와의 차익을 노려라'에서 더 하도록 하겠습니다.)

실제 사례 9

- 매매시세 : 1억 3천만 원
- 낙찰금액 : 8천 9백만 원
- 시세차익 : 4천 1백만 원
- 임대시세 : 9천 5백만 원 전세
- 내가 들인 돈 : 0원

"시세대비 4천 1백만 원 저렴하게 매입, 투입금액보다 많은 전세금으로 투자금액 전액 회수"

0원 경매

소재지	(121-869) 서울특별시 마포구 연남동XXX-XX 필하우스 3층 301호				
[도로명주소]	서울특별시 마포구 월드컵북로8길XX-X(연남동)				
물건종별	다세대(빌라)	채권자	윤ㅇㅇ	감정가	84,000,000원
대지권	13.99㎡ (4.23평)	채무자	김ㅇㅇ	최저가	(100%) 84,000,000원
전용면적	24.08㎡ (7.28평)	소유자	김ㅇㅇ	보증금	(10%) 8,400,000원
입찰방법	기일입찰	매각대상	토지/건물일괄매각	청구금액	114,408,536원
사건접수	20XX-10-15	배당종기일	20XX-12-31	개시결정	20XX-10-16

기일현황			
회차	매각기일	최저매각금액	결과
신건	20XX-03-18	84,000,000원	매각
원ㅇㅇ / 입찰3명/매각88,900,000원(106%)			
	20XX-04-21	대금지급기한	납부

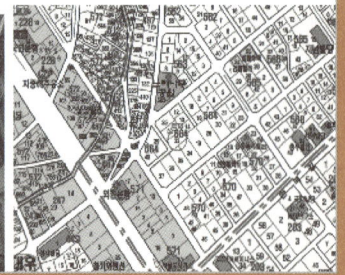

실제 사례 10	매매시세 : 2억 3천만 원 낙찰금액 : 1억 8천 1백만 원 시세차익 : 4천 9백만 원 임대시세 : 1억 7천만 원 전세 내가 들인 돈 : 1천 1백만 원	"시세대비 4천 9백만 원 저렴하게 매입, 신축 건물이라 매매가 빠르고 투자금 대비 시세차익이 큼."

이처럼 제가 매우 선호하는 경매물건 형태 중 하나가 감정이 잘못된(저평가된) 빌라입니다. 시세차익이 큰 반면 거의 단독 입찰로 받을 수 있고, 대출도 감정가격의 80~90%까지 받을 수 있으니 수익성이 매우 높기 때문입니다.

위 물건도 2004년도에 건축한 깔끔한 빌라로 실제 매매시세는 약 2억 3~4천만 원 정도인데 1억 8천만 원으로 낮게 감정되어 있었습니다. 저는 설레는 마음으로 서둘러 현장답사를 나갔습니다. 사진에서 보이는 것처럼 주차장과 현관입구가 잘 꾸며져 있어 마음에 들었고 내부가 궁금해 아래층 201호를 방문했는데 좋은 이웃분이라 해당 집에 대한 자세한 사정도 듣고 내부 구조도 살펴봤습니다. 저는 친한 지인에게 이 물건을 소개해 입찰을 했고 최저금액에 1백만 원만 더 올려 써서 단독으로 입찰 받았습니다. 내부 인테리어가 훌륭한 물건이라 이후 1억 7천만 원에 전세 계약을 체결할 수 있었습니다.

법원 경매에서는 보통 10건 중 1~2건은 재매각된 사건입니다. 흔히 ① 매매시세를 잘못 파악한 경우 ② 권리분석을 잘못한 경우 ③ 자금을 확보하지 못한 경우 등의 이유로 예상치 못한 리스크가 발생해 낙찰인이 대금 납부 의무를 하지않아 재매각이 이루어지죠. (반면 이와 비슷한 개념인 '신매각'이란 경매를 실시하였으나 유찰이 되어 매수인이 결정되지 않아 다시 실시하거나, 최고가 매수인의 매각이 불허되거나 허가가 취소되는 경우에 실시하는 것을 말합니다. 유찰로 인한 신경매의 경우에는 다음 매각기일에 최저매각가격의 20~30%가 저감되어 입찰이 실시되지만 낙찰 불허가로 인한 신경매의 경우에는 종전의 최저매각가격을 그대로 적용하여 진행합니다.)

재매각으로 다시 경매가 진행되는 경매물건은 무슨 특별한 하자가 있을 것이라고 생각하고 막연한 두려움을 갖곤 합니다. 또한 일반적인 경매사건은 초기에 입찰보증금이 최저매각가의 10%가 필요한 반면, 재매각 경매사건은 최저매각가의 20%가 필요하여 초기 비용이 충분히 준비되어 있지 않으면 입찰하기도 쉽지 않죠.

다시 말해, 일반적인 경매사건의 2배에 해당하는 입찰보증금을 준비해야 하면서 동시에 리스크는 더 높아지기 때문에 사람들은 재매각 되는 물건에 응찰하기를 꺼려합니다. 하지만 저는 이러한 이유로 오히려 재매각 경매사건을 더 유심히 살펴보고, 전 매수인이 대금을 미납한 이유를 철저히 조사하여 권리분석 등과 같은 치명적인 하자가 없으면 반드시 입찰을 하려고 합니다.

사례 11번 물건은 2호선과 4호선이 환승되는 사당역 주변의 구옥빌라로 관리도 잘되어 있고, 역에서 도보 5분 거리 내의 역세권에 위치한 훌륭한 물건이었습니다. 매매시세는 3억 6천만 원에 형성되어 있으며 전세 물건이 없어서 대기수요까지 있는 지역이고요.

그런데 이 물건은 전전 입찰기일에 3억 3천에 낙찰이 되었는데 잔금을 납부하지 않아 재매각이 된 사건이었습니다. 제가 현장을 방문하여 그 이유를 면밀하게 탐문한 결과, 투자자 2분이 공동명의로 2분의 1지분씩 낙찰을

재매각이란?
낙찰자가 대금 지급 의무를 이행하지 않아 법원이 직권으로 다시 경매를 실시하는 것을 말한다.

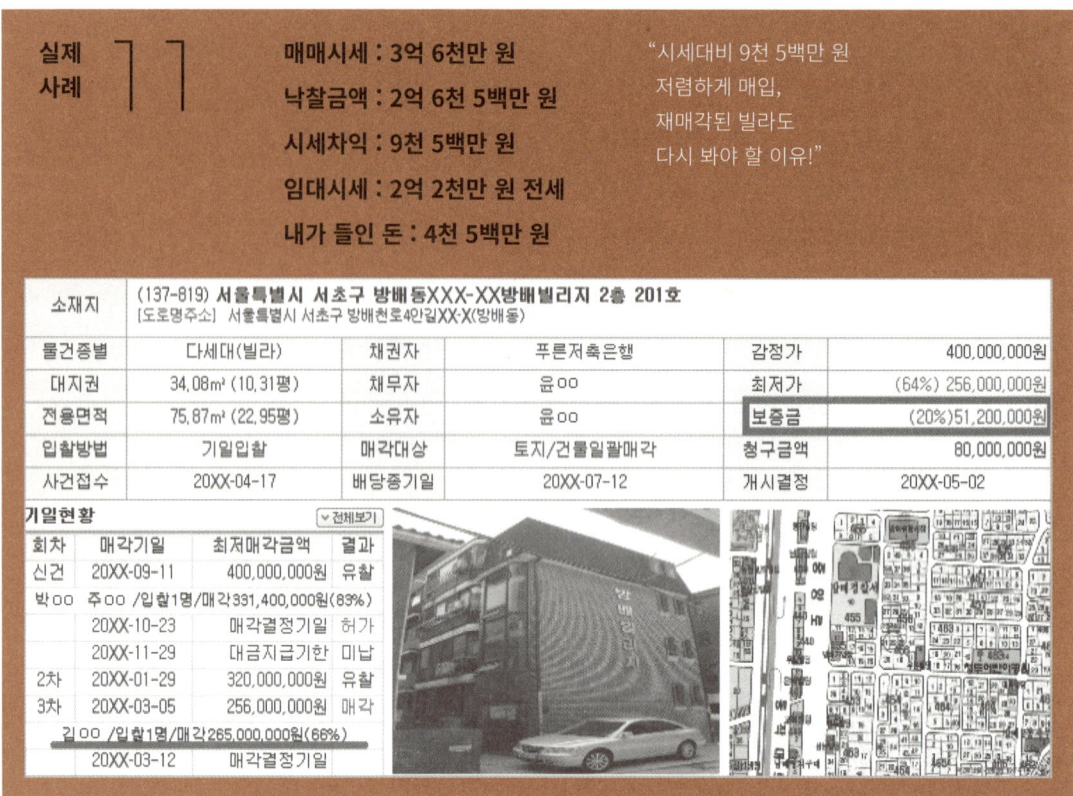

받았는데, 시세보다 그리 저렴하게 사지 않아 수익성이 낮고 상호 간 불화로 서로의 신뢰가 깨져 경매 잔금을 미납한 경우였습니다.

저는 이 물건을 주시하며 유찰되기를 기다렸고 원하는 가격(2억 5천 6백만 원)까지 유찰되어 제 지인에게 응찰을 권했습니다. 그런데 아쉽게도 소통 착오로 제 지인이 매각금액의 10%만 준비하여 초기 입찰보증금 부족으로 결국 응찰을 포기할 수밖에 없었습니다.

요컨대, 재매각 된 사건은 열심히 조사한 사람에게 공짜 집을 만들 수 있는 절호의 찬스가 될 수 있습니다. 꼭 빌라가 아니더라도, 다른 종류의 부동산(아파트, 오피스텔, 상가, 단독주택 등)에서도 재매각 사건들을 잘 살피면 최고의 수익률을 맛볼 수 있는 기회가 될 수 있습니다.

청개구리의 빌라 공략하기

8 도면에는 없어도 보너스 공간이 있는 빌라

바로 여기! 서대문구 홍제동 ○○빌라

청개구리 역발상

고정관념 경매기록의 도면이 현장과 항상 일치한다.

역발상 경매기록에 나타나 있지 않는 보너스 공간이 종종 있다.

현장답사를 하며 빌라를 살펴보면 경매사건기록에 표시가 안 된 공간이 있는 경우가 종종 있습니다. 예를 들면, 반지하층 빌라인데 외부 경계 벽과 건물 사이 공간을 별도로 사용하는 경우, 혹은 탑층 빌라인데 건물 위 옥상을 단독으로 사용하면서 옥상에 옥탑방을 만든 경우, 또는 지하에 있는 대피시설(예전 구옥들은 법규상 전쟁에 대비해 지하에 대피시설을 갖춰야 했습니다)을 원룸으로 만들어 세를 놓고 있는 경우 등 다양합니다. 이런 보너스 공간으로 수익(월세)이 새롭게 발생하게 되면 0원경매의 기회가 될 수 있습니다. 아래 물건을 한번 보시죠.

사례 12번 물건은 홍제동 현대아파트 뒤편에 위치한 빌라로 총 4층 건물 중 지하층 1호 부분이 경매에 나온 사례입니다. 우측 도면을 보면 지하 2호 부분이 주차장으로 표시되어 있는데 실제로 현장을 가보니 지하 1호에서 주차장 부분까지 방과 주방으로 만들어 집을 넓게 사용하고 있었습니다. 1996년도에 지어진 빌라치고는 관리가 잘되어 있고 지하철 3호선 홍제역

실제 사례 12

매매시세 : 9천만 원
낙찰금액 : 6천 7백만 원
시세차익 : 2천 3백만 원
임대시세 : 7천만 원 전세
내가 들인 돈 : 0원

"시세대비 2천 3백만 원 저렴하게 매입, 반드시 현장답사가 필요한 이유"

소재지	(120-861) 서울특별시 서대문구 홍제동 XXX-XX 성진빌라 지하층 비01호 [도로명주소] 서울특별시 서대문구 홍제내2가길 XX(홍제동)				
물건종별	다세대(빌라)	채권자	제이제이상사	감정가	50,000,000원
대지권	19.71㎡ (5.96평)	채무자	조한종합건설	최저가	(100%) 50,000,000원
전용면적	44.16㎡ (13.36평)	소유자	조ㅇㅇ	보증금	(10%) 5,000,000원
입찰방법	기일입찰	매각대상	토지/건물일괄매각	청구금액	43,574,934원
사건접수	20XX-12-01	배당종기일	20XX-02-22	개시결정	20XX-12-08

기일현황			
회차	매각기일	최저매각금액	결과
신건	20XX-03-24		미진행
2차	20XX-04-30		미진행
신건	20XX-06-09	50,000,000원	매각
박ㅇㅇ /입찰6명/매각67,999,900원(136%)			

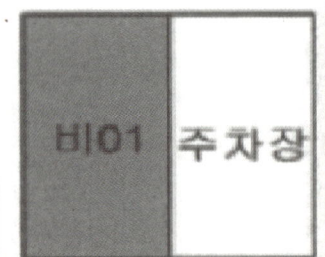

도 멀지 않아 전세도 꽤 잘 받을 수 있는 물건이고요. 보통 이런 물건은 전세 시세가 7~8천만 원 전후입니다. 이 집을 6천 7백만 원에 낙찰 받은 분은 공짜 집을 만든 케이스이죠.

아래 빌라는 송파구 방이동에 위치한 지상 4층 건물로 지하철 5호선 방이역이 인근에 있고 방이초등학교, 방산중·고등학교 등 학군 좋은 학교들이 다수 위치해 있어 임대 및 매매수요가 풍부한 곳입니다.

보통 전용 8평이면 일반 원룸 정도의 크기인데 다음 페이지의 우측 도면에서 보이는 것처럼 확장된 공간을 방으로 만들어 넓은 거실이 있는 투룸 빌라처럼 사용하고 있었습니다. 좌측 사진에서 계단이 있는 위치인데 계단 위는 장독대로 사용되고 있었고 그 장독대 아래 공간을 확장해 방으로 활용한 반지하층 빌라였죠.

이처럼 숨어 있는 보너스 공간이 있을 수 있기 때문에 현장 답사 시 경

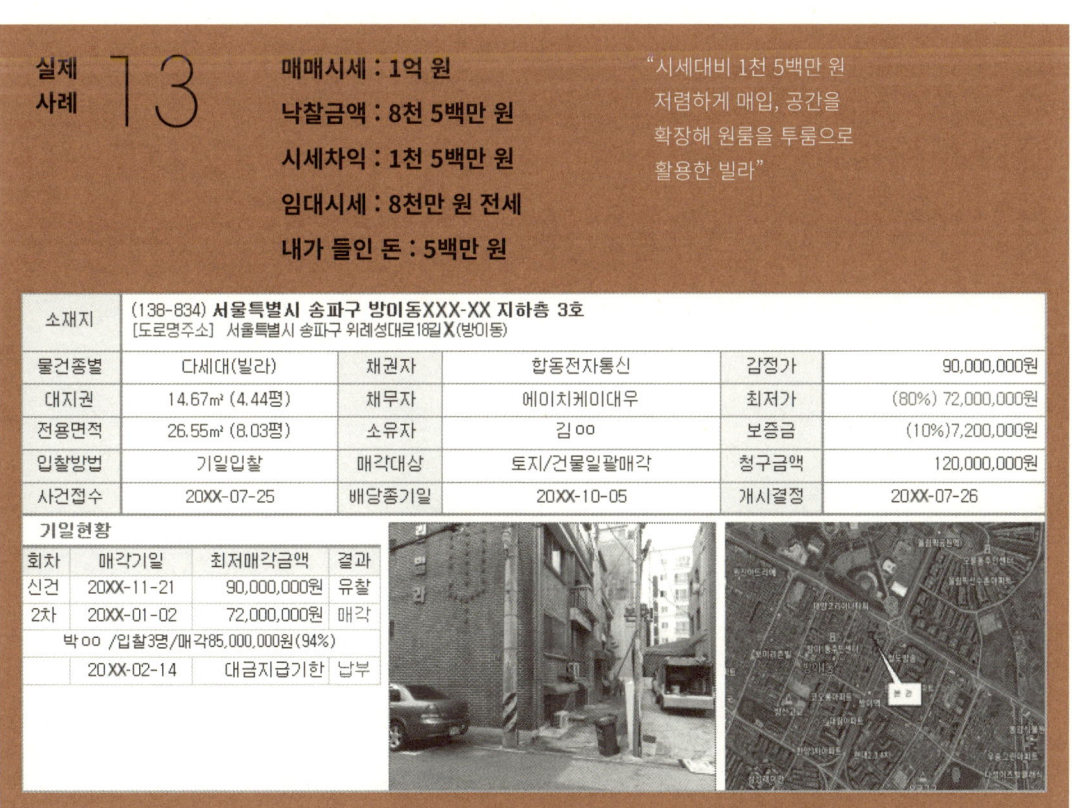

 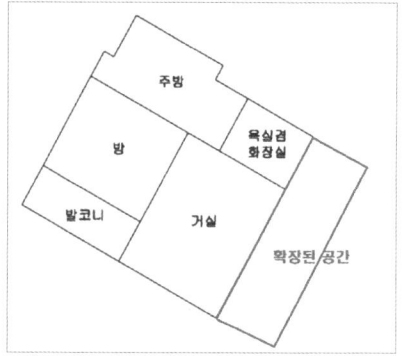

매대상 물건을 세밀하게 조사하는 것이 더욱 중요합니다. 집 내부구조를 전부 이해해야 하는 것은 물론이고 이웃들에게도 탐문 조사를 해서 천정에서 물이 새지는 않는지, 결로가 있지 않은지, 하수구에서 물이 역류하지는 않는지, 어떤 분들이 거주하고 있는지 등 전반적인 상황들을 꼼꼼하게 조사하는 게 습관이 되어야 합니다. 그래야 투자 시 예상치 못한 실수나 손해를 예방할 수 있으니까요!

청개구리의 빌라 공략하기

9

오래된 빌라라도 대지지분이 큰 빌라면 주목!

바로 여기! 강남구 논현동 연립주택

청개구리 역발상

고정관념	오래된 빌라는 피해야 한다.
역발상	오래된 빌라들 중에서 대지지분이 큰 빌라는 재개발·재건축 시 매우 유리함으로 땅을 산다고 생각하고 저렴하게 매입하자.

대지지분이 큰 빌라들은 향후 해당 지역이 개발될 때 높은 수익률을 기대할 수 있습니다. 기존 건물을 철거하고 새로운 아파트를 지으면, 어차피 철거될 건물에 대한 평가금은 얼마 되지 않고 대부분 대지지분으로 평가와 보상이 이루어집니다. 감정평가금액이 1억인 빌라에서 건물의 가치는 대략 10%인 1천만 원 정도밖에 되지 않습니다. 그래서 재개발이 되면 대지지분이 큰 빌라의 가치가 대폭적으로 상승하게 되는 것입니다.

보통 빌라는 용적률 200%로 지어지기 때문에 대부분의 빌라는 전용 평수의 절반이 대지지분입니다. 예를 들면 전용면적 20평짜리 빌라의 대지지분은 보통 10평 전후이죠. 하지만 전용면적에 비해 대지지분이 큰 빌라가 꽤 많이 존재하고 있습니다. 예전에 지은 빨간 벽돌 구옥이 그런 경우가 많은데, 외관상 볼품이 없어서 경매로 입찰 시 싸게 매입이 가능하지만 집이 오래되고 낡아서 자주 수리를 해주어야 하는 불편함이 있습니다.

그러나 이런 빌라들은 서울에 땅을 샀다고 생각하면 됩니다. 서울은 인구 밀집도가 매우 높기 때문에 언젠가는 반드시 개발이 될 것이고, 그러면 이런 빌라들은 로또처럼 큰 수익을 안겨줄 수도 있습니다. 참고로, 대지지분이 큰 오래된 빌라 건물 2~3개를 모아 '나홀로 아파트'를 지어도 큰 수익이 발생할 수 있습니다. 이 내용은 'Part 3 아파트 공략하기'에서 이 내용은 더 자세히 살펴보겠습니다.

사례 14번 물건은 지하철 5호선 아차산역에서 도보로 10분 정도 떨어진 총 4층짜리 다세대 빌라에서 지하층 1호가 경매로 나온 경우입니다. 사진에서 알 수 있듯이 빨간 벽돌로 된 구옥에다 반지하층 빌라라 예상대로 2번이나 유찰되었습니다.

하지만 지하철역이 가깝고 수요가 풍부한 지역 내에 위치한 반지하층 빌라는 투자처로 매우 우수합니다. 특히 오래된 구옥 빌라는 경쟁률이 현격히 줄어들어 우리와 같이 0원경매에 성공하려는 사람들에겐 좋은 기회가 될 수 있지요.

게다가 이 빌라는 전용 평수가 24.5평인데 대지지분은 무려 18.3평이나 됩니다. 보통의 경우라면 대지지분이 12평 전후가 될 텐데 이 빌라는 무려 6

용적률이란?
건축물 연면적을 대지면적으로 나눈 비율을 말한다. 건축물 연면적은 건축물 각층의 바닥면적 합계이다. 즉, 용적률=건축물 바닥면적의 합계/대지면적×100이다. 예로 100평의 대지에 각층 바닥면적이 50평인 4층 건물을 지었다고 하면 이 건물의 용적률은 200%이다[200=(50+50+50+50)/100×100].

대지지분이란?
건물의 구분소유자가 전유부분을 소유하기 위하여 건물의 대지에 대하여 가지는 권리로, 빌라 1세대가 그 건물 필지에서 차지하는 대지 평수이다. 쉽게 설명하면 8세대가 있는 빌라 건물이 80평의 토지 위에 지어졌다면 1세대당 10평의 대지지분을 갖게 되는 것이다.

실제 사례 14

- 매매시세 : 2억 원
- 낙찰금액 : 1억 3천 6백만 원
- 시세차익 : 6천 4백만 원
- 임대시세 : 1억 1천만 원 전세
- 내가 들인 돈 : 2천 6백만 원

"시세대비 6천 4백만 원 저렴하게 매입, 구옥 경매는 공짜 집 만들기 가장 쉬운 방법!"

소재지	(143-816) 서울특별시 광진구 구의동 XX-X 궁전빌라 나동 지하층 01호				
	[도로명주소] 서울특별시 광진구 자양로 XX(구의동)				
물건종별	다세대(빌라)	채권자	유에스제이차유동화전문 유한회사	감정가	208,000,000원
대지권	60.42㎡ (18.28평)	채무자	조ㅇㅇ	최저가	(64%) 133,120,000원
전용면적	81.05㎡ (24.52평)	소유자	조ㅇㅇ	보증금	(10%)13,312,000원
입찰방법	기일입찰	매각대상	토지/건물일괄매각	청구금액	996,523,824원
사건접수	20XX-05-06	배당종기일	20XX-07-14	개시결정	20XX-05-07

기일현황

회차	매각기일	최저매각금액	결과
신건	20XX-11-01	208,000,000원	유찰
2차	20XX-12-13	166,400,000원	유찰
3차	20XX-02-07	133,120,000원	매각
이ㅇㅇ /입찰1명/매각135,880,000원(65%)			
	20XX-02-14	매각결정기일	허가
	20XX-03-24	대금지급기한	납부

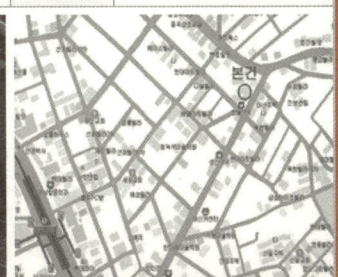

실제 사례 15

- 매매시세 : 5억 원
- 낙찰금액 : 3억 3천만 원
- 시세차익 : 1억 7천만 원
- 임대시세 : 2억 원 전세
- 내가 들인 돈 : 1억 3천만 원

"대지지분이 크기 때문에 시세대비 1억 7천만 원 저렴하게 매입"

소재지	(135-826) 서울특별시 강남구 논현동 XX-X 논현연립주택 3층 303호				
	[도로명주소] 서울특별시 강남구 봉은사로13길XX(논현동)				
물건종별	다세대(빌라)	채권자	이ㅇㅇ	감정가	440,000,000원
대지권	60.78㎡ (18.39평)	채무자	김ㅇㅇ	최저가	(64%) 281,600,000원
전용면적	66.24㎡ (20.04평)	소유자	김ㅇㅇ	보증금	(10%)28,160,000원
입찰방법	기일입찰	매각대상	토지/건물일괄매각	청구금액	192,000,000원
사건접수	20XX-03-23	배당종기일	20XX-06-29	개시결정	20XX-03-24

기일현황

회차	매각기일	최저매각금액	결과
신건	20XX-09-24	440,000,000원	유찰
2차	20XX-10-29	352,000,000원	유찰
3차	20XX-12-03	281,600,000원	매각
전ㅇㅇ /입찰5명/매각338,000,000원(77%)			
	20XX-12-10	매각결정기일	허가

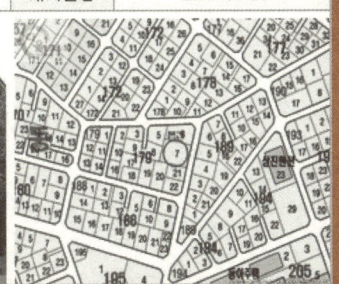

평이나 더 큰 셈이죠. 대략적으로 서울 지역의 웬만한 빌라 대지 평당 가격이 평균 1천 5백만 원이라고 볼 때, 이 6평의 가치를 돈으로 환산하면 무려 9천만 원에 달합니다.

사례 15번의 경우도 마찬가지입니다. 이 빌라는 지하철 9호선 신논현역에서 도보로 10분 거리에 있는 빨간 벽돌의 구옥입니다. 4억 4천만 원에 감정한 것이 2번 유찰되었고, 제 지인이 3억 3천만 원에 낙찰을 받은 사례입니다. 이 빌라도 전용 평수가 20평인데 반하여 대지지분이 18평이나 됩니다. 일반적인 경우보다 8평이나 대지지분이 큰 것이죠. 강남구 논현동의 땅 한 평당 가격이 3천만 원 정도 한다고 할 때, 그 가치는 굳이 말하지 않아도 알 수 있겠지요?

청개구리의 빌라 공략하기

10
대지지분이 작아도 전용면적이 크면 합격!

바로 여기! 송파구 송파동 ○○아파트

청개구리 역발상

고정관념 대지지분이 작은 빌라는 재개발, 재건축시 가치가 낮아진다.

역발상 향후 개발예정지역이 아닌 지역은 대지지분이 작아도 전용면적이 큰 빌라가 효용가치가 높다.

수도권 빌라의 가격을 조사하다 보면 크게 2가지 기준으로 시세가 형성되어 있습니다. 오래된 구옥은 대지지분 평수, 깔끔한 신축빌라는 전용면적 평수 기준입니다. 예를 들어 송파구에 대지지분 10평, 전용면적 20평짜리 빌라가 있다고 해봅시다. 이 빌라가 빨간 벽돌로 지어진 구옥이면 대지지분당 3천만 원으로 약 3억 원(3천만 원×10평) 정도의 시세를 형성하고 있지만, 신축빌라면 전용면적 20평으로 보통 3억 3천만 원 전후로 시세를 형성하고 있습니다. 이 금액은 낙찰 당시 신축빌라 시세이며 현재는 4억 초반대로 가격이 상승하였습니다.

앞에서 언급했던 것처럼, 구옥은 말 그대로 오래된 집이라 건물 가격 대신 땅 지분으로 평가하는 것이고, 신축빌라는 새로 지은 집이라 실제 사용할 수 있는 전용공간의 크기로 평가하는 것입니다. 여기서 주목해야 할 것이 바로 시세에 반영되지 않는 부분입니다. 첫 번째는 대지지분이 큰 신축빌라, 두 번째는 전용면적이 큰 오래된 빌라죠.

대지지분이 큰 빌라는 앞장에서 살펴봤으므로, 이 장에서는 대지지분이 작지만 전용면적은 큰 오래된 빌라를 추천하려고 합니다.

실제 사례 16

매매시세 : 5억 원
낙찰금액 : 4억 1백만 원
시세차익 : 9천 9백만 원
임대시세 : 3억 3천만 원 전세
내가 들인 돈 : 7천 1백만 원

"시세대비 9천 9백만 원 저렴하게 매입, 낙찰금액과 전세금의 차이가 발생하나 매매가 빠르고 시세차익이 큼."

소재지	(138-851) 서울특별시 송파구 송파동 XX-X 에스탑아파트 5층 503호 [도로명주소] 서울특별시 송파구 백제고분로44길XX-X (송파동)				
물건종별	빌라형아파트	채권자	한국자산관리공사	감정가	500,000,000원
대지권	41.38㎡ (12.52평)	채무자	다우리훼미리	최저가	(80%) 400,000,000원
전용면적	116.55㎡ (35.26평)	소유자	김○○	보증금	(10%)40,000,000원
입찰방법	기일입찰	매각대상	토지/건물일괄매각	청구금액	384,094,485원
사건접수	20XX-08-12	배당종기일	20XX-10-26	개시결정	20XX-08-13

기일현황			
회차	매각기일	최저매각금액	결과
신건	20XX-02-08	500,000,000원	유찰
2차	20XX-04-05	400,000,000원	매각
이○○ /입찰1명/매각401,000,000원(80%)			
	20XX-04-12	매각결정기일	허가

108

분으로 평가되어 가격이 저렴하다면 빌라를 매입해 새 빌라로 변신시킨 후 구옥의 경우 저렴한 비용을 투입하여 빌라의 내부를 새 빌라처럼 쉽게 바꿀 수 있습니다. 즉 실제 전용면적은 매우 큰데 작은 대지지분으로 평가되어 가격이 저렴하다면 빌라를 매입해 새 빌라로 변신시킨 후 임대 및 매매를 하는 것입니다. 임대 및 매매를 하는 것입니다. 전용면적이 크기 때문에 당연히 임대 시 전세가격을 높게 받을 수 있고, 신축빌라만큼은 아니더라도 전체 인테리어를 새로 한 만큼 더 높은 시세로 매매가 가능하게 되죠.

사례 16번 물건을 예로 들어보겠습니다. 송파구 송파동에 있는 7층짜리 빌라형 아파트 503호 물건입니다. 석촌역에서 도보로 5분 거리에 있고 주위에 송파초등학교 및 송파근린공원이 있어 주거공간으로 안성맞춤인 곳입니다.

제가 이 물건의 시세를 조사하기 위해 주변 중개업소 5군데를 방문했는데 모든 중개업소에서 이런 물건은 대지지분으로 거래가 되므로 시세가 평당 3천만 원 전후라고 했습니다. (아마 지금도 가보면 똑같은 답변을 들을 것입니다.) 그러면 이 집은 대지지분이 12.5평이니 3억 6천만 원 정도의 가격이 결정됩니다. 최저매각금액이 4억이니 최소한 유찰을 한 번 더 기다린 후 3억 2천만 원 정도 될 때 입찰을 해야 수지가 남는 물건이라고 볼 수 있는 거죠. 하지만 저는 이 물건을 곧바로 지인에게 소개했습니다. 그리고 최저가 4억에서 1백만 원을 더 써서 4억 1백만 원에 입찰해 단독으로 낙찰을 받았습니다.

이 물건에 입찰을 한 이유는 바로 전용 평수 때문입니다. 12.5평 대지지분이면 보통 전용면적이 25평 정도 되어야 하는데 이 빌라형 아파트는 그보다 10평이 큰 35평이었습니다. 중개업소 말대로 하면 대지지분이 같은 전용면적 25평짜리 방 3개 빌라와 35평짜리 방 4개 빌라가 매매가격이 같다는 게 됩니다. 상식상 납득이 안 되는 논리인 거죠.

이 지역은 대부분 신축빌라로 이루어져 있고 주택 노후도가 크지 않아 향후 재개발되기는 힘든 곳입니다. 그렇다면 이런 물건들은 전용 평수로 거래가 되는 게 맞는데 요즘은 매매가 전혀 발생하지 않으니 많은 중개업소에서 오래전에 재개발이 추진될 때 매매했던 시세를 지금의 시세로 착각하고

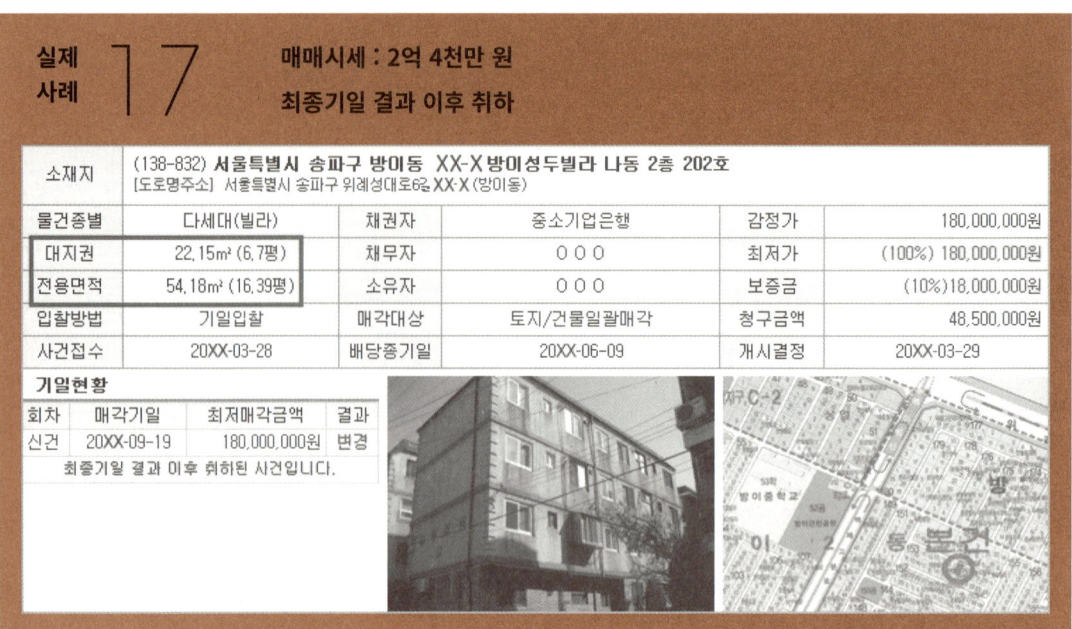

있던 거죠.

결국 이 물건은 지하철 9호선 연장으로 더블역세권이 될 석촌역에서 가깝다는 점, 그리고 거실 앞으로 높은 건물이 없어 멋진 전망이 나온다는 장점으로 잔금 납부 후 2달도 안 되어 매매계약이 체결되었습니다. 결국 이 물건을 매입했던 제 지인은 1년 연봉에 가까운 순수익을 올린 셈입니다.

사례 17번 물건도 마찬가지입니다. 제가 직접 입찰해 낙찰을 받은 사례인데, 잔금을 완납하기 전 채무자가 빚을 정리해 경매가 취하된 아쉬운 사건입니다. 대지지분 평수가 6평, 전용면적 평수가 16평으로 92년도에 지어진 오래된 빌라입니다.

이 경우 또한 감정평가사가 건물 가격은 무시하고 대지 평당 3천만 원으로 잡아 1억 8천만 원에 일괄 감정을 했습니다. 매매시세가 1억 8천만 원이면 대지 평수 6평에 전용 평수가 12평 정도 되는 투룸의 시세죠. 그런데 이 경매물건은 전용 평수가 16평인 쓰리룸 빌라였습니다.

재개발·재건축 지역도 아니고 뉴타운처럼 향후 개발 예상 지역도 아니기 때문에 대지 평수가 그리 중요하지 않은데도 예전에 불었던 재개발·재건축 열풍으로 여전히 대지 평수로 시세가 형성되어 있었던 것입니다.

이 지역은 지하철 9호선 연장선인 신방이역에서 도보로 5분 거리에 있으며 주변에 시장 및 학교가 있는 조용한 주택가라 거주지로 사람들이 선호하는 곳입니다. 매매시세는 대략 2억 4천만 원 전후로 형성되어 있습니다.

한때 용산 국제업무지구로 개발 바람이 불었던 용산구 문배동, 후암동, 서계동, 청파동 지역의 경우도 가보면 대지 평수로 시세(평당 3~4천만 원)가 형성되어 있습니다. 또한 예전 재개발 지역이었다가 최근에 해제되거나 취소된 지역도 여전히 대지 평수로 시세가 형성되어 있고요.

하지만 이들 지역은 앞으로 개발이 거의 힘들다고 보는 게 맞을 것 같습니다. 특히 용산구 서계동, 청파동 같은 경우는 너무 많은 지분 쪼개기로 조합원들이 급격히 늘어 사업성이 현저히 떨어집니다. 재개발·재건축도 하나의 사업입니다. 돈이 남아야 건설업체도 뛰어들고 추진위원회나 조합이 결성되어 개발사업이 탄력을 받는데 사업성이 좋지 않으면 고분양가로 인하여 미분양 되거나, 많은 조합원들로 일반 분양 건이 부족해 조합원들의 <u>추가분담금</u>만 증가하게 됩니다. 그래서 요즘은 높은 추가분담금 때문에 새롭게 재개발·재건축 된 아파트에 기존 거주민(조합원)들이 사는 비율이 20%도 안 되는 수치가 나오기도 합니다.

추가분담금이란?
재개발·재건축·뉴타운 사업 지역에 건물 및 토지를 소유하고 있는 조합원들이 원하는 평형 아파트를 받으려고 할 때 추가로 지불해야 하는 비용을 말하며, 지역에 따라서 차이가 있지만 보통 수억 원(2~5억 원)에 이르기 때문에 요즘은 추가분담금 폭탄이라는 새로운 용어가 등장하기도 했다.

청개구리의 빌라 공략하기

11

지분경매 빌라라도 구분소유적 공유관계면 안전하다

바로 여기! 은평구 녹번동 다가구 빌라

청개구리 역발상

고정관념	지분경매 빌라는 위험하고 복잡하다.
역발상	지분경매라도 구분소유적 공유관계인 빌라는 안전하고 수익률이 높다.

갑자기 어려운 용어가 나와서 당황하셨나요? 여러분의 이해를 돕고자 최대한 쉽게 풀어서 설명할 테니 반복해서 읽어보시기 바랍니다.

구분소유적 공유관계란 외부적으로(등기부등본) 보면 여러 명이 공동으로 소유한 형태이지만 내부적으로 보면 공유자들이 특정 호실에 대하여 각각 소유하는 형태입니다.

◀ 그림 2

예를 들어 형제가 돈을 반반씩 출자해 2층짜리 다가구주택을 구입했고 아우는 1층을, 형은 2층을 소유한다고 해보겠습니다(그림 2 참고).

다가구주택은 용도상 단독주택에 해당되기 때문에 건물 전체에 대한 등기부등본이 하나뿐입니다. 형제는 2분의 1지분 형태로 다가구주택을 소유하고 1층과 2층을 각각 사용하기로 약속합니다. 그러던 중 한 명이 빚을 지고 경매가 진행되면 2분의 1지분 형태로 경매가 진행되는데, 이런 물건은 처분 시 다른 지분권자의 동의를 받아야 하는 어려움과 복잡함이 있고 또 대출도 잘 나오지 않아 많은 경매투자자들이 입찰하기를 주저합니다. 이런 물건은 경매 고수들 사이에서만 낙찰이 되는 특수한 형태 중 하나이죠.

사례 18번 물건은 등기부등본상 건물 전체($250m^2$) 중 $40m^2$의 지분이 경매로 진행된 사례입니다. 지하 2가구, 1층 1가구, 2층 1가구로 이루어져 있는 다가구주택 중에서 지하층 2호가 경매로 나온 것이죠. 어렵고 복잡해 보이지만 내막을 잘 따져보면 아무런 하자가 없는 물건이었습니다. 경매기록에 아래와 같이 중요한 내용이 언급되어 있었습니다.

소유자(공유자)가 특정 부분(지하 2호)을 소유하고 있다는 임차인의

실제 사례 18

매매시세 : 1억 원
낙찰금액 : 5천만 원
시세차익 : 5천만 원
임대시세 : 7천만 원 전세
내가 들인 돈 : 0원

"시세대비 5천만 원 저렴하게 매입, 지분 경매로 진행되는 물건은 저가 매입의 찬스가 된다!"

소재지	(122-830) 서울특별시 은평구 녹번동 XX-X 지층 비02호				
	[도로명주소] 서울특별시 은평구 녹번로7길 XX-X(녹번동)				
물건종별	주택	채권자	최ㅇㅇ	감정가	100,000,000원
지분토지	대지권미등기	채무자	서ㅇㅇ	최저가	(41%) 40,960,000원
지분건물	40㎡ (12.1평)	소유자	나ㅇㅇ	보증금	(10%) 4,096,000원
제시외면적		매각대상	토지/건물지분매각	청구금액	50,000,000원
입찰방법	기일입찰	배당종기일	20XX-12-19	개시결정	20XX-10-05

기일현황

회차	매각기일	최저매각금액	결과
신건	20XX-02-16	100,000,000원	유찰
2차	20XX-03-22	80,000,000원	유찰
3차	20XX-04-26	64,000,000원	유찰
4차	20XX-05-31	51,200,000원	유찰
5차	20XX-07-05	40,960,000원	매각
최ㅇㅇ /입찰1명/매각50,000,000원(50%)			
	20XX-07-12	매각결정기일	허가
	20XX-09-07	대금지급및 배당기일	

소재지	2. 서울특별시 은평구 녹번동 98-1
점유관계	임차인(별지)점유
기타	소유자(공유자) 서ㅇㅇ지분 특정구분 소유부분은 건물 후면의 지층부분이라고 지층1호 거주자가 진술하므로 그 부분만 점유관계 조사함. 위 지층부분이 폐문이라 1층 소유자(공유자) 나ㅇㅇ에게 문의한 바, 지층 거주자는 이사가고 현재 빈 집이라고 하나 소유자가 아닌 세대주 최ㅇㅇ의 주민등록표등본이 발급되므로 주민등록표등본에 의해 임대차관계조사서에 이를 임차인으로 등재함.

진술에 대한 기록입니다. 해당 물건에 실제로 거주하고 있는 임차인은 전세금 5천만 원에 대한 권리를 가진 채권자로서 경매를 신청했고, 본인이 5천만 원에 다시 낙찰 받았습니다. 임차인은 전세금과 상계 처리하여 이 물건을 0원에 매입한 것입니다. 이 물건의 현재 전세시세는 7천만 원 전후로 공짜 집을 만든 매우 좋은 사례이죠.

이처럼 지분 경매로 진행되는 경매물건들은 경쟁자가 현저히 낮기 때문에 저가에 매입할 수 있는 좋은 찬스가 됩니다. 어렵다고 무조건 피하고 포기하려고만 하지 말고 어떻게 하면 해결할 수 있을지 깊이 연구해보는 것이 공짜 집을 갖는 가장 중요한 방법임을 잊지 마시기 바랍니다.

청개구리의 빌라 공략하기

12

과태료가 나와도 ⇨ 저가로 사면 문제없는 근린생활시설

바로 여기! 중랑구 묵동 ○○주택

청개구리 역발상

고정관념 근린생활시설을 원룸으로 사용하면 위반건축물이라 과태료가 부과된다.

역발상 위반된 내용과 부과될 과태료를 고려하여 저가에 매입하면 수익률이 우수하다.

법원 경매물건을 답사하다 보면 근린생활시설(상가)을 원룸으로 사용하는 경우를 은근히 많이 볼 수 있습니다. 특히 1층 주차장에 지어진 원룸은 대부분 근린생활시설인 경우가 다반사인데 이 경우 대부분의 경매 투자자들은 위반건축물이라는 이유로 입찰을 꺼려합니다.

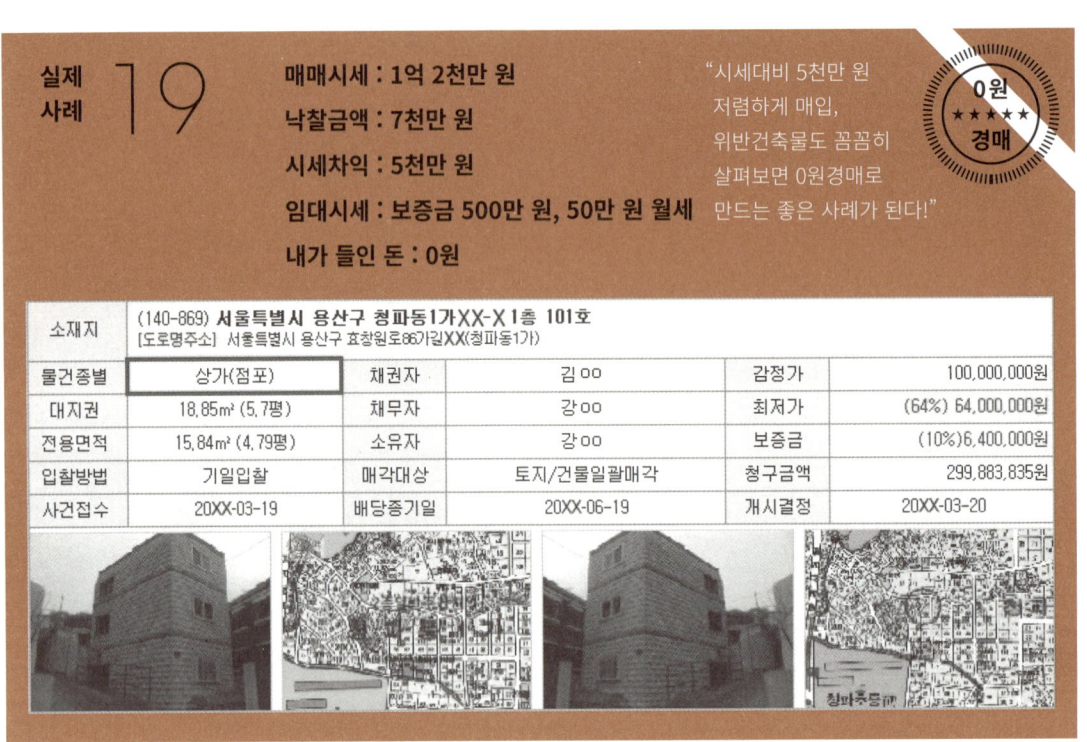

위 물건은 제 지인이 낙찰 받은 사례로 용산 국제업무지구로 한창 개발 열풍이 불었을 때 매입한 것입니다. 분명 물건의 용도는 상가입니다. 더 정확히 말하면 근린생활시설 사무소 용도이죠. (용산 국제업무지구 시세가 하루가 달리 가격이 치솟고 있을 때 아파트 분양권을 받기 위해 소위 지분 쪼개기를 한 건물입니다.) 주차장 만들 공간이 부족해 비교적 주차장 요건이 까다롭지 않은 근린생활시설로 건물을 짓고 원룸으로 개조한 위반 건축물이라서 매년 100만 원 전후의 이행강제금이 부과되며, 임대료는 보증금 5백만 원에 월세 50만 원 정도 나오는 물건입니다. 이행강제금을 차감하더라도 수익률이 좋고 향후 재개발·재건축이 된다면 아파트 분양권이나 상가 분양권을 받을 수 있는 것이죠.

위반 건축물이라도 위반 정도와 내용에 따라 과태료는 천차만별입니

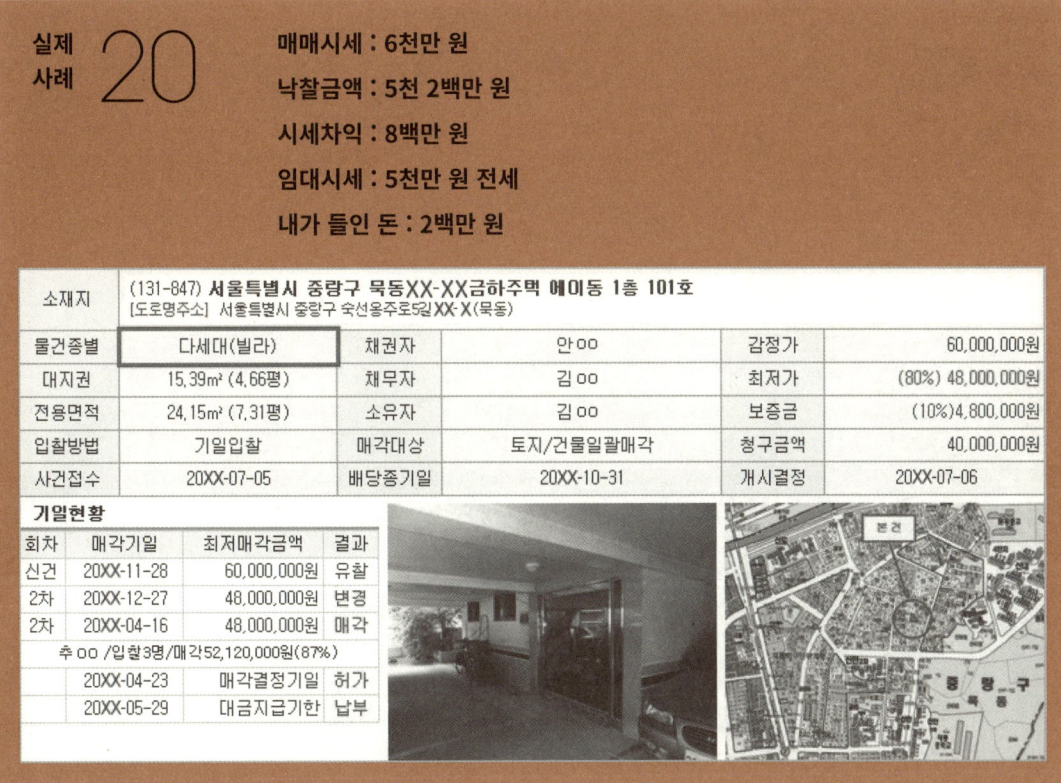

다. 위반 건축물이라고 무조건 피하지 말고 관할 구청을 방문하여 확실한 위반 내용과 과태료를 조사해 수익률에서 차감해보시기 바랍니다. 이런 건물들도 수익률이 우수하면 매매도 잘되므로 크게 걱정하지 않아도 됩니다.

사례 20번 물건은 사진에서 오토바이가 놓인 주차장과 현관 입구 바로 옆에 위치한 것으로, 경매 정보에는 다세대 빌라로 표기되어 있지만 구청에 가서 건축물대장을 열람해보면 근린생활시설(사무소)로 나와 있습니다.

이 물건도 이전 사례와 마찬가지로 근린생활시설을 원룸으로 바꿔서 사용하고 있는 경우이죠. 유료 경매 정보라고 해서 무조건 맹신하면 안 되는 게 바로 이런 경우 때문입니다. 잘못된 정보도 종종 있는데, 그로 인해 실수를 하면 100% 투자자의 책임이라는 걸 명심해야 합니다.

저에게 부동산은 여러 가지 변수가 있어서 참 재미있습니다. 똑같이 생긴 아파트보다는 빌라와 다가구주택들이 더 재미있게 느껴지죠. 각각 다른 사람이 건축했고 다른 개성을 가진 사람들이 살고 있어서 그런지 사연도 너무나 다양합니다. 제가 지금껏 수백 건 이상을 만나봤지만 똑같은 소유자나 임차인을 본 적은 없습니다. 조금씩 다른 형태로 다양한 문제가 발생했고 각각 다른 방식으로 해결을 했죠. 그중 특이하고 재미있는 사례를 하나 소개해드리겠습니다.

아래의 경우는 얼핏 보면 아주 정상적인 물건처럼 보이지만 사실 커다란 함정이 있는 물건입니다. 건축물대장상의 빌라 도면과 달리 실제 거주자들은 좌우 호실이 바뀐 채 살고 있었습니다. 즉 건축물대장상 401호인 부분에 402호 문패가 붙어 있어 402호를 매입한 사람이 살고 있었고, 402호는 그 반대였습니다. 현행 민법상으론 건축물대장이 기준이 되기 때문에 위의 경우는 옆집과 바뀌어 내 집이 아닌 곳에서 거주하고 있는 형국인 셈이죠. 본 사건 감정평가서에는 아래와 같은 기록이 있었습니다.

사실 이런 경우는 심각한 문제가 발생할 수도 있습니다. 즉 최초의 소유권이 잘못되었으므로 이를 기반으로 하여 설정된 근저당권, 가압류 등이 무

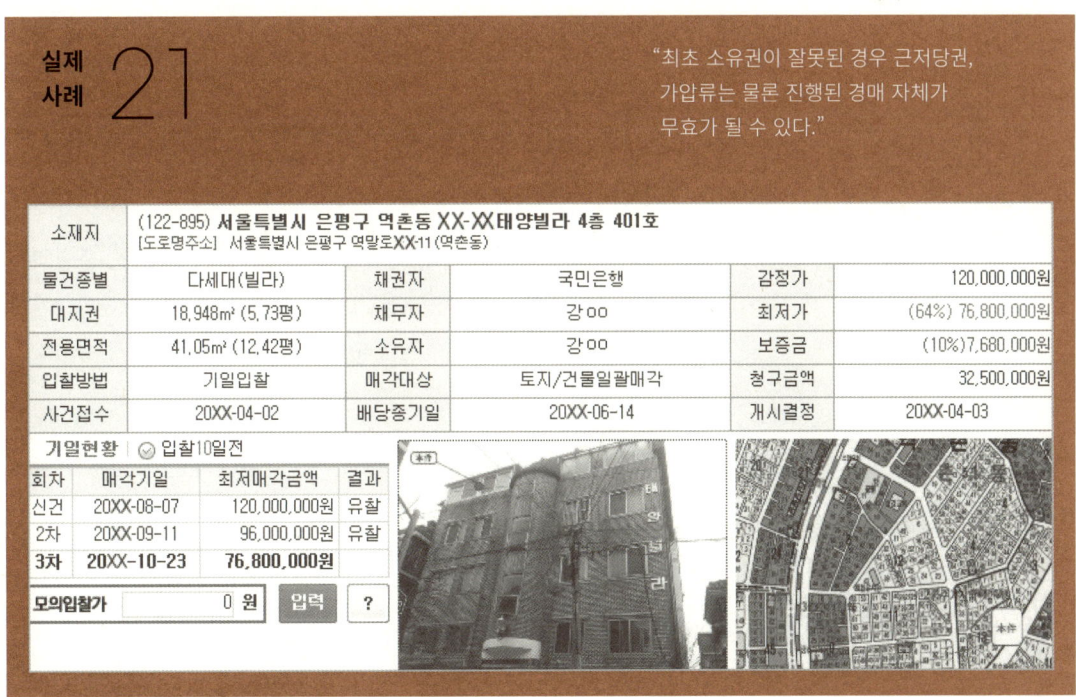

> 본건 다세대주택 제4층은 집합건축물대장상의 건축물현황도면에서는 호별위치가 제401호는 서측, 제402호는 동측으로 배치되어 있으나 현황은 현관표기가 반대로 되어있음. 우편함 확인결과 본건 401호 소유자와 동일하여 현황을 기준으로 위치확인 및 가격산정하였는바, 추후 경매진행시 물적동일성 여부에 대하여 재확인 요망됨.

효가 될 수 있고, 이를 기초로 진행된 경매 자체가 무효가 될 수 있기 때문입니다. 만일 누군가 낙찰을 받고 소유권이전등기까지 마쳤다 하더라도, 무효가 된 경매로 취득한 소유권은 법이 보장하지 않기 때문에 소유권을 잃어버릴 수도 있는 것입니다.

실례로 제 지인 중 한 분이 사재를 모두 털어 4층 규모의 상가주택을 매입했다가 경매의 원인이 되는 근저당권이 무효가 되는 바람에 건물 소유권을 뺏겨 큰 손해를 본 적이 있었습니다. 자세한 사건 내막을 들어보니, 한 사기꾼이 진짜 소유주의 신분증을 위조하여 새로운 인감도장으로 인감 변경 신청을 하고 새로운 인감증명을 발급받은 후 사채업자에게 가서 거액의 대출을 받고 도피한 것이었습니다. 해외여행 중이라 이 상황을 몰랐던 진짜 소유자가 나중에 알고 법적으로 이의를 제기해 다시 소유권을 찾아갔고요. 이런 내막을 모르고 물건을 낙찰 받은 제 지인은 결국 파산하게 되었습니다. 이런 상황이 얼마든지 생길 수 있기 때문에 경매에 입찰하기까지 충분한 공부가 필요한 것입니다.

다시 본론으로 돌아가겠습니다. 좌·우 호실이 바뀐 경우라고 해서 무조건 다 위험한 것은 아닙니다. 좌우가 대칭이거나 전용면적이 비슷하다면 법적으로 큰 문제는 없습니다. 다만 실제 건축물대장을 기준으로 매입하는 것이라서 채무자가 거주하는 곳이 아닌 그 이웃집을 명도해야 하는 난관은 있습니다. 저는 먼저 채무자가 거주하는 공간부터 명도한 후 집을 비워놓고 이웃집과 집을 바꾸는 방법으로 올바른 상태로 재배치했습니다. 이런 일이 자주 발생하지는 않지만 간혹 생기기도 하는데 그렇더라도 여유를 가지고 천천히 대응한다면 좋은 결과를 만들 수도 있는 것입니다.

다음 물건도 한번 살펴보시죠. 서울 강서구 화곡동에 위치한 2004년에 지어진 빌라로 방3개와 화장실2개의 구조로 엘리베이터가 있는 우량 물건입니다. 위 물건도 아래의 매각물건명세서와 같이 좌(201호)-우(202호)가

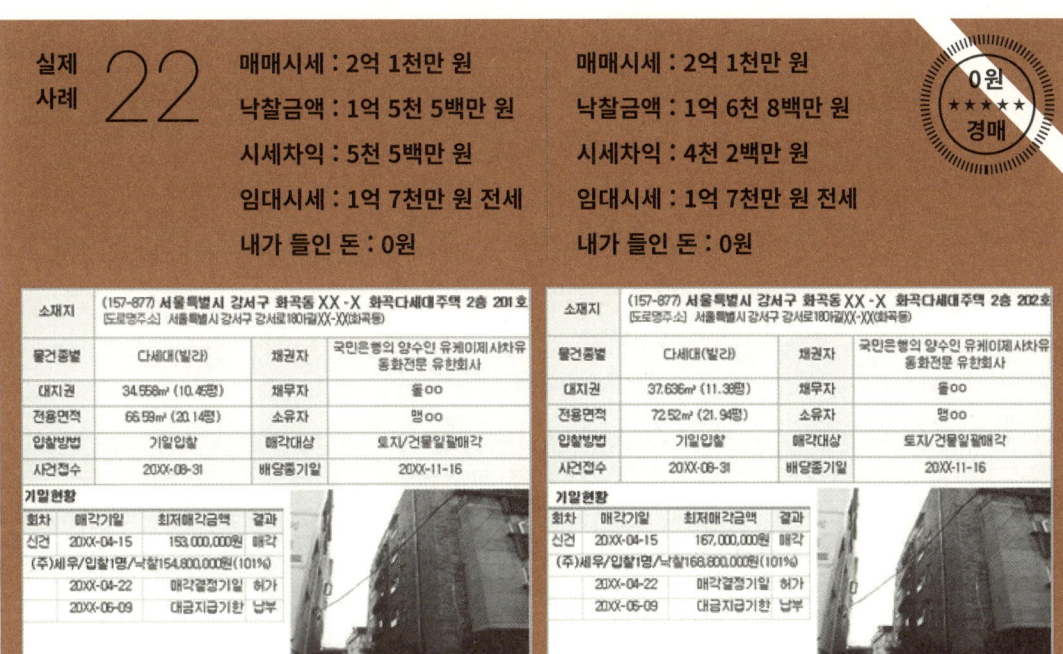

바뀌어 경매가 진행되고 있습니다.

※ 비고란
건축물대장의 현황도와 실제 점유한 집(현관 호수문패)의 201호와 202호가 뒤바뀜. 공부를 기준으로 매각함(면적, 대지권비율, 감정가 다소 상이함, 2012.9.26.자 감정서 참조). 단, 점유관계는 현황상 점유한 집을 기준으로 판단함(주:배당 시 현황상 201호 임차인의 점유를 인정). 공부상 건물의 인도와 관련하여 매수인이 별도로 인도소송을 제기하여야 할 가능성이 많음. 토지 별도등기 있음.

그래서 필자는 바뀌어 있는 201호와 202호 두 개를 동시에 모두 낙찰받았고 점유자 명도 후 다시 건축물대장과 맞게 호수를 변경한 후 전세를 놓았습니다. 2개 모두 1억 7천에 전세 계약을 하여 모두 0원경매가 된 좋은 사례이고 현재 2억 1천에 매매가 진행되고 있습니다.

최근 관할구청에서 건축물 대장상 도면을 현재 점유하는 상황에 맞게 수정해주는 경우도 있으니 반드시 문의해보시기 바랍니다.

반드시 매입을 피해야 하는 빌라도 있습니다. 도시가스가 아닌 LPG를 사용하고 있거나 기름보일러가 설치된 빌라입니다. 주로 오래된 구옥이나 도시가스관이 닿지 않는 한적한 지방에 많이 있는데, 이런 경우는 비용도

증가하고 때마다 기름을 넣거나 LPG 가스통을 교환해야 하는 불편함도 있어 임대 및 매매수요가 매우 낮습니다. 그런데도 이 부분을 놓쳐 실수하는 투자자 분들이 의외로 많습니다. 직접 현장을 조사하지 않거나 현장에서 잠깐 방심하면 놓치기 쉬운 실수입니다. 그러니 꼭 현장 조사 시 도시가스 배관이 제대로 연결되어 있는지 확인하는 습관을 들이시기 바랍니다.

청개구리의 빌라 공략하기

14

주변이 다 거기서 거기라도 공원 옆 빌라는 다르다

바로 여기! 강서구 방화동 ○○빌라

청개구리 역발상

고정관념
빌라의 주변환경은 다 거기서 거기다.

역발상
대부분의 빌라는 주거환경이 쾌적하지 않기 때문에 비교적 주거환경이 좋은 소공원, 근린공원 주변빌라는 가치가 매우 높다.

빌라의 주 수요층은 20~30대 연령대로, 초등학생 이하의 자녀를 둔 가정이 많습니다. 아파트는 비싼 가격이 부담되고 내 집을 마련하고 싶은 신혼부부들이나 자녀를 출산한 가정에서 주로 구입을 하고 있죠. 때문에 아이들이 뛰어놀 수 있는 공간이 가까이에 있고, 밖에서 아이들이 노는 것을 잘 볼 수 있는 빌라들이 인기가 많고 매매 및 임대가 잘됩니다.

이 물건은 아래 지도에서 보시는 것처럼 규모의 근린공원이 바로 옆에 위치하여 반지하이지만 쾌적한 주거환경을 누릴 수 있는 우수한 빌라입니다. 저의 소개로 제 지인이 위 물건에 응찰하여 7천 3백만 원에 낙찰을 받고 9천만 원에 전세계약을 체결하여 공짜 집이 되었으며 2017년도에 계약 만료일이 오면 1억 4천만 원에 매도할 예정입니다.

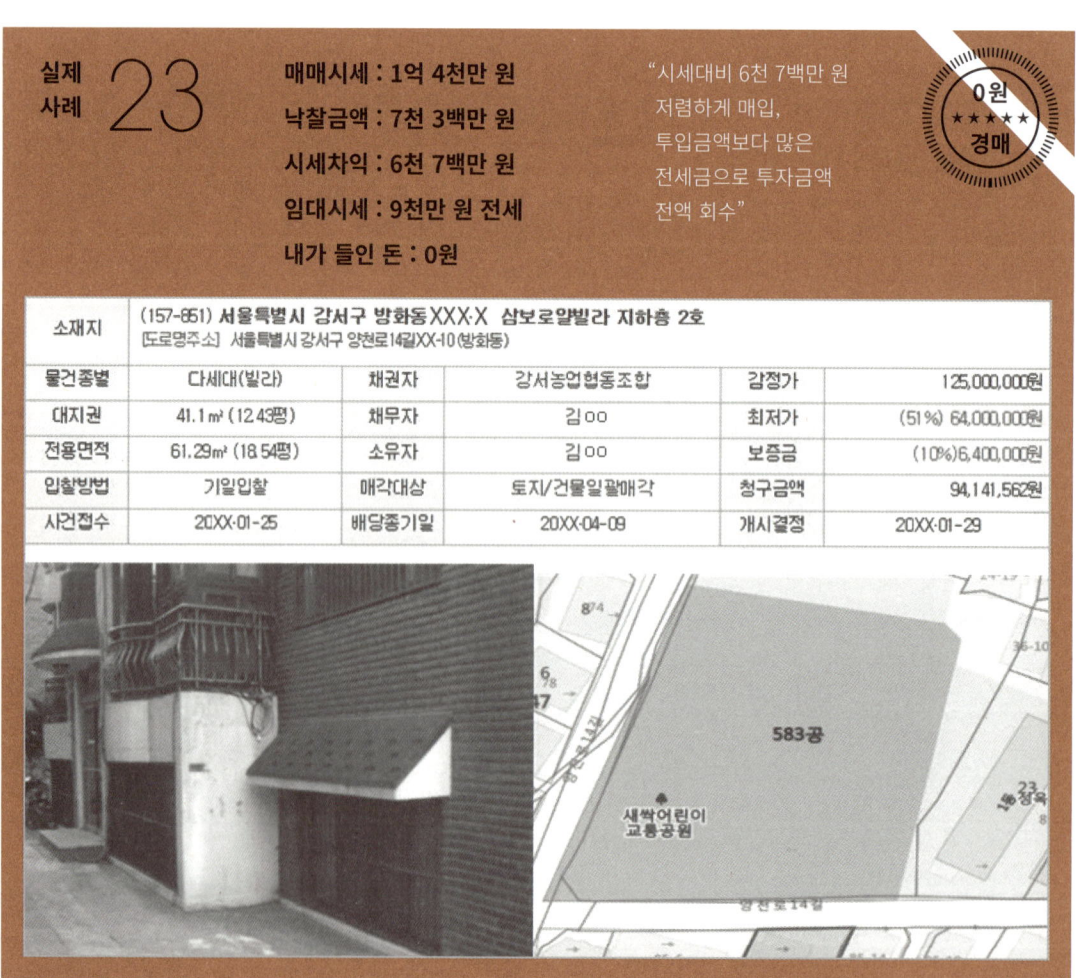

실제 사례 23

매매시세 : 1억 4천만 원
낙찰금액 : 7천 3백만 원
시세차익 : 6천 7백만 원
임대시세 : 9천만 원 전세
내가 들인 돈 : 0원

"시세대비 6천 7백만 원 저렴하게 매입, 투입금액보다 많은 전세금으로 투자금액 전액 회수"

0원 경매

소재지	(157-851) 서울특별시 강서구 방화동 XXX-X 삼보로얄빌라 지하층 2호				
	[도로명주소] 서울특별시 강서구 양천로14길 XX-10 (방화동)				
물건종별	다세대(빌라)	채권자	강서농업협동조합	감정가	125,000,000원
대지권	41.1㎡ (12.43평)	채무자	김OO	최저가	(51%) 64,000,000원
전용면적	61.29㎡ (18.54평)	소유자	김OO	보증금	(10%) 6,400,000원
입찰방법	기일입찰	매각대상	토지/건물일괄매각	청구금액	94,141,562원
사건접수	20XX-01-25	배당종기일	20XX-04-09	개시결정	20XX-01-29

같은 맥락으로, 초등학교 주변의 빌라도 가치가 높고 매매가 잘됩니다. 우측 지도는 경기도 일산서구에 위치한 성저마을 건영빌라 단지 주변을 나타내고 있습니다. 대화역에서 북(위)쪽을 따라 각각 단지가 위치해 있는데, 대화역에서 가장 가까운 5단지가 제일  비싸게 거래되고 있죠. (32평형 빌라를 기준으로 3억 전후의 시세를 형성하고 있습니다.) 대화역에서 멀어질수록 빌라 가격이 점점 낮아지고 매매가 잘 안 되지만, 성저초등학교 옆에 있는 9단지와 10단지는 지하철역에서 멀리 떨어져 있음에도 매매 및 임대가 잘됩니다. 초등학교가 빌라 단지 정문 앞에 있어 한 번만 횡단보도를 건너면 등하교가 가능한 위치이죠. 초등학교 자녀를 둔 부모들이라면 이런 빌라를 당연히 선호합니다.

이처럼 소공원 혹은 초등학교 주변의 빌라라면 청개구리 경매로 공략해볼 만합니다. 관심을 갖고 지켜보며 경매로 나오는 물건이 없는지 유심히 살펴보시기 바랍니다.

청개구리의 빌라 공략하기

15
공장 밀집 지역일수록 ⇌ 공실률이 적다

바로 여기! 경기도 파주시 ○○ 빌라

청개구리 역발상

고정관념	공장 근처에는 아무도 살고 싶어하지 않는다.
역발상	공장 근로자들은 공장 근처에서 살고 싶어한다.

경기도 김포시, 파주시, 화성시, 평택시엔 특징이 있습니다. 바로 수도권 접근성이 좋다는 점이지요. 이 때문에 많은 제조 및 물류 공장들이 위치해 있습니다. 이 공장들은 한 지역에 몰려서 위치해 공업단지 및 산업단지를 형성하고 있는 경우를 종종 볼 수 있습니다.

그런데 이런 공장지역 사이사이에 빌라가 끼어 위치한 경우가 있습니다. 이 빌라들은 공장들 사이에 끼어 있어 먼지 및 소음 진동 등이 발생하는 곳이 많아 주거환경에 매우 좋지 않습니다. 당연히 현장조사를 다녀온 경매투자자들은 소음과 매연, 진동, 폐수를 보며 경매입찰을 꺼리는 지역입니다. 그러나 오히려 저는 이런 빌라들을 주목하고 있다가 원하는 가격까지 유찰되면 응찰하여 높은 수익을 올리곤 합니다.

사례 24번 물건은 경기도 파주시 조리읍의 한적한 시골에 위치한 빌라입니다. 주변이 공장 밀집지역이라 많은 제조 및 물류 공장들이 몰려 있고

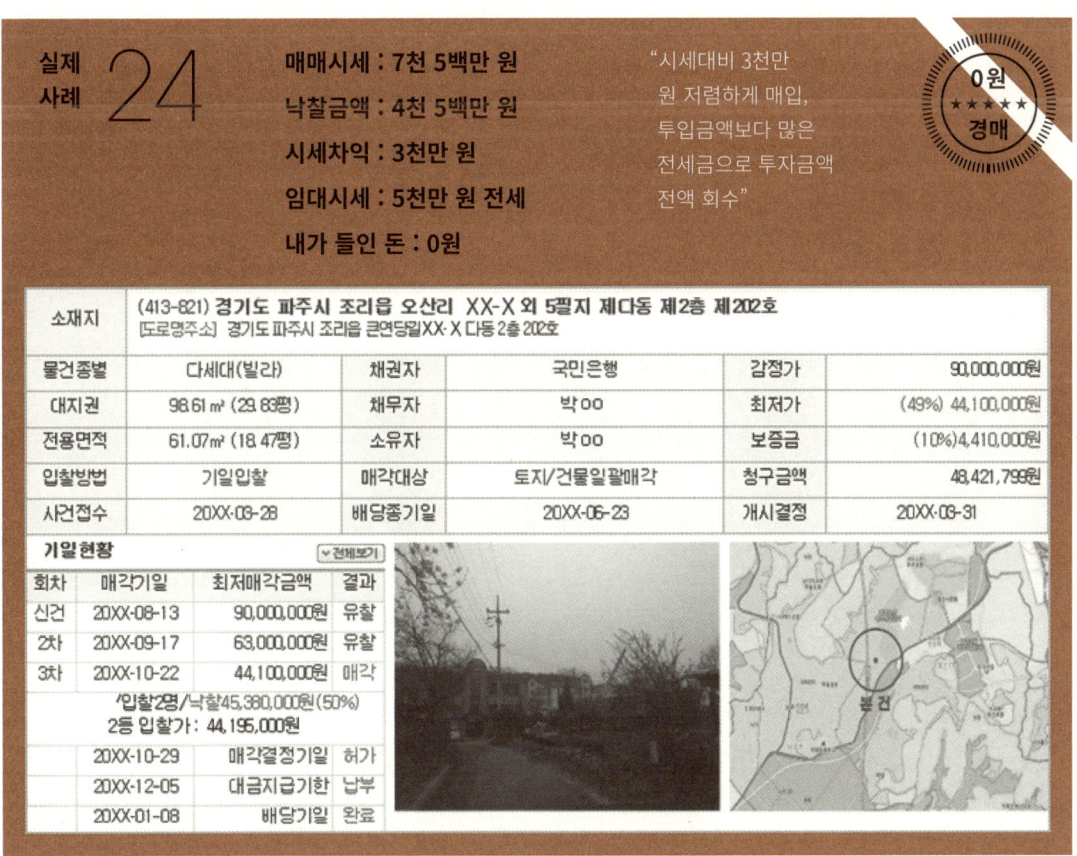

대규모의 파주, 오산의 일반 산업단지도 근거리에 위치해 있습니다. 당연히 주거환경이 좋을 리가 없습니다.

하지만 이렇게 공장들이 밀집한 지역의 빌라들은 공장에서 근무하는 직원 및 외국인 노동자들 숙소로 활용 가치가 높습니다. 특히 외국인 노동자들은 공장 근처에서 먹고 자고, 일상생활을 하기에 주변에 위치한 공장에서 기숙사 용도로 매입하는 경우가 잦습니다. 즉 공실률이 현저히 적다는 이야기입니다. (쉽게 말해 주변에 공장이 많이 밀집되어 있을수록 매매 및 임대는 잘된다고 생각하면 됩니다.)

또한 일반 개인이 아닌 법인회사에서 매입하기 때문에 가격 조정도 많이 하지 않습니다. 종종 갑자기 직원이 늘어 숙소를 급히 필요로 하는 경우가 많아 상당히 빠른 속도로 매매가 이루어집니다.

사례 24번 물건은 제가 직접 낙찰한 후 3개월 이내에 매각했고, 4천 5백만 원을 투자하여 3개월 만에 3천만 원의 고수익을 낸 효자 물건입니다.

신의 한 수 7

이런 지역의 빌라도 주목해보라

1. 명절에 사람이 몰리는 지역

서울에서 평소엔 한산하다가 명절 때만 되면 붐비는 지역이 있습니다. 대부분 빌라와 단독주택 위주로 밀집해 있는 곳으로 명절 때에 많은 방문객들로 인해 대낮에도 주차할 곳을 찾기가 어려운 지역입니다. 예를 들면 강북구 수유동, 미아동, 종로구 평창동, 성북구 성북동, 동작구 노량진동·상도동, 금천구 독산동·시흥동, 중구 신당동·장충동, 서대문구 홍제동, 은평구 대조동·녹번동 등이 이런 지역에 속합니다. 오래전부터 형성되어 있던 구시가지로 주로 50~60대 부모님 세대들이 많이 거주하는 지역이죠. 또한 평상시에도 어린아이들이 뛰어노는 모습을 자주 볼 수 있는 곳이기도 합니다. 아이들을 상대로 하는 각종 학원이나 어린이집, 소공원도 많이 눈에 띄는 게 특징이죠.

이런 지역은 독특한 수요층이 존재합니다. 어린아이를 둔 젊은 맞벌이 부부들로, 육아 문제를 해결하기 위해 부모님이 사는 집 근처로 이사하는 경향이 늘고 있습니다. 부모님 근처에서 일정 기간 살다 보면 그 지역에서 인프라가 생기고 아이들이 커가는 대로 유치원, 초등학교를 보내게 되니 웬만해선 다른 지역으로 이사를 가기가 어려워집니다. 아이들이 점점 자라면서 집 크기 때문에 이사가 필요한 경우에도 같은 지역 내로 옮겨가는 경우가 많죠. 그렇다 보니 이런 지역의 수요는 점점 더 두터워집니다.

따라서 이런 지역의 빌라들은 임대 및 매매수요가 항상 존재합니다. 단, 재개발이나 재건축, 뉴타운으로 인해 대단지 아파트로 바뀌지 않고 예전 그대로 보존이 되어 있는 지역이어야 합니다. 왜냐하면 이런 지역들이 재건축되면 높은 추가분담금 때문에 기존 부모님 세대들이 다시 그 자리에 정착하지 못하고 다른 곳으로 이사를 가는 경우가 많아 거주민 성격이 대폭적으로 바뀔 수도 있기 때문입니다. (원래 성북구 길음동 지역도 부모님 세대들이 많이 거주하는 지역이었으나 길음 뉴타운으로 지정되고 대단지 아파트로 바뀐 후, 부모님 세대보다는 소득수준이 높은 젊은 층들이 많이 사는 지역으로 바뀌었습니다.) 불황일수록 중서민층의 주머니는 더 얇아져서 육아뿐만 아니라 경제적 도움을 받기 위해 부모님 집 근처로 집을 얻고자 하는 젊은 부부 층의 수요는 점차 증가할 것입니다. 불경기에도 큰 영향을 받지 않고 집값이 떨어지지 않고요. 이런 지역에는 주위에 오래된 규모의 큰 시장(미아동 삼양시장, 수유동 수유시장, 상도동 성대시장, 홍제동 인왕시장, 녹번동 녹번시장, 시흥동 현대시장 등)이 있다는 것도 특징입니다.

2. 금요일 저녁에 시끌벅적한 지역

수도권의 여러 지역을 돌아다니다 보면 저녁 시간에 퇴근한 직장인들로 인산인해를 이루며 시끌벅적 소란스러운 지역이 있습니다. 특히 금요일 저녁 주변 상권이 활발해지면서 거리 곳곳에 음식을 파는 1톤 트럭 차량이 집결하기도 합니다. 이런 지역들은 주로 정기적인 월수입이 있는 직장인들이 많이 거주하고 또 선호하는 곳입니다. 실질적으로 집을 구매할 수 있는 수요층이 두터운 지역이기도 하고요. 당연히 매매나 임대도 잘되고 공실률도 낮습니다.

그러나 분명히 초역세권임에도 저녁때가 되면 지역이 슬럼화되어 유동인구가 많지 않은 지역도 있습니다. 상권도 고물상, 세차장, 자동차용품점,

철물점, 유흥업종 등 부가가치가 낮은 업종들로 채워져 있어 낮에는 상권이 활성화 되었다가도 저녁 때에는 도로가 어둡고 조용해지는 거죠. 서울에서 이런 대표적인 지역이 동대문구 장안동입니다. 이런 지역은 야간 시간에 인적이 드물고 경비나 CCTV 시설도 미흡한 편입니다. 아무리 초역세권이라도 이런 지역은 매입을 피하는 게 최선책입니다. 저가로 유찰이 되어도 신중하게 생각하고 투자해야 할 지역이죠.

3. 관리처분인가 단계의 재개발 지역 주변

재개발 및 재건축 정비구역은 서울에만 수백 개, 수도권까지 범위를 확장하면 대략 1천 개 정도의 구역이 존재하고 있습니다. 재개발이나 재건축으로 건물의 철거가 이뤄지게 되면 해당 정비구역에 거주하는 주민의 이주 수요가 발생할 수밖에 없습니다. 기간 내에 임대나 혹은 매매를 해서 집을 구해야 하는 실수요층입니다. 이주 수요의 목적이 임대인지, 매매인지는 크게 중요하지 않습니다. 임대가격이 상승하면 매매가격의 상승도 당연한 것이기 때문입니다.

이러한 이주 수요의 특징은 다음과 같습니다. 첫째로 기존의 생활권과 인프라를 활용할 수 있는 주변지역으로 이주하려는 성향이 많습니다. 병원, 시장, 대중교통, 생활편의 시설 등 기존의 풍부한 인프라를 누렸던 경험이 있으므로 아무래도 인프라가 부족한 외곽지역으로 나가려 하지 않습니다. 조금 무리가 되더라도 기존 생활권 내에서 주거지를 찾는 경향이 짙습니다. 둘째로 자금력의 한계로 기존 주택의 범위에서 크게 벗어나지 못합니다. 조합으로부터 이주비를 받아 이주를 하는데 이주비 금액이 그리 많지 않고, 기존의 오래된 다가구, 다세대 빌라들이 밀집된 지역이 개발되는 것이기 때문에 인근에서 기존 크기의 빌라를 매입하거나 임대하려는 수요층이 급격히 상승하게 됩니다. 셋째로 대부분이 서울 도심에 직장을 두고 있어 대중교통을 이용한 출퇴근이 편리한 주변지역을 찾는 경우가 많습니다. 대중교통이 불편한 서울 외곽지역이나 수도권 지역은 직장과의 접근성이 떨어져 이주 수요의 선호도가 떨어집니다.

이러한 특징을 종합해보면 이주 수요층은 도심과의 접근성이 뛰어나면서 기존의 인프라를 누릴 수 있는 지역에서 저가 주택인 빌라를 원한다는 것을 알 수 있습니다. 서울의 아파트는 고가이므로 이주 수요층이 접근하기에는 다소 무리가 있죠. 이처럼 이주 수요가 발생하기 시작하는 단계인 관리처분인가 과정에 있는 재개발 혹은 재건축 단지 주변의 빌라는 급격한 이주 수요층의 영향으로 인기가 많습니다. 이런 지역들을 평소에 파악해놓는 것도 우수한 빌라 투자 방법 중 하나일 것입니다.

★★★★★ 절대 실수하지 마세요! ★★★★★

1. 가보지 않은 빌라는 절대로 사지 않는다

원숭이가 나무에서 떨어지기도 하고, 자동차 운전도 자신감이 붙었을 때 사고가 나는 법입니다. 많은 경매투자자들이 예전에 거주한 지역이거나 많이 지나다닌 지역은 본인 스스로가 잘 아는 지역이라고 생각하여 실제로 현장 답사를 하지 않고 무턱대고 경매로 입찰하는 경우가 의외로 많이 있는 것 같습니다. 저는 서울 및 수도권의 웬만한 지역들 지형을 다 숙지하고 있어도 경매로 입찰 예정인 빌라라면 반드시 현장에 가봅니다. 빌라는 잘 아는 지역이라도 실제 사진과 달리 건물이 많이 노후가 되었거나 부실공사라 건물 외벽으로 비가 새고 벽에 금이 가 있는 등 여러 가지 하자가 도사리고 있을 수 있기 때문입니다. '돌다리도 두드리고 건너라'는 말은 진리입니다. 아무리 잘 아는 지역이라고 해도 꼭 현장을 답사한 후 입찰하여야 뒤탈이 없습니다.

2. 경매 번지수를 반드시 확인하자

실제로 많은 경매투자자 분들이 자동차 내비게이션으로 주소를 입력하고 목적지에 도착하고서는 미리 인쇄한 경매물건 사진과 같은 건물을 찾는 방식으로 물건을 찾습니다. 하지만 이런 방법은 큰 실수를 유발할 수 있습니다. 실제로 저희 직원이 그런 적이 있습니다. 일부 지역에는 유사한 빌라가 많이 건축되어 있는 곳이 있습니다. 대개 같은 시공사가 지었거나 또는 초기에 넓은 필지를 갖고 있는 지주가 여러 개의 빌라를 똑같이 지은 경우죠. 그러다 보니 거의 비슷하게 생긴 다른 건물을 경매물건으로 착각하는 상황이 왕왕 발생합니다. 그때 제가 한 번 더 들려 확인하지 않았으면 엉뚱한 건물을 두고 입찰을 하는 큰 실수가 될 뻔했습니다. 경매 정보상 빌라 사진과 일치하더라도 반드시 현장에서 주소를 확인하고 법원 경매에 나온 부동산과 일치하는지 확인해야 합니다.

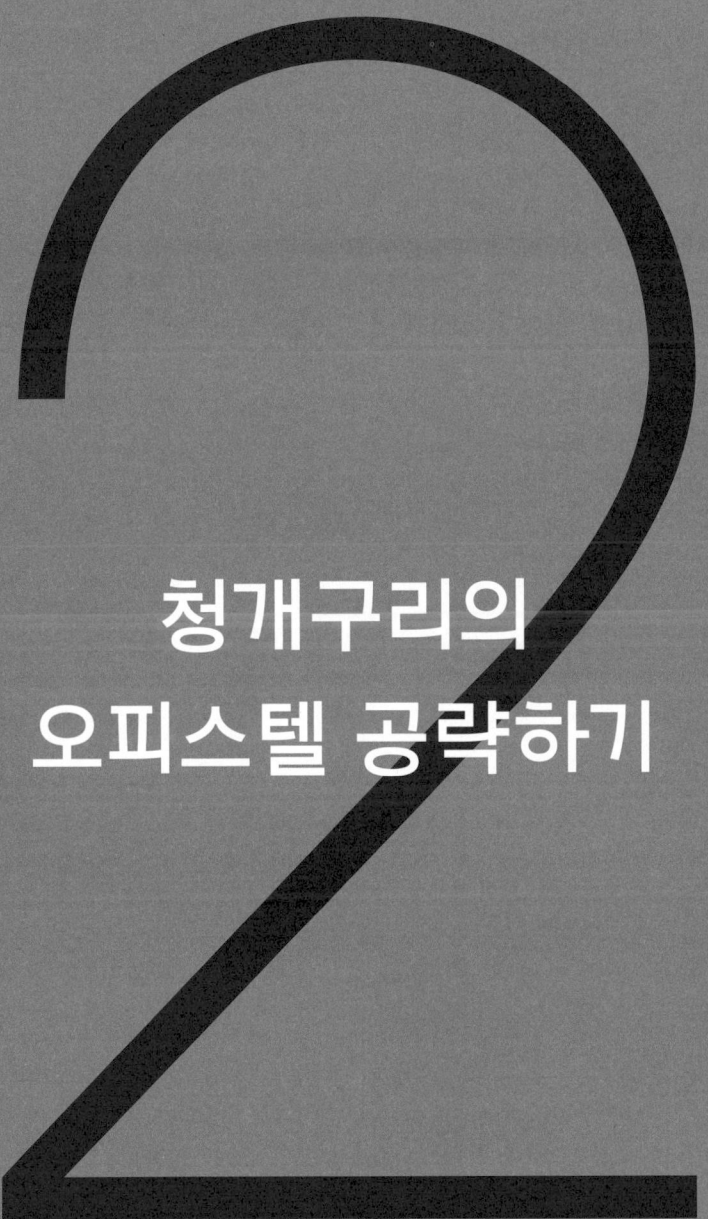

PART 2

청개구리의
오피스텔 공략하기

먼저 알아두기

오피스텔은 최근 1%대의 초저금리가 지속되면서 대표적인 수익형 부동산으로 거듭나 부동산 분양시장에서 화려한 스포트라이트를 받고 있습니다. 저에게도 오피스텔 매입 문의가 급격히 늘고 있는 것을 보면 요즘 오피스텔 인기가 하늘 높은 줄 모르는 것 같습니다. 서울에 웬만한 오피스텔은 분양 매물들이 조기에 다 소진되고, 혹시나 계약을 해약하는 물건이 있을지 몰라 대기자 명부에 순번을 올리고 기다리고 있을 정도이니 말입니다.

유독 오피스텔만 인기가 많은 것은 저금리 금융정책으로 돈이 갈 곳이 없기 때문입니다. 은행에 돈을 예치해놓으면 연 1~2%이내의 은행 이자를 받을 수 있는데 반해 서울에 있는 오피스텔을 분양받으면 연 4~5% 정도의 월세를 받을 수 있습니다.

이처럼 오피스텔 투자의 최대 강점은 면적에 비해 월세가 높다는 점입니다. 깔끔하고 편하게 거주하고 싶어 하는 싱글족 직장인들이 오피스텔을 주로 선호하는데, 이런 직장인들이 많이 밀집된 업무 지역일수록 월세가격은 높아집니다. 부동산경매로도 많은 사람들이 응찰을 해서 오피스텔은 저렴하게 낙찰 받기가 어렵습니다. 특수물건 혹은 건물상태나 대중교통이 중하급 정도인 것을 노려서 상대적으로 저렴하게 낙찰 받는 것이 수익률을 높일 수 있는 최선의 방법입니다. 오피스텔 투자 시 반드시 유념하셔야 할 부분은 낙찰 후 얼마나 빠른 시간 안에 임대를 놓느냐 입니다. 꼭 명심하세요.

경매로 오피스텔을 매입하면 최대한 대출을 많이 받아야 유리합니다. 저금리를 이용하여 대출을 많이 받고 임대를 전세보다는 월세로 놓고, 월세수익으로 대출이자를 대체하는 것이 임대수익률을 높일 수 있는 길입니다. 또 임대차 계약은 웬만하면 2년으로 하는 것이 좋습니다. 요즘 오피스텔 임대차 계약 시 1년 이하의 단기 계약이 많은데 그러면 집 소유주는 불리한 점이 많습니다. 임대차 보호법상 1년 이후 임차인이 1년 더 살겠다고 요구하면 집 소유주가 원하지 않아도 응해주어야 하기 때문입니다. 하지만 계약기간을 2년으로 하면 통상 2년을 다 채우지 못하고 이사를 가더라도 새로운 임차인에 대한 중개수수료를 현 임차인이 직접 물게 되어 집소유주가 훨씬 유리한 고지에 있게 됩니다.

* 실제 사례의 계산법은 이사 비용 및 수리 비용, 취득세 등의 각종 세금, 법무사수수료 등을 제외한 결과입니다.

청개구리의 오피스텔 공략하기

16

서울을 벗어났어도 역세권이면 수익률 우수!

바로 여기! 안산시 상록구 ○○오피스텔

청개구리 역발상

오피스텔은
단연코 서울이 좋다.

역세권이거나 주변에 대학교 및 관공서가 있는 수도권 오피스텔이라면 서울보다 수익률이 더 우수하다.

저는 현재 서울의 신축 오피스텔 분양가격이 다소 고평가되어 있다고 봅니다. 도시형 생활주택 및 오피스텔의 공급이 많기 때문에 월세 하락의 리스크가 클뿐더러, 월세가 하락하면 임대수익률로 가격이 형성되는 매매가도 영향을 받기 때문입니다. 구체적인 예로, 최근 서울 지하철 2호선 라인의 오피스텔 원룸의 월세가격이 조금씩 떨어지는 추세입니다. 예전에는 '부동산은 지하철 2호선과 경부고속도로를 따라 투자하면 절대 망할 수 없다'는 말도 있었습니다. 그만큼 지하철 2호선은 강남 접근성이 좋다는 이유로 두터운 수요층과 높은 임대수익률을 자랑했죠.

하지만 지금은 그렇지가 않습니다. 워낙 수요층이 두터워 월세가 보합세를 유지하고 있는 강남역, 역삼역, 선릉역, 삼성역, 홍대역 등을 제외한 나머지 지역, 관악구나 동작구, 영등포구를 포함해 강남으로 진입하는 초입에 위치한 지역들은 오피스텔 및 도시형 생활주택의 급격한 공급으로 월세가격이 서서히 하락하고 있는 추세입니다.

특히 강남으로 출퇴근하는 직장인들에게 인기가 많았던 낙성대역, 서울대역, 봉천역, 신림역 주변 지역은 지하철 7호선과 9호선 및 신분당선이 강남과 연결되면서 강남 직장인들의 거주 수요가 다양하게 분산됨에 따라 원룸 수익률이 현저하게 떨어지고 있는 현실입니다.

한 예로 폭발적으로 증가하던 서울 도시형생활주택 인허가가 2013년부터는 급감한 것으로 나타나고 있습니다. 늘어나는 1~2인 가구와 서민의 주거 안정을 위해 2009년 도입된 도시형생활주택은 MB정부에서 각종 인센티브를 부여하며 부동산시장에 입성했지만 누적된 공급 과잉으로 인한 월세가격 하락으로 분양이 잘되지 않자 신축을 위한 인허가 물량이 급감한 것입니다.

그러나 서울을 벗어난 수도권(경기도, 인천) 지역의 오피스텔은 매매가격도 훨씬 저렴하고 수익률이 10% 이상 높습니다. 서울 지역보다 높은 공실률이 문제가 될 수 있지만, 오피스텔이 초역세권에 위치해 있거나 주변에 대학교 및 시청·구청, 법원 등과 같은 관공서가 위치하고 있다면 지방 오

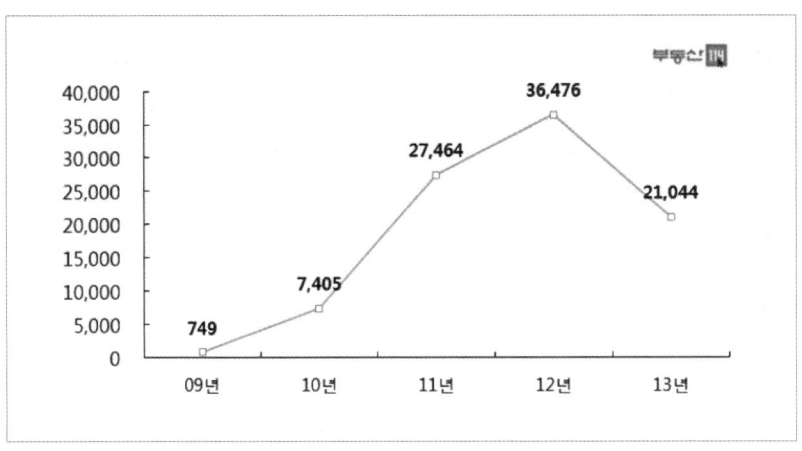

도시형 생활주택 인허가 추이

피스텔의 단점인 공실률을 최소화시킬 수 있습니다.

하지만 이런 경우에도 인근으로 도시형 생활주택이나 오피스텔이 우후 죽순처럼 생기기 시작하면 임대료 하락 리스크가 높아질 수밖에 없습니다. 그때는 얼른 팔고 신속히 빠져나오는 것이 좋습니다. 어떤 자산이든 과잉 공급에는 버텨낼 장사가 없기 때문이죠.

부동산 가격은 정부 정책에 의해서도 많은 영향을 받긴 하지만, 그보다 철저히 거시경제의 핵심인 수급(수요와 공급)의 원칙에 의해 움직이는 것이 더 큽니다. 한정된 수요에 공급이 늘어나면 반드시 매매 및 월세가격이 하락할 수밖에 없습니다. 특히, 수도권 지역에는 빈 땅(공터)도 많고 서울에 비해 땅값이 저렴해서 오피스텔이 공급되기가 훨씬 수월하기도 합니다.

다음의 물건들은 프롤로그에서도 언급했던 물건인데, 지금까지 단 하루도 공실인 적이 없는 효자 물건입니다.

지하철 4호선 한대앞역 전면에 있는 상가 밀집지역의 종사자들과 한양 대학교 학생들이 선호하는 지역이라 언제나 임대수요가 풍부하죠. 월세가 비싼 산본역에 근무하는 직장인들도 월세가 저렴한 이곳으로 이동하는 추세라 추가적인 수요가 늘고 있기도 합니다. 또한 곧 한대앞역은 수인선(수원과 인천을 연결하는 지하철)이 환승되어 더블역세권으로 거듭날 역사라서 향후 가치는 더욱더 상승될 것으로 예상하고 있고요.

저는 5개 호실을 평균 2천 3백만 원에 매입을 하고 6천 5백만 원으로 전

| 실제 사례 | 25 | 매매시세 : 9천만 원
 낙찰금액 : 2천 1백만 원
 시세차익 : 6천 9백만 원
 임대시세 : 6천 5백만 원 전세
 내가 들인 돈 : 0원 | "5개 호실을 평균 2천 3백만 원에 매입하고, 6천 5백만 원으로 전세를 놓아 250% 수익을 올린 사례" |

소재지	(426-863) 경기도 안산시 상록구 이동 XX-X데코스포텔 4층 438호 [도로명주소] 경기도 안산시 상록구 광덕1로 XX(이동)			
물건종별	오피스텔(주거)	채권자	이ㅇㅇ	감정가	63,000,000원
대지권	7.27㎡ (2.2평)	채무자	서원산업개발외3명	최저가	(33%) 20,644,000원
전용면적	29.25㎡ (8.85평)	소유자	서원산업개발외1명	보증금	(10%)2,065,000원
입찰방법	기일입찰	매각대상	토지/건물일괄매각	청구금액	2,000,000,000원
사건접수	20XX-05-18	배당종기일	20XX-10-28	개시결정	20XX-05-21

기일현황	▼전체보기			
회차	매각기일	최저매각금액	결과
신건	20XX-04-16	63,000,000원	유찰
4차	20XX-07-09	32,256,000원	유찰
5차	20XX-08-27	25,805,000원	변경
5차	20XX-10-30	25,805,000원	유찰
6차	20XX-12-04	20,644,000원	매각
김ㅇㅇ /입찰1명/매각21,010,000원(33%)			
	20XX-12-11	매각결정기일	허가
	20XX-01-16	대금지급기한	납부

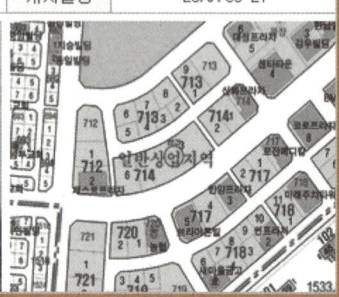

세를 놓아 모두 0원경매가 된 것은 물론이고 약 250%의 수익을 올렸습니다. 매매시세가 한 호당 9천만 원으로 총 4억 정도의 부동산을 1억 정도의 돈을 투자해서 얻었고, 전세금으로 3억이라는 자금을 활용할 수 있게 된 매우 훌륭한 사례입니다.

안산시 한대앞역 외에 고양시 백석동, 장항동 오피스텔, 부천시 지하철 역사 주변 오피스텔, 인천 지하철 1호선 주변 오피스텔 및 5대 광역시 등에도 임대수요가 풍부한 지역들이 많습니다. 이런 지역들을 찾아내 저렴하게 매입한다면 안전하고 높은 임대수익률을 올릴 수 있는 좋은 기회가 될 수 있습니다.

오피스텔과 도시형 생활주택의 차이점

간단히 말하면 오피스텔보다 더 제약이 적은 형태가 도시형 생활주택입니다. 물론 세금적인 측면에서도 도시형 생활주택이 훨씬 유리합니다. 임대수익이 주목적이라면 도시형 생활주택을, 상업지역에서 주택 및 상가의 다양한 용도로 임대를 원한다면 오피스텔이 좋습니다.

구분	도시형 생활주택(주택임대사업자)	오피스텔(일반임대사업자)
법적 용도	공동주택	업무시설
주택임대차사업등록	가능	불가능(일반임대사업자등록)
무주택자 기준 완화	1가구 2주택 적용 (전용면적 20m2 이하 무주택 간주)	1가구 2주택 제외 (단, 전입신고 있으면 2주택)
적용 법규	주택법	건축법
취득세	면제(전용면적 60㎡ 이하)	취득가의 4.6%
재산세	면제(전용면적 40㎡ 이하)	과세
종합부동산세	합산 배제	과세 어려움(주거용 경우 일반주택 준용)
양도세	중과 배제	주택용 경우 6~35% 과세

위의 표는 국토해양부 홈페이지에 공시되어 있는 자료입니다.

오피스텔은 기본적으로 건축법을 적용받는 시설이라 업무시설과 주거용으로 모두 사용이 가능합니다. 이에 따라 최초로 분양을 받는 소비자가 업무용 혹은 주택용으로 선택하여 신고할 수 있습니다.

오피스텔을 업무용으로 사용하면 분양받는 수요자는 건물에 부과되는 부가가치세를 납부하지 않아도 됩니다. 물론 1가주 2주택에서도 제외가 됩니다. 그러나 주거용으로 오피스텔을 사용하는 경우에는 종합부동산세 과세 대상이 될 수 있고 오피스텔 이외에 다른 주택을 소유하고 있다면 다주택자로 인정되어 처분 시 양도소득세가 중과될 수도 있습니다.

또한 오피스텔은 평균 전용률이 50~60%로 매우 작은 편이며(아파트는 평균 60~70%) 분양면적에 주차장 등 공용면적이 포함됩니다. 실제 사용 면적보다 더 넓은 면적을 분양받는 셈이라 관리비도 더 많이 나오는 편이죠. 건축법상 주차장은 가구당 0.5~0.8대로 도시형 생활주택(원룸형 기준 0.2~0.5대 수준)보다 넓습니다.

한편, 도시형 생활주택은 주택법을 적용 받기 때문에 1가구 2주택자 대상이 됩니다. 보유한 도시형 생활주택이 전용 60㎡ 이하이고 임대사업자 등록을 한 경우에는 취득세가 면제되기도 합니다. 분양가 상한제 적용을 받지 않아 분양권 전매 제한 등의 거래 규제가 없고 청약통장이 없어도 선착순 분양이 가능합니다. 통장을 사용하지 않는 만큼 별도의 청약자격이 없고, 재당첨 제한 규정도 적용되지 않아

한 사람이 여러 곳에서 분양받을 수도 있습니다.

또한 외벽배치 기준, 소음보호 기준 등이 배제되어 건축기간이 짧고 분양가가 오피스텔에 비해 저렴한 편이기도 합니다. 하지만 건축 기준이 완화된 만큼 주거 환경은 다소 열악한 편이긴 합니다. 주차창의 경우 원룸형 기준일 때 0.2~0.5대 수준이라 주차 문제가 생길 수도 있습니다. 하지만 도시형 생활주택은 전용률이 70~80% 정도로 높고, 여기에 베란다 등의 서비스 면적이 별도로 제공되기도 해서 실제 면적이 더욱 넓어질 수 있다는 장점이 있습니다. 그래서 도시형 생활주택과 오피스텔이 한 건물에 함께 건축된 복합 건물에서는 도시형 생활주택이 먼저 분양되는 경향이 있죠.

그런데 도시형 생활주택과 오피스텔의 형평성 논란이 제기되면서 2012년 4월 27일 이후 분양하는 오피스텔부터는 바닥 난방 허용, 욕실면적 제한 폐지, 욕조 설치 가능 등 건축 규제가 풀리고, 주택 임대사업자로 등록하면 취득세, 재산세, 종합부동산세를 감면받을 수 있게 되었습니다.

오피스텔 매도 시 양도소득세는 공부상 용도에 관계없이 실제로 무엇으로 사용했는지에 따라 달라집니다. 통상적으로 오피스텔은 시세차익보다는 임대수익을 노리고 투자하기 때문에 양도차익이 그리 크지 않아 양도세 부담이 없다고 생각할 수 있지만 오피스텔을 주택으로 사용한 경우 오피스텔 외에 다른 주택을 팔 때 양도세에 영향을 줍니다.

예컨대 2년 이상 보유한 1주택이 있는 상태에서 오피스텔을 취득해 주택으로 임대하는 경우, 기존 1주택을 팔 때 주택으로 사용한 오피스텔까지 주택 수에 간주되어 1세대 1주택자에게만 있는 비과세 요건을 충족하지 못하여 양도세가 과세될 수 있습니다. 하지만 양도 시점에 업무용으로 오피스텔을 사용하였다면 주택 수에 포함되지 않으므로 매도 시점에 반드시 주의를 기울여야 합니다.

바로 여기! 종로구 구기동 ○○오피스텔

청개구리의 오피스텔 공략하기

17
지하철역에서 멀어도 관리가 잘됐다면 Good!

청개구리 역발상

고정관념 오피스텔은 역세권이어야 한다.

역발상 지역철역에서 먼 비역세권이라도 관리가 잘된 깔끔한 오피스텔은 우수하다. 단 지하철역에서 멀면 주로 차량으로 이동하기 때문에 주차가 편해야 한다.

오피스텔 분양을 받으려는 사람들의 수요는 역세권으로 집중되는 경향이 있습니다. '청개구리의 빌라 공략하기'에서 언급했던 것처럼, 오래된 구옥이거나 반지하층인 빌라는 역세권 인근에 위치해야 수익률이 높고, 신축인 빌라 혹은 관리가 잘되어 신축만큼 깔끔한 빌라는 지하철역에서 조금 떨어져도 수익률을 올릴 수 있습니다. 오히려 아이를 키우는 4인 가구 수요층은 지하철역에서 조금 떨어지더라도 인적이 드물고 차량통행이 적으며, 비교적 조용하고 먼지도 적은 지역이 아이를 키우기에 환경적으로 좋아 더 선호하기도 합니다.

마찬가지로 오피스텔도 새로 건축했거나 관리가 잘된 깔끔한 곳은 지하철역에서 조금 떨어져 있어도 매매 및 임대가 잘되는 편입니다. 특히 이런 지역에서 오피스텔을 매입하기 전에 관심 있게 보아야 할 부분은 주변에 원룸 공급이 많지 않아야 한다는 점, 충분한 주차 공간이 있어야 한다는 점입니다. 지하철역에서 멀기 때문에 차량을 소지하고 있는 사람들이 임대를 희망하는 경우가 많은데 주차난이 있으면 당연히 임대를 하지 않을 것이고, 주변에 원룸이 많으면 그만큼 경쟁이 치열해지기 때문에 역시 좋지 않습니다.

사례 26번 물건은 서울시 종로구 구기터널 인근에 위치한 오피스텔입

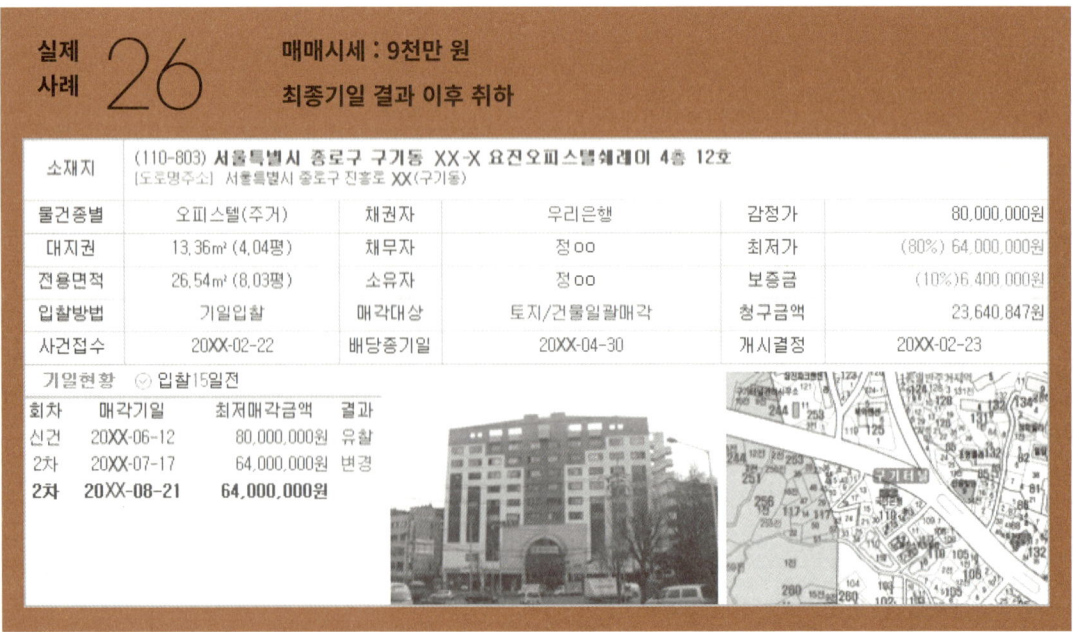

니다. 보통 오피스텔이면 초기 신건에 낙찰이 되는 추세이나 이 물건은 지하철역에서 멀다는 이유로 한 번 유찰이 되었습니다. 서울의 원룸 오피스텔 치고 감정가격이 8천만 원으로 비교적 저렴한 편이었고, 실제 매매시세는 9천만 원 전후였습니다.

서울의 대표적인 부자 동네인 평창동으로 진입하는 초입에 위치한 오피스텔이라서 주위에 대부분 대형 빌라와 고급 단독주택들이 주를 이루고 있으며 원룸과 같은 오피스텔은 거의 없는 지역이기도 합니다. 물론 이 물건과 가장 근접한 지하철역인 3호선 경복궁역과 불광역 인근에 원룸과 오피스텔의 공급이 많기는 하지만 매매가격도 지나치게 비싸고 많은 유동인구와 차량으로 복잡하고 시끄러운 지역이라 주로 출퇴근 시 지하철을 꼭 이용해야만 하는 1~2인 수요층들이 선호하고 있습니다.

반면에 차량을 소지하고 있고, 조용하고 쾌적한 오피스텔을 찾는 수요층은 이와 같은 물건들을 선호하고 있으며 따라서 공실률도 거의 없는 매우 좋은 경매물건이라고 할 수 있습니다. 그리고 이런 물건들은 월세가 낮더라도 매입가격이 저렴하여 임대수익률이 높습니다. 역세권 오피스텔 1개 매입할 돈이면 이런 지역 오피스텔은 2~3개 정도 매입할 수 있지요.

청개구리의 오피스텔 공략하기

18 감정가가 옛날 거라면 ↔ 현 시세와의 차익을 노려라

바로 여기! 성동구 ○○오피스텔

청개구리 역발상

고정관념 경매 감정가는 언제나 정확하다.

역발상 감정한 시점과 매각하는 시점 사이엔 급격한 가격변동이 있으며 경매로 매각하는 시점에는 감정가와 시세가 맞지 않는다. 이 부분을 노리면 높은 시세차익을 볼 수 있다.

민사집행법을 기초로 진행되는 부동산경매는 절차상 감정평가를 진행한 시점과 매각하는 시점이 약 4~6개월 정도 차이가 발생합니다. 또한 경매가 진행되는 중이더라도 '채무자가 돈을 갚을 것이니 조금만 시간을 달라'고 채권자에게 요청하는 경우, 경매절차상의 문제가 발생할 경우, 이해관계인들의 경매에 대한 이의 제기가 있는 경우 등 다양한 이유로 경매가 수개월 지연될 수도 있습니다.

특히 최근에 서울, 수도권의 오피스텔 가격이 큰 폭으로 상승하였으므로 지난해 말에 감정한 오피스텔은 매매시세보다 저렴하죠. 이런 경우는 <u>신건(100%) 매입 전략</u>으로 입찰하는 것이 수익률을 높일 수 있습니다.

신건 매입 전략이란?
법원에서 진행되고 있는 경매물건은 매각이 안 될 경우 20~30% 가격을 내려 한 달 후 다시 경매를 진행하는데, 신건 매입 전략이란 제일 처음의 감정가격으로 입찰하는 것을 말한다. 보통 최초 감정가격이 시세보다 많이 저렴할 때 쓰는 전략이다.

여담으로, 신건 매입 전략으로 경매물건을 낙찰 받으면 입찰 법정은 여기저기 술렁거립니다. 혹자는 우리 보고 잘못 낙찰 받았다고 하는 사람도 있고, 어떤 성격이 급하신 분들은 우리 보고 미쳤다고 말씀 하시는 분들도 있었습니다. 그럴 때 저는 그냥 묘연한 미소를 띠고 경매법정을 서둘러 빠져 나오곤 합니다.

아래의 물건들은 필자가 몇년 전에 응찰하였던 오피스텔(정확히는 도시형생활주택 원룸형)로 건물 전체 2채인 총 49개 호실이 경매로 진행된 사

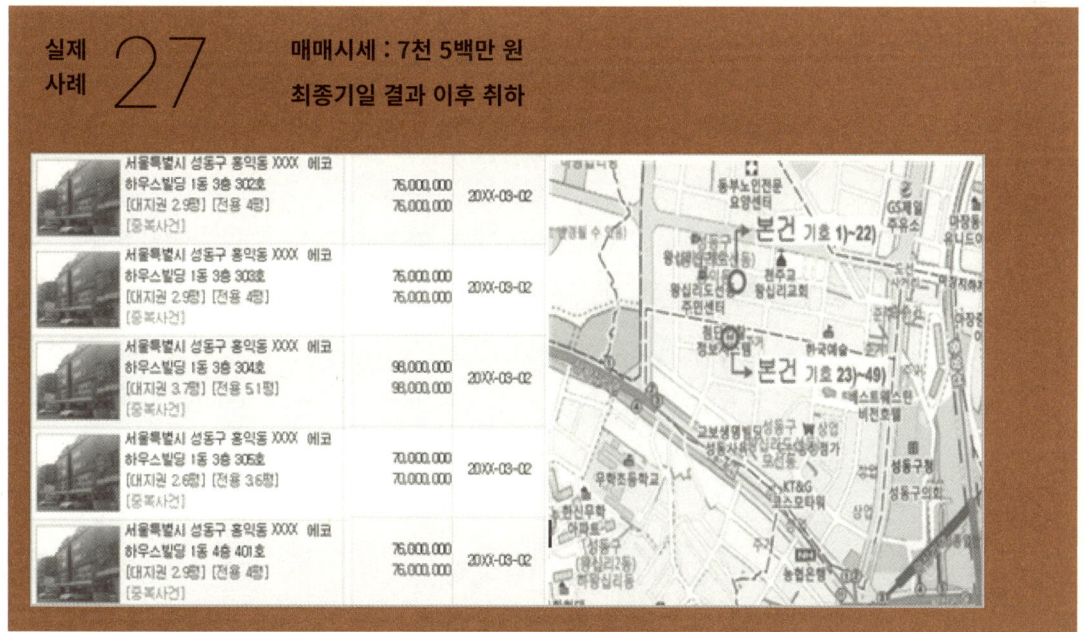

건입니다. 이 지역은 상왕십리역에서 도보로 5분 거리 이내에 위치하고 있고 서쪽으로는 동대문 시장과 종로구 및 중구 업무지구에 근무하는 사람들이 선호하는 곳이며 동쪽으로 경동시장, 마장동시장이 가깝기 때문에 임대수요가 매우 풍부하여 웬만해서는 공실이 잘 생기지 않는 우수한 지역에 속합니다.

그런데 위 물건의 감정평가 시점은 2014년 4월 21일로 반석감정평가 사무소에서 감정을 진행하였고 매각한 시점은 2015년 1월 26일로 약 10개월의 시간차가 있습니다. 즉 위 물건을 처음 감정한 시점에는 7천만 원이었지만 10개월이 지나 이 물건이 매각될 시점에서는 정부의 초저금리 정책으로 오피스텔(도시형생활주택) 가격이 대폭 상승하여 이보다 3~4천만 원 비싼 1억~1억 1천 전후의 매매시세가 형성되어 있었습니다. 그래서 필자도 감정가격에서 좀 더 보태어 응찰을 하였으나 응찰 당일 채권자가 취하를 하여 안타깝게도 헛걸음이 되었던 사건입니다. 여담이지만 49개를 응찰을 하려면 당일에 입찰 서류를 작성하여 제출하는 것이 불가능하기 때문에 바로 전날 입찰보증금과 입찰서류를 작성해야 하는데 입찰서류를 한아름 안고 법원으로 갔었던 기억이 눈앞에 선합니다.

다음 물건도 마찬가지입니다. 경기도 고양시 덕양구 성사동에 위치한 오피스텔로, 3호선 원당역에서 도보로 10분 거리에 위치해 있습니다. 역에서 조금 먼 거리지만 오피스텔 관리와 상태가 매우 우수하고 주변에 고양시청과 원당시장이 근거리에 있어 물가가 매우 싼 편이라 서울로 출퇴근하는 하는 사회 초년생들에게 매우 인기 있는 물건입니다.

이 물건의 경우, 2014년 12월 12일 8천 1백만 원에 감정을 하였는데 실제 매각한 시점은 2015년 6월경으로 정부의 초저금리 정책으로 실제 매매

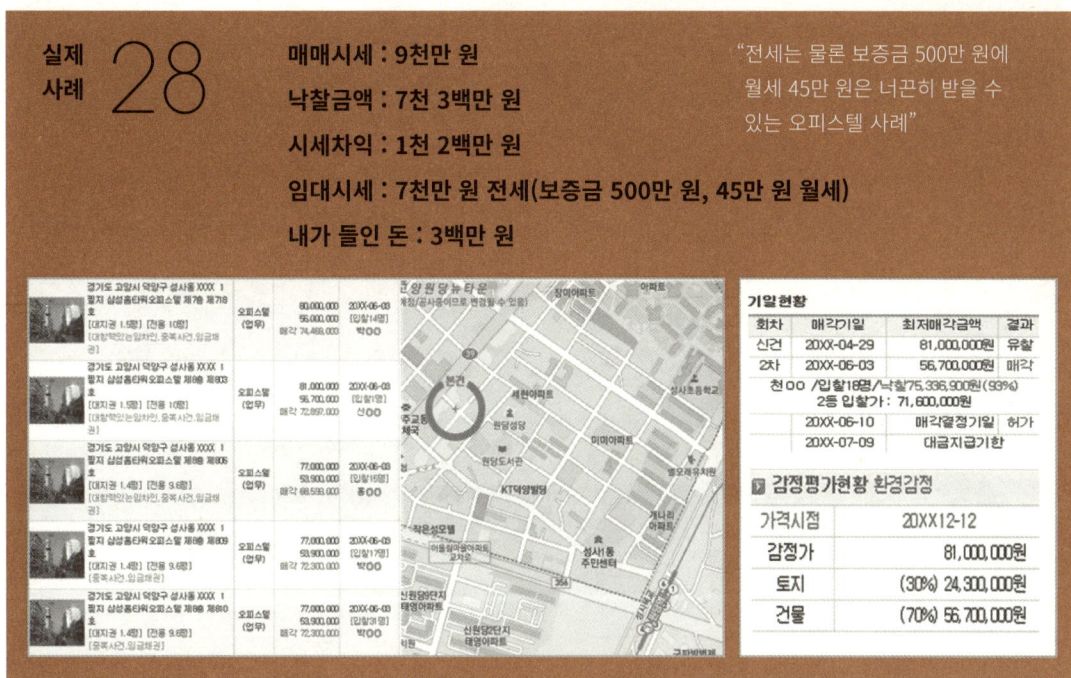

시세는 감정평가 시점보다 1천만 원 인상된 9천만 원대로 시세가 형성이 되어 있었고 임대로 보증금 500만 원에 월세 45만 원을 너끈히 받을 수 있는 우량 물건입니다. 필자도 응찰을 하였으나 아쉬운 가격으로 낙찰을 받지 못한 아직도 여운이 남는 물건들 중 하나입니다.

청개구리의 오피스텔 공략하기

19 쓰리룸이라도 원룸, 투룸만큼 임대가 잘된다

바로 여기! 구로구 구로동 ○○팰리스

청개구리 역발상

고정관념 오피스텔엔 원룸, 투룸만 있다.

역발상 쓰리룸 오피스텔도 많이 존재하며 전용률이 비교적 낮은 오피스텔 성격상 쓰리룸 오피스텔도 1~2인 가구에게 인기가 많아 임대 및 매매가 잘된다.

오피스텔의 인기가 높아지면서 경쟁이 많아 일반 매매시세로 낙찰을 받아가는 경우도 더러 보게 됩니다. 그러나 이는 완전히 잘못된 투자입니다. 법원 경매는 일반 매매와 달리 추가비용이 많이 생기게 마련입니다. 이미 앞서 언급했던 것처럼, 부동산을 점유하고 있는 채무자나 임차인을 이사 내보낼 때 이사비용이 발생하고, 연체된 관리비나 공과금 중 '공용부분'에 대한 부분은 낙찰자가 부담해야 하기 때문이죠.

> **공용부분이란?**
> 건축물의 공용 부분은 전용 부분을 제외한 복도·계단·입구의 홀 등 공동 사용 공간으로 여러 사람이 공동으로 이용하는 공간을 말한다. 낙찰자가 부담해야 하는 공용부분 관리비는 경비원 인건비, 청소비, 소독비, 승강기 유지비, 정화조 오물 수수료 등이 있다.

그런데 인기가 많은 오피스텔은 원룸이나 투룸형인 경우가 대부분입니다. 쓰리룸 오피스텔은 유찰이 많이 되는 편이죠. 1~2인 가구가 늘면서 이들이 선호하는 소형 오피스텔 수요가 많기 때문입니다.

하지만 1~2인 가구가 항상 원룸, 투룸과 같은 소형 오피스텔만 찾는 것은 아닙니다. 이들 중 2인 가구는 대부분 아이가 없는 신혼부부인데 실내에 침실, 컴퓨터방, 옷방, 창고방 등 방이 많은 쓰리룸 오피스텔을 선호하는 경우도 종종 있습니다. 특히, 오피스텔은 아파트와 달리 베란다가 없고 전용률이 낮기 때문에 실제로 김치냉장고와 같은 가전제품이나 텐트, 등산용품, 골프용품, 낚시용품 등 여가생활과 관련된 짐들을 놓을 수 있는 공간이 부족한 게 현실입니다.

쓰리룸 오피스텔에 주목할 만한 이유는 또 있는데, 쓰리룸 오피스텔로도 1인 가구를 유치할 수 있는 방법이 있다는 것입니다. 외국에서 흔한 임대형태인 '하우스메이트(룸메이트)' 임대 방식입니다. 쉽게 하숙집을 떠올리면 되는데 각 방마다 다른 사람에게 임대를 주는 것입니다. 대부분 임대 보증금이 없거나 한 달 치 월세 정도로 적은 금액이라서, 통상적 원룸 임대보증금인 500만 원을 마련하기 어려운 대학생들이 선호하는 편입니다.

사례 28번 물건은 지하철 1호선 구일역에서 도보로 5분 거리에 있는 쓰리룸 오피스텔입니다. 이 지역은 서울시와 부천시의 경계지역이라 서울에서 인천과 부천으로 출퇴근하는 직장인들의 수요가 많은 곳이죠. 즉 직장이 인천, 부천시에 있으면서 아이들 교육 및 각종 인프라 때문에 서울에 거주해야 하는 수요층들이 선호하는 곳입니다. 이 물건은 최초 3억 5천만 원에

실제 사례	29

매매시세 : 2억 9천만원

낙찰금액 : 2억 4천 1백만 원

시세차익 : 4천 9백만 원

임대시세 : 2억 2천만 원 전세

내가 들인 돈 : 2천 1백만 원

"시세대비 4천 9백만 원 저렴하게 매입, 2인 신혼부부나 하우스메이트로 임대 놓기 유용한 사례"

소재지	(152-868) 서울특별시 구로구 구로동 XXX-XXX 근상프리즘팰리스 3층 304호				
	[도로명주소] 서울특별시 구로구 구일로X길 6(구로동)				
물건종별	오피스텔(업무)	채권자	순천제일신용협동조합	감정가	350,000,000원
대지권	25.44㎡ (7.7평)	채무자	이○○	최저가	(64%) 224,000,000원
전용면적	84.95㎡ (25.7평)	소유자	이○○	보증금	(10%)22,400,000원
입찰방법	기일입찰	매각대상	토지/건물일괄매각	청구금액	215,000,000원
사건접수	20XX-04-13	배당종기일	20XX-06-28	개시결정	20XX-04-15

기일현황			
회차	매각기일	최저매각금액	결과
신건	20XX-08-16	350,000,000원	유찰
2차	20XX-09-20	280,000,000원	유찰
3차	20XX-10-25	224,000,000원	매각
/입찰3명/매각241,758,000원(69%)			
	20XX-12-06	대금지급기한	

감정하여 2회 유찰된 후 2억 4천 1백만 원에 매각되었습니다. 건물에 주차장도 많고 지하층에 피트니스 시설도 있어 거주하기에 매우 편리했죠. 이런 오피스텔은 매입하여 2인 신혼부부에게 임대를 놓거나 하우스메이트 임대 방식으로 각 방마다 월세를 받으면 꽤 높은 수익을 낼 수 있습니다.

신의 한 수
8

하우스메이트식 임대 놓는 방법

인터넷 카페 '피터팬의 좋은 방 구하기(cafe.naver.com/kig)'는 온라인으로 방을 찾는 사람들의 회원 수가 가장 많은 곳입니다. 여기서 하우스메이트(룸메이트)를 구한다는 광고를 올리면 손쉽게 임대를 놓을 수 있습니다. 저는 이곳을 많이 애용하는데 전국 어디서든 다 볼 수 있기 때문에 광고 효과도 좋고 웬만한 부동산보다 임대가 더 빠릅니다. 또한 부동산 중개수수료도 발생하지 않아 임대할 때 발생하는 비용을 최소화시킬 수도 있습니다.

추가적으로 말씀드리자면, 하우스메이트 방식의 임대 방법을 활용할 때는 풀옵션으로 집을 꾸며야 월세가 잘 나갑니다. 대부분 수요층이 젊은층(대학생, 사회초년생)이라 보유한 가전이나 가구가 많지 않아 풀옵션을 선호하죠. 각 방마다 침대 및 책상을 비치하고 거실에는 냉장고, 가스레인지, 세탁기 등 생활용품을 준비해 놓으면 그만큼 더 높은 가격으로 월세를 놓을

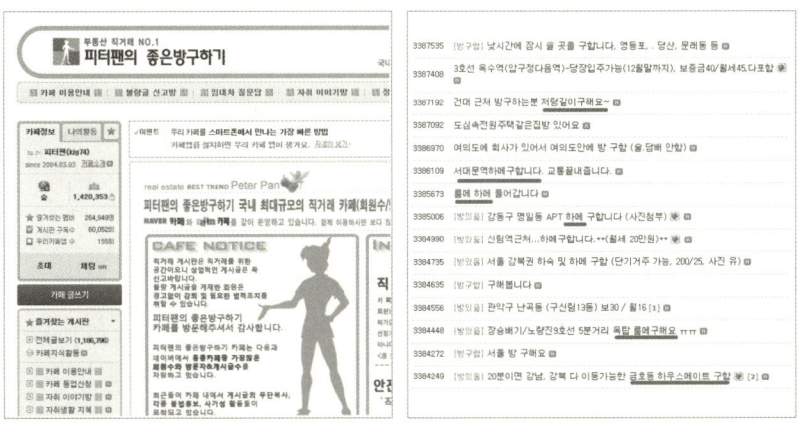

수도 있습니다.

　하우스메이트 방식으로 임대를 놓을 때 주의해야 할 부분도 있습니다. 여러 사람이 한집에서 살다 보면 간혹 도난 사건이 발생할 수 있으니 처음 계약할 때 임차인의 신상명세를 미리 자세히 알아놓아야 나중에 뒤탈이 없습니다. 각 방마다 자물쇠를 설치하여 도난 사건에 미리 대비하는 것도 좋은 방법입니다.

청개구리의 오피스텔 공략하기

20
업무용 오피스텔이라면
업무 밀집지역인지 살펴라

바로 여기! 마포구 마포동 ○○오피스텔

청개구리 역발상

고정관념 주거용 오피스텔만 공실률이 낮다.

역발상 업무 밀집지구에 위치한 물건에 투자하거나 혹은 주거용으로 개조하여 임대하면 된다.

경매시장에서 주로 인기를 끄는 것은 주거용 오피스텔입니다. 사무실과 작업실, 창고 등으로 사용되는 업무용 오피스텔의 경우는 경쟁이 그리 많지 않아 저가에 매입할 수 있는 찬스가 종종 생기죠.

실제 사례 30

- 매매시세 : 1억 3천만 원
- 낙찰금액 : 1억 1천 6백만 원
- 시세차익 : 1천 4백만 원
- 임대시세 : 1억 원 전세
- 내가 들인 돈 : 1천 6백만 원

"시세대비 1천 6백만 원 저렴하게 매입, 업무 밀집지역의 오피스텔을 살펴봐야 하는 이유"

소재지	(121-736) 서울특별시 마포구 마포동 XXX-X 한신오피스텔 15층 1511호 [도로명주소] 서울특별시 마포구 마포대로XX(마포동)				
물건종별	오피스텔(업무)	채권자	스탠다드차타드은행	감정가	130,000,000원
대지권	8.6㎡ (2.6평)	채무자	서OO	최저가	(80%) 104,000,000원
전용면적	44.11㎡ (13.34평)	소유자	서OO	보증금	(10%) 10,400,000원
입찰방법	기일입찰	매각대상	토지/건물일괄매각	청구금액	27,657,355원
사건접수	20XX-11-14	배당종기일	20XX-01-26	개시결정	20XX-11-15

기일현황

회차	매각기일	최저매각금액	결과
신건	20XX-07-04	130,000,000원	유찰
2차	20XX-08-08	104,000,000원	매각
	매각 115,818,940원(89%)		
	20XX-08-14	매각결정기일	허가
	20XX-09-18	대금지급기한	납부

위 물건은 지하철 5호선 마포역 바로 앞에 위치하고 있고 한강이 보이는 업무용 오피스텔입니다. 이 오피스텔부터 공덕역을 지나 서울서부지방법원이 있는 마포대로 일대 주변이 전부 업무 밀집지역이라 사무실 수요가 상당한 지역이죠.

이런 지역에서는 오피스텔 사무실도 임대가 잘되고, 주거용으로 개조하여 임대를 주어도 무방합니다. (다만 주거용으로 개조할 때는 난방, 수도, 온수배관 설치, 하수관 설치 등에서 문제가 발생할 수 있기 때문에 반드시 관리사무실에 문의 후 공사를 시작해야 뒤탈이 없습니다.)

이 물건은 (주)디에이치라는 회사에서 사무실로 이용하고 있어 주거용 오피스텔보다는 경쟁을 현저히 줄일 수 있는 물건이었습니다. 또한 현장에 가서 보니 유난히 층고가 높은 오피스텔이었습니다. 이런 경우 상부를 나누어 복층으로 만들 수도 있는데, 그러면 임대 효율이 더 높아집니다. 대략 전용 평수 10평 정도 되는 오피스텔을 복층으로 만들 경우, 싸게는 350만 원에서 비싸게는 500만 원 정도 비용이 발생하는데 투자한 만큼 임대가 더 잘 나갈 수 있습니다.

청개구리의 오피스텔 공략하기

21 고시원 같은 오피스텔이라도 → 위치가 좋으면 해결!

바로 여기! 서초구 서초동 ○○오피스텔

청개구리 역발상

| 고정관념 | 이건 오피스텔이 아니라 고시원이다. |

| 역발상 | 화장실과 샤워시설을 공용으로 사용하는 오피스텔이라도 지역이 좋으면 임대와 수익률이 좋다. |

아래의 물건은 지하철 3호선 남부터미널역 인근에 위치한 서초레몬오피스텔로 서초구 주요 업무지구 핵심지역에 위치해 있어 임대 및 매매수요가 매우 풍부한 지역입니다. 또한 지하철 3호선 남부터미널역 초역세권에 포함되어 있고요.

이 물건은 일반 매물로는 좀처럼 잘 나오지 않는 특별한 형태로 되어 있는데, 화장실과 샤워시설을 공동으로 사용하는 고시원을 떠올리면 됩니다. 비록 공동화장실과 공동 샤워시설을 사용해야 하는 불편함이 있긴 하지만 월 임대료가 40~50만 원 전후로 저렴한 편이라 임대가 잘됩니다. 매매시세도 저렴하고 수익률도 월세를 계산해보면 상당히 높게 유지되어 소액 투자자가 접근하기에 매우 용이한 사례라고 할 수 있습니다.

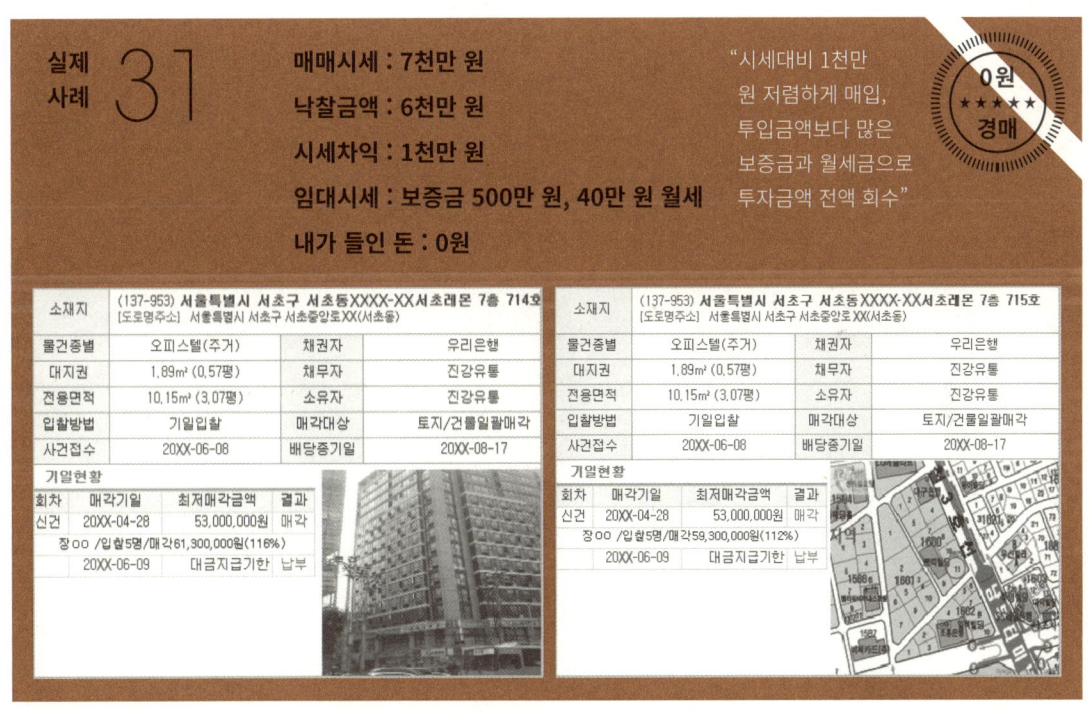

청개구리의 오피스텔 공략하기

22
월세만 받기 아깝다면
↪ 게스트하우스로 변신 가능

바로 여기! 종로구 북촌 한옥지구 오피스텔

청개구리 역발상

| 고정관념 | 오피스텔은 오직 월세만 받는 수익형부동산이다. |
| 역발상 | 게스트하우스나 피트니스 스튜디오로 활용하면 수익성을 높일 수 있다. |

홍대, 신촌, 종로, 명동, 강남역 인근에선 오피스텔을 활용한 '게스트하우스'가 인기를 끌고 있습니다. 게스트하우스란 단독주택이나 오피스텔 등을 외국인 여행객들에게 저렴한 비용으로 숙소로 제공하는 신종 숙박 사업을 말합니다.

주로 인천공항에서 교통이 편리하고 볼거리가 많은 홍대역과 안국역, 강남역 인근에 대거 위치하고 있고요. 특히 홍대역 주변은 인천공항철도가 연결되면서 관광 특수를 맞고 있으며 많은 외국인들이 방문하여 소비를 하는 상권 밀집지역입니다.

게스트 하우스가 성행하는 홍대 지역

이처럼 오피스텔을 매입하여 게스트하우스로 사업을 하는 것도 수익성을 높이는 하나의 방법입니다. 그래서 게스트하우스가 성행하는 지역의 오피스텔은 임대나 매매가 나오면 바로 계약이 되곤 하죠.

게스트하우스 사업은 리스크가 크지 않기 때문에 최근 신종 창업으로 사람들이 선호하고 있기도 합니다. 보통 게스트하우스는 인터넷 홈페이지로 홍보하고 예약을 받기 때문에 홈페이지 관리를 잘하고, 합리적 비용으로 게스트하우스 내부를 잘 꾸미면 운영하는 것도 크게 어렵지 않습니다. 일반적으로 게스트하우스의 하루 숙박료는 1인당 3만 원 정도인데, 약 10평 정도의 복층형 오피스텔의 경우 8명 정도가 숙박할 수 있는 규모가 나옵니다.

다음 물건을 한번 보시죠. 주변에 외국인 관광객들이 많이 찾는 경복궁, 창경궁, 창덕궁, 경희궁, 종묘, 조계사 등이 밀집되어 있는 지하철 3호선 안

실제 사례 32	매매시세 : 4억 8천만 원 낙찰금액 : 4억 1천 4백만 원 시세차익 : 6천 6백만 원 임대시세 : 3억 5천만 원 전세 내가 들인 돈 : 6천 4백만 원	"시세대비 6천 6백만 원 저렴하게 매입, 2개 호실로 임대를 두거나 외국인 관광객을 대상으로 숙박사업 하기에 더없이 좋은 물건"

소재지	(110-776) 서울특별시 종로구 경운동XX-X운현궁에스케이허브 101동 4층 427호 외1건 [도로명주소] 서울특별시 종로구 삼일대로 XX (경운동)				
물건종별	아파트	채권자	우리은행	감정가	480,000,000원
대지권	20.62㎡ (6.24평)	채무자	이ㅇㅇ	최저가	(80%) 384,000,000원
전용면적	82.68㎡ (25.01평)	소유자	김ㅇㅇ	보증금	(10%) 38,400,000원
입찰방법	기일입찰	매각대상	토지/건물일괄매각	청구금액	198,372,014원
사건접수	20XX-11-18	배당종기일	20XX-02-07	개시결정	20XX-11-21

기일현황			
회차	매각기일	최저매각금액	결과
신건	20XX-03-08	480,000,000원	변경
신건	20XX-04-12	480,000,000원	변경
신건	20XX-05-17	480,000,000원	유찰
2차	20XX-06-21	384,000,000원	매각
이ㅇㅇ /입찰4명/매각413,999,000원(86%)			
	20XX-08-06	대금지급기한	납부

○○역 바로 옆에 위치하고 있는 물건입니다. 게스트하우스 수요가 가장 많은 북촌 한옥지구 인근이죠. 실제로 이 지역은 오피스텔 물건이 없어서 못 파는 지역이기도 합니다. 더욱이 이 물건은 오피스텔 2개를 합쳐 하나로 쓰고 있어서 사용 공간도 넓었습니다. 이 경우, 낙찰 받아 원래대로 2개의 호실로 쪼개어 임대를 놓던지, 아니면 게스트하우스처럼 외국인 관광객을 대상으로 숙박사업을 하기에 더없이 좋은 물건이라고 할 수 있습니다.

신의 한 수

피트니스 스튜디오로 활용하기

오피스텔을 게스트하우스로 만들어 사업을 하는 것처럼, 또 다른 활용 방법도 있습니다.

　최근 강남, 종로, 여의동, 마포 등 사무실이 밀집한 지역의 오피스텔마다 1인용 피트니스 스튜디오가 속속 들어서고 있습니다. 피트니스 스튜디오는 쉽게 말해 1인 전용 헬스장이라고 보면 됩니다. 헬스 트레이너 1, 2명이 상주하는 10~20평 정도의 규모로 스튜디오 안의 운동기구는 대략 5~6개 정도 놓여 있습니다.
　1인용 피트니스 스튜디오는 여러 사람들과 부대낄 필요 없이 혼자서 운동을 할 수 있고 개인 트레이너가 집중 관리 및 훈련을 시켜준다는 장점이 있어 퇴근 시간대에는 대기하는 사람이 있을 정도로 인기를 끌고 있죠.
　가격은 1회당 5만 원(강남 지역은 10만 원 정도)으로 비싼 편이기는 하

지만, 개인을 밀착관리 해준다는 점에서 특히 여성 직장인들 사이에서 큰 호응을 얻고 있는 사업인 것 같습니다.

이처럼 사무실과 회사가 많은 업무 밀집지역에 위치한 오피스텔을 매입해 1인용 피트니스 스튜디오로 임대를 주거나 헬스 코치를 두고 직접 운영하는 것도 수익률을 높이는 활용 방법입니다.

어떻게 창의적으로 다양하게 용도를 활용하느냐에 따라 물건의 수익률도 달라지는 거죠. 이런 것들이 모두 0원경매를 만드는 청개구리 경매 전략 중 하나라고 볼 수 있습니다.

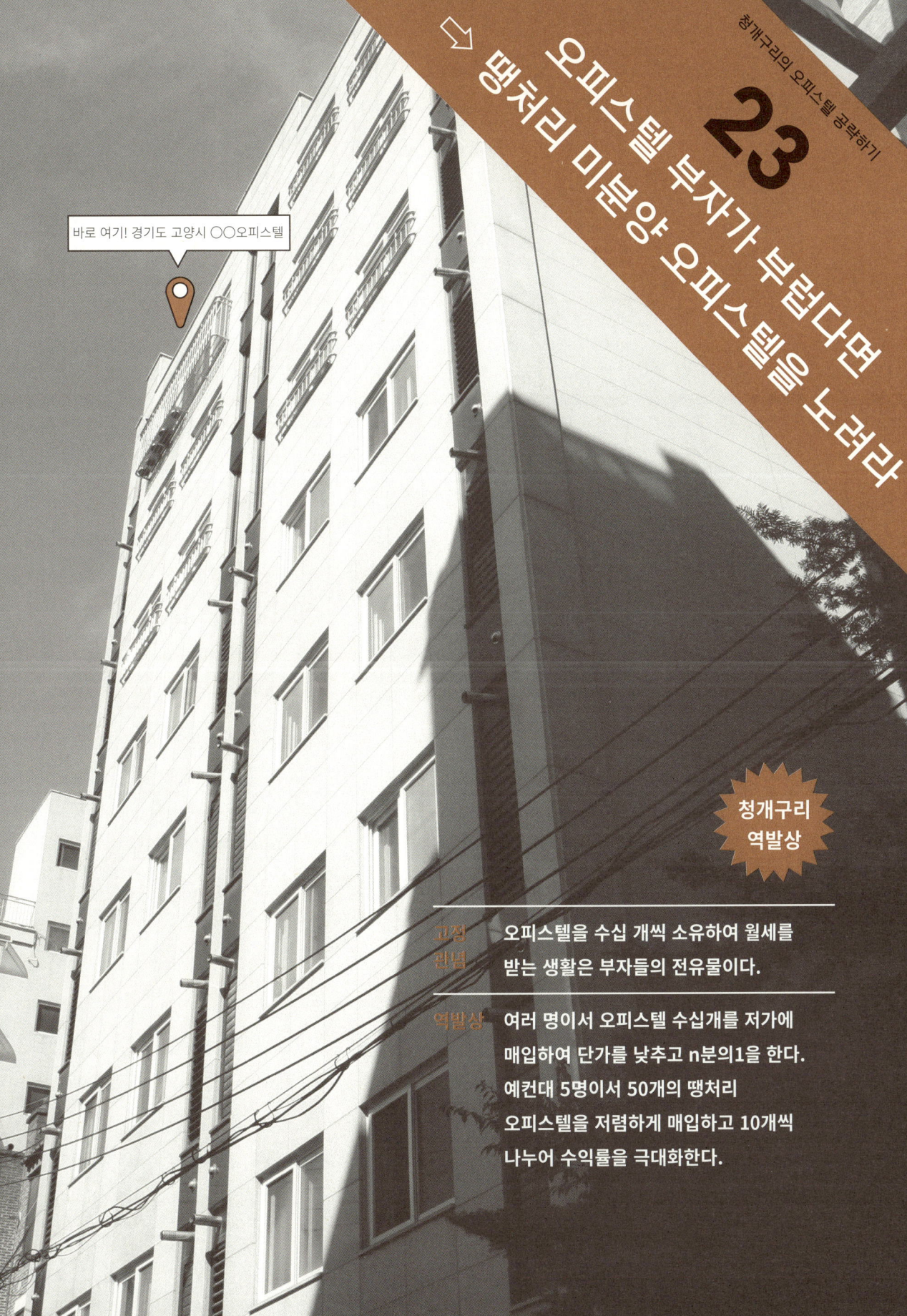

23 오피스텔 부자가 부럽다면 땡처리 미분양 오피스텔을 노려라

청개구리의 오피스텔 공략하기

바로 여기! 경기도 고양시 ○○오피스텔

청개구리 역발상

| 고정관념 | 오피스텔을 수십 개씩 소유하여 월세를 받는 생활은 부자들의 전유물이다. |
| 역발상 | 여러 명이서 오피스텔 수십개를 저가에 매입하여 단가를 낮추고 n분의1을 한다. 예컨대 5명이서 50개의 땡처리 오피스텔을 저렴하게 매입하고 10개씩 나누어 수익률을 극대화한다. |

땡처리(대폭할인) 미분양 오피스텔이란 오피스텔 공사를 맡은 시공사가 시행사로부터 공사대금 대신 대물로 받은 오피스텔이 시장에 흘러나왔거나, 시행사가 급히 자금을 회수하기 위하여 싸게 내놓은 것을 말합니다.

이러한 땡처리 미분양 오피스텔의 경우, 서울 지역은 분양가보다 10~20%, 수도권 지역은 20~30% 가량 저렴합니다. 최초 분양계약자의 반발을 의식하여 주로 암암리에 거래되며 한꺼번에 10~20개씩 파는 조건(일종의 박리다매)으로 가격을 싸게 책정합니다. 예전에 저는 지인들과 함께 부천에 있는 땡처리 미분양 오피스텔 수십여 개를 대량으로 구입해 매입단가를 대폭 낮춰서 높은 수익률을 달성한 적이 있습니다.

이처럼 땡처리 미분양 오피스텔은 5~6명의 투자자를 모아 한번에 20~30개씩 매입하면 초기 매입비용을 대폭 낮출 수 있는데, 일종의 공동구매 개념이라고 보면 됩니다. 매도인 측이 자금이 급한 경우가 태반이라 대량으로 많이 구입할 수 있다면 협상 테이블에서 좀 더 우월한 위치에서 거래할 수 있죠.

최근 서울에서 지나치게 공급이 과잉된 지역이나 지하철역에서 10분 이상 떨어져 역세권에서 벗어난 지역에서는 건축한 지 얼마 되지 않는 도시형 생활주택 및 오피스텔들의 미분양이 발생하기 시작했습니다. 초역세권에 위치하고 '대우 푸르지오 시티'와 같은 유명한 브랜드를 가진 오피스텔은 분양이 잘되어 줄서서 기다리는 상황이지만 서울 외곽지역, 특히 지하철역에서 좀 떨어진 지역에서 개인이나 소규모 시행사가 건축하고 분양하는 오피스텔 및 도시형 생활주택은 분양이 되지 않아 계속해서 할인하여 분양하고 있는 실정입니다. (개인이 직접 분양하는 것은 자금력이 약해 오래 버티기도 어려워 많은 할인을 받을 수 있습니다.)

지하철 2호선과 4호선이 만나는 사당역을 예로 들면 지하철에서 가까운 도시형 생활주택과 오피스텔은 분양이 잘되지만 사당역에서 도보로 15

분 이상 떨어져 있는 것들은 분양이 안 되고 있습니다. 구체적으로 사당역과 낙성대역 사이에 까치고개라는 언덕이 있는데, 이 언덕은 지하철역에서 상당히 멀어 이곳에 지어진 오피스텔과 도시형 생활주택은 분양이 되지 않아 건축주의 애를 태우고 있는 상황이죠. 또한 관악구 신림동 외곽 및 지하철 2호선 신대방역 주변에서는 최근 오피스텔과 도시형 생활주택 공급이 과잉인 것에 비해 수요는 한정되어 있어 벌써부터 땡처리 미분양 오피스텔이 출현하기 시작했습니다.

이처럼 지하철역에서 조금 떨어진 곳은 미분양 물건들이 점점 늘고 있는 추세입니다. 특히 수도권 지역(경기권, 인천권 지역)에서 무분별하게 지어지는 오피스텔은 엄청난 미분양으로 골머리를 썩고 있을 정도입니다. 이런 상황이 1년만 지속되어도 중소규모의 도시형 생활주택과 오피스텔 건축주들은 밀린 공사대금과 은행 대출이자를 버티지 못하고 땡처리 미분양 오피스텔이 시장에 대량으로 쏟아지게 될 것입니다.

사진	물건내역	종별	감정가/최저가/매각가	매각일자/입찰/낙찰자
	서울특별시 강서구 화곡동 XXX 디엔씨노블레스 제2층 제201호 [대지권 1.5평] [전용 3.9평] [별도등기,중복사건]	다세대 (빌라)	50,000,000 40,000,000 매각 41,300,000	20XX-10-14 [입찰2명] 조○○
	서울특별시 강서구 화곡동 XXX 디엔씨노블레스 제2층 제202호 [대지권 1.5평] [전용 3.9평] [별도등기,중복사건]	다세대 (빌라)	50,000,000 40,000,000 매각 45,014,111	20XX-10-14 [입찰2명] 이○○
	서울특별시 강서구 화곡동 XXX 디엔씨노블레스 제2층 제203호 [대지권 1.5평] [전용 3.9평] [별도등기,중복사건]	다세대 (빌라)	50,000,000 40,000,000 매각 46,141,111	20XX-10-14 [입찰3명] 이○○
	서울특별시 강서구 화곡동 XXX 디엔씨노블레스 제2층 제204호 [대지권 1.7평] [전용 4.7평] [별도등기,중복사건]	다세대 (빌라)	61,000,000 48,800,000 매각 53,500,000	20XX-10-14 [입찰2명] 김○○
	서울특별시 강서구 화곡동 XXX 디엔씨노블레스 제2층 제205호 [대지권 1.5평] [전용 4평] [별도등기,중복사건]	다세대 (빌라)	52,000,000 41,600,000 매각 43,200,000	20XX-10-14 [입찰2명] 허○○
	서울특별시 강서구 화곡동 XXX 디엔씨노블레스 제2층 제206호 [대지권 1.6평] [전용 4.2평] [별도등기,중복사건]	다세대 (빌라)	54,000,000 43,200,000 매각 43,850,000	20XX-10-14 [입찰1명] 조○○

위 물건처럼 건물 통째로 혹은 한 건물에 있는 수십, 수백 개의 물건이 동시에 경매에 나오는 경우, 여러 개를 동시에 입찰하는 것도 좋은 방법입

니다. 예를 들어 오피스텔 30개가 진행되고 있는 상황에서, 원래는 1개 정도만 매입할 계획이었어도 1개만 입찰하지 말고 5개 정도의 물건을 최저가 수준에서 입찰하는 것입니다.

제 경험상 이런 방식으로 하면 모두 다 떨어지거나 운 좋으면 1~2개 정도를 낙찰 받을 수 있었고, 낙찰 받은 경우 최저가 수준에서 매입을 했기 때문에 수익률이 무척 높았습니다. 또한 사람들이 많이 몰리는 로열층보다는 비교적 사람들의 선호도가 낮은 저층을 집중적으로 입찰했습니다.

필자의 소개로 지인이 위 물건에 전부 응찰을 하였고 이중 저층인 201호는 4천 1백 30만원에, 크기가 좀 더 큰 206호는 4천 8백 50만 원에, 거의 최저가에 낙찰을 받았고 이후 5천만 원에 전세 계약을 하여 모두 공짜집이 되고도 약 5백만 원이 남는 장사를 하였습니다. 최근 초저금리로 인해 수익형 부동산에 대한 인기가 급격히 늘고 있어 곧 6천만 원에 매도할 예정입니다.

수십 채의 오피스텔을 보유한 제 경험상 오피스텔은 층과 향이 그렇게 중요하지 않습니다. 역세권과 풍부한 수요층만 받쳐준다면 저층이라도 임대가 잘 나갑니다. 법원 경매에서는 많은 사람들이 좋은 층과 좋은 호실로만 몰리고 좀 처지는 층수와 호실은 경쟁자가 많이 없어 상대적으로 낙찰 받기가 쉽습니다. 그래서 저는 <u>A급 물건은 피하고, 오히려 B급 물건에 최저가로 입찰해 수익률을 높이는 전략</u>을 쓰곤 합니다.

많은 경매투자자들이 법원 경매에서 물건을 낙찰 받기가 '하늘의 별 따기'라고 말합니다. 틀린 말은 아니지만 사실 옆에서 가만히 지켜보면 그런 사람들은 경쟁자가 많이 몰리는 물건에만 입찰하는 경향이 있습니다.

저는 누가 보아도 좋아 보여 탐나는 물건은 웬만하면 건드리지 않는 편입니다. 경쟁자가 많이 몰리는 물건을 낙찰 받으면 수익률도 떨어지고 시간 낭비라는 판단에서죠. 거듭 말씀드린 바와 같이, 저는 남들이 잘 몰라 간과하고 있거나, 일반 사람들은 해결하기 어려운 특수한 물건처럼 경쟁자가 없어 낙찰 받기가 쉬운 물건에 더 관심을 쏟곤 합니다.

신의 한 수
10

낙찰 받기 쉬운 타이밍은?

1년 중 낙찰을 받기가 상대적으로 쉬운 타이밍이 몇 차례 있습니다. 앞으로 다음과 같은 날은 특별히 더 관심을 기울여 살펴보시기 바랍니다.

1. 민속 명절 연휴 사이에 있는 평일에 매각기일이 잡힌 경우

법원은 공공기관이라서 평일이 연휴 사이에 끼어 있어도 일반 기업처럼 재량으로 연속해서 쉬지 못합니다. 즉 법을 집행하는 법원은 법적으로 지정된 휴일, 달력에 있는 빨간 날짜에만 쉴 수 있죠. 그렇다 보니 명절 연휴 사이에 있는 평일에 경매법정에 가보면 사람들이 없어 한산하고 물건에 대한 경쟁률이 현저히 줄어듭니다. 많은 경매투자자들이 좋은 물건이 있다 해도 지방에 있는 고향집에 가거나 혹은 긴 연휴를 이용해 해외여행을 가는 경우가 많기 때문이죠.

2. 여름휴가 성수기 기간에 매각기일이 있는 경우

보통 8월 첫째 주, 둘째 주가 여기에 해당되며 이 시기에 경매에 참여하는 걸 추천합니다. 이때에도 대부분 휴가를 떠나기 때문에 경매 법정이 한산합니다. 저만 해도 웬만하면 휴가 기간에 법정에 가고 싶진 않으니까요. 즉, 사람들의 심리를 역이용하여 입찰에 참여한다면 좋은 결과로 이어질 수도 있습니다.

3. 폭설이나 장마로 인해 교통대란이 생기는 경우

이럴 때에는 경매를 진행해야 하는 법원 직원들조차도 지각을 하는 경우가 심심찮게 있습니다. 그러니 경매 입찰을 하려던 사람들도 법정으로 향하다가 발길을 돌리는 경우가 많죠. 그래서 이런 날엔 원하는 물건을 낙찰 받기에 아주 좋은 기회가 되기도 합니다. 저는 비와 눈이 많이 오면 낙찰을 받을 것 같은 기대감으로 마음이 설레기도 하더라고요.

4. 천안함 사건 등 남북 긴장관계가 발생한 경우

천안함 사건이 발생한 다음 날 입찰이 있었는데 전쟁이 발생할지 모른다는 두려움으로 경매 입찰을 포기했던 적이 있습니다. '전쟁이 발발하면 서울은 다 포격되어 초토화될 것이고, 그럼 부동산을 소유하는 것이 무슨 의미가 있겠는가? 부동산 가격이 폭락하는 것은 당연한 것일 테고……'라는 생각이 들었던 거죠. 이날 제가 입찰하려고 했던 물건은 강심장을 가진 어느 용감한 분이 단독으로 입찰해 제가 계획했던 입찰 금액보다 훨씬 더 싸게 낙찰 받아갔습니다. 그때의 저처럼 생각이 많은 것도 때로는 좋지 않겠지요.

청개구리의 오피스텔 공략하기

24
리스크가 높은 특수물건이라면
옥석을 가려내라

바로 여기! 경기도 고양시 백석동 ○○오피스텔

청개구리 역발상

고정관념   특수물건 오피스텔은 매우 위험하다.

역발상   자세히 조사하고 여러 가지 법률관계를 따져보면 위험하지 않은 것이 많다.

지금까지는 권리분석이 그다지 어렵지 않은 일반 물건 중에서 수익을 창출할 수 있는 물건들을 선별하고 투자하는 것에 중점을 두어 설명을 했다면, 이번에는 특수물건에 대해 이야기해보려고 합니다. 경매에서 가장 임차인, 허위 유치권, 선순위 가처분, 법정지상권, 예고등기, 지분경매 등이 있는 경우를 특수물건이라 일컫습니다. 권리분석이 어렵고 진행하는 데 많은 노력과 시간을 필요로 하기 때문에 '특수물건'이라는 용어를 쓰는 것입니다.

그러나 특수물건은 권리 분석이나 진행이 까다롭기는 하지만 각각의 특성에 맞게 접근하여 해결할 수만 있다면 높은 수익을 창출해낼 수가 있기 때문에 경매의 내공이 어느 정도 쌓인 분들 중에는 특수물건만 집중적으로 연구해서 수익을 올리는 분들도 많이 있습니다.

경매 초보자들이 이러한 특수물건에 바로 도전하는 것은 크게 권장할 사항은 아니라고 봅니다. 처음에는 기본적인 일반 물건으로 수익을 내고 전반적인 흐름이나 분위기를 체득하여 어느 정도 실력을 쌓은 후 특수물건에 관심을 갖는 것이 바람직하다는 생각입니다.

이처럼 특수물건은 리스크가 높아 일반 투자자들의 접근이 어렵기 때문에 경쟁률이 낮습니다. 저 같은 경우는 매우 선호하는 물건이죠. 대신에 치밀한 조사가 필요합니다. 이런 물건들을 잘못 낙찰 받을 경우 엄청난 금액을 떠안거나 최악의 경우 소유권을 뺏길 수도 있습니다. 은행 같은 금융기관에서 대출을 꺼려하기도 해서 대출이 안 될 수도 있고요. 다시 말해, 특수물건은 경매시장에서 리스크가 매우 큰 분야에 속합니다. 반면에 리스크가 큰 만큼 큰 수익률을 안겨줄 수도 있는 거고요.

제가 낙찰을 받았거나 주변 지인에게 소개한 특수물건들 중 일부를 다음 페이지의 '신의 한 수'에 소개해놓았습니다. 독자분들의 이해를 돕기 위해 특수물건을 종류대로 나누어 설명하고 있으니 공부하는 마음으로 한번 유심히 살펴보시길 바랍니다.

특수건물
저는 이렇게 해결했어요

신의 한 수 11

1. 허위 임차인 해결 사례

아래 물건은 경기도 고양시 백석동에 있는 오피스텔로 3호선 백석역에서 5분 거리에 위치하고 있고 서울로 출퇴근하는 직장인들 수요로 임대 및 매매가 비교적 잘되는 곳입니다. 서울에 있는 오피스텔보다 임대료가 저렴하고 실제 사용 공간이 넓어 2~3인 가구의 수요층이 선호하는 지역이기도 하죠.

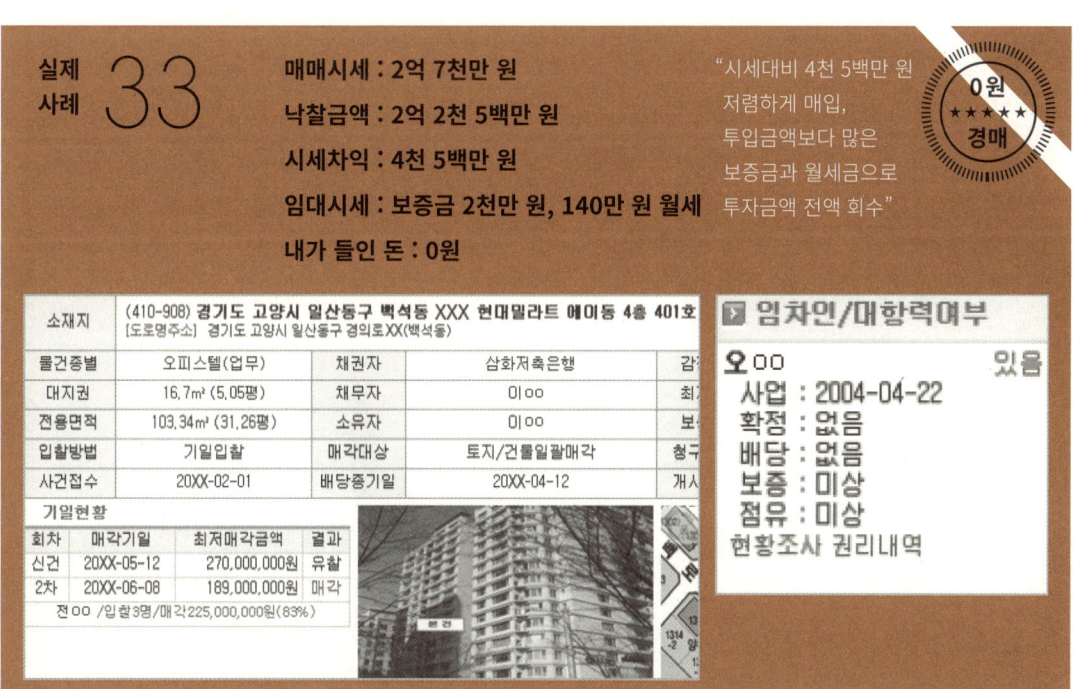

청개구리의
오피스텔 공략하기

대항력이란?

주택임대차에서 대항력이란 임대주택의 입주자가 임대사업자나 임대사업자로부터 임대주택의 소유권을 양수한 제3자에게 임대차계약기간 동안 그 임대주택에서 퇴거당하지 않고 생활할 수 있는 것을 말하고, 입주자가 임대보증금의 전액을 다 받을 때까지는 그 임대주택에 거주하며 대항할 수 있다는 것을 말한다. 주택 임대차보호법에 의거하여 최선순위 담보물건(근저당권)보다 이전에 전입신고 및 점유를 하면 대항력이라는 권리를 갖추게 된다. 후순위 권리자 등 기타 채권자보다 우선하여 배당받을 수 있는 권리가 있다.

이 물건을 조사해보니 임차인(오○○님)의 전입일이 최선순위 근저당권 설정일보다 빨랐습니다. 그러면 임대차보호법상 임차인은 <u>대항력</u>이 있기 때문에 낙찰자는 임차인의 임대보증금에 대한 책임을 떠안아야 하는 위험이 있습니다.

저는 이 물건을 1주일 동안 탐문하여 조사를 진행했습니다. 그 결과 위 임차인과 소유자와는 임대차 관계가 없는 허위(가장) 임차인이며, 소유자의 친구로 임대보증금 없이 무상으로 살고 있다는 사실을 알아낼 수 있었습니다. 그래서 안심하고 제 지인에게 소개를 했고 저렴하게 낙찰을 받을 수 있었습니다. 그 후 제 지인은 월 임대료로 보증금 2천만 원에 140만 원씩 월세를 받다가 최근에 실제로 입주를 했습니다.

다음의 물건은 오피스텔이 아닌 빌라이지만 허위 임차인을 해결한 모범 사례로 적합하니 추가적으로 언급해보겠습니다. 물건의 위치는 지하철 9호선 신논현역에서 도보로 10분 거리에 있고 주변이 업무 및 상가 밀집지

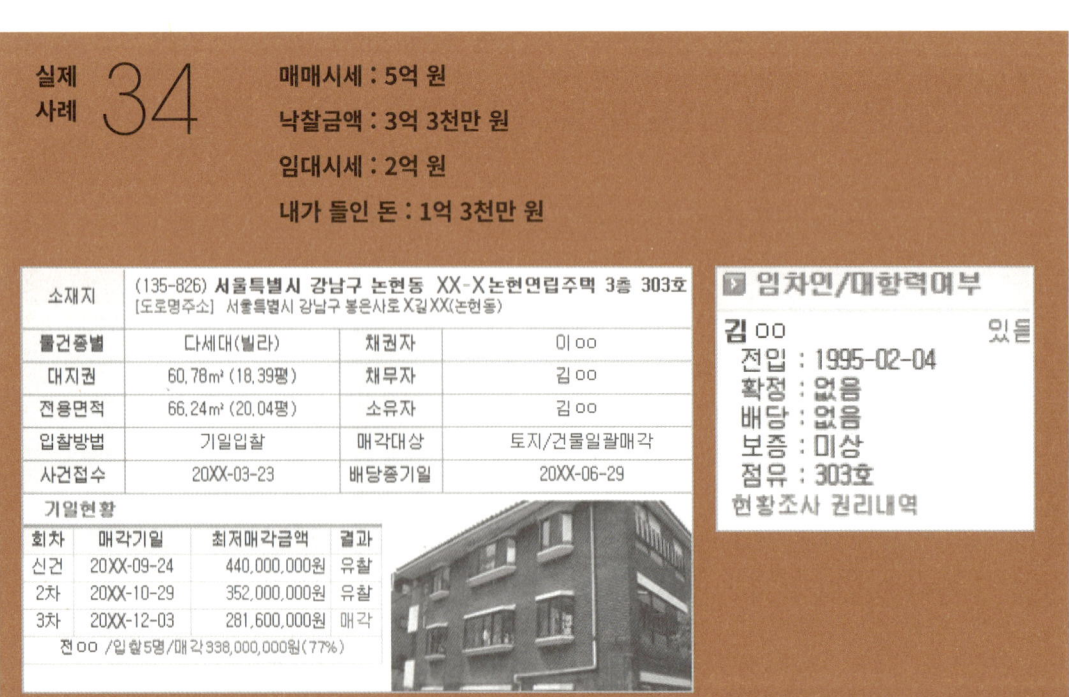

역이라 임대 및 매매수요가 풍부한 지역에 있었습니다.

이 물건 역시 최선순위 근저당권(2006.4.6. 중소기업진흥공단)보다 전입일(1995.2.4)이 빠른, 대항력이 있는 임차인(김○○님)이 있고 4억 4천만 원에 감정한 것이 2번 유찰되었습니다. 탐문 조사 결과, 임차인으로 나와 있는 사람은 소유자의 아내이며 임대차 관계가 없다는 것을 확인할 수 있었습니다. 그래서 이 물건을 제 지인에게 안심하고 소개했고 3억 3천만 원에 낙찰을 받았습니다.

이런 물건을 낙찰 받고 나면 주변에서 "그 많은 경매물건 중에 어떤 것들이 가장(허위) 임차인인지 어떻게 알 수 있느냐"는 문의를 많이 해오곤 합니다. 저는 앞의 물건처럼, <u>대항력 있는 임차인이 허위라는 사실을 아래와 같은 단서를 통해 눈치를 챕니다.</u>

첫째로 정상적인 대출이 발생했다는 점입니다. 대항력 있는 임차인이 있으면 보통 대출을 해주는 금융권(은행, 저축은행, 새마을 금고 등)에서 그 임대보증금만큼 차감하여 소액으로 대출이 나가야 하는 것이 일반적이나 허위 임차인 물건들은 대부분 매매시세의 50~60% 만큼의 정상적인 대출이 있었습니다.

둘째로 임차인이 권리신고 및 배당요구 신청을 하지 않았다는 점입니다. 대부분의 임차인들은 본인의 임대보증금을 타인으로부터 보호받기 위해서 법원에 적극적으로 권리를 주장하고 배당을 신청합니다. 하지만 위와 같은 물건에서 임차인은 권리를 주장하지 않고 가만히 있습니다.

마지막으로, 담보대출(근저당권)이 2회 이상이라는 점입니다. 진정한 대항력 있는 임차인이 있는 경우는 한 번의 정상적인 대출도 불가능한 법인데 2회 이상 대출이 발생했다는 것은 의심해볼 만한 근거가 됩니다.

2. 허위 임차인 조사 방법

1) 관리사무소 및 경비원을 통해 탐문하기

이 방법은 보통 관리사무소가 있는 오피스텔이나 아파트에서 조사할 수 있는 방법입니다. 하지만 관리소장 및 그 직원들이 개인정보보호 차원에서 잘 알려주려고 하지 않으니 끈질기게 달려들어 조사해야 합니다. 앞서 언급한 백석동 오피스텔도 제가 관리사무소를 끈질기게 탐문하여 허위라는 단서를 포착할 수 있었습니다.

경비원을 통해서도 알아볼 수 있습니다. 제가 주로 단서를 많이 얻는 것은 경비원 분들을 통해서이기도 합니다. 항상 경비원 분들에게 드릴 담배와 음료수를 답사 차량에 준비하고 다니는 이유이기도 하죠.

2) 이웃집에 탐문하기

보통 문전박대를 당하는 경우가 많습니다. 그래도 좋은 분을 만나면 친절하게 알려주기도 하죠. 앞에서 언급한 논현동 빌라는 이웃집에서 증거를 얻을 수 있었던 경우입니다.

3) 채권자(은행)에게 방문하여 물어보기

채권자(특히 경매신청채권자)는 대출이 실행되기 전에 임대차계약의 여부와 임대차 관계가 없다면 무상임차인 각서 등으로 임대차 조사를 완벽하게 마치고 대출을 실행하기 때문에 많은 정보를 알고 있습니다. 그런데 대부분의 채권자는 은행이고, 이런 금융기관들은 개인정보보호 차원에서 고객 정보를 잘 알려주지 않아 조사가 어려운 편입니다. 저는 전화로 문의하기보다는 직접 은행을 방문해 담당자를 만나봅니다. 열의를 가지고 물어보면 정보를 알려주는 분들이 있기 때문에 한번 시도해볼 만한 방법입니다.

4) 본인에게 직접 물어보기

진짜 임차인이라면 본인의 임대보증금을 보호받기 위해서라도 만나서 이야기를 나누려고 하는 게 당연합니다. 그런데 오히려 만남을 피한다던지 이런 저런 질문을 해도 무성의하거나 화를 낸다면 허위 임차인일 확률이 매우 높습니다.

3. 허위 유치권 해결 사례

다음 페이지의 물건은 앞에서(16. 서울을 벗어났어도 역세권이면 ⇨ 수익률 우수) 언급했던 사례인데, 경기도 안산시 상록구 이동에 위치한 오피스텔입니다. 주변에 한양대 학생 수요가 많아 임대와 매매가 잘되는 지역이죠. 한대앞역은 수원과 인천을 연결하는 지하철인 수인선의 환승역이 생길 역사라 향후 미래가치도 밝은 지역이기도 합니다. 그런데 위 물건들의 법원 경매기록에는 다음과 같이 유치권 신고가 되어 있었습니다.

유치권 신고 내역

1. 전유부분 유치권신고
㈜대건이엔지 금 2,126,970,000원, ㈜강희자산관리공사 금 145,790,450원, ㈜다산건사 금 847,000,000원, ㈜더부건설 금 330,084,783원, 원일건설㈜ 금 700,377,860원, ㈜명도에너지 금 228,444,457원, ㈜성신토건 금 1,114,240,000원, 에스앤드피종합건설㈜ 금 11,095,629,400원

2. 공용부분 유치권신고
㈜대건이엔지 금 2,126,970,000원(지하3층 기계실),
㈜임경토건 금 953,000,000원(2층 전체, 지하주차장 및 기계시설일체),
㈜계명 금 1,135,297,750원(지하주차장 1·2·3층, 지하전기실, 전기시설물 전체)

3. 신고 된 유치권의 성립 여부는 불분명함

유치권이란?
민법 320조에 의거하여 타인의 물건을 점유한 자가 그 물건에 관하여 생긴 채권이 변제기에 있는 경우 그 채권을 변제받을 때까지 그 물건을 유치할 수 있는 권리를 말한다. 쉽게 설명하면 카센터에 자동차 수리를 맡기는 경우, 수리비를 지불하지 않고서는 차량을 되찾아올 수 없는 것과 같다.

비법 노트 4

실제 사례 35

- 매매시세 : 9천만 원
- 낙찰금액 : 2천 1백만 원
- 시세차익 : 6천 9백만 원
- 임대시세 : 6천 5백만 원 전세
- 내가 들인 돈 : 0원

"시세대비 6천 9백만 원 저렴하게 매입, 투입금액보다 많은 전세금으로 투자금액 전액 회수"

0원 경매

소재지	(426-863) 경기도 안산시 상록구 이동 XX-X데코스포텔 4층 438호 [도로명주소] 경기도 안산시 상록구 팔덕1로 XX(이동)				
물건종별	오피스텔(주거)	채권자	이ㅇㅇ	감정가	63,000,000원
대지권	7.27㎡ (2.2평)	채무자	서원산업개발외3명	최저가	(33%) 20,644,000원
전용면적	29.25㎡ (8.85평)	소유자	서원산업개발외1명	보증금	(10%) 2,065,000원
입찰방법	기일입찰	매각대상	토지/건물일괄매각	청구금액	2,000,000,000원
사건접수	20XX-05-18	배당종기일	20XX-10-28	개시결정	20XX-05-21

기일현황 ▼전체보기

회차	매각기일	최저매각금액	결과
신건	20XX-04-16	63,000,000원	유찰
4차	20XX-07-09	32,256,000원	유찰
5차	20XX-08-27	25,805,000원	변경
5차	20XX-10-30	25,805,000원	유찰
6차	20XX-12-04	20,644,000원	매각
김ㅇㅇ /입찰1명/매각21,010,000원(33%)			
	20XX-12-11	매각결정기일	허가
	20XX-01-16	대금지급기한	납부

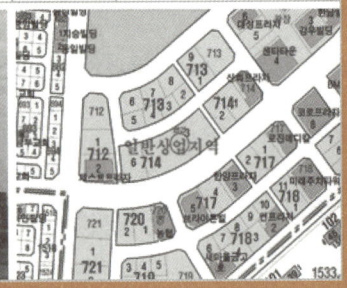

소재지	(426-863) 경기도 안산시 상록구 이동 XX-X데코스포텔 4층 441호 [도로명주소] 경기도 안산시 상록구 팔덕1로 XX(이동)				
물건종별	오피스텔(주거)	채권자	이ㅇㅇ	감정가	63,000,000원
대지권	7.27㎡ (2.2평)	채무자	서원산업개발외3명	최저가	(33%) 20,644,000원
전용면적	29.25㎡ (8.85평)	소유자	서원산업개발외1명	보증금	(10%) 2,065,000원
입찰방법	기일입찰	매각대상	토지/건물일괄매각	청구금액	2,000,000,000원
사건접수	20XX-05-18	배당종기일	20XX-10-28	개시결정	20XX-05-21

기일현황 ▼전체보기

회차	매각기일	최저매각금액	결과
신건	20XX-04-16	63,000,000원	유찰
4차	20XX-07-09	32,256,000원	유찰
5차	20XX-08-27	25,805,000원	변경
5차	20XX-10-30	25,805,000원	유찰
6차	20XX-12-04	20,644,000원	매각
김ㅇㅇ /입찰1명/매각21,010,000원(33%)			
	20XX-12-11	매각결정기일	허가
	20XX-01-16	대금지급기한	납부

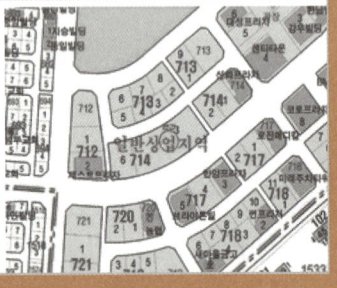

유치권 신고 금액만 다 합쳐도 2백억이 넘고 유치권을 주장한 법인업체도 10군데가 넘기 때문에 리스크가 정말 높은 경매물건들이었습니다. 하지만 저는 한 달여간 이 물건들에 대해 탐문 조사를 벌였고, 결국 위의 유치권

은 성립되지 않는다는 것을 알아냈습니다. 유치권 때문에 5회 이상 유찰이 되었던 것이라서 이 기회를 잘 활용하면 저가에 매입이 가능하다는 판단을 했고, 실제로 최저가로 입찰을 하여 대부분 단독 입찰로 매입을 하게 되었습니다.

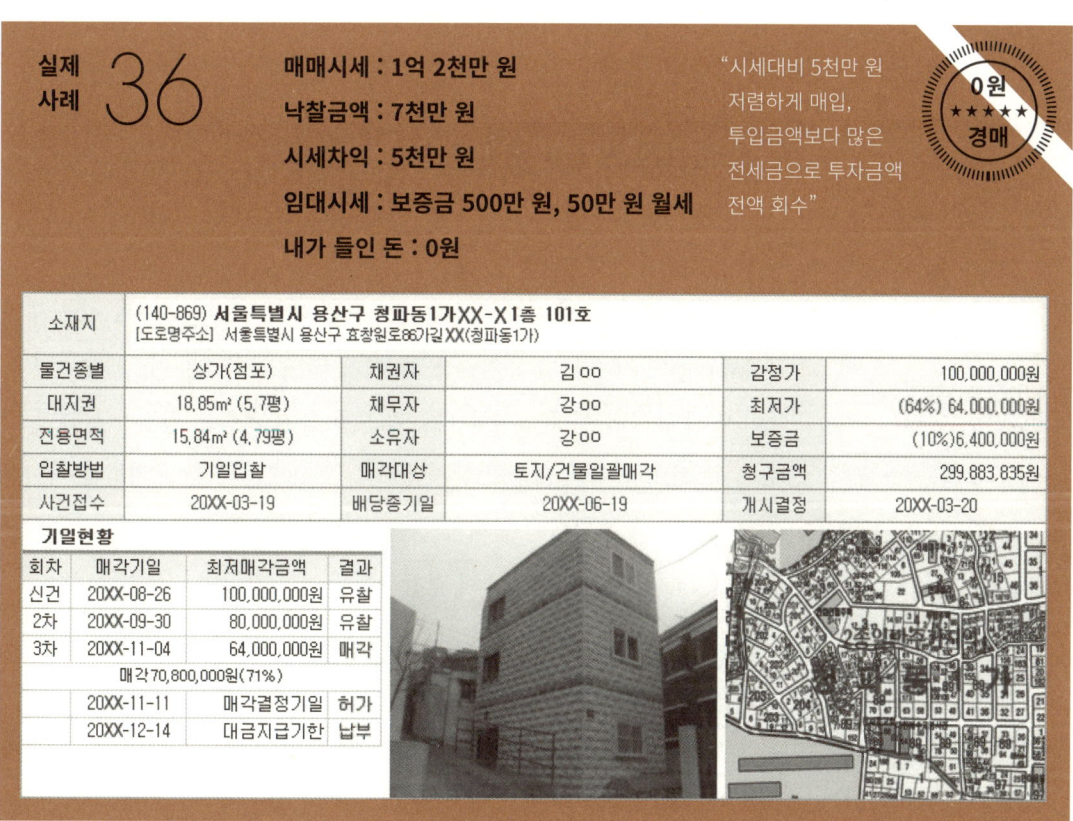

위 물건은 시세 1억 2천만 원 하는 물건을 제 지인이 7천만 원에 낙찰 받은 사례입니다. 보증금 5백만 원에 월세 50만 원을 받고 있어 수익률도 높은 물건입니다. 그런데 이 물건에도 유치권 신고가 되어 있었습니다.

알아보니 유치권 성립의 필수 요건인 점유를 하지 않아 제 지인이 다른 경쟁자 없이 단독으로 낙찰을 받았습니다.

이처럼, 법원 경매에서 열에 아홉은 허위 유치권이라 해도 과언이 아닐 정도로 가짜 유치권들이 혼란을 유발하는 경우가 많습니다. 유치권에 대해

> ※ 비고란
> 이 ㅇㅇ 로부터 유치권신고(건축공사비 금54,000,000원)있으나 그 성립여부는 불분명.

서 공부하고 잘 알아본다면 공짜 집을 얻을 수 있는 기회를 만들 수 있는 셈이죠.

4. 허위 유치권 조사 방법

1) 현장에서 유치권 신고인 만나기

보통 유치권이 신고된 경매물건에 가서 보면 대부분 건축과 관련된 분들이 공사대금을 받지 못하여 유치권을 주장하는 경우가 많습니다. 대개 거친 분들이 버티고 있어 현장 답사를 가도 정보를 얻지 못하고 발길을 돌려야 할 때 많죠. 하지만 저는 그렇더라도 반드시 그 사람들과 만나 대화를 시도합니다. 대화에서 결정적인 단서가 많이 나오기 때문입니다. 제가 낙찰 받은 안산의 오피스텔도 이 과정에서 결정적인 단서를 잡았던 경우였습니다.

2) 법원에서 유치권 신고서 열람하기

원칙상으로 법원 경매기록은 이해관계인이 아니면 열람을 할 수 없으나 법원에 방문하여 사정을 조리 있게 잘 말하면 가능한 경우도 있습니다. 이 부분은 개개인의 능력으로 열심히 노력하면 열람하고 복사하는 것이 가능합니다. 저 역시 안산 오피스텔 경매물건에 입찰하기 전에 경매사건 기록을 열람했습니다.

3) 채권자 만나서 문의하기

실제로 유치권 신고로 인해 유찰이 많이 되면 가장 많이 피해를 보는 게 채권자(은행)입니다. 초기에 유치권 신고가 접수되면 이들은 현장에서 유치권 신고 내용을 조사하며 여러 가지 법률적인 대처를 하려고 하죠. 또 채권자는 이해관계인이기 때문에 많은 기록을 열람할 수 있습니다. 많은 입찰인들이 경쟁하여 고가에 낙찰을 받아야 그들에게도 좋기 때문에 그들이 적극적으로 나서서 도와주기도 합니다. 일반적으로 채권자들에게서 유치권에 대한 가장 많은 정보를 확보할 수 있는 경우입니다.

5. 허위 유치권 깨는 방법

공사를 한 사람이 실제로 점유를 하고 있다 하더라도 법적으로 진정한 유치권이 성립되기란 생각만큼 쉬운 일은 아닙니다. 왜냐하면 유치권이라는 법은 여러 가지 조건을 갖추어야 하는 법정담보물건이며 여기에 불법적인 요소가 조금이라도 포함되면 성립이 되지 않습니다.

[민법320조]

(1)타인의 물건 또는 유가증권을 (2)점유한 자는 (3)그 물건이나 유가증권에 관하여 생긴 (4)채권이 (5)변제기에 있는 경우에는 변제를 받을 때까지 그 물건 또는 유가증권을 유치할 권리가 있다. 전항의 규정은 그 점유가 (6)불법행위로 인한 경우에는 적용하지 아니한다.

허위 유치권을 깨기 위해서는 민법 320조를 명확하게 숙지하고 있어야 합니다. 여기에서 규정한 6가지 조건들을 반드시 모두 갖추어야 유치권이 성립됩니다. 이 부분에 대해 정확하게 이해만 해도 웬만한 허위 유치권들은 허물 수 있습니다. 그 외에 유치권과 관련된 대법원 판례를 숙지한다면 더욱 좋고요.

(1) 타인의 물건

종종 경매사건의 채무자나 소유자가 유치권을 행사하는 경우도 있습니다. 타인이 아닌 자기의 물건에 유치권을 행사하는 경우는 유치권이 성립될 수 없습니다.

(2) 점유한 자

유치권 성립을 제일 어렵게 하는 부분입니다. 보통 부동산상의 권리는 등기를 통해 공시를 합니다. 즉 등기부등본만 보면 누가 권리자인지 알 수 있습니다.

하지만 유치권은 등기부등본에 올릴 수 없는 법정담보물건이라 점유를 통해 공시를 해야 하고 경매로 매각될 때까지 계속해서 점유를 하고 있어야 합니다. 게다가 점유 개시일이 경매개시결정 등기일 이후부터 점유를 시작하였다면 이 또한 압류의 처분금지 효력에 저촉이 되어 유치권이 성립되지 않습니다(대법원 2005.8.19. 선고 2005다22688호 판결 참조).

(3) 그 물건이나 유가증권에 관하여 생긴

간혹 빌라를 짓다가 공사대금을 못 받은 공사업자가 공사 장소가 아닌 건축주가 거주하는 아파트에 가서 점유를 하고 유치권을 행사하는 경우도 있습니다. 이런 경우는 공사대금이 아파트에서 발생한 것이 아니기 때문에 유치권이 성립될 수 없습니다. 빌라에서 생긴(발생된) 공사대금이므로 빌라를 점유하고 있어야 유치권이 성립될 수 있는 거죠.

또한 상가 임차인들이 임대보증금이나 권리금으로 유치권을 주장하는 경우도 유치권이 성립될 수 없습니다. 임대보증금이나 권리금은 그 임차한 건물에 대한 비용이 아니기 때문입니다.

(4) 채권

간혹 공사업자가 실제 채권이 없으면서 낙찰자에게 돈을 받아낼 요량으로 채무자와 짜고 유치권을 주장하는 경우도 있습니다. 이런 경우는 당연히 유치권이 성립될 수 없고 형사적으로 사기죄가 성립되기 때문에 형사 고소를 제기하여 압박한다면 쉽게 마무리될 수 있습니다. 또한 공사업자가 부득이 채권을 다른 사람에게 양도한 후 점유하고 있다면 이 또한 유치권의 필수 요건인 채권이 존재하지 않으므로 유치권이 성립될 수 없습니다.

(5) 변제기
공사업자와 건축주가 공사가 전부 완료되면 공사대금을 지급하겠다고 계약서를 작성하고 공사가 시작이 되었는데 공사 도중 경매가 진행돼 공사를 완료하지 않고 유치권을 주장하고 있다면 아직 변제기가 도래하지 않았기 때문에 유치권이 성립될 수 없습니다.

하지만 저는 실전에서 이런 경우를 거의 보지 못했습니다. 통상적으로 공사의 진척 정도에 따라 1차, 2차, 3차로 나누어 공사대금을 지급하기 때문에 변제기가 도래하지 않은 경우는 거의 없습니다.

(6) 불법행위
공사업자가 건축주의 승낙 없이 무단(불법)으로 문을 따고 경매물건에 들어가 점유를 하고 있는 경우나, 건축주에게 동의를 받지 않고 불법으로 임대를 놓고 있는 경우 등이 있습니다. 유치권이 성립되려면 합법적으로 소유자에게 허락을 받고 경매물건을 점유해야 하며, 꼭 임대를 놓아야 한다면 소유자에게 승낙을 받고 임대차 계약을 하여야 합니다.

6. 선순위 가처분 해결 사례

다음은 제가 직접 낙찰을 받은 물건입니다. 지하철 1호선 영등포역이 도보 3분 거리로 가깝고 영등포구의 랜드마크 타임스퀘어와 영등포역 롯데백화점이 매우 근접하여 임대수요가 많은 곳입니다. 저는 총 5개의 오피스텔을 약 4천만 원 전후로 낙찰 받았고 6천만 원에 임대를 놓고 있습니다.

비법 노트 4

실제 사례 37

- 매매시세 : 1억 원
- 낙찰금액 : 4천만 원
- 시세차익 : 6천만 원
- 임대시세 : 6천만 원 전세
- 내가 들인 돈 : 0원

"시세대비 6천만 원 저렴하게 매입, 투입금액보다 많은 전세금으로 투자금액 전액 회수"

0원 경매

물건	종류	금액	일자
서울특별시 영등포구 영등포동3가 X-XX에 쉐르아이시네마쇼핑몰 12층 오1212호 [대지권 1.6평] [전용 6평] [선순위가처분]	오피스텔 (업무)	90,000,000 36,864,000 매각 40,100,000	20XX-12-27 [입찰1명] (주)성덕
서울특별시 영등포구 영등포동3가 X-XX에 쉐르아이시네마쇼핑몰 12층 오1213호 [대지권 1.6평] [전용 6.2평] [선순위가처분]	오피스텔 (업무)	95,000,000 38,912,000 매각 42,100,000	20XX-12-27 [입찰2명] (주)성덕
서울특별시 영등포구 영등포동3가 X-XX에 쉐르아이시네마쇼핑몰 12층 오1214호 [대지권 1.6평] [전용 6평] [선순위가처분]	오피스텔 (업무)	90,000,000 36,864,000 매각 40,100,000	20XX-12-27 [입찰2명] (주)성덕
서울특별시 영등포구 영등포동3가 X-XX에 쉐르아이시네마쇼핑몰 12층 오1215호 [대지권 1.6평] [전용 6평] [선순위가처분]	오피스텔 (업무)	90,000,000 36,864,000 매각 40,100,000	20XX-12-27 [입찰2명] (주)성덕
서울특별시 영등포구 영등포동3가 X-XX에 쉐르아이시네마쇼핑몰 12층 오1216호 [대지권 1.6평] [전용 6평] [선순위가처분]	오피스텔 (업무)	90,000,000 36,864,000 매각 40,100,000	20XX-12-27 [입찰1명] (주)성덕

※ 비고란

물건번호1,3내지9 의 집합건물등기부 갑구2번에 저당권설정등기청구권을 피보전권리로 한 최선순위 가처분등기(2005.11.25.등기)가 경료되어 있는 바, 위 가처분의 피보전권리인 저당권의 설정액은 30억원, 변제기는 2005.9.14.일, 피보전채권액은2,680,513,231원(2009.2.28.일 기준) 및 향후의 지연배상금이라는 서면 제출이 있음.

그리고 추가적으로 이 건물의 5층과 6층의 상가 부분 2개 호실도 낙찰 받았는데, 9천만 원에 감정된 것을 4백 5십만 원에 매입했습니다. 무려 감정가 대비 5%로 제가 지금까지 낙찰 받은 것 중에서 가장 저렴하게 매입한 사건입니다.

이 물건들에는 위와 같이 저당권설정등기청구권을 피보전권리로 하는 최선순위 가처분 등기가 되어 있었는데 피보전채권금액은 약 30억으로 저와 현재 근저당권 말소 청구의 소송이 한창 진행 중에 있는 사건이기도 합니다.

하지만 선순위 가처분일지라도 쉽게 말소가 되는 경우는 다음과 같습니다. 첫째, 소유권 이전을 위해 미리 가처분 등기를 하였으나 가처분권자 명의로 소유권 이전이 된 경우 가처분의 목적이 달성되었으므로 말소되어야 합니다. 둘째, 근저당설정 등기를 위해 가처분 등기를 하고 가처분권자를 채권자로 하여 근저당이 설정된 경우 가처분 목적이 달성되었으므로 말소되어야 합니다. (앞에서 제가 낙찰 받은 물건이 이 경우에 해당됩니다.) 셋째, 가처분 등기를 하고 10년이 경과한 가처분은 본안소송을 제기하지 않은 이유로 가처분 취소청구를 할 수 있습니다. 가처분 등기는 그 가처분 등기의 말소에 관하여 이익을 갖는 자가 관할법원에 시효에 의한 소멸을 이유로 한 가처분 등기 말소 촉탁을 신청하여 말소해야 합니다. 더 정확하게 말씀드리면 2002년 6월 30일 이전의 가처분은 10년, 2002년 7월 1일부터 2005년 7월 27일 사이에 설정된 가처분은 5년, 2005년 7월 28일부터 현재까지 설정된 가처분은 3년 동안 본안소송을 제기하지 않으면 시효소멸을 이유로 한 가처분 취소청구를 할 수 있습니다. 단, 말소기준권리보다 후순위에 기입된 가처분일지라도 토지주가 건물주를 상대로 한 건물철거소송이나 토지인도를 위해 건물에 가처분을 한 경우에는 말소되지 않으니 각별히 유의하시길 바랍니다.

7. 선순위 가등기 해결 사례

다음의 물건은 서울 서초구 양재 2동에 있는 빌라로 2억 2천에 감정된 것이 9천만 원에 낙찰이 되었습니다. 제가 한 번 더 유찰되기를 기다리며 주목하고 있던 터라 아쉬움이 많이 남는 물건입니다. 이렇게 저렴하게 낙찰이 된 이유는 선순위 가등기가 있었기 때문입니다. 이런 경우는 가등기권자가 본등기를 하게 되면 낙찰자는 소유권을 뺏길 수도 있기 때문에 매우 위험한 물건입니다.

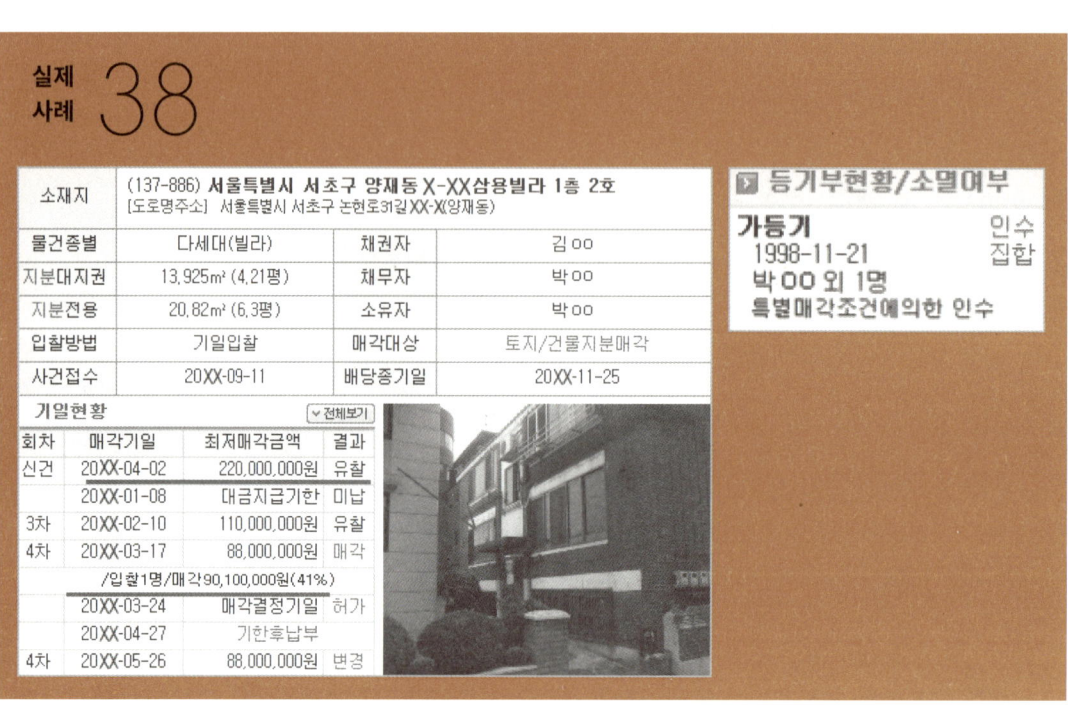

하지만 선순위 가등기에도 쉽게 해결할 수 있는 경우가 두 가지 있습니다. 먼저 선순위 가등기가 담보가등기인 경우입니다. 선순위 가등기가 단순히 채권의 담보를 위한 가등기라면 경매절차에서 배당받고 소멸하게 됩니다. 대개 이런 경우는 대법원 홈페이지 문건접수내역에서 확인 시 선순위 가등기권자가 배당요구나 채권계산서를 제출한 내역이 있으면 담보가등기로 보아도 무방합니다.

또 하나는 선순위 가등기가 오래전에 설정되어 이미 소멸시효(제척기간)가 지나버린 경우입니다. 가등기 소멸시효는 10년이고 위 물건은 1998년 11월 21일 가등기가 설정되었기 때문에 위 낙찰자에게 매각된 2010년 3월 17일은 이미 소멸시효가 지나 효력이 없는 가등기입니다. (원칙적으로 소멸시효와 제척기간은 다릅니다. 소멸시효는 청구, 가압류, 채무자의 승인에 따라 중단이 될 수 있지만, 제척기간은 중단이라는 게 없고 10년 기간이 경과되면 곧바로 소멸합니다.)

★★★★★ **절대 실수하지 마세요!** ★★★★★

1. 오피스텔은 세금이 비싸다는 것을 염두에 두자

오피스텔은 건축법상 주거용 부동산이 아닌 상업용 부동산(상가)으로 취급받아 상업용 부동산에 해당하는 취득세 및 부가세를 내게 됩니다. 따라서 취득세는 주거용 부동산의 4배인 4%입니다. 즉 1억에 매입하여 1억 1천에 팔았어도 취득세만 4백만 원 이상이 발생하기 때문에 초기 매입비용이 높아지게 됩니다. 또한 매도인이 법인일 경우 매각 시 주거용 부동산에서 발생하는 양도소득세 외에 건물부분에 대한 부가세(10%)도 추가로 발생합니다. 1억짜리 오피스텔이면 보통 건물 부분에 대한 부가세가 3~4백만 원 정도 발생해 투자자의 수익률을 현저하게 낮출 수 있으니 이 점을 유의해야 합니다.

2. 오피스텔은 좋은 상품을 채워 풀옵션으로 만들자

오피스텔 매매가격은 철저하게 월세가 얼마나 발생하느냐를 기준으로 기대수익률을 환산해 정해집니다. 월세가 50만 원(1년이면 600만 원)이고 그 지역 월세 수익률이 6%라면 매매시세는 1억 정도로 형성이 되는 거죠(1억의 연 6% 수익률이 600만 원). 그런데 오피스텔 내부에 복층을 만들고 에어컨, TV, 냉장고, 가스레인지 등 초기에 돈이 좀 들더라도 좋은 상품으로 설치를 하면 월세가 상승하게 됩니다. 또한 공기청정기, 소파, 침대, 책상 등 프리미엄 옵션 상품이 많이 갖추어질수록 월세의 가격 상승을 기대할 수 있습니다. 이렇게 좋은 옵션 상품을 갖추면 50만 원의 월세를 20만 원을 더 올려 70만 원(1년이면 840만 원)으로 만들 수 있습니다. 그러면 몇 년 이내에 풀옵션에 투자한 비용을 회수할 수 있는 것은 물론이고 1억 4천만 원 정도로 매매가도 상승하게 되고요. 그러니 오피스텔은 좋은 상품을 채워 풀옵션으로 만드는 게 더 유리합니다.

PART

3

청개구리의
아파트 공략하기

먼저 알아두기

최근 아파트 낙찰가격이 하늘 높은 줄 모르게 고가에 낙찰이 되는 일이 비일비재합니다. 살 집이 필요한 실수요자들이 조금이라도 싸게 사고 싶은 마음에 경매시장을 두드리는 것으로 보입니다.

경매에 많은 대출이 가능한 이유도 이런 낙찰가 고공행진에 한몫을 합니다. 2008년에 급감하여 반 토막이 난 경기도 일부 아파트들은 대부분 국민은행 KB시세가 높게 책정이 되어 있습니다. 때문에 상대적으로 낮은 낙찰가로 경매 대출을 100%까지 해주는 경우도 있어 종자돈이 없는 서민들은 100% 대출로만 아파트를 구입합니다. 즉 월세 대신 대출이자를 내겠다는 마음으로 현 시세 수준으로 낙찰을 받아 가는 경우도 있습니다. (일부 금융권에서 낙찰가격이 아닌 국민은행 KB시세를 기준으로 대출을 해주는 경우가 있기 때문입니다.)

필자의 소견으로 최근의 아파트 가격 상승 흐름은 우리가 체감할 수 있는 실물 경기가 좋아져서 아파트 가격이 상승하다기 보다는 전세난과 저금리 기조가 아파트 가격 상승을 이끌어 가고 있는 것으로 보입니다. 따라서 아파트 가격을 견인하는 가장 중요한 이유 중 하나인 저금리 기조가 불안해지거나 실물경기가 더 어려워지면 아파트 가격이 주춤할 가능성이 있습니다.
즉 저금리로 인한 많은 돈(대출)이 아파트로 몰려 가격 상승을 이끌어 가는 형국이라, 실제 소득 증가가 아닌 빚에 의한 부동산 가격상승은 상당한 리스크이고 가격상승도 제한적일 수밖에 없습니다.

2017년 8월 2일 문재인 정부에서 발표한 부동산 정책으로 기존 주택 시장은 큰 조정을 받을 것으로 보입니다. 우선 정부가 주목하지 않은 외곽 지역은 풍선 효과로 가격이 상승할 여지가 충분합니다. 하지만 전체적으로는 다주택자의 투자 수요가 감소하면서 이전만큼의 호황은 없을 것으로 보입니다. 그럼에도 다행인 점은 실수요자 중심으로 거래되었던 아파트들은 큰 가격 하락 없이 보합선을 유지할 것으로 전망된다는 사실입니다.

앞으로 부동산 경매에서는 실수요자들이 선호하는 아파트이면서 동시에 경쟁력 있는 비선호 사양(저층, 탑층, 대형 평수, 안 좋은 구조, 햇볕이 잘 들지 않는 동서향 등)을 집중적으로 발굴하여 투자하는 것이 매우 중요합니다. 여기에서는 지금처럼 뜨거운 경매시장에서 어떤 종류의 아파트를 매입해야 차분히 수익을 올릴 수 있는지 그 현명한 투자법을 말씀드리려 합니다. 여러분도 한 번 따라해 보시기 바랍니다.

* 실제 사례의 계산법은 이사 비용 및 수리 비용, 취득세 등의 각종 세금, 법무사수수료 등을 제외한 결과입니다.

청개구리의 아파트 공략하기

25

애물단지 중대형 아파트라도 수도권 인근에 있으면 인기짱!

바로 여기! 경기도 파주시 ○○아파트

청개구리 역발상

고정관념 중대형아파트는 무조건 인기가 없다.

역발상 수도권 인근의 중대형 아파트는 거래량이 많아서 투자 가치가 매우 우수하다.

요즘 많은 부동산투자자들은 중대형 아파트도 수익형 부동산이 될 수 있다는 사실을 종종 간과하는 것 같습니다. 신문지상과 다양한 매스컴을 보면 수익형 부동산으로는 오피스텔과 상가만 있는 것처럼 광고되고 있으나, 수도권 인근에 중대형 아파트도 월세가 금방 나가고 수익률도 우수한 편입니다. 서울이 워낙 전·월세가 비싸다 보니 조금 멀어도 편의성이 좋고 쾌적한 아파트에서 거주하고 싶어 하는 이주 수요가 많기 때문입니다.

여유 있는 부유층이 서울에서 차로 1시간 거리 전원주택 및 타운하우스에 살면서 서울로 출퇴근 하는 수요가 많이 늘었듯이, 서민층에서도 주거와 교육환경이 우수한 수도권 아파트에 살면서 서울로 출퇴근하는 수요가 증가하는 추세입니다. 특히 일산, 파주, 덕소, 김포, 남양주, 용인, 안양, 부천 지역은 주거환경이 우수하고 향후에도 충분한 상승 여력이 있습니다. 또한 이들 지역은 법원시장에 자주 나오고 있으며 열심히 뛴 사람에게 좋은 결실

실제 사례 39

매매시세 : 3억 5천만 원
낙찰금액 : 2억 9천 3백만 원
시세차익 : 5천 7백만 원
임대시세 : 보증금 2천만 원,
　　　　　1백 30만 원 월세
내가 들인 돈 : 0원

"시세대비 5천 7백만 원 저렴하게 매입,
투입금액보다 많은 월세금, 보증금으로
투자금액 전액 회수"

0원 경매

소재지	(412-762) 경기도 고양시 덕양구 토당동XX-XX능곡2차현대홈타운 202동 1층 101호				
	[도로명주소] 경기도 고양시 덕양구 능곡로13번길XX(토당동)				
물건종별	아파트	채권자	아이엠피	감정가	380,000,000원
대지권	58.0828㎡ (17.57평)	채무자	이○○	최저가	(70%) 266,000,000원
전용면적	122.814㎡ (37.15평)	소유자	이○○	보증금	(10%) 26,600,000원
입찰방법	기일입찰	매각대상	토지/건물일괄매각	청구금액	360,386,603원
사건접수	20XX-09-02	배당종기일	20XX-11-25	개시결정	20XX-09-03

기일현황			
회차	매각기일	최저매각금액	결과
신건	20XX-01-08	380,000,000원	유찰
2차	20XX-02-13	266,000,000원	매각
여○○ /입찰7명/낙찰293,800,000원(77%)			
	20XX-02-20	매각결정기일	허가
	20XX-03-17	대금지급기한	납부
	20XX-04-17	배당기일	완료

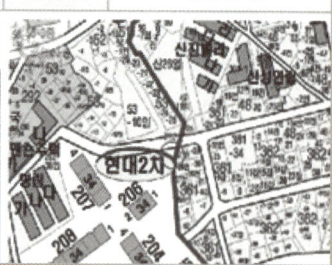

을 주는 지역이기도 합니다.

하지만 수도권 중대형 아파트를 입찰할 때 반드시 확인해야 하는 사항이 있습니다. 바로 아파트 단지에서 실제로 매매가 되는 거래량(거래건수)입니다. 아파트 거래량은 국토해양부 아파트 실거래가(rt.molit.go.kr)에서 손쉽게 알아볼 수 있습니다.

사례 39번은 제 지인이 입찰한 물건입니다. 경기도 고양시 토당동에 위치한 2002년 12월에 건축한 46평형 아파트로 방 4개, 화장실 2개가 전부 확장되어 있습니다. 경기도 고양시에 위치한 토당동, 행신동, 화정동은 자동차 전용도로인 자유로(행주대교 IC)와 제2자유로(강매IC)을 통하여 서울 마포구를 5분이면 갈 수 있고 마포구는 상암동 미디어센터, 홍대거리, 공덕역 업무단지 등 여러 가지 개발 호재로 많은 인구가 몰리고 있기 때문에 위의 물건은 임대 및 매매수요가 풍부하여 미래가치가 우수한 아파트입니다.

이 아파트 단지의 국토해양부 아파트 실거래가 조회 화면의 거래량은 다음과 같습니다.

실거래가							
단지	번지	전용면적	2014년 4월		2014년 5월	
			계약일	거래금액(층)	계약일	거래금액(층)
능곡현대홈타운2	-	84.45	21~30	29,400 (8)	11~20 21~30	29,200 (14) 27,600 (23)
		122.81	1~10	37,500 (20)	1~10 1~10 1~10 11~20	34,500 (2) 35,000 (2) 36,500 (5) 34,500 (5)

출처: 국토해양부 아파트 실거래가

위 물건이 속한 46평형(전용면적 $122.81m^2$)은 201동부터 203동까지 총 3개의 동뿐인 것에 비해 4~5월엔 5건이라는 많은 거래량을 보였습니다. 1층이라는 것을 감안해도 급매로 3억 4천에 매도할 자신이 있었습니다.

이 물건은 현 점유자에게 보증금 2천만 원에 월세 130만 원으로 임대를 놓아 높은 임대 수익율을 올릴 수 있었고 최근에(2015년 6월경) 아파트 시세가 올라 3억 5천에 매각을 하였습니다.

부동산시장에서 서서히 급매물만 소진되기 시작하면 소비자 입장에서는 많은 급매물들이 순식간에 소진되는 것처럼 느껴집니다.

많은 부동산투자자들이 착각을 하는 점이 있는데 그중에 하나가 1층 아파트에 대한 부정적인 인식입니다. 요즘같이 층간 소음으로 윗집 아랫집 간에 갈등이 심화되고 있는 현실에서 1층에 대한 수요는 점점 높아질 수밖에 없습니다. 특히 남자 아이들을 키우고 있는 가정은 아이들이 워낙에 집 안에서 잘 뛰기 때문에 1층을 택하는 게 더 낫다고 여기기도 합니다.

또한 아파트 1층은 다리가 불편한 어르신들이 있는 가정에서 선호합니다. 1년에 몇 번은 엘리베이터가 관리 중이거나 고장이 나서 사용을 못 하게 되는 경우가 있는데, 그러면 다리가 불편한 분들에게는 고통스럽죠. 또한 '신의 한 수'에서 더 자세히 설명하겠지만 1층 아파트는 어린이집 등 무궁무진한 활용이 가능합니다.

다시 본론으로 돌아와서, 서울 주변 수도권 아파트 중 거래량이 풍부한 아파트는 그만큼 여러 가지 장점(대중교통, 교육환경, 각종 편의시설 등)이 있다는 반증이므로 이런 물건들을 매입해 월세로 임대를 놓으면 수익률이 매우 좋습니다. 특히 김포와 파주 운정, 교화지구의 일부 아파트들은 서울 외곽지역 중 가장 저렴한 은평구와 강서구, 도봉구의 같은 전용평수 빌라보다도 훨씬 저렴합니다. 때문에 서울 지역의 빌라에 거주하는 분들 중에

수도권 교통 문제 해결사, GTX

서울시와 경기도를 포함한 수도권의 교통 문제를 해결하기 위해 경기도가 2009년 4월 국토해양부에 제안한 광역 급행 철도로, 국토해양부에서 2010년 9월 타당성 검증을 마치면 2011년 착공하여 2016년 개통될 예정이다. 그러나 결정이 늦어지고 있어 2016년 개통은 현실적으로 힘들고, 2017년 시운전을 거쳐 2018년 개통이 유력하다. 예상 사업비는 13조 9천억 원이다.

GTX의 특징은 이용하지 않는 지하 40~50m의 공간을 활용하여 토지 보상비를 줄이고, 노선을 직선화하여 표정속도(중간 역사 정차 시간을

포함한 평균속도)를 시속 100km, 최고 시속 200km까지 높인다는 계획이다. 서울, 경기, 인천을 포함한 수도권은 교통망이 도로에 집중되었기 때문에 만성적인 교통 체증을 겪고 있으며, 해외의 대도시권에 비해 철도 교통망이 매우 취약한 수준이다. 킨텍스-동탄과 청량리-송도, 의정부-금정을 잇는 3개 노선(총 연장 145.5km)을 계획 중이다.

- 킨텍스-동탄 노선은 경기도 고양시 킨텍스에서 경기도 화성시 동탄 신도시(킨텍스-용산-강남-성남 또는 판교-죽전 또는 기흥-동탄)를 연결하는 74.8km 구간으로, 경기도 서북부와 서울 도심, 경기도 동남부를 가로지르게 된다.
- 청량리-송도 노선은 서울 청량리에서 인천 송도(청량리-용산-여의도-당아래-부평-송도)까지 연결되는 49.9km 구간으로, 통행량이 많은 서울 도심과 부천, 인천을 지나간다.
- 의정부-금정 노선은 경기도 의정부시에서 경기도 군포시 금정(의정부-창동 또는 상계-청량리-강남-양재-과천-군포)까지 연결하는 49.3km 구간으로, 서울 동부권을 중심으로 경기도 남북축을 가로지르게 된다.

이 계획대로 GTX가 건설되면 동탄-삼성(서울시 강남구) 간 출근시간은 1시간 6분분에서 18분으로, 일산-삼성 간 교통시간은 1시간 23분분에서 22분으로 단축될 전망이라고 한다. GTX의 건설을 통해 수도권의 교통 문제가 크게 해소되리라는 전망이다.

거리가 좀 멀어도 더 좋은 주거환경을 위해 자주 찾는 물건이며 매매가격도 꾸준히 상승하고 있습니다. 그중 운정지구의 일부 아파트들은 GTX와 지하철 3호선 연장으로 실제적인 대중교통 여건이 개선되면 가격이 큰 폭으로 상승할 수 있는 여지도 있는 지역입니다.

경기도 남양주시에서도 주목할 만한 두 곳이 있는데 덕소와 평내·호평동에 있는 아파트 단지들입니다. 덕소는 원래 서울 접근성이 좋아 최근에 지은 덕소아이파크와 동부센트레빌 아파트처럼 새로 지은 아파트들은 비싸게 시세가 형성되어 있지만 부동산경매를 지혜롭게 활용하면 이런 새 아파트들도 저렴하게 매입이 가능합니다. 그리고 평내·호평동 아파트들은 예전에 46번 국도를 따라가면 출퇴근 시간이 오래 걸렸지만 최근 수석-호평

GTX란?
수도권 전역을 1시간 내에 연결할 수 있는 수도권 광역 급행 철도(정식 명칭 Great Train Express)

간 고속도로 개통으로 서울 접근성이 10분 내외로 매우 가까워져 저렴하게 매입할 경우 충분히 수익을 볼 수 있는 지역입니다.

아래 물건은 경기도 남양주시 평내동에 있는 효성타운아파트입니다. 아파트가 깔끔하게 관리가 잘되어 있고 경춘선인 평내·호평역을 도보로 이용할 수 있을 정도로 가깝습니다. 평내·호평동 지역에는 지하철 역사 북쪽으로 중심상권이 형성되어 있는데 이 중심상권에서 가까워야 매매 및 임대가 잘 되고 있습니다. 이 물건은 이 중심상권에서 매우 가까운 데다가 수석-호평간 고속도로인 평내 IC도 가까워 제 눈에 확 들어왔습니다. 대형 평형이라 2번이나 유찰되었지만 결국 2억 2천 9백에 낙찰되었습니다.

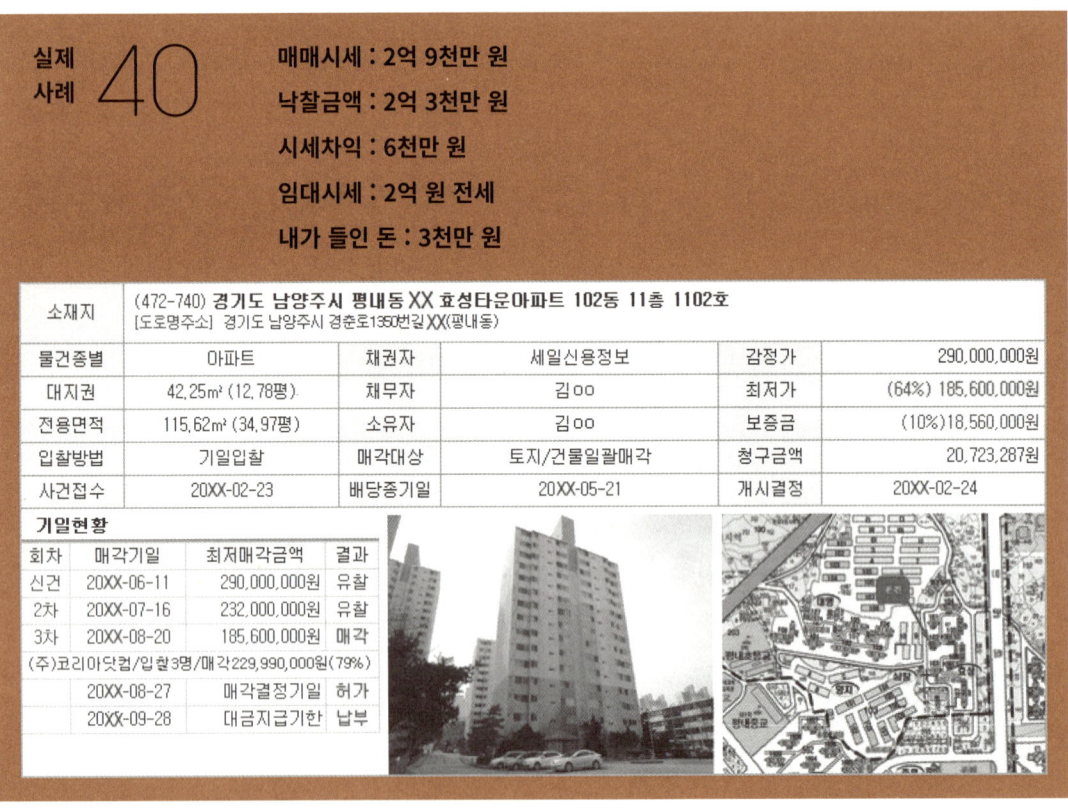

실제 사례 40

매매시세 : 2억 9천만 원
낙찰금액 : 2억 3천만 원
시세차익 : 6천만 원
임대시세 : 2억 원 전세
내가 들인 돈 : 3천만 원

마지막으로, 지방의 대기업 공장이 위치한 주변의 아파트도 대기업에 종사한 두터운 수요층으로 매매 및 임대가 잘됩니다. 수원만 보아도 삼성전자가 인근 부동산 시세를 이끌어가고 있으며 삼성 공장 주변인 영통동과 매탄동 아파트 값이 가장 비쌉니다. 연말 삼성전자에서 성과급을 많이 지급하는 경우에는 주변 부동산 가격이 들썩거리며 많은 미분양 아파트가 제 주인을 찾습니다.

　이런 지역들은 전국에 여기저기 많이 분포되어 있고 대표적으로 파주의 LG LCD 공장, 이천의 하이닉스 반도체 공장, 화성의 삼성 반도체 공장, 오산의 LG 이노텍 공장, 아산의 현대자동차 공장, 당진의 현대제철 공장, 울산의 현대자동차 및 현대중공업 등이 있으며 이런 기업도시 주변의 중대형 아파트가 경매로 진행될 때 유심히 지켜보며 입찰 계획을 세우는 것도 현명한 투자 전략입니다.

청개구리의 아파트 공략하기

26
유동인구가 많아 시끄럽다면
→ 상가 및 사무실 용도로 최적!

바로 여기! 강남구 신사동 ○○아파트

청개구리 역발상

| 고정관념 | 차량 통행이 많은 아파트는 주거환경이 좋지 않다. |
| 역발상 | 이런 아파트는 사무실로 활용하자. |

서울의 아파트 단지 중에서 차량 이동이 많거나 차량이 고속으로 통행하여 소음과 먼지로 몸살을 앓고 있는 아파트들이 은근히 많이 있습니다. 한 예로 성북구 길음역 인근에 위치한 삼부아파트가 그렇습니다. 지하철 4호선 길음역 바로 앞에 위치해 있음에도 매매 및 임대시세가 주변 아파트에 비해 현저히 떨어지는데 그 이유는 이 아파트 단지의 대지가 삼각형 모양으로 3면이 다 차량 소통이 많은 대로이며 그중 하나는 출퇴근 시간에 교통이 혼잡하기로 유명한 내부순환도로가 지나가기 때문입니다.

사실 이런 지역은 아파트보다는 상업시설이 들어서야 하는 지역입니다. 교통 혼잡을 비롯해 주위에 유해시설도 많고 주거 및 교육환경이 매우 떨어지는 입지조건 때문입니다. 초기에 이 아파트 단지가 지어질 당시에는 인적도 뜸하고 차량도 많이 없어 거주하기가 좋았을 테지만 추측컨대 인구가 유입되고 여러 도로가 생기면서 지금의 모습으로 변한 것 같습니다.

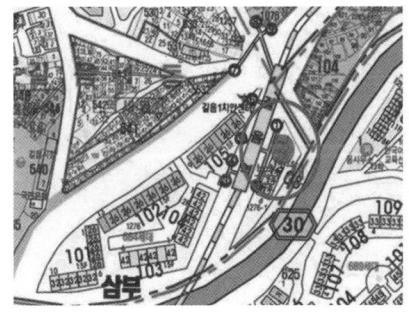 

하지만 발상의 전환을 해보면 이 아파트 단지는 지하철역도 가깝고 대로변과도 인접해 상가 및 사무실 용도로는 최적의 입지를 가지고 있습니다. 대로변이 인접해 있어 아파트 주민들에게는 불행이지만 상가로서는 행복한 일인 거죠. 이런 지역의 아파트를 낙찰 받을 경우엔 과감하게 사무실 용도로 바꾸는 것을 추천해드립니다. 간혹 관리사무소나 이웃에서 문제를 제기할 수도 있지만 평소에 베풀면서 이웃과 친하게 지내면 이 정도의 과제는 별 문제없이 해결해나갈 수 있습니다.

실제 사례 41

매매시세 : 6억 4천 5백만 원
최종기일 결과 취하

소재지	(135-897) 서울특별시 강남구 신사동 XXX 로데오현대아파트 101동 6층 604호 [도로명주소] 서울특별시 강남구 압구정로50길XX(신사동)				
물건종별	아파트	채권자	상도2,3동새마을금고	감정가	645,000,000원
대지권	31.7㎡ (9.59평)	채무자	○○○	최저가	(80%) 516,000,000원
전용면적	90.94㎡ (27.51평)	소유자	○○○	보증금	(10%)51,600,000원
입찰방법	기일입찰	매각대상	토지/건물일괄매각	청구금액	430,794,140원
사건접수	20XX-05-11	배당종기일	20XX-08-08	개시결정	20XX-05-12

기일현황			
회차	매각기일	최저매각금액	결과
신건	20XX-09-07	645,000,000원	유찰
2차	20XX-10-12	516,000,000원	취하
최종기일 결과 이후 취하된 사건입니다.			

위 물건은 입찰하기 전에 채무자가 빚을 갚아 취하된 사건입니다. 강남구 신사동 로데오거리 한복판에 있는 로데오 현대아파트로 이 주위는 청담동과 더불어 강남의 부유한 자제들과 유명 연예인들을 대상으로 하는 명품 상권이 집중되어 있는 지역입니다. 또한 이 지역 주변으로 의류, 디자인, IT, 건축사 사무실 등의 임대수요가 많고 명품 상권이라 임대료도 비쌉니다. 이런 경우 역시 아파트를 과감히 사무실로 바꾸어 사용하면 좋습니다. 편리한 주차장과 넓은 사용공간으로 임대수요가 풍부하게 형성되어 있기 때문입니다.

또한 이런 아파트들은 오피스텔 편에서 이야기했던 하우스메이트 임대방식을 활용하면 수익률을 더 높일 수 있습니다.

청개구리의 아파트 공략하기

27
1층 아파트라도 언덕지형이면 2~3층 효과!

바로 여기! 마포구 신수동 ○○아파트

청개구리 역발상

고정관념	아파트 1층은 밖에서 실내가 보여 사생활 침해가 심하다.
역발상	1층을 주차장이나 상가로 만든 2~3층 높이의 1층 아파트는 밖에서 실내를 볼 수 없으므로 투자 가치가 우수하다.

저는 1층 아파트가 경매로 진행되면 반드시 현장에 나가봅니다. 대부분의 경매투자자들이 1층 아파트는 선호하지 않지만 1층 아파트도 돈이 됩니다. 단 제가 말씀드리는 조건을 가지고 있어야 합니다. <u>언덕지형에 건축된 아파트 중 2~3층 높이에 있는 1층 아파트를 눈여겨보시기 바랍니다.</u>

2층 높이의 1층 아파트

대부분의 사람들이 1층 아파트를 선호하지 않는 이유는 외부에서 내부가 쉽게 보여 프라이버시를 침해당할 수 있고, 도둑이 침입하기도 쉬우며, 햇빛도 잘 안 들어 채광에 영향을 받는데다 일반적으로 베란다 전면으로 주차장이 가깝게 있기 때문에 한밤중 주차하는 자동차 소음에 방해받는 불편함 등 때문입니다. 장점보다 단점을 더 많이 가지고 있기 때문에 사람들이 기피하는 것이죠.

하지만 이런 1층 아파트라도 언덕지형에 있어 2~3층 높이에 위치하고 있으면 프라이버시 침해나 보안, 일조권 및 소음 피해 등에서 해방될 수 있어서 비교적 높은 가치를 인정받을 수 있고 매매가 잘됩니다.

사례 42번 물건은 서울 성북구 돈암동에 있는 현대 힐스테이트아파트 24평형 1층이 경매로 진행된 사건입니다. 이 아파트 매매시세는 로열층 기준 3억 4천만 원 전후이지만 이 물건은 1층이라는 점이 감정가격에 반영되어 최초 3억 원부터 시작했습니다. 하지만 성북구 대부분의 지역이 그러하듯 이 아파트도 언덕지형에 위치해 있어 2~3층 높이의 1층이라는 점에서 단점들을 많이 보완하고 있는 좋은 물건이었습니다. 저는 이 물건을 친한 지인에게 소개해 최고가 매수인으로 낙찰을 받았습니다.

실제 사례 42

- 매매시세 : 3억 원
- 낙찰금액 : 2억 6천 4백만 원
- 시세차익 : 3천 6백만 원
- 임대시세 : 2억 2천만 원 전세
- 내가 들인 돈 : 4천 4백만 원

소재지	(136-722) 서울특별시 성북구 돈암동 XXX 돈암힐스테이트아파트 102동 1층 104호				
	[도로명주소] 서울특별시 성북구 아리랑로XX(돈암동)				
물건종별	아파트	채권자	정ㅇㅇ	감정가	300,000,000원
대지권	33.44㎡ (10.12평)	채무자	이ㅇㅇ	최저가	(80%) 240,000,000원
전용면적	59.92㎡ (18.13평)	소유자	이ㅇㅇ	보증금	(10%) 24,000,000원
입찰방법	기일입찰	매각대상	토지/건물일괄매각	청구금액	150,089,660원
사건접수	20XX-04-22	배당종기일	20XX-08-10	개시결정	20XX-05-01

기일현황

회차	매각기일	최저매각금액	결과
신건	20XX-12-09	300,000,000원	유찰
2차	20XX-01-14	240,000,000원	매각
전ㅇㅇ /입찰5명/매각264,700,000원(88%)			

실제 사례 43

- 매매시세 : 3억 2천만 원
- 낙찰금액 : 2억 6천 6백만 원
- 시세차익 : 5천 4백만 원
- 임대시세 : 2억 7천 5백만 원 전세
- 내가 들인 돈 : 0원

"시세대비 5천 4백만 원 저렴하게 매입, 투입금액보다 많은 전세금으로 투자금액 전액 회수"

0원 경매

소재지	(121-110) 서울특별시 마포구 신수동XX-XX, 1층 101호 (신수동,신수동자이언트아파트)				
	[도로명주소] 서울특별시 마포구 신수로XX 1층 101호 (신수동,신수동자이언트아파트)				
물건종별	아파트	채권자	지ㅇㅇ	감정가	310,000,000원
대지권	40.0406㎡ (12.11평)	채무자	임ㅇㅇ	최저가	(80%) 248,000,000원
전용면적	68.38㎡ (20.68평)	소유자	임ㅇㅇ	보증금	(10%) 24,800,000원
입찰방법	기일입찰	매각대상	토지/건물일괄매각	청구금액	50,000,000원
사건접수	20XX-04-03	배당종기일	20XX-06-18	개시결정	20XX-04-04

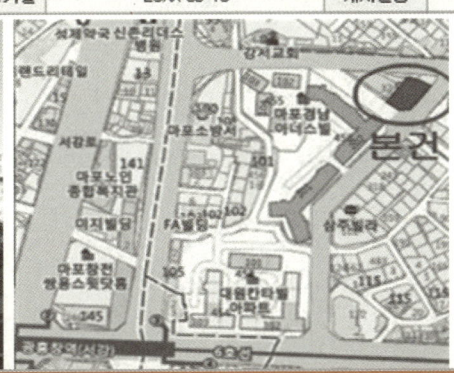

사례 43번 물건도 마찬가지입니다. 서울 마포구 신수동에 위치한 자이언트아파트로 6호선 광흥창역에서 도보 5분 거리에 위치해 있고 광성중·고등학교 바로 앞이라 임대 및 매매 수요가 풍부한 지역입니다. 표 좌측 사진에서 보시는 것처럼 언덕 지형에 위치하여 2층 높이의 1층이라 1층의 단점을 많이 보완한 좋은 물건이었습니다. 저의 지인이 2억 6천대에 낙찰을 받아 전세 2억 7천 5백에 임대를 하여 0원경매가 된 좋은 사례입니다.

옹벽이 있어 햇빛이 잘 안드는 아파트

반면에 로열층에 위치한 아파트 일지라도 좌측의 사진처럼 거실 앞으로 커다란 옹벽이 있어 햇빛이 잘 안 드는 아파트가 있는데 이런 경우는 매매 거래도 잘 안 되고 임대도 잘 안 되기 때문에 가급적 피하시는 것이 좋습니다. 하지만 이런 아파트도 3회 이상 많은 유찰이 된다면 하우스메이트와 같은 임대 방식으로 수익률을 실현할 수도 있으니 충분히 많이 유찰이 될 경우라면 매입을 고려해볼 만합니다.

신의 한 수 12

1층 아파트를
어린이집으로 활용하기

대부분의 아파트 단지 내에서 1층 아파트는 로열층에 비해 20~30% 정도 저렴합니다. 그만큼 가격 메리트가 있으며 열정적인 투자자의 경우 법원 경매에서 40% 이상 저렴하게 매입할 수도 있습니다. 앞에서 언급했듯이 프라이버시 침해, 치안, 일조권 침해, 소음 피해 등의 이유로 경쟁자가 많지 않기 때문입니다.

    1층 아파트를 매우 효율적이고 부가가치가 큰 상품으로 만들어 높은 수익률을 올리는 사람들이 꽤 있습니다. 요즘 한창 유행하는 어린이집 사업이 대표적인 경우이죠.
    저에게도 여덟 살 딸과 여섯 살 아들이 있는데 집 근처에서 괜찮은 어린이집에 보내기가 쉽지 않습니다. 오래 기다려야 하고요. 그래서인지 최근에 동네 어린이집이 많이 생겨나고 있습니다. 1층 아파트 혹은 1층 빌라를 활용해 어린이집 사업을 하는 경우도 눈에 많이 띕니다. 정부에 신고하고 사업자 등록만 하면 합법적으로 사업하는 데 제재가 없습니다. 오히려 정부에서 다양한 지원과 혜택을 줄 정도입니다. (민원 발생으로 아파트 관리단에서 사업 승인을 받아야 사업자를 내주는 지역도 있습니다.)

운영만 잘되면 정부의 지원으로 사업 리스크 및 초기 투자비용도 그리 많지 않습니다.

　　어린이집 외에도 아파트 1층을 요가 스튜디오나 피트니스 센터로 활용하는 사례도 생기고 있습니다. 이처럼 아파트 1층이 점점 상업시설로 변해가는 추세인 것 같습니다. 1층이라 지상에서 이동하는 사람들의 접근성과 시인성이 우수하여 상가로서 사업하기에 적합하고 아파트 단지 내에 어느 정도 배후 고객이 있기 때문에 상가로 활용 시 높은 수익성을 올릴 수 있기 때문입니다.

청개구리의 아파트 공략하기

28

경매기록에는 없어도 숨은 보너스 공간이 있는 아파트

바로 여기! 구로구 구로동 ○○팰리스

청개구리 역발상

고정관념 경매기록에 나와있는 정보가 전부이다.

역발상 아파트 발코니 앞으로 정원과 마당이 있는 아파트는 매우 드물기 때문에 가치가 높다.

경 매물건을 답사하다 보면 신기한 물건들을 자주 접합니다. 지금 소개하려는 물건은 빌라 편에서 언급한 것과 유사한 '보너스 공간'이 있는 아파트인데 저에게 재미있는 추억을 남겨준 물건이었습니다.

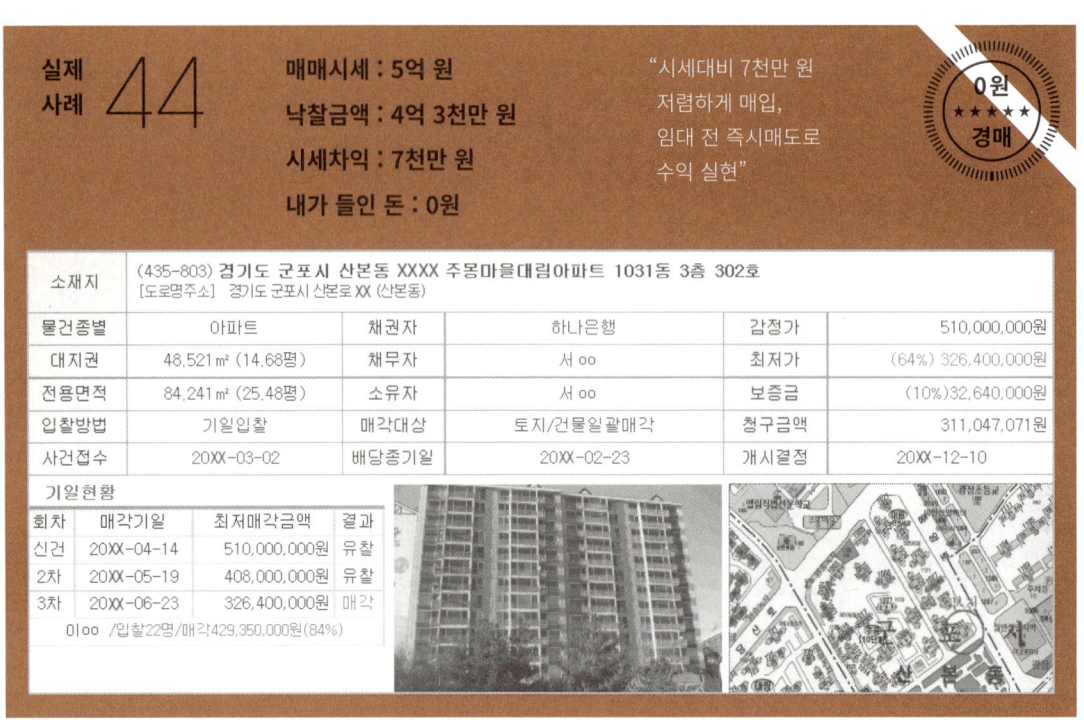

위 사례는 경기도 군포시 산본동에 위치한 주몽마을 대림아파트입니다. 3층 아파트인데 2층 상가 바로 위에 있는 물건입니다. 2층 상가의 옥상이 3층 아파트의 베란다 부분이 되는 셈입니다. 난간이 있고 계단으로 베란다와 연결되어 있는데 난간 부분에 많은 수목이 심어져 있었습니다. 즉, 계단을 조금만 내려가면 난간에 멋진 정원이 있는 구조였죠. 10평 정도 되는 훌륭한 정원이 보너스 공간으로 있는 아파트인 것입니다.

좌측 사진에 표시된 부분이 정원이 있는 자리입니다. 그 아래층이 상가이고, 상가의 옥상 부분이 정원입니다. 이 정원에서 산본역 방향으로 보면 큰 규모의 중앙공원이 펼쳐져 보여 조망이 무척 멋있고 훌륭했습니다. 이런 집들은 단독주택과 아파트의 장점을 동시에 가지고 있어 애완동물을 키우는 가정이나 자연을 중요시 하는 사람들이 무척 선호합니다. 이런 경우 마땅히 비교할 만한 다른 대상도 없어 좀 과장하면 부르는 게 가격인 우수한 물건이죠. 실제로, 제 지인이 낙찰을 받았는데 잔금 납부 후 금방 매도인이 나타나 수천만 원의 순수익을 실현할 수 있었습니다.

다음 물건도 마찬가지입니다. 서울 구로구 구로동에 있는 근상프리즘 아파트로, 지하철 1호선 구일역에서 가까워 부천, 인천 방향으로 출퇴근하는 직장인들 수요로 임대가 잘됩니다. 우측 사진처럼 유일하게 2층만 1층 주차장 위 공간을 정원 및 테라스로 사용할 수 있어서 다른 층보다 매매 및 임대가 더 빨리 되고 가격도 더 높습니다.

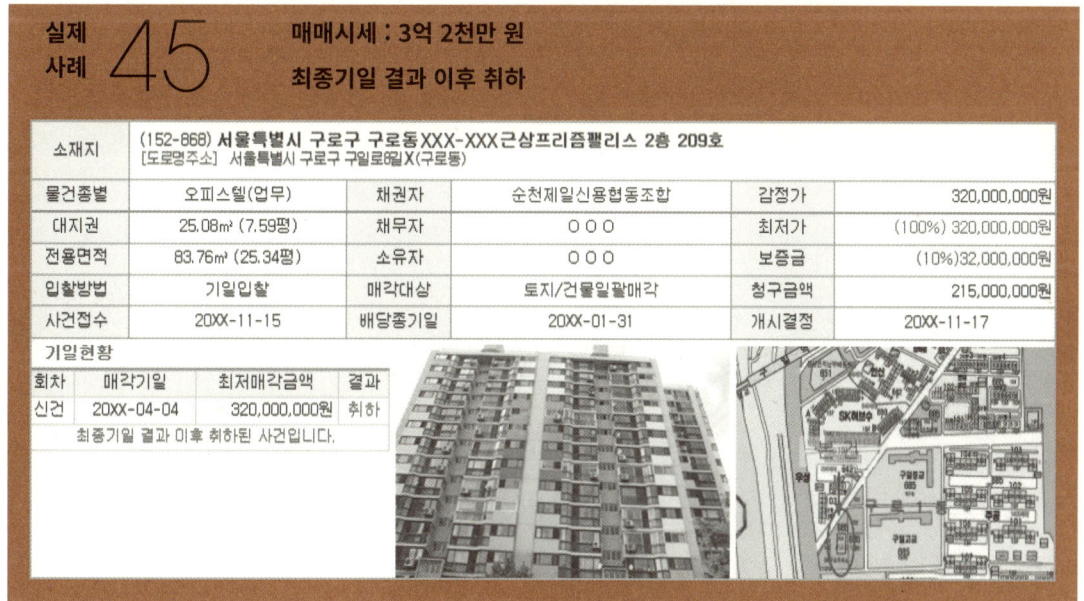

아래 사진처럼 1층 아파트 거실 앞으로 작은 정원이 구성된 아파트도 있는데, 이런 경우도 아이들이 뛰어 놀며 각종 꽃도 심을 수 있고 작은 강아

1층 아파트 거실 앞에 조성된 작은 정원

지도 키울 수 있어 1층이라 할지라도 선호도가 매우 높습니다. 1층에 정원이 있는지 여부는 경매기록에 나와 있지 않은 경우가 태반이라 반드시 현장답사를 통하여 확인을 해야 합니다. 1층이기 때문에 경쟁이 낮아 저가에 낙찰을 받을 수 있는 좋은 기회가 될 수 있으니까요. 게다가 조경이 잘되어 있어서 조경상 혹은 대통령상을 수상하거나 이와 비슷한 각종 수상경력이 있는 아파트는 잠재적으로 상승가치가 높으니 잘 살펴봐야 합니다.

청개구리의 아파트 공략하기

29
오래된 아파트라면 저가로 사서 리모델링을!

바로 여기! 서초구 서초동 ○○아파트

청개구리 역발상

고정관념 오래된 아파트는 피해야 한다.

역발상 임대수요가 풍부한 지역의 오래된 아파트는 저가로 매입하고 약간의 리모델링 후 임대 및 매매를 하면 좋다.

최근에 재개발, 재건축지역의 확대 분위기로 서울의 대표적인 재건축 아파트(은마, 개포, 시영 등)는 엄청난 스포트라이트를 받고 있지만 그 이외의 오래된 아파트는 재건축 사업성이 좋지 않다는 이유로 유찰이 많이 되고 있습니다. 특히 저층 위주의 단지가 아닌 중층 이상의 고층의 오래된 아파트는 재건축시 일반 분양 건이 많지 않아 사업성이 좋이 않기 때문입니다. 그러나 이러한 오래된 아파트 중에서도 지하철역에서 가깝고 임대수요가 풍부한 지역에 위치한 아파트는 저가에 매입해 높은 수익을 올릴 수 있는 좋은 기회입니다.

그리고 오래된 아파트는 방산시장과 같은 저렴한 시장에서 발품을 팔아 전체적인 수리를 하면 새 아파트만큼 깔끔하게 거듭날 수 있습니다. 위치가 좋고 임대수요가 풍부하면 내부를 손보는 것만으로도 전세를 높게 받을 수도 있고 하우스메이트 임대 형태로 월세를 주어도 임대가 금방 나갈 수 있습니다.

제가 여기서 강조하고 싶은 것은 반드시 저가에 매입해야 한다는 점입니다. 오래됐지만 위치가 좋으니 매입하는 것이지, 새 아파트를 저가에 매

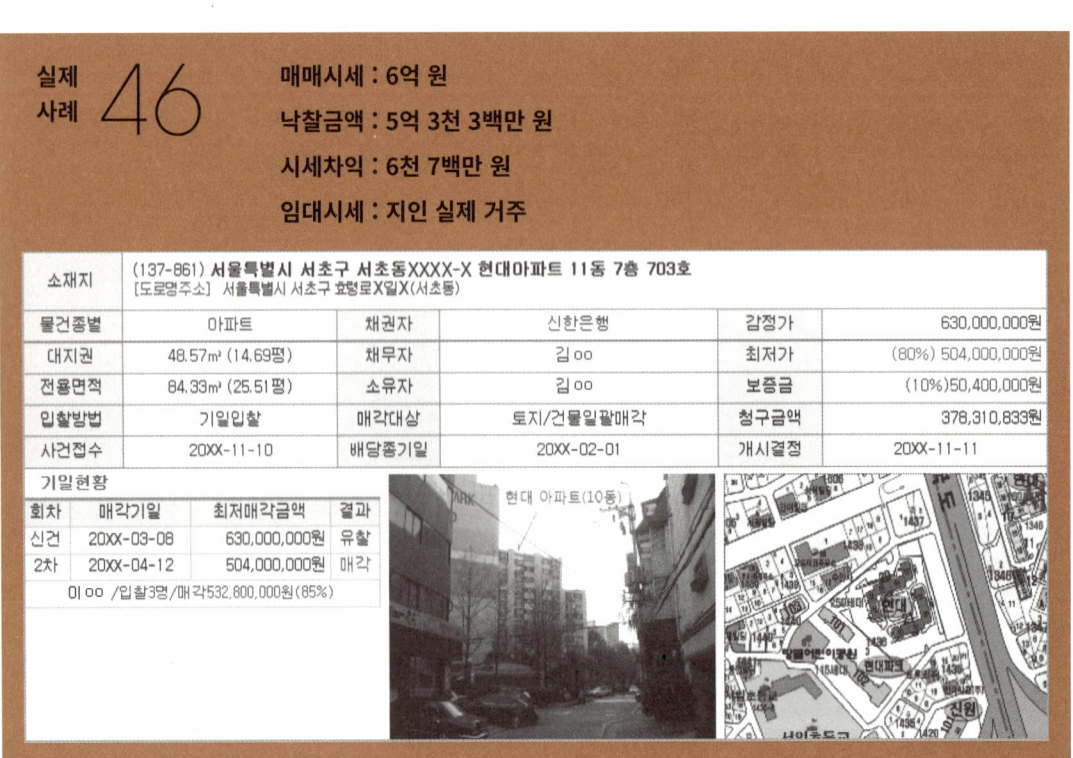

실제 사례 46

매매시세 : 6억 원

낙찰금액 : 5억 3천 3백만 원

시세차익 : 6천 7백만 원

임대시세 : 지인 실제 거주

입할 수 있다면 굳이 오래된 아파트를 매입할 필요는 없으니까요.

사례 46번 물건은 제 지인이 직접 낙찰 받은 물건으로 최근에 신분당선의 여파로 더블 역세권이 된 지하철 3호선 양재역과 남부터미널역 중간쯤에 위치한 아파트입니다. 경부고속도로를 타고 가다 보면 이 아파트를 전면에서 볼 수 있습니다. 1990년에 건축되어 약 27년 된 물건이죠.

제 지인은 낙찰 후 8백만 원을 들여 전체 수리를 한 후 직접 거주하고 있습니다. 직장이 양재역 근처라 출퇴근도 용이하고 인근에 유명한 중·고등학교들이 많아 교육환경도 우수하죠. 향후 재개발 추진 시 수익이 발생할 확률이 높은데다가 강남의 알짜배기 동네라 생활 만족도도 매우 높은 곳입니다.

청개구리의 아파트 공략하기

30 비선호물인 주상복합 아파트라도 ⇧ 역세권에 있으면 선호

바로 여기! 동작구 신대방동 ○○타워

청개구리 역발상

고정관념	주상복합 아파트는 일반아파트에 비해 사람들이 선호하지 않는다.
역발상	역세권에 위치한 주상복합 아파트은 임대 및 매매가 매우 잘되어 우수하다.

일반 아파트 낙찰가가 하늘 높은 줄 모르게 고공행진을 하고 있는 최근 실정에 그래도 주상복합 아파트는 시세보다 저렴하게 매입할 수 있는 기회가 있습니다. 그 이유는 높은 분양가와 비싼 관리비 때문인데, 대형 주상복합 아파트의 경우 관리비가 100만 원이 넘는 곳이 대부분이고 겨울에는 150만 원에서 200만 원까지 나오기도 합니다. 마치 내 집에 살면서도 월세를 내는 것 같은 기분이 들 정도이죠. 그래서 사업이 잘되던 사람들도 불경기 여파로 매달 부과되는 관리비가 부담되어 일반 아파트로 이사를 하고 있는 실정입니다. 일반 아파트 관리비는 많아도 30~40만 원이면 충분하니까요.

주상복합 아파트의 관리비가 비싼 이유는 높은 용적률로 인해 승강기 관리비와 지능형 홈 네트워크 서비스, 그리고 골프장이나 수영장과 같은 주민 커뮤니티 시설이 좋은 것과 비례해 공동 관리비가 높게 책정되기 때문입니다. 즉 일반 아파트가 실속형의 펜션이라면, 주상복합 아파트는 고급스러움과 우화함으로 모든 편의시설을 다 갖춘 호텔이라고 보면 되죠.

주상복합 아파트는 분양가도 주변 아파트 가격의 2배 이상 나가는데 일반용지보다 가격이 배 이상 비싼 상업용지에 지어지고 건물도 최고급 호텔식으로 짓다 보니 당연히 비쌀 수밖에 없습니다. 또한 주상복합 아파트는 전용률이 낮아 일반 아파트에 비해 실제 사용할 수 있는 공간이 좁은 것도 단점이죠.

하지만 좁은 땅에 건물이 다닥다닥 붙어있는 기존의 판상형 아파트와는 달리 주상복합 아파트는 보통 1개 또는 많아야 3개 동으로 동간 간격이 넓어 조망이 탁월하고 다양한 편의시설(문화, 오락, 편의, 상업시설 등)을 갖추고 있어 원스톱 생활이 가능합니다. 대우트럼프월드, 타워팰리스, 삼성쉐르빌 등과 같은 주상복합 아파트에는 건물 내부에 수영장, 골프장, 대형 연회장 등 호텔 수준의 부대시설이 있기도 합니다.

지금은 우리나라가 내수 부진에 해외수출도 어렵다 보니 허리띠를 졸라매고 있는 실정이라 실속형인 일반 아파트들이 인기를 누리고 있지만, 다시 경기가 좋아져서 사람들이 심리적 여유가 생기면 고급, 명품을 찾는 것처럼 호텔식 주상복합 아파트도 인기를 되찾을 것이라는 생각입니다. 그래서 저는 불황일 때 초역세권으로 임대수요가 풍부한 지역에 위치한, 유찰이 많이 된 주상복합 아파트를 추천합니다.

여러분들도 물건 검색하고 현장에 다니다 보면 다음과 같은 재미있는 물건을 접할 수 있습니다. 사례 47번 물건은 서울시 광진구 자양동에 있는 더샵 스타시티 주상복합형 아파트로 광진구의 랜드마크이며 이 일대 주상복합 아파트 중 가장 높은 시세를 유지하고 있는 아파트입니다.

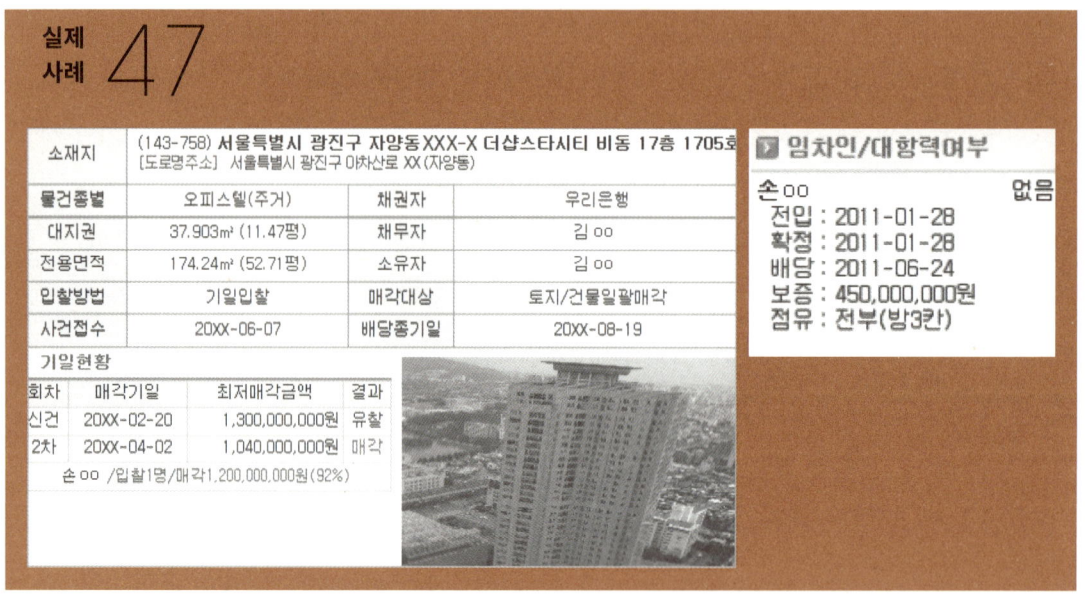

재미있게도 인기 연예인이 전세로 살고 있는 집이었습니다. 권리분석상 2순위였던 손 씨가 본인의 전세보증금 4억 5천만 원을 손해 보지 않기 위해 12억 원에 단독으로 낙찰을 받았습니다. 이 물건의 경우 70평대 대형 평수이기 때문에 충분히 메리트 있는 가격인 셈이죠. 이처럼 주상복합 아파트는 사람들이 기피하여 경쟁이 낮기 때문에 시세보다 저렴하게 살 수 있습니다. 저가에 매입할 수 없다면 절대로 살 이유가 없겠지요.

다음 물건은 제 지인이 입찰했는데 아쉽게 2등으로 떨어진 물건입니다. 동작구 신대방동 보라매공원 앞에 있는 보라매아카데미타워 아파트로 41

실제 사례	48	매매시세 : 6억 5천만 원
		낙찰금액 : 5억 5천 7백만 원
		시세차익 : 9천 3백만 원

소재지	(156-713) 서울특별시 동작구 신대방동 XX-XX 보라매아카데미타워 39층 3905호 [도로명주소] 서울특별시 동작구 보라매로5가길XX(신대방동)				
물건종별	아파트	채권자	경기솔로몬저축은행	감정가	970,000,000원
대지권	21.19㎡ (6.41평)	채무자	김ㅇㅇ	최저가	(51%) 496,640,000원
전용면적	224.82㎡ (68.01평)	소유자	김ㅇㅇ	보증금	(10%)49,664,000원
입찰방법	기일입찰	매각대상	토지/건물일괄매각	청구금액	967,026,322원
사건접수	20XX-09-15	배당종기일	20XX-12-08	개시결정	20XX-09-16

기일현황

회차	매각기일	최저매각금액	결과
신건	20XX-02-14	970,000,000원	유찰
2차	20XX-03-20	776,000,000원	유찰
3차	20XX-04-24	620,800,000원	유찰
4차	20XX-05-29	496,640,000원	매각
최ㅇㅇ /입찰3명/매각557,999,000원(58%)			
	20XX-07-10	대금지급기한	납부

층 중 39층의 높은 층에 위치하고 있어 전망이 좋고 80평형대 대형아파트이라 사용 공간도 넓었으며, 서쪽으로 공원도 보이고 보라매병원도 바로 뒤편에 위치하고 있어 생활환경이 아주 우수한 곳이었습니다.

　이처럼 서울 강남, 서초, 송파, 광진, 용산구와 같은 주상복합 아파트가 밀집되어 있는 지역과 성남시 분당구 정자동과 같이 유명하면서 임대수요가 풍부한 지역에서는 수차례 유찰된 주상복합 아파트를 노려볼 만합니다. 경제적으로 풍요로운 사람들이 선호하는 지역이기 때문에 낙찰 받은 후 저렴하게 급매로 팔면 금방 매도도 가능합니다. 또한 최근 주상복합 아파트를 활용하여 사진 촬영 스튜디오 및 요가 스튜디오로 활용하는 경우도 있으니 참고하시기 바랍니다.

청개구리의 아파트 공략하기

31 전망이 좋아도 ↔ 조망권 프리미엄이 반영 안 된 물건이 있다

바로 여기! 성동구 옥수역 근처 ○○아파트

청개구리 역발상

| 고정관념 | 전망이 좋은 로열층 아파트는 가격이 무조건 비싸다. |
| 역발상 | 조망권 프리미엄이 반영 안 된 물건도 있다. |

대단지 아파트 내에서 같은 로열층이라 하더라도 전망 및 조망이 좋은 아파트는 다른 아파트에 비해 1억 이상의 프리미엄이 붙습니다. 한 예로 약수동에서 한남동으로 넘어가는 고개를 따라 남산타운아파트가 있는데 이 아파트들 중 남산 조망이 나오는 아파트는 다른 동의 같은 층을 비교할 때 1억 5천이 더 비싸게 형성되어 있습니다.

우측 지도처럼 남산조망이 나오는 3동, 4동, 5동의 아파트들은 비록 이 지역 언덕 제일 높은 곳에 위치해 있어도 남쪽으로 푸르른 남산 조망을 4계절 내내 느낄 수 있기 때문에 가격이 매우 비쌉니다. 다른 동보다 약 1억에서 1억 5천 정도 높은 시세를 유지하고 있죠.

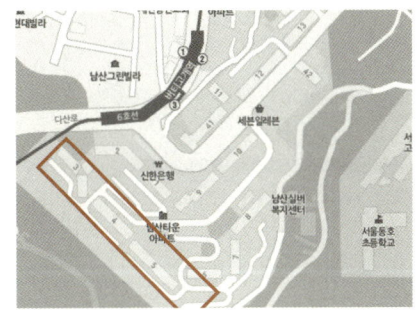

또한 성동구 옥수역 인근에 위치한 옥수 중앙하이츠아파트도 한강이 보이는 곳이 대략 1억 5천만 원 비싸게 시세가 형성이 되어 있습니다. 아래 지도에서 101동, 102동, 103동, 104동 들은 남동쪽으로 한강 조망이 나오기 때문에 이 아파트 단지에서 인기도 많고 시세도 비싸게 형성되어 있습니다.

이처럼 서울이나 서울 근교의 웬만한 아파트 단지들은 단지 내에서도 전망과 조망이 있는 로열동-로열층 아파트와 일반 아파트와의 가격 차이가 매우 큽니다. 실수요자들은 당연히 전자의 아파트를 더 선호하죠. 하지만 가끔 훌륭한 조망으로 프리미엄이 붙어야 하는

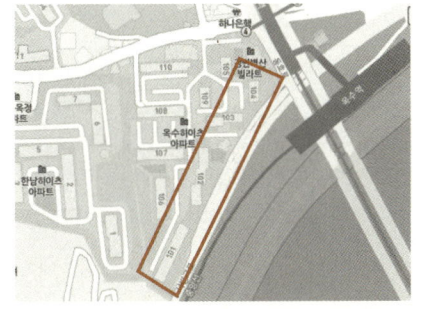

아파트임에도 불구하고 이런 프리미엄이 반영 안 되어 일반 아파트 시세로 감정되어 있는 경매물건들도 종종 볼 수 있습니다. 이런 물건들을 주의 깊게 살피고 필히 현장에서 전망과 조망을 확인하면 좋은 찬스를 얻을 수 있을 것입니다.

청개구리의 아파트 공략하기

32
귀농을 원해도 시골이 불편하다면 ↔ 수도권의 한적한 아파트를!

바로 여기! 경기도 광주시 ○○아파트

청개구리 역발상

고정관념	귀농을 꿈꾸지만, 불편한 전원주택에서 살고싶지 않다.
역발상	귀농해도 아파트에서 편하게 살 수 있다.

최근 제게 전원주택을 문의하는 분들이 부쩍 많아졌습니다. 서울에서 차로 1시간 반 이내의 거리를 찾는데, 막상 근교로 나가 살다 보면 외롭고 심심하고 불편해서 다시 서울로 오는 분들도 상당히 많습니다. 서울에서의 편리한 생활에 익숙해져 있다가 귀농하여 지방 전원주택에 사는 것은 생각만큼 쉽지 않기는 하죠.

저는 귀농을 염두에 두고 전원주택을 문의하는 분들께 한적한 경기도 지역 숲속에 있는 아파트를 추천합니다. 기본적으로 시세가 저렴하게 형성되어 있는데 경매로 입찰한다면 거의 반값 수준으로 아주 싸게 매입할 수 있고, 아파트 단지라 여러 사람이 함께 거주하다 보니 지역 커뮤니티도 있어 덜 외롭기 때문입니다.

또 텃밭에 간단한 채소를 심고 싶은 분들은 주변에 방치되어 있는 텃밭이나 혹은 주말농장처럼 10~20평 정도의 텃밭을 빌려 각종 채소를 키우면 작물 수확의 기쁨도 함께 누릴 수 있습니다. 저는 이런 지역으로 경기도 광주시와 하남시, 김포시, 남양주시에 위치한 아파트들을 추천합니다. 특히 광주시는 물도 많고 산도 많아 자연 환경이 아주 훌륭합니다. 그리고 차가 막히는 시간만 피하면 중부고속도로를 타고 강남까지 30분 내에 도착할 수 있을 만큼 서울 접근성도 좋고요.

저도 딸이 아토피가 심해 공기와 환경이 좋은 지방 아파트로 이사를 가보려고 경기도 광주 지역 경매물건을 조사한 적이 있었는데 이 과정에서 풍광이 뛰어난 지역을 많이 발견할 수 있었습니다.

다음 사례 49번 물건은 경기도 광주시 초월읍 도평리에 위치한 대주피오레 32평 아파트가 경매에 진행된 것으로 2억 3천만 원에 감정된 것이 한 번 유찰되어 1억 8천만 원으로 떨어져 있었습니다.

실제로 이 아파트 단지를 답사해 보니 101동과 102동 남쪽으로 곤지암천이 흐르고 강 건너편이 나무가 풍성한 야산이라 아파트 거실에서 멋진 물 조망과 산 조망을 동시에 맛볼 수 있었습니다.

또한 주변에 도평초등학교가 있어 초등학생 아이들을 키우기에도 불편함이 없고 주위에 우림아파트 및 신일아파트와 같은 중간급 규모의 아파트 단지가 있어 사람들도 많이 다니는 생기 있는 지역이기도 했습니다. 슈퍼마

실제 사례	49	매매시세 : 2억 2천만 원 낙찰금액 : 1억 9천만 원 시세차익 : 3천만 원 임대시세 : 1억 4천만 원 전세 내가 들인 돈 : 5천만 원	"시세대비 3천만 원 저렴하게 매입, 공기 좋고 물 좋은 경기도지역의 아파트 사례"

소재지	(464-863) 경기도 광주시 초월읍 도평리 XXX 대주피오레 104동 5층 505호				
	[도로명주소] 경기도 광주시 현산로XX(초월읍)				
물건종별	아파트	채권자	동부화재해상보험	감정가	230,000,000원
대지권	59.4735㎡ (17.99평)	채무자	이ㅇㅇ	최저가	(80%) 184,000,000원
전용면적	84.5952㎡ (25.59평)	소유자	이ㅇㅇ	보증금	(10%)18,400,000원
입찰방법	기일입찰	매각대상	토지/건물일괄매각	청구금액	186,000,598원
사건접수	20XX-04-26	배당종기일	20XX-07-09	개시결정	20XX-04-27

기일현황	☑ 입찰26일전		
회차	매각기일	최저매각금액	결과
신건	20XX-08-06	230,000,000원	유찰
2차	20XX-09-03	184,000,000원	

모의입찰가	0 원	입력	?

켓, 음식점, 헬스장 등 각종 편의시설도 있어 거주하는 데 전혀 불편함이 없는 곳이었고요. 단, 지하철이 닿지 않고 대중교통 수단이 버스뿐이라는 것이 유일한 단점이었습니다만, 이후 경강선(성남-여주 간 복선 전철)이 개통하면서 주거 환경이 개선되어 현재 많은 사람에게 주목받고 있습니다.

좌측 지도처럼 광주시 송정동에도 추천할 만한 좋은 지역이 있습니다. 송정동 우림필유, 브라운스톤, 금강펜트리움과 같은 대단지 아파트가 있는 지역으로 아파트 앞으로 경안천이 흐르며 강 건너로 푸른 야산이 있어 멋진 거실 조망이 연출되는 곳이죠. 경안천과 곤지암천 등 광주의 대부분의 하천은 상수원 보호구역이라 물도 맑고 관리가 잘 되고 있으니 참고하면 좋을 듯합니다.

청개구리의 아파트 공략하기

33

나홀로 아파트라도 주변 시세가 비싸면 인기짱!

바로 여기! 송파구 가락동 ○○아파트

청개구리 역발상

고정관념
나홀로 아파트는 빌라 같아서 별로다.

역발상
1. 잠실처럼 주변 대단지 아파트 가격이 비싼 지역의 나홀로 아파트는 대단지 아파트에서 밀려나는 수요 때문에 임대 및 매매가 잘된다.
2. 주변 빌라와 가격차이가 많지 않은 지역의 나홀로 아파트는 아무래도 빌라보다 편리한 주거환경으로 매매 및 임대가 우수하다.

나홀로 아파트는 빌라형 아파트라고도 불리며 일반주택가에 혼자 우뚝 솟아 있거나 여러 규모가 있는 아파트 단지들 사이에 작은 규모의 단지로 통상 100가구 미만 2~3개동으로 구성된 아파트를 말합니다.

이런 나홀로 아파트는 진입로가 좁거나 편의시설이 부족하고 관리비가 비싼 편이라 수요자들로부터 주목을 받지 못하는 경우가 대부분이나, 법원 경매를 통해 지혜롭게 투자를 한다면 높은 수익률을 얻을 수 있습니다. 실제로 제가 보유한 물건들 중 비교적 가장 빠르게 매매가 이루어지고 있는 물건은 나홀로 아파트입니다. 아래와 같은 점들만 명심한다면 빠른 매도로 예상보다 쉽게 투자금을 회수할 수 있습니다.

첫째, 인근 아파트 가격이 비싼 지역의 나홀로 아파트

나홀로 아파트는 빌라와 아파트의 중간 형태입니다. 빌라는 엘리베이터가 없어 계단을 오르내려야 하고 경비원이 없어 보안 및 치안에 취약하죠. 특히 전반적인 관리를 하는 관리사무소가 없어 계단 청소, 옥상 방수, 주차장 방수 및 청소, 건물 외벽 관리 등 빌라 주민들 스스로 자치구를 만들어 해결을 해야 하지만 실제로는 전체 단합도 어렵고 단합을 원하지 않는 이웃과 사소한 분쟁이 발생하기도 합니다.

이러한 이유로 빌라는 마음에 안 들고 대단지 아파트에 가고 싶지만 금전적으로 여유가 많지 않은 수요층들이 찾는 중간적 거주 형태가 나홀로 아파트입니다. 특히 주변에 대단지 아파트들이 포진해 있고 비싼 시세를 유지하고 있다면 나홀로 아파트의 인기는 더욱 뜨거워지죠.

한 예로 서울 송파구 잠실 주공아파트 단지를 재건축한 엘스, 리센츠, 트리지움, 레이크팰리스 등과 같은 아파트들은 32평형 기준으로 9~11억 원의 매매시세를 유지하고 있는데 이 정도 가격이면 일반 중산층이 접근하기에는 만만치 않은 금액입니다. 게다가 인근에 오래된 아파트(잠실 5단지 및 장미아파트, 진주아파트 등)들도 재건축에 대한 기대감으로 결코 싸지 않은 시세를 유지하고 있습니다.

따라서 비싼 시세를 유지하는 지역의 주변 지역(송파동, 석촌동, 삼전동, 방이동 등)들이 나홀로 아파트에 투자하기 적합한 지역입니다. 게다가 이 지역들은 지하철 9호선 연장선이 지나가는 곳이라 향후 미래가치도 높습니다. 여기서 명심해야 할 점은 반드시 법원 경매로 매입해야 수익률을 극대화할 수 있다는 거죠. 최저가로 사서 감정가격으로 판다고 생각하면 됩니다.

다음의 물건은 송파구 송파동에 있는 7층짜리 나홀로 아파트로 그중 503호가 경매로 진행되었습니다.

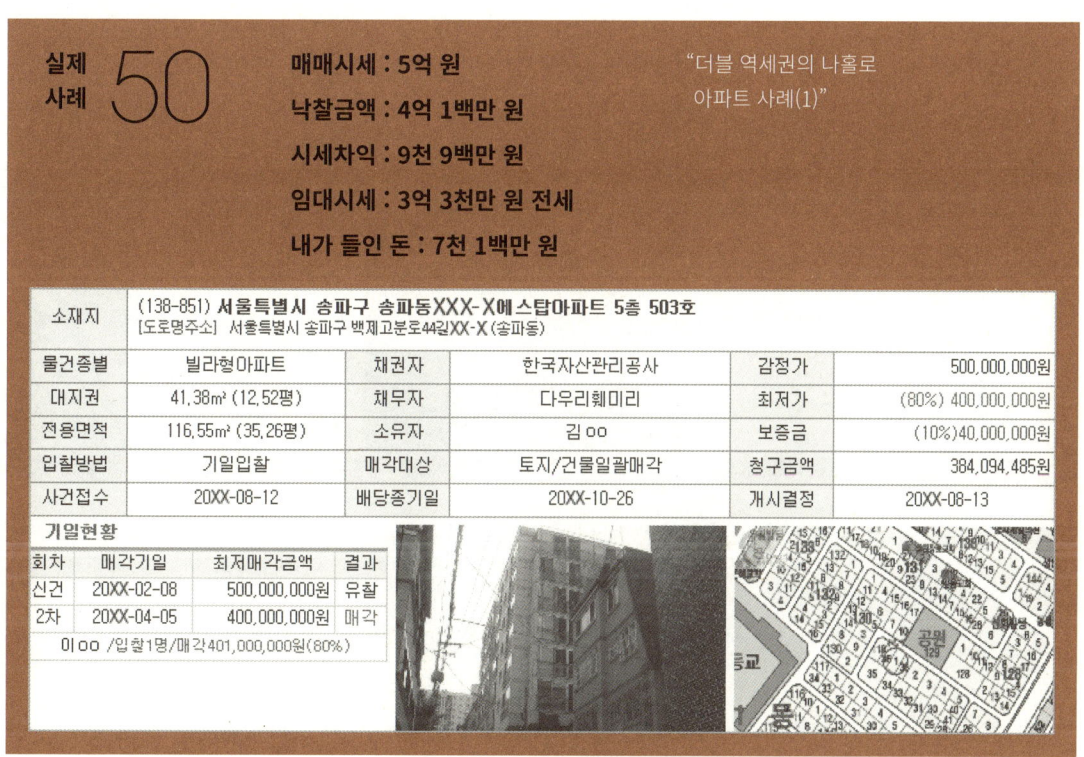

곧 지하철 9호선과 만나 더블역세권이 될 석촌역에서 도보로 5분 거리에 있으며 주위에 송파초등학교 및 송파근린공원이 있어 주거공간으로 안성맞춤이었습니다. 이 나홀로 아파트 물건을 제 지인이 4억 1백만 원에 단독으로 낙찰을 받았고 가격이 비싼 잠실의 새 아파트 단지들 전면에 있는 수많은 부동산 중개업소에 바로 매매를 위탁했습니다. 잠실의 아파트를 보러 왔다가 비싼 가격에 실망한 사람들이나 전세를 구하러 온 분들은 제 지인이 매입한 나홀로 아파트에 관심을 보였습니다. 결국 잔금 납부한 지 2달도 채 안 되어 매매 계약이 체결되었고요. 그래서 제 지인은 1년 치 연봉에 가까운 순수익을 올릴 수 있었습니다.

실제 사례	51

매매시세 : 3억 9천만 원
낙찰금액 : 3억 1천 6백만 원
시세차익 : 7천 4백만 원
임대시세 : 3억 2천만 원 전세
내가 들인 돈 : 0원

"시세대비 7천 4백만 원 저렴하게 매입, 더블역세권의 나홀로 아파트사례(2)"

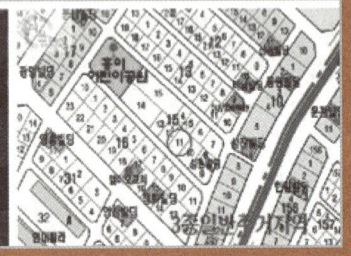

위 물건도 마찬가지입니다. 지하철 3호선이 연장되어 5호선과 만나 더블역세권이 된 오금역에서 도보 5분거리에 위치한 나홀로 아파트입니다. 이사갈 집이 필요하였던 필자의 지인이 직접 응찰하여 2명과 경합을 벌였고 3억 1천만원대에 낙찰을 받아 직접 입주하신 물건입니다.

만일 임대를 하였다면 주변의 아파트 가격이 비싼 지역에 위치한 나홀로 아파트이기 때문에 매매시세는 3억 9천에 전세금 3억 2천을 받을 수 있는 초우량 공짜집 아파트입니다.

좌측의 기사를 한번 보시죠. 부동산 불황에서도 강남권에 있는 나홀로 아파트 매매가는 상승했다는 내용입니다. 이처럼 강남권 나홀로 아파트는 주변 대단지 아파트 가격의 절반 수준이면서도 대단지 아파트의 편의시설 및 학군을 이용

할 수 있어 수요층이 두터운 편이라 임대 및 매매가 비교적 빠르고 수월합니다.

둘째, 빌라와 가격 차이가 적은 지역의 나홀로 아파트

높은 가격대로 인해 대단지 아파트로의 진입이 어려워 나홀로 아파트에 거주하려는 수요도 많지만, 이와 반대로 같은 평수의 빌라와 가격 차이가 크지 않아 나홀로 아파트의 수요가 큰 지역도 있습니다. 대표적인 곳이 서울 강동구와 마포구, 강서구입니다.

이 중 강동구는 길동, 명일동, 천호동, 암사동 주변으로 나홀로 아파트들이 많이 분포되어 있습니다. 32평형(전용면적 25평)으로 비교해볼 때 빌라는 3억 전후, 나홀로 아파트는 3억 5천만 원 전후입니다. 이처럼 매매가격이 5천만 원밖에 차이가 나지 않기 때문에 빌라에서 살던 사람들이 돈을 조금 더 보태어 생활 여건이 좀 더 나은 나홀로 아파트로 이전하려는 수요가 많은 것입니다. 특히 강동구는 한때 강남 4구로 불리면서 강남 못지않은 인기를 끌었던 지역으로 지금도 강남권에 근접하면서 주거 환경이 쾌적해 늘 관심의 대상이 되는 지역이기도 합니다.

강동구를 답사하다 보면 다성건설에서 지은 나홀로 아파트들이 무척 많습니다. 다음 사례 52번 물건도 다성건설에서 지은 것인데, 강동구에 있는 나홀로 아파트의 상당수를 다성건설에서 지었다고 해도 과언이 아닐 정도로 많죠. (예전에 오래된 빌라 2~3개 동을 모아 나홀로 아파트를 짓는 사업으로 다성건설이 자리를 잡았다는 말도 있습니다.)

이런 나홀로 아파트들은 감정가격으로 매매가 되고 있어 싸게만 매입할 수 있다면 괜찮은 수익이 남습니다. 제 지인은 이 물건을 2억 6천만 원에 입찰했는데 8명이나 경합해 3억 5백만 원에 낙찰이 된 사건입니다.

나홀로 아파트 밀집지역으로 마포구 망원동을 빼놓을 수 없습니다. 망원동은 전 서울시장 시절 한강르네상스 수혜지역으로 한때 엄청난 호가를 자랑하였으나 지금은 정책이 표류하면서 가격이 조정되고 있는 상황입니다.

망원동 지역은 공덕동과 상암동 업무밀집지구로 직장인 및 홍대 상권

실제사례 52

매매시세 : 3억 2천만 원
낙찰금액 : 3억 5백만 원
시세차익 : 1천 5백만 원

소재지	(134-830) 서울특별시 강동구 명일동XXX-X다성씨티아파트 5층 502호 [도로명주소] 서울특별시 강동구 양재대로XX길XX(명일동)				
물건종별	빌라형아파트	채권자	신ㅇㅇ	감정가	320,000,000원
대지권	35㎡ (10.59평)	채무자	오ㅇㅇ	최저가	(80%) 256,000,000원
전용면적	84.8㎡ (25.65평)	소유자	오ㅇㅇ	보증금	(10%)25,600,000원
입찰방법	기일입찰	매각대상	토지/건물일괄매각	청구금액	200,000,000원
사건접수	20XX-04-15	배당종기일	20XX-06-23	개시결정	20XX-04-16

기일현황

회차	매각기일	최저매각금액	결과
신건	20XX-02-28	320,000,000원	유찰
2차	20XX-04-11	256,000,000원	매각
김ㅇㅇ /입찰8명/매각305,000,000원(95%)			
	20XX-04-18	매각결정기일	허가
	20XX-05-26	대금지급기한	납부

실제사례 53

매매시세 : 4억 6천만 원
최종기일 결과 이후 취하

소재지	(121-823) 서울특별시 마포구 망원동XXX-XX청화아파트 5층 502호 [도로명주소] 서울특별시 마포구 월드컵로25길XX(망원동)				
물건종별	빌라형아파트	채권자	정ㅇㅇ	감정가	460,000,000원
대지권	41.17㎡ (12.45평)	채무자	ㅇㅇㅇ	최저가	(64%) 294,400,000원
전용면적	101.79㎡ (30.79평)	소유자	ㅇㅇㅇ	보증금	(10%)29,440,000원
입찰방법	기일입찰	매각대상	토지/건물일괄매각	청구금액	65,000,000원
사건접수	20XX-12-02	배당종기일	20XX-02-16	개시결정	20XX-12-03

기일현황

회차	매각기일	최저매각금액	결과
신건	20XX-03-18	460,000,000원	유찰
2차	20XX-04-22	368,000,000원	변경
2차	20XX-05-27	368,000,000원	변경
2차	20XX-07-01	368,000,000원	변경
2차	20XX-08-12	368,000,000원	유찰
3차	20XX-09-09	294,400,000원	취하
최종기일 결과 이후 취하된 사건입니다.			

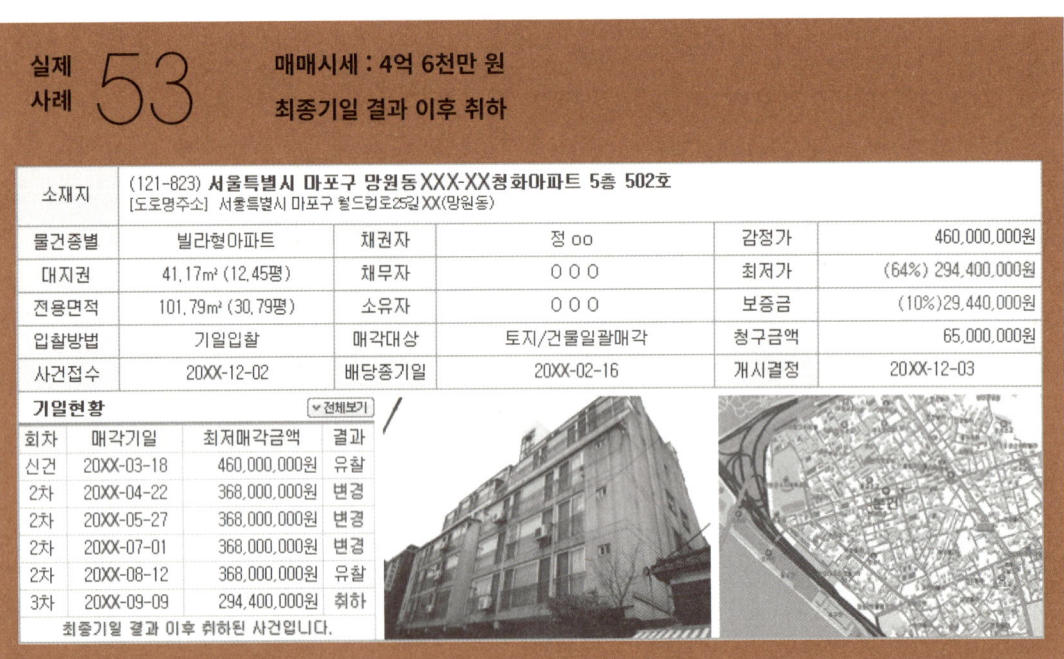

밀집지구 종사자들의 출퇴근이 편리해 수요층이 두터우며 임대 및 매매가 잘되는 지역 중 한 곳이죠. 망원동에서 32평형(전용면적 25평) 기준으로 빌라는 3억 전후이며 나홀로 아파트는 상태에 따라 많은 차이가 있지만 대략 4억 정도입니다.

위 사례 53번의 물건은 제가 입찰하려고 했던 물건으로 전세가격만 3억을 받을 수 있는, 공짜 집이 될 수 있는 경우입니다. 4억 6천만 원에 감정된 것이 2억 9천만 원까지 유찰되어 제가 눈독을 들이고 있었지만 채무자가 빚을 변제하고 경매가 취하되었죠.

강서구 신월동에 위치한 강서초등학교 주변으로도 나홀로 아파트들이 많이 포진해 있는데 이 지역도 지하철 2호선 신정네거리역과 5호선 신정역에서 버스로 몇 정거장이 안 되는 곳으로 주위 빌라 가격에 비해 나홀로 아파트 가격이 저렴해 인기가 많은 편입니다. 32평형 기준으로 빌라는 2억 5천만 원 전후이고 나홀로 아파트는 3억 원으로 매매시세가 형성되어 있어 가격차이가 5천만 원 정도로 매우 작은 지역입니다.

이와 같은 지역들 중 한 곳만 추천하라고 하면 저는 강동구를 추천합니다. 그 이유는 강남 업무지역에 직장을 둔 고소득 수요층들이 두터워 다른 어떤 지역보다 매매 및 임대가 수월하기 때문입니다.

이처럼 부동산 매매차익으로 높은 수익을 실현하고 싶은 분들은 반드시 그 지역 수요층의 선호도 및 구매형태를 철저히 분석하고 매입해야 실패가 없을 것입니다.

셋째, 전망이 좋거나 조경이 있는 나홀로 아파트

대부분의 나홀로 아파트들은 빽빽하게 밀집된 빌라들 사이에 함께 있거나, 높은 대단지 아파트 사이에 끼어 있는 경우가 대부분이라 전망이 나오는 경우가 굉장히 드뭅니다. 특히 나홀로 아파트를 찾는 사람들은 빌라를 찾는 사람들보다 어느 정도 소득 수준이 높은 수요층이기 때문에 거실에서 전망이 나오지 않는 나홀로 아파트의 매매를 유도하기란 생각보다 쉽지 않습니다.

저층에 위치하여 전망이 나오지 않는다 해도 거실 앞으로 수목이 우거진 정원이나 작은 연못과 같은 조경시설이 잘되어 있으면 그나마 괜찮습니다. 저층이지만 정원도 있어 채소도 키우고 작은 연못에 물고기도 기르면서 여유로운 휴식을 취할 수 있기 때문에 복잡하고 바쁜 도시인들에게 인기가 매우 많습니다.

다음의 물건은 논현동 고급주택가에 있는 나홀로 아파트 1층이 경매로 진행된 사건입니다. 제가 이 집을 답사하면서 두 번 감탄을 했습니다. 이 집은 발코니에서 외부로 통하는 계단을 만들어 외부 공간을 정원으로 사용하고 있었고, 그 정원에 물레방아까지 설치했는데 관리상태가 매우 좋았습니다. 게다가 바로 옆 102호 자리가 이 건물에서 공동으로 사용하는 피트니스 스튜디오였는데, 그만큼 주민들 복지에 신경을 많이 쓴 빌라였습니다.

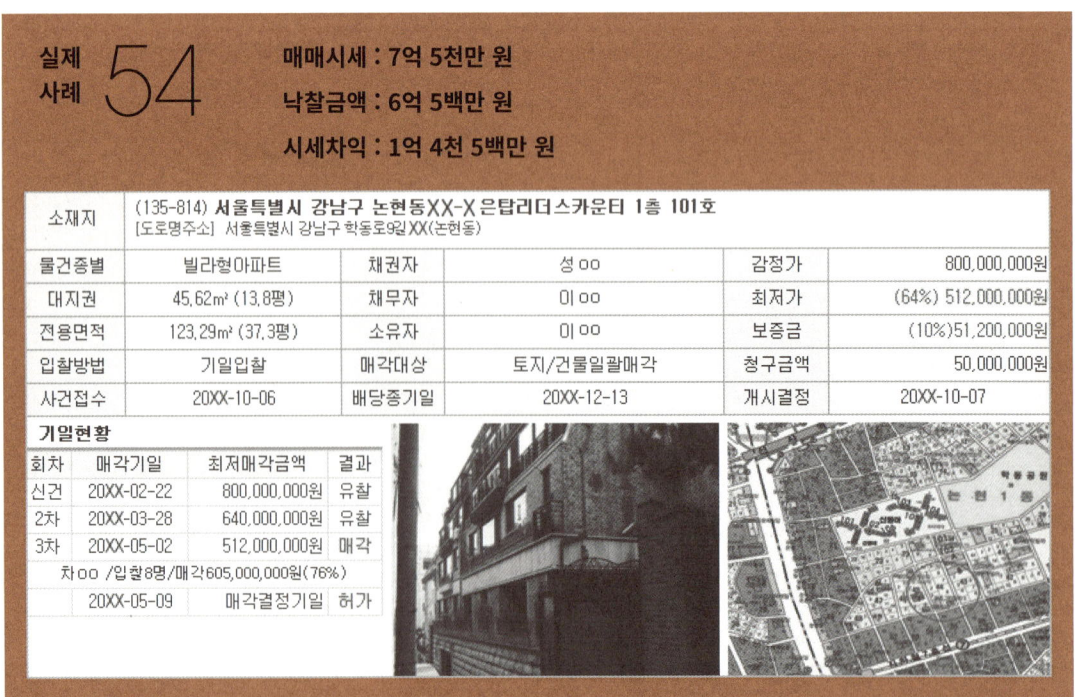

넷째, 아파트를 복층으로 사용하고 있는 일석이조 나홀로 아파트

현장을 답사하다 보면 원래는 복층형 아파트인데 위층 공간에 별도로 출입문을 만들어 임대를 주는 경우가 있습니다. 특히 나홀로 아파트에 많이 있고 탑층에 위치하는 경우가 많습니다.

다음의 물건은 서울 관악구 신림동 쑥고개길 근처에 있는 나홀로 아파트입니다. 지하철 2호선과 도보로 10분 거리에 있고 주변에 쑥고개 시장, 관악구청, 관악초등학교, 영락고등학교 등이 있어 서민층이 거주하기에 편리한 지역입니다.

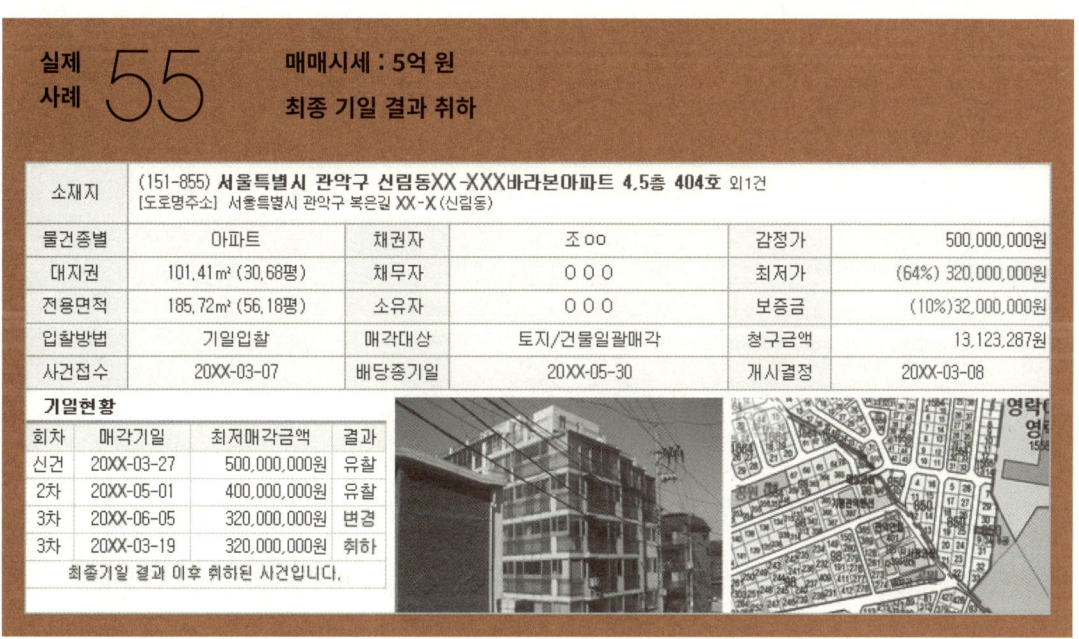

이 물건은 전용면적이 56평 정도 되는데, 이런 경우 일반적으로 경매투자자들은 인기가 좋지 않은 대형 평형 아파트를 떠올리며 현장 답사조차 잘 나가지 않습니다. 하지만 이 물건은 4층과 5층으로 이루어진 복층이고 4층은 30평, 5층은 26평으로 나누어져 아주 쓸모가 많은 물건이었습니다. 특히 원래는 4층 내부인 거실에서 5층으로 올라가는 실내 계단이 있었으나 이를 개조하여 실내 계단을 없애고 5층에 현관문을 엘리베이터 앞으로 별도로 설치하여 4층과 5층을 독립공간으로 분리시킨 아파트였습니다.

큰 대형 평수 아파트보다 이 물건처럼 대형 평형이 복층으로 나뉘어 있는 아파트는 쓸모도 많고 인기도 많습니다. 부모와 결혼한 자녀들이 위, 아래층에 각각 거주하면서 독립된 주거공간을 누릴 수도 있고, 한 층은 거주공간으로 사용하고 한 층은 사무실로 활용할 수도 있습니다. 이것도 저것도 싫으면 한 층씩 임대를 주면 되고요. 아파트라 각종 편의시설을 누릴 수 있어 임대료도 비싸게 받을 수 있습니다. 그런데 아쉽게도 이 물건은 입찰 전 채무자가 빚을 갚고 경매가 취하되었습니다.

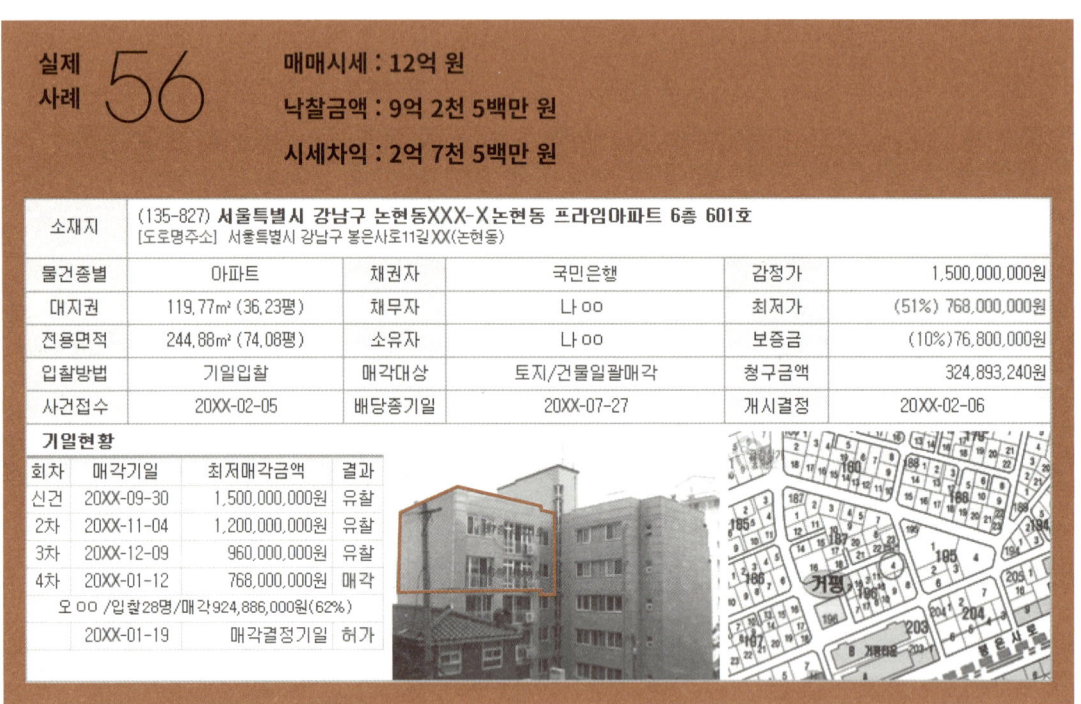

위 물건도 마찬가지인데, 강남구 논현동에 있는 프라임아파트로 지하철 9호선 신논현역 주변에 위치해 있으며 전국에서 임대수요가 가장 풍부하고 비싼 곳이기도 합니다.

원래는 6층, 7층의 복층형 구조였으나 현재는 2세대로 구분되어 6층은 방 4개, 거실 1개, 욕실 2개로 이루어져 있고 복층인 7층은 방 3개, 거실 1개, 욕실 2개로 이루어져 있습니다.

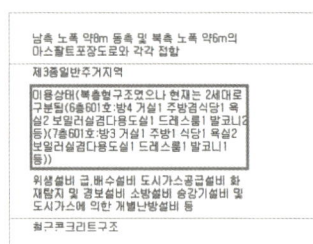

이 물건은 제 지인 중 부모님을 모시고 한집에 거주하고 싶어 하는 친구에게 추천을 하여 입찰을 하였으나 28명이나 경쟁했고 제 지인은 순위에도 끼지 못했습니다. 15억에 감정되어 9억 2천만 원에 매각이 되었는데, 최고가로 낙찰 받은 분도 시세보다 저렴하게 매입해 제 부러움을 샀던 물건이죠.

특히 방이 많은 이런 집들은 하우스메이트(룸메이트)로 월세를 놓으면 매우 큰 수익률을 올리는 데 적격입니다. 전국에서 하우스메이트 수요가 가장 우수한 지역이기도 하고요.

최근에 1~2인 가구를 위한 도시형 생활주택과 원룸형 오피스텔의 공급은 많은 편이지만, 오히려 3~4인 가구를 위한 빌라와 나홀로 아파트의 공급은 그리 많지 않은 편입니다. 경기가 좋아지면 넓은 공간으로 이주하려는 1~2인 가구의 수요도 차차 증가할 것입니다. 여기서 열거한 내용만 잘 숙지해도 나홀로 아파트 경매로 충분한 수익을 낼 수 있는 기회는 꼭 올 것입니다.

신의 한 수 13

낙찰 받은 부동산을 비싸게 파는 방법

1. 인테리어를 고급스럽게 꾸며야 한다

간혹 어떤 분들은 어차피 팔려고 하는 집에 돈을 쓰는 게 아깝다며 내부 인테리어에 무척 인색합니다. 하지만 그건 녹이 나 있는 제품을 닦지도 않고 포장도 하지 않은 채 팔겠다는 것과 다름없습니다. 자신의 제품을 스스로 삼류로 떨어트리는 일이죠. 그러면 아무리 집이 좋아도 매수인 입장에선 자꾸 가격을 흥정하려고 하는 게 당연합니다. 경우에 따라 다소 차이가 있지만 32평형 아파트에 약 8백만 원 정도 투입하면 아파트 전체 수리가 가능합니다. 서울의 경우 방산시장이나 세운상가처럼 자재나 각종 소품을 저렴하게 살 수 있는 곳을 알아두면 좋습니다. 다만 집주인이 직접 몸으로 뛰어야 한다는 부담이 있지만 낙찰 받은 자신의 집을 꾸미는 데 소홀히 할 사람은 많지 않겠죠?

2. 1년 임대 계약하고 계약 만기일 3개월 전에 팔자

집을 사려는 사람은 크게 두 부류입니다. 투자자와 실수요자, 그 중 투자자는 급할 게 전혀 없는 부류입니다. 본인이 돈을 쥐고 있어 자신이 원하는 가격이 될 때까지 기다릴 수 있기 때문입니다.

하지만 실수요자는 그렇지 못합니다. 대부분 전세에 살면서 만기가 될 때쯤 집을 사서 이사 가려는 사람이거나 기존에 거주하던 집이 팔려 새로운 집을 사서 이사를 가야 하는 사람, 혹은 결혼을 앞둔 신혼부부 등 실수요자들은 본인이 직접 거주할 집을 구해야 하는 시간이 3~4개월로 한정되어 있기 때문에 시간적 여유가 그렇게 많지 않습니다 . 어느 정도 알아보고 제한된 시간 내에 집을 구입해야 하죠, 그래서 투자자 입장에서는 실수요자에게 집을 팔아야 조금이라도 더 비싸게 받을 수 있는 것이고요.

법원경매로 집을 산 대부분의 투자자들은 월세든 전세든 2년 계약에 임대를 주는 것이 보통입니다. 현재 매입한 부동산을 바로 팔면 양도세가 중과(단기양도세)되어 수익의 40% 이상이 세금으로 나가고 주민세까지 포함하면 총 44%의 세금이 발생하기 때문입니다.

하지만 저는 1년 계약을 선호하며 임대차 계약 만기 3개월 전부터 부동산에 매매를 내놓아 취득한 시점에서 1년 이후에 매도를 합니다. 2014년부터 양도소득세율이 개정되어 취득한 후 1년 이후에 매각할 때 기존 40%에서 일반 누진세율로 양도소득세율이 조정이 되었기 때문입니다. (2017년 8월 2일 부동산 대책으로 청약 조정 대상 지역에서는 내년 4월부터 1세대 2주택은 기본 세율에 10% 중과, 1세대 3주택은 기본 세율에 20% 중과 예정입니다.)

또한 특수물건(유치권 혹은 선순위 임차인 등)을 해결하느라 명도하는 데 기간이 길어진 경우에는 잔금납부기일을 취득시점에서 1년 이후로 맞추

8.2부동산 대책 이후 달라진 양도소득세율표			과세표준	기본세율	2주택자	3주택자 이상
현행	양도 차익에 따라 기본세율(6~40%) 적용		1,200만 원 이하	6%	16%	26%
개정	기본세율+10%P	기본세율+20%P	1,200만~4,600만 원	15%	25%	35%
비고	• 2018년 4월 1일 이후 양도하는 주택부터 개정된 양도소득세율표가 적용됩니다. • 2018년 4월 1일 이후 양도하는 주택부터 다주택자의 장기보유특별공제 적용이 배제됩니다. • 2017년 8월 4일부터 1세대 1주택 양도세 비과세 요건도 '2년 이상 보유'에서 '2년 이상 거주'로 바뀌었습니다. 단, 대책 발표 이전에 취득한 주택은 기존의 요건이 적용됩니다. • 분양권을 전매할 시 1년 이하는 50%, 2년 이하는 40%, 2년 이상은 기본 양도세율을 적용했는데, 2018년 1월 1일 이후부터는 무조건 50%로 일괄 적용됩니다.		4,600만~8,800만 원	24%	34%	44%
			8,800만~1억 5,000만 원	35%	45%	55%
			1억 5,000만~3억 원	38%	48%	58%
			3억 원~5억 원	40%	50%	60%
			5억 원 초과	42%	52%	62%

고 최상의 인테리어를 꾸며 임대를 놓지 않고 바로 실수요자에게 매매를 하는 것이 가장 현명한 방법입니다.

3. 인근 중개업소 20곳 이상에 내놓자

중개업소에 방문해 매매나 임대를 부탁할 때, 대부분의 중개업소 사장님들은 어차피 인터넷을 통해 매물 정보가 공유되니 여러 군데에 내놓을 필요가 없다고 말합니다. 여기 저기 내놓으면 매수를 희망하는 사람에게 오히려 혼란만 가중된다고 말이죠. 하지만 그렇지 않습니다. 부동산중개소 입장에서 중개수수료를 양쪽(매도인, 매수인)에서 다 받으려고 공유를 하지 않는 부동산도 상당수 있고, 공유를 한다 하더라도 같은 행정구역에서만 공유되기 때문입니다. 한 예로 사당역 사거리는 길 하나 차이로 서초구 방배동, 동작구 사당동, 관악구 남현동 3개의 행정구역으로 나누어지기 때문에 가까운 거리임에도 다른 행정구역으로는 서로 공유가 안 될 뿐더러 평소에 친한 중개업소끼리만 공유하는 경우도 상당수 있습니다.

저는 행정구역을 나누지 않고 무조건 반경 1킬로미터 이내로 넓게 20~30개의 부동산에 매물을 내놓습니다. 또한 인터넷 홈페이지(네이버 부동산, 부동산 114, 피터팬의 좋은 집 구하기 등)에도 올리고 길거리에 현수막을 걸기도 합니다. 뿐만 아니라 저는 집을 팔기 위해서 '매물 설명 전단지'를 만들어 출퇴근 시간에 지하철역에서 배포한 적도 있고 아침 신문 삽지로 홍보한 적도 있습니다. 특히 불황에는 더욱더 적극적으로 매매에 임해야 합니다. 예전같이 주변 중개업소 몇몇 군데에만 내놓고 세월아 네월아 기다리다가는 언제 집이 나갈지 모르니까요.

저는 매매할 물건의 설명서를 만들어 현관문 입구에 비치해두어 한번 방문한 사람들이 가져가서 차근차근 살펴볼 수 있도록 합니다. 제가 만들어 배포한 물건 상세 설명서를 보여드리면 아래와 같습니다.

 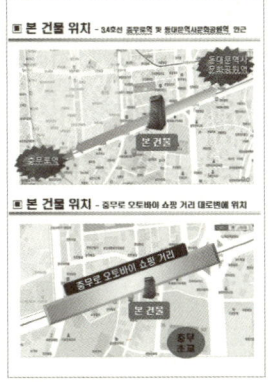 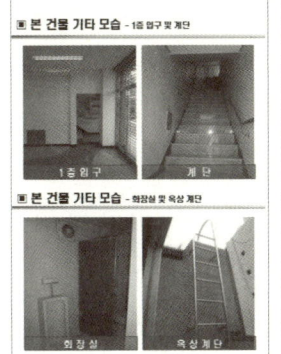 

　주변 중개업소를 방문할 때도 이와 같은 매물 설명 전단지를 챙겨가서 물건을 자세히 설명해주고 상담 테이블에 설명서를 비치해두기도 합니다. 마치 자동차를 구매할 때 자동차의 재원 및 옵션 정보를 담은 자동차 카탈로그처럼 말이죠. 부동산 중개인들도 사람인지라 거래하는 건물의 장단점이나 기타 세부 내역을 잊어버리는 경우가 있습니다. 그래서 물건에 대한 자세한 내용을 문서화해서 배포하면 효과가 더욱 좋을 수밖에 없지요.

4. 처음부터 주 수요층에 맞는 부동산을 매입하자

도봉구-강북구와 강남구-서초구는 집을 구매하려는 주 수요층이 판이하게 다릅니다. 가령 도봉구에서 대형 평형 아파트를 매입해서 되팔려고 한다면 이미 실패한 투자입니다. 물론 아주 많이 유찰된 물건을 저가에 매입했다면 괜찮겠지만 웬만큼 싸게 사지 않고서는 수익을 남기기가 쉽지 않습니다. 도봉구 주 수요층은 서민층과 중산층이기 때문입니다. 그래서 도봉구에 가면 빌라가 많고 아파트 가격도 저렴하게 형성되어 있죠.
　반면에 강남구-서초구는 대부분 거주자의 소득수준이 높은 곳이라 중·대형아파트 매매가 잘되는 지역입니다. 특히 강남은 대형 평형 아파트가 많지 않은 반면 구매 여력이 있는 사람은 많기 때문에 이런 곳의 물건을 경매로 구입하면 많은 수익을 남길 수 있습니다. 이런 지역은 빌라의 경우도 돈을 좀 더 주더라도 깔끔하고 인테리어가 잘되어 있는 고급 빌라, 엘리베이터가 있는 빌라, 전망이 좋은 빌라를 사야 합니다.

　내가 사려고 하는 지역의 부동산 공급 상황도 수시로 체크해보아야 합니다. 주위에 대형 평형 아파트를 많이 지어 가격이 급락한 곳에서는 제아무리 경매고수라도 대형 평형을 사면 나중에 팔기가 어렵고, 자칫 잘못하면 내가 낙찰 받은 가격 아래로도 매매가격이 떨어집니다. 수년 전, 제 지인이 용인 수지구 신봉동에 50평대 대형 아파트를 시세보다 1억 저렴하게 구입했다며 제게 말한 적이 있었습니다. 만일 저에게 미리 말했더라면 저는 도시락 싸들고 가서 말렸을 것입니다. 결국 공급 과잉으로 결국 그 아파트 매매시세는 매입 가격 이하로 추락했고, 제 지인은 이자 부담과 계속 추락하는 집값으로 전전긍긍하고 있지요.
　용인 수지구 동천동, 신봉동, 성복동 등 대부분 대형 평형 위주로 공급이 되어 있는 지역에서는 구석구석 잘 찾아서 중소형 아파트를 매입하는 게 좋습니다. 이런 아파트는 희소성이 높아 매매도 잘되고 인기도 많습니다.

바로 여기! 경기도 파주시 ○○아파트

청개구리의 아파트 공략하기

34

인기가 좋은 곳이면 ⇨ 동시에 여러 물건이 진행될 때를 노려라

청개구리 역발상

고정관념	여러 개의 유사한 경매 물건이 나오면 제일 좋은 것에 응찰해야 한다.
역발상	경쟁이 제일 적은, 비교적 좋지 않은 물건 중에서 선별하면 최저가 매입이 가능하다.

파주 교하지구는 수도권 지역에서도 매매가 활발하게 되는 곳이라 제가 선호하는 지역 중 하나입니다. 자유로 및 제2자유로가 연결되어 있어 서울 접근성이 30분으로 매우 좋고 녹지가 많아 거주와 교육환경이 우수하기 때문입니다. (실제로 마포·상암 업무지구까지 제2자유로를 이용하여 20분이면 도착할 수 있습니다.)

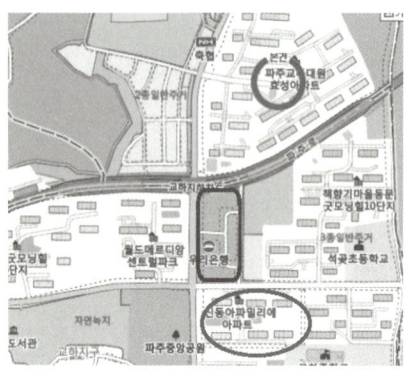

또한 아파트 매매 및 임대시세 (32평형 기준 매매시세는 2억 2~3천, 전세는 1억 7~8천 정도)가 서울의 빌라 수준이라, 서울에서 주거환경이 열악한 빌라에서 넓고 쾌적한 아파트로 이사 가려는 수요층에게 적합한 물건입니다.

다음 사례에서 저는 2회 유찰된 첫 번째와 두 번째 물건은 피하고 1회만 유찰되어 경쟁이 상대적으로 적은 세 번째 물건에만 입찰을 했습니다. 아쉽게도 근소한 차이로 저는 2등을 했지만, 이 세 번째 물건은 다른 물건보다 3천만 원 저렴하게 낙찰되었습니다.

실제 사례 57

경기도 파주시 동패동 XXX 책향기마을11단지 신동아파밀리에 1103동 2층 201호 [대지권 21.9평] [전용 32.6평]	아파트	420,000,000 205,800,000 매각 242,725,000	20XX-11-07 [입찰7명] 김ㅇㅇ	매각 (49%) (58%)
경기도 파주시 다율동 XXX 청석마을대원효성아파트 912동 10층 1004호 [대지권 25.4평] [전용 39.3평]	아파트	380,000,000 186,200,000 매각 256,700,000	20XX-11-07 [입찰20명] 전ㅇㅇ	매각 (49%) (68%)
경기도 파주시 다율동 XXX 청석마을대원효성아파트 904동 5층 504호 [대지권 21.5평] [전용 33.3평]	아파트	290,000,000 203,000,000 매각 216,299,999	20XX-11-07 [입찰6명] 이ㅇㅇ	매각 (70%) (75%)

- 첫 번째 물건(2회 유찰) : 7명 응찰하여 2억 4천 2백에 매각
- 두 번째 물건(2회 유찰) : 20명 응찰하여 2억 5천 6백에 매각
- 세 번째 물건(1회 유찰) : 6명 응찰하여 2억 1천 6백에 매각

이렇게 유사한 지역에서 여러 개의 경매물건이 같은 날 동시에 진행이 될 경우 사람들의 선호도가 낮은 물건을 공략하면 높은 수익률을 올릴 수 있습니다. 유찰 횟수가 적거나, 층수가 좋지 않거나, 향이 빠진다거나 등의 이유로 경쟁이 많지 않을 것 같은 물건을 잘 선별하는 것이 중요합니다.

덧붙여서, 왼쪽 페이지의 지도에 표시된 사각형 지역은 교하 지구 내 상가 지역인데 이처럼 대단지 아파트에 포위되어 있는 상가 지역은 주변 수요들이 집중되어 상가 투자처로 매우 우수한 지역이니 참고하시길 바랍니다. (☞ 자세한 내용은 '43. 고립된 상가라도⇨ 대단지 내 상가면 재매각이 수월하다'에서 설명해드리겠습니다.)

신의 한 수
14

감정가를 무조건
신뢰하면 안 되는 이유

아래의 기사는 제가 최근에 스크랩한 경매 관련 신문 기사입니다. 최근에 저금리 기조로 감정가격 대비 낙찰가격 비율이 점점 상승하고 있으며 최근 메르스 공포 속에서도 경매 법원은 사람이 줄어들기는커녕 오히려 증가하고 있다는 내용입니다.

수도권 아파트 월별 경매 흐름		
기간	낙찰가율	평균응찰자
2014년6월	78.1%	6.7
2014년7월	85.2%	7.5
2014년8월	86.9%	8.1
2014년9월	88.0%	8.9
2014년10월	89.1%	8.2
2014년11월	87.5%	8.1
2014년12월	86.1%	8.3
2015년1월	87.9%	8.7
2015년2월	89.0%	9.9
2015년3월	91.7%	10.2
2015년4월	89.6%	9.6
2015년5월	90.5%	8.6
2015년6월	91.0%	9.1

메르스 아랑곳하지 않는 경매시장…6월 응찰자 더 늘고 낙찰가율 고공행진

하지만 부동산의 흐름을 감정가 대비 낙찰가 비율로 판단하는 것은 다소 무리가 있습니다.

그 이유는 '감정가격'을 신뢰할 수 없기 때문입니다. 앞에서도 언급했지만, 경매로 매각이 진행되는 경매 물건들은 통상 4~6개월 전 감정평가를 하기 때문에 요즘과 같이 수시로 매매가격이 급변하는 상황에서는 전혀 맞지가 않습니다. 경매가 지연되어 감정한 지 1년이 넘은 사건도 많고요.

또한 감정평가사가 감정평가를 실행할 때 통상 시세보다 높게 감정하는 경우가 대부분입니다. 예전에 감정평가사가 실수로 낮게 감정하여 경매 물건이 저가에 매각된 일이 있었는데 이때 손해를 본 채무자와 소유자가 감정평가사에게 소를 제기하여 손해를 본 금액에 대하여 감정평가사가 손해배상을 하도록 한 판결도 있었습니다.

감정을 높게 하면 높은 가격에 팔릴 가능성이 높아지니 채무자도 소유자도 좋아하고, 이 부동산에 돈을 빌려준 채권자도 좋아합니다. (즉 경매에 관련된 모든 이해관계인들이 좋아합니다.) 또한 경매입찰자들도 비싸다고 생각되면 몇 번 유찰된 다음 낙찰 받으면 된다고 여기므로, 감정평가사 입장에서는 높게 감정을 하는 게 문제가 발생할 소지가 덜한 셈이죠. 그런 이유로 감정평가사 시세보다 높게 감정하는 경우가 자주 발생합니다.

그렇기 때문에 법원 경매에서 감정평가 금액은 참고만 하는 숫자라고 생각해야지 절대적으로 신뢰해서는 안 됩니다. 오히려 국토해양부 아파트 실거래가(rt.molit.go.kr), 부동산114(www.r114.com), 네이버 부동산(land.naver.com) 등 온라인을 통해 최근에 매각된 금액이나 시중에 나와 있는 급매 물건으로 매매시세를 파악하는 것이 훨씬 효과적입니다. 가장 정확한 가격은 주변 부동산 중개업소를 방문해서 확인해야 하고요.

★★★★★ **절대 실수하지 마세요!** ★★★★★

1.
연체 관리비를 반드시 확인하자

빌라의 경우, 경매로 취득하고 소유권 이전등기를 한 시점 이후로 발생하는 공과금(전기요금, 수도요금, 도시가스요금)만 법적으로 부담하면 되기 때문에 연체 공과금을 특별히 확인하지 않아도 크게 문제가 되지 않습니다. 기껏해야 20~30만 원 선에서 미납공과금을 해결할 수 있기 때문입니다.
하지만 아파트는 다릅니다. 아파트는 관리사무실이 있기 때문에 미납 관리비 중 공용부분(보통 관리비의 절반)에 해당하는 관리비는 통상 낙찰인이 내야 합니다. 쉽게 말하면 관리비가 2천만 원 밀려 있으면 낙찰인이 1천만 원을 부담해야 한다는 의미이죠. 경매대상 아파트, 특히 대형아파트 일수록 미납 관리비가 상상을 초월합니다. 예전에 저는 용인에 있는 70평대 아파트를 조사하러 갔었는데 무려 연체 관리비가 4천만 원 정도인 경우도 있었습니다.
따라서 아파트의 경우, 특히 대형 평형인 경우 반드시 관리사무실에서 미납관리비를 확인해보아야 합니다. 관리사무실을 방문할 수 없다면 해당 아파트 관리사무실로 전화해서 문의하면 친절하게 알려줍니다.

2.
남향인지 동향인지 꼭 확인하는 게 좋다

많은 경매투자자들이 경매대상 부동산을 답사하여 시세를 조사하는 과정에서 통상 부동산 중개업소를 방문하여 급매물건이 얼마에 거래되는지 문의합니다. 그러면 부동산 중개업소는 동향의 저층이나 탑층에 있는 아파트가 제일 저렴하기 때문에 그 시세를 알려줍니다.
잘못된 정보를 받아들고 현장조사를 마치시는 분들이 있는데, 자신이 알아보고 있는 물건과 같은 향의 시세인지 꼭 체크해야 합니다. 향마다 가격 차이가 큰 아파트 단지들이 많기 때문이죠. 특히 고소득층이 거주하는 고가의 아파트 단지라면 동향과 남향의 가격 차이는 더 큽니다. 또 일부 투자자들은 국토해양부 아파트 실거래가 조회 화면에서 최근에 아파트가 얼마에 거래가 되었는지 조사하는 경우도 있는데, 조회 화면에서 향은 나와 있지 않기 때문에 경매대상 부동산이 남향이라면 반드시 남향의 아파트 매매시세인지 확인해보아야 하는 것입니다.

PART 4

청개구리의
상가 및 공장 공략하기

먼저 알아두기

부동산 경매에서 상가는 블루오션이 많습니다. 특히 일반 매매에서 신경 써야 하는 권리금이 경매에서 법적으로 인정이 되지 않기 때문에 전혀 신경 쓸 필요가 없습니다. (간혹 권리금으로 유치권을 주장하는 경우가 있는데 100% 인정되지 않습니다.) 그래서 권리금이 높게 형성된 상가가 경매에 나오면 권리금 인수 없이 쉽게 상가를 소유하면서 높은 수익을 올릴 수 있습니다.

또한 상가의 매매시세는 딱히 정해져 있지 않고(그래서 이 장에서는 매매시세를 적지 않았습니다.) 건물주나 임차인이 얼마나 월세수익을 높이느냐에 따라 달라지기 때문에(공짜 집의 근본이 되는 전세 개념이 상가 임대차에는 없기에 이 장에서는 0원경매 사례가 없습니다.) 투자하려는 상가 건물에 어떤 업종이 적합한지 충분한 시장조사를 한 후 임대를 놓는 것이 매우 중요합니다. 아무나 와서 임대를 원한다고 적합한 업종 분석 없이 임대를 놓는다면 장사가 안 되어 월세가 밀리는 것은 당연할 것이고 2차적으로는 건물 전체의 상권에도 영향을 주게 됩니다. 죽어버린 상권을 다시 살리려면 엄청난 희생을 감내해야 하고요.

게다가 상가는 경매시장에서 경쟁이 제일 낮은 종목이라 발로 뛰는 투자가에게 적합한 종목이기도 합니다. 상가와 상권을 파악하는 것은 그 주변에 살지 않는 이상 조사하는 데 기간도 오래 걸리고 분석 또한 쉽지 않습니다. 예전에 저는 상가 1개를 사기 위해 1주일 동안 죽치고 앉아 요일별 시간대별 유동인구 및 동선을 조사한 후에만 입찰을 했습니다. 그렇게 철저하게 준비하고 조사하고 어떤 업종으로 운영을 할지 입찰하기 전 결정한 후에 매입을 해야만 실수가 없습니다. 특히 주중과 주말의 유동인구와 동선은 상황에 따라 달라지므로 주중에 조사한 결과로만 상권을 분석한다면 큰 낭패를 볼 수 있습니다. 또한 인근에 유사한 업종과 경쟁 업종이 있는지도 반드시 조사해봐야 하고 경매대상 물건 외에 다른 층도 전부 다 방문하여 공실인 상가가 얼마나 되는지 반드시 확인해봐야 합니다. 공실이 많은 건물이라면 특별한 프리미엄이 있지 않는 한 매입하고 나서도 공실일 확률이 높기 때문입니다.

상가 매입은 실수요자, 즉 직접 장사를 하시려는 분들에게 적극 추천해드리고 싶습니다. 대다수 상가는 임대를 놓는 데 오랜 시간을 필요로 하기 때문입니다. 그래서 이미 임차인이 장사를 잘하고 있어 임차인을 새로 구할 필요가 없는 상가를 매입하는 것이 좋습니다.

* 실제 사례의 계산법은 이사 비용 및 수리 비용, 취득세 등의 각종 세금, 법무사수수료 등을 제외한 결과입니다.

청개구리의 상가 및 공장 공략하기

35
등기부등본상 지하라 해도 1층인 지하상가가 있다

바로 여기! 은평구 불광동 ○○플러스

청개구리 역발상

고정관념 지하상가는 현장에 가볼 필요도 없이 피해야 한다.

역발상 구릉지형의 지하상가는 1층 높이에 위치한 경우가 종종 있다.

아래 물건은 은평구 불광동에 위치한 것으로 등기부등본상 지하인 상가입니다. 일반 경매투자자들은 지하이기 때문에 거들떠보지 않지만 자세히 보아야 할 것이 숨어 있습니다.

건물 뒤편으로 경사진 도로가 있는데 그쪽에서 보면 이 물건이 있는 곳은 지하에 해당합니다. 그러나 기준을 어디에 두느냐에 따라 층수가 달라지죠. 실제 현황으로는 연신내에서 고양시로 넘어가는 메인 도로변에 위치한 1층 상가입니다. 대로에 인접한 1층인 것도 과분한데 위치도 엄청나게 좋은 물건이었습니다. 동네에서 유명한 대형 슈퍼마켓으로 사용되고 있었는데, 제가 대낮에 답사를 갔는데도 많은 손님들로 북적이고 있었습니다.

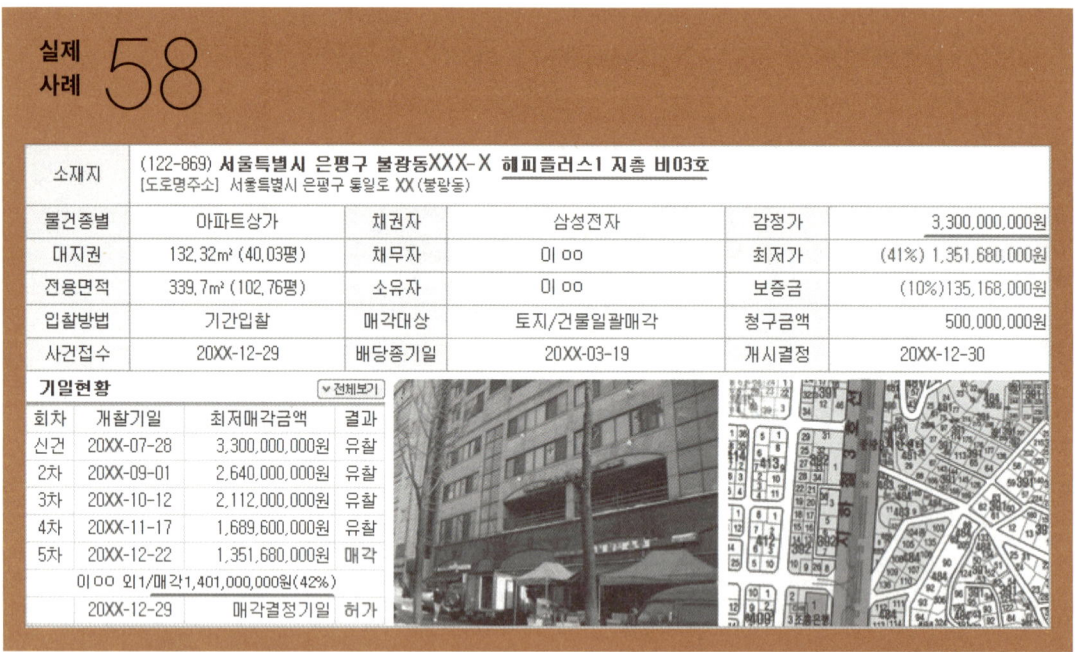

이와 유사한 경매물건들이 종종 나오곤 합니다. 특히 은평구, 서대문구, 성북구, 강북구, 중구, 도봉구, 관악구 등과 같이 커다란 산과 접하고 있어 전체적인 지형이 오르락내리락 하는 구릉지형에서 자주 보이죠. 이런 물건은 절호의 기회가 될 수 있습니다. 열심히 답사하고 조사한 사람들에게 커다란 결실이 되어주죠.

앞의 물건의 경우만 보아도 33억에 감정된 것이 다섯 번이나 유찰되어 13억 5천만 원까지 떨어졌고, 누군가 14억에 단독으로 낙찰을 받아갔습니다. 장사도 잘되고 위치도 괜찮은 상가를 엄청 저렴하게 매입한 거죠. 그래서 저는 지하층 상가는 꼭 가보는 편입니다. 아니면 그만이고 실제 현황이 정말 1층이면 엄청난 찬스가 되니까요.

청개구리의 상가 및 공장 공략하기

36 지하층 상가라도 위치가 좋으면 매매하기 쉽다

바로 여기! 서초구 서초동 ○○타워

청개구리 역발상

고정관념 위치가 아무리 좋아도 지하상가는 무조건 피해야 한다.

역발상 역세권, 대학교, 관공서와 같이 위치가 좋은 지하상가는 투자 가치가 매우 높다.

지금까지 여러 번 말씀드렸듯이, 청개구리 경매는 싸게 사는 것이 제일 중요한 과제이기 때문에 저는 어떻게 하면 싸게 살 수 있는지를 많이 연구하고 공부합니다. 그 결과, 주로 공략하는 물건 중 하나가 바로 지하층 건물입니다. 남들이 기피하는 지하층에서도 수익을 낼 수 있는 노하우를 체득하게 된 셈이죠.

아래의 물건은 제 지인이 직접 입찰하여 많은 수익을 낸 물건입니다. 서울시 서초동 로이어즈타워 지하에 위치한 푸드코트(식당가) 1칸이 경매로 진행된 것입니다. 우측 지도에서 보는 것처럼 지하철 2호선과 3호선이 환승하는 교대역에서 엎어지면 코 닿을 정도로 매우 가깝습니다. 그런데 남들이 기피하는 지하층 상가라 1억 5천만 원에 감정된 것이 7번이나 유찰이 되었고 결국 제 지인이 3천 9백만 원에 단독으로 낙찰을 받았습니다.

이 지역은 회사원, 법률관계인, 재수학원 학생 등 점심과 저녁 식사시간에 엄청난 수요층이 밀집되어 있었고, 제 지인은 이 지역상권에 맞게 해당 물건을 분식집으로 활용했습니다. 몇 달 영업하는 와중에 매수를 희망하는 사람이 있어 수천만 원의 이익을 남기고 되팔았고요. 이 건물 지하 식당가에는 이 물건 말고도 여러 개의 물건이 나왔는데 모두 다 매각이 되었고 지

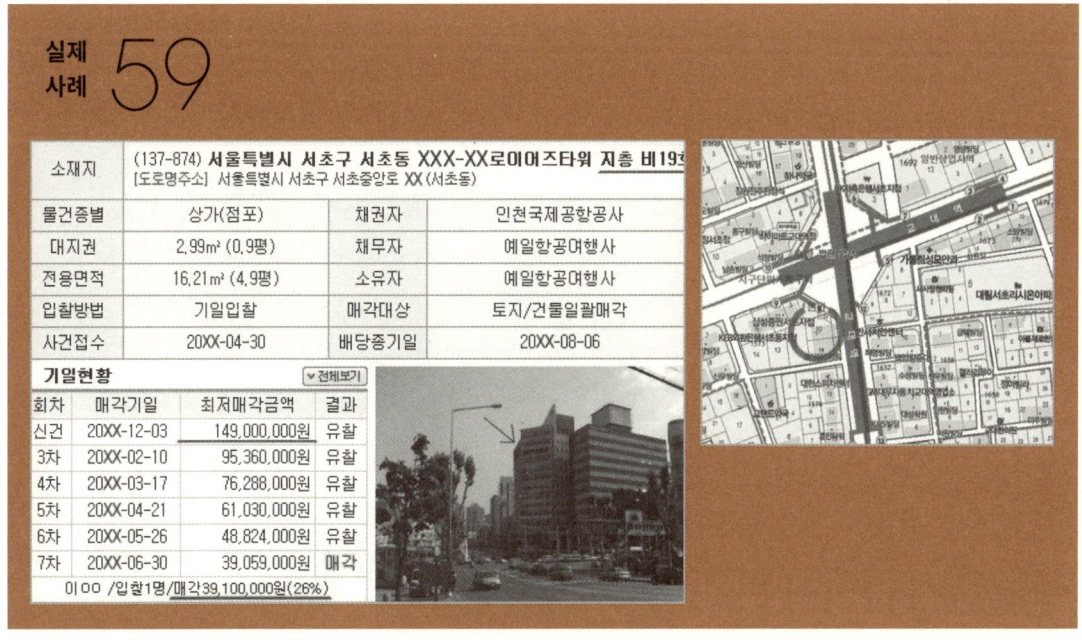

나는 길에 한번 들려보면 점심과 저녁에 식사하려는 사람들로 매우 북적입니다.

<u>지하철역에서 가깝고 위치가 좋은 지하상가는 여러 용도로 사용될 수 있습니다.</u> 규모가 크면 노래방, 댄스연습장, 스크린골프장, 실내낚시터와 같이 소음이 발생하는 업종들이 적합하고, 만일 공간이 좁다면 창업사무실, 전당포, 세탁소, 창고, 작은 BAR 등으로 활용하기에 좋습니다. 이처럼 실제 지하임에도 불구하고 지하철역에서 가까워 위치가 좋은 물건은 경쟁이 적어 저가에 매입할 수 있고 의외로 선호하는 수요층이 많아 공짜 집으로 만들 수 있는 훌륭한 아이템이 됩니다.

청개구리의 상가 및 공장 공략하기

37
지하상가라면 ➡ 1층에 별도의 출입구가 있는지 확인하라

바로 여기! 강남구 신사동 지하상가

청개구리 역발상

고정관념	지하상가는 접근성이 떨어지므로 무조건 피해야 한다.
역발상	지하상가라 할지라도 1층으로 바로 연결되는 별도 통로가 있다면 그 건물 2층보다 더 우수하다.

이번 경우도 지하상가에 대한 내용입니다. 저는 현장 답사를 할 때 많은 생각을 합니다. '어떻게 하면 돈이 될 수 있을까' '이 물건은 무엇이 잘못되었고 어떻게 개선할 수 있을까' 등과 같은 질문을 스스로에게 던지며 이런 고민을 풀기 위해 많은 노력을 하죠. 독자분들도 돈을 버는 일을 너무 어렵게 생각하지 마시길 바랍니다. 돈 버는 방법은 우리 주변에 널려 있습니다. 기존에 없던 것이 새롭게 창조된다기보다 우리 주변에서 발생되는 일들을 세밀하게 관찰함으로써 얻을 수 있다고 생각합니다.

다음 물건은 서울 강남구 신사역에서 유명한 '신사동 가로수길'로 가는 중간쯤에 위치한 건물의 지하상가입니다. 잘 꾸며진 일식집으로 사용되고 있었고 신사동답게 주변에 유동인구도 많고 수요층도 매우 두터웠습니다. 실제 현황은 지하였지만 이 물건 내부에서 지상 1층으로 직접 연결된 별도 출구가 있고 이 출구에 네온사인 및 입간판 등을 배치하면 마치 1층 상가와 같이 우수한 시인성을 낼 수 있다고 판단했습니다.

저는 이 물건을 통해 많은 것을 고민하고 많은 것을 공부했습니다. '왜 1층 상가가 2층 상가보다 매매가나 임대료 등 모든 것이 비쌀까?' 우리가 당

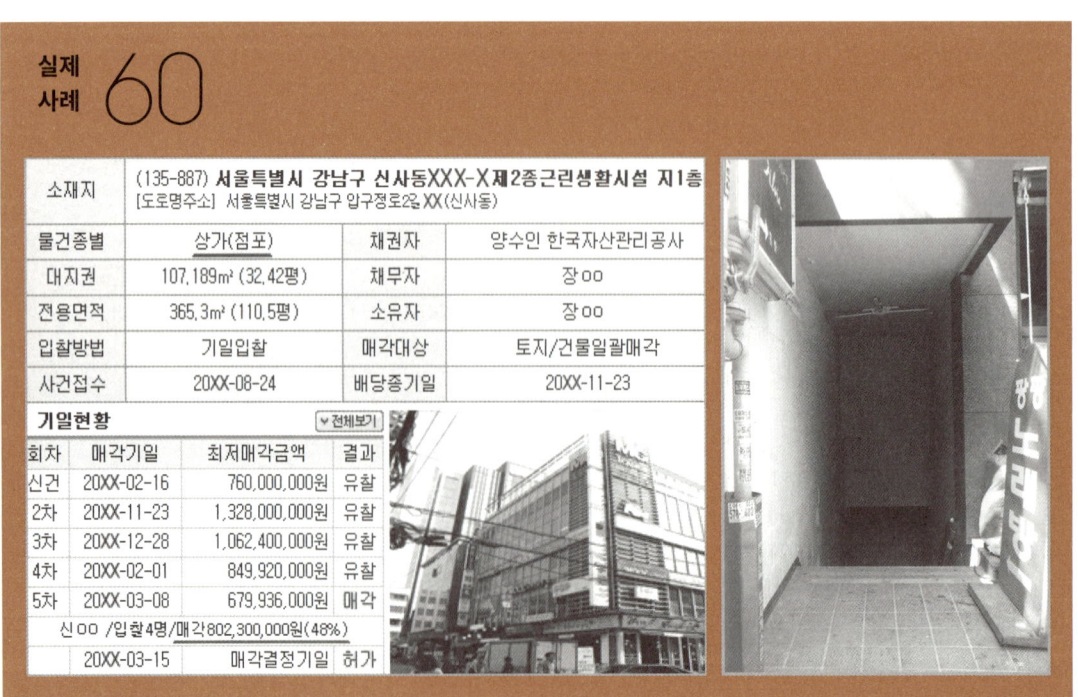

연하게 생각하고 있는 것들에 대한 의문이 들었습니다. 2층에 간판을 크게 달아서 1층보다 사람들 눈에 더 잘 띄도록 시인성을 높일 수도 있습니다. 하지만 아무리 2층 상가에 간판을 크게 달더라도 여전히 1층 상가가 더 비쌉니다. 그럼 시인성이라는 부분이 1층 상가의 가격 형성의 핵심요소는 아니라는 말이 되는데 그럼 무엇이 1층 상가가 2층 상가보다 가격을 비싸게 만들까요?

바로 접근성입니다. 1층은 우수한 시인성과 함께 출입문이 잘 보이는 길가에 있어 쉽게 진입이 가능한 반면 2층 상가는 눈에 쉽게 띄기는 하지만 어떻게 올라가야 하는지, 계단과 승강기는 어디 있는지 한참 찾아야 하기에 고객들이 불편함을 느끼는 것입니다. 누구나 처음 가보는 상가건물에서 건물 입구나 위로 올라가는 계단을 찾지 못해 헤맨 경험이 있을 것입니다. 이 경우를 쉽게 표현하면 1층 상가는 도로변 코너에 있어 접근하기 쉬운 상가이고, 2층으로 올라갈수록 점점 이면도로 깊숙이 들어가 있는 것과 같은 경우인 것이죠.

제가 이렇게 상가 접근성에 대해서 장황하게 설명하는 이유는, 앞에서 말한 물건의 경우 지하이기 때문에 발생되는 불리한 접근성을 효과적으로 극복한 메리트 있는 상가였기 때문입니다. <u>1층에서 직접 매장으로 바로 들어갈 수 있는 지하 통로를 별도로 만들게 되면 접근성이 우수해져 지하상가의 가치는 매우 높아질 수밖에 없습니다.</u>

예전에 대부분 1층에 위치했던 유명 은행들이 2층으로 이전하면서 1층의 작은 공간을 함께 임대하여 2층으로 연결된 통로를 만든 것을 많이 보셨을 것입니다. 이렇게 하여 임대료도 절감할 수 있으면서 2층이라서 발생되는 불편함을 고객들이 느끼지 못하게 하는, 상가의 우수한 활용방법입니다.

이런 지하상가는 경매에 아주 가끔 나옵니다. 두 눈 똑바로 뜨고 이런 물건들을 놓치지 않도록 노력을 해야 하죠. 이미 지하상가를 갖고 있는 독자가 있다면, 어떻게 하면 1층으로 출구를 낼 수 있는지 많은 연구를 하면 좋을 것입니다.

청개구리의 상가 및 공장 공략하기

38 2층이라도 1층과 연결시키면 ↑ 수익률이 높아진다

바로 여기! 서초구 서초동 상가

청개구리 역발상

고정관념 고부가가치 업종(은행 등)은 1층에 위치해야 한다.

역발상 1층에 2층으로 통하는 별도 통로를 만들면 접근성이 개선되어 2층의 가치는 대폭 상승한다.

최근에 은행이나 커피숍들이 효과적으로 상가를 활용하는 방법을 선보이고 있습니다. 상권마다 차이가 있지만 대부분 1층 상가가 2층 상가보다 임대료가 2배 이상 비쌉니다. 그래서 고안한 것이, 앞에서도 잠간 이야기했던 것과 같은 맥락으로, 1층 공간을 5평 내외로 최소한의 평수만 임대하고 2층을 대형으로 임대하여 둘 사이에 내부 계단을 연결해 1층에 방문한 고객이 쉽게 2층으로 올 수 있도록 하는 것입니다. 임대인도 임차인도 좋은 서로 윈-윈 할 수 있는 형태이죠.

법원 경매에서 상가 건물 전체가 경매로 진행되는 경우가 종종 있는데 이럴 때 위와 같은 전략을 활용하여 1층과 2층이 바로 연결될 수 있는 부분을 집중 매입해야 합니다. 가령 1층의 월세가 평당 2백만 원이고 별도로 떨어진 2층 월세가 평당 1백만 원이라고 해보죠. 이런 경우 2층과 1층이 내부 계단으로 연결이 된다면 2층의 월세는 평당 150만 원으로 상승하게 됩니다. 큰 규모의 1층 공간을 여러 호실로 쪼개어 소형으로 임대를 주고 그중 하나를 2층과 내부 계단으로 연결해놓으면 부가가치가 훨씬 높아질 것입니다.

이처럼 경매물건 도면을 자세히 살펴보고 위, 아래층이 내부로 연결될 수 있는 부분도 함께 매입을 한다면 향후 놀라운 수익을 낼 수 있을 것입니다.

우측 사진은 2호선 교대역 앞에 있는 국민은행 교대지점입니다. 오른편 동그란 부분이 5평 정도의 은행 입구이고 2층으로 올라갈 수 있는 내부 계단 및 ATM기기가 배치되어 있었습니다. 계단으로 올라가면 국민은행 교대 영업점이 2층 전체를 임대하고 사용하고 있었고 1층의 나머지 부분은 편의점, 빵집 커피숍 등으로 다시 임대를 주어 수익률을 극대화한 사례입니다.

청개구리의 상가 및 공장 공략하기

39

인테리어에 투자를 많이 한 상가면 ⇨ 재계약이 수월하다

바로 여기! 경기도 고양시 대지동 상가

청개구리 역발상

| 고정관념 | 인테리어에 많은 투자를 한 상가는 매입 이후에 처리할 일이 많아 골치가 아프다. |
| 역발상 | 인테리어에 많은 투자를 했기 때문에 높은 임대시세로 운영자는 다시 재계약할 수밖에 없기 때문에 가치가 높다. |

경매가 진행되는 물건 중 종종 실내 인테리어에 으리으리하게 투자한 상가가 있습니다. 대부분 실내 골프연습장, 대형 음식점, PC방, 편의점 등인데 이런 상가들은 인테리어에 많은 돈을 투자했기 때문에 다른 곳으로 이전을 하기가 쉽지 않습니다. 투자한 시설물에 대한 권리금이라도 받고 나가야 하는데 경매로 소유권이 바뀌게 되면 이런 권리금들은 법적으로 인정받기가 불가능합니다.

그래서 유치권 신고를 하여 시설에 투자한 돈을 건지려고 애를 쓰지만 임차인들이 자기 장사를 위해 투자한 시설비는 자기 사업을 위한 것이지 그 건물을 유익하게 한 것이 아니기 때문에 유익비(물건의 가치를 증가시키는데 도움이 되는 비용)에 해당하지 않아 유치권 성립이 어렵다는 대법원 판례가 있어 유치권 성립도 매우 어렵습니다. 결국 임차인 본인이 그 건물을 매입하거나 새로운 낙찰인과 다시 임대차계약을 하는 방법뿐입니다.

이러한 이유로 인테리어가 잘되어 있는 물건을 낙찰 받으면 월세를 올려 재계약하면 수익률을 극대화할 수 있습니다. 어느 정도(몇천만 원) 마진

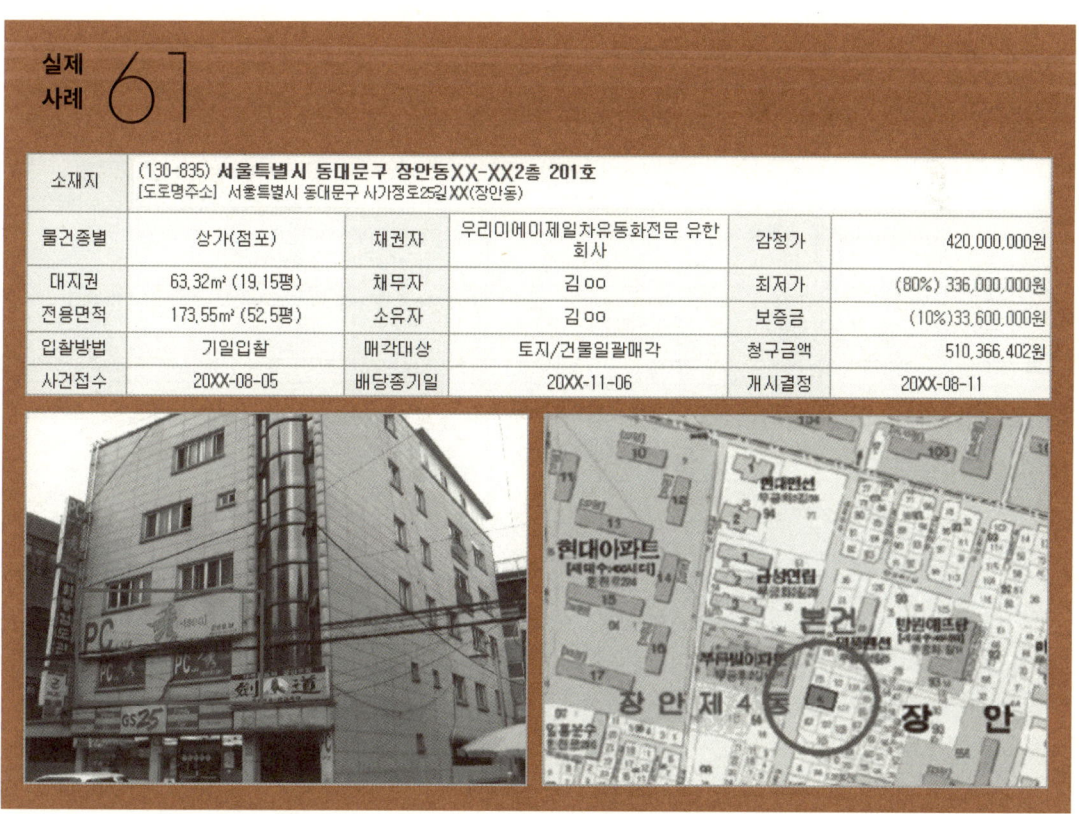

실제 사례 61

을 붙여 임차인에게 다시 매각할 수 있다는 점 때문이죠. 즉 쉽게 매각할 대상이 있고 이를 필요로 하는 사람이 있기 때문에 신속히 팔아 현금화하기가 좋다는 말입니다. 또는 잘 꾸며놓은 인테리어 및 가구를 파격적인 저가에 매입할 수도 있습니다. 임차인이 이사를 간다면 임대차계약서 내용대로 원상복구를 해야 하는데, 그러려면 철거비용이 발생하기 때문에 차라리 저가에 매도를 하는 쪽을 택하기 때문이죠.

앞 사례 61번 물건은 제 지인이 낙찰을 받은 사건으로 비교적 장사가 잘 되고 있는 PC방이었습니다. 우측 지도에서 볼 수 있는 것처럼 배후에 대단지 아파트를 끼고 있고 주변에 중·고등학교도 있어 주로 학생 손님이 많았습니다. 저녁에는 앉을 자리가 없어 기다리는 사람이 있을 정도였고 인근에 경쟁 PC방도 그리 많지 않았고요. 제 지인이 이 물건을 낙찰 받은 후 예상했던 것처럼 임차인이 유치권 신고를 하였으나 법원에서 인정하지 않았습니다. 그래서 기존에 있던 시설을 저렴하게 인수한 후 PC만 좀 더 업그레이드 하여 다시 장사를 시작하였고, 지금까지도 아주 잘 운영하고 있습니다.

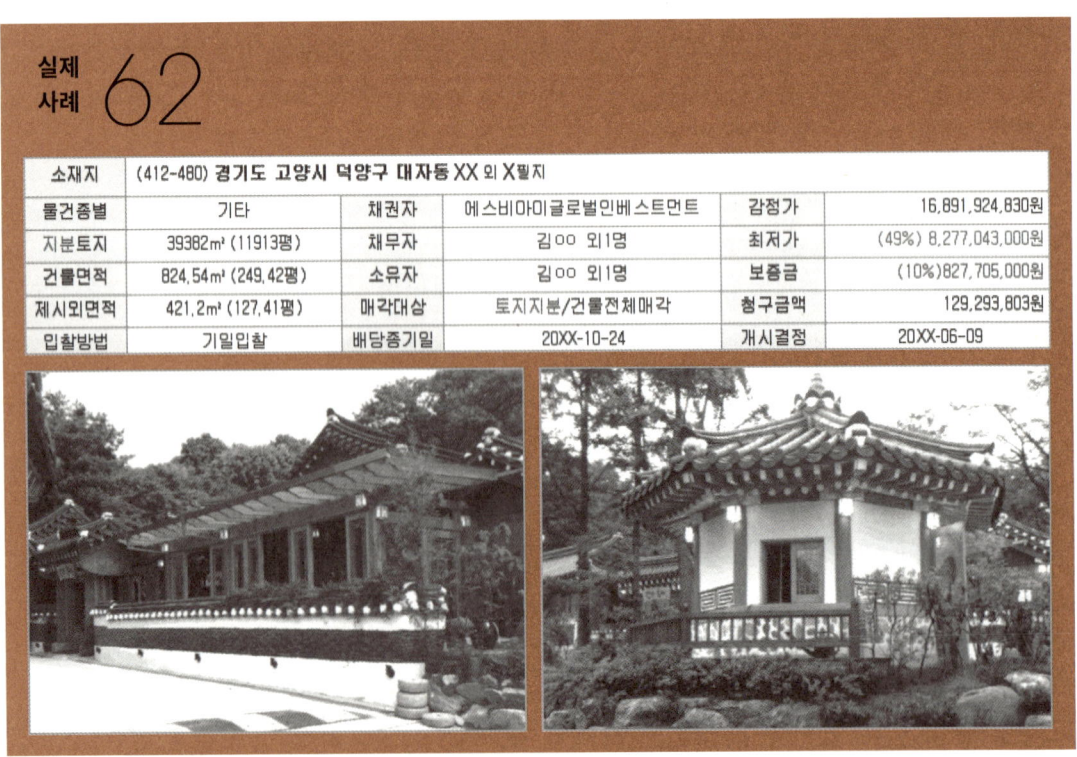

실제 사례 62

소재지	(412-480) 경기도 고양시 덕양구 대자동 XX 외 X필지				
물건종별	기타	채권자	에스비아이글로벌인베스트먼트	감정가	16,891,924,830원
지분토지	39382㎡ (11913평)	채무자	김ㅇㅇ 외1명	최저가	(49%) 8,277,043,000원
건물면적	824.54㎡ (249.42평)	소유자	김ㅇㅇ 외1명	보증금	(10%) 827,705,000원
제시외면적	421.2㎡ (127.41평)	매각대상	토지지분/건물전체매각	청구금액	129,293,803원
입찰방법	기일입찰	배당종기일	20XX-10-24	개시결정	20XX-06-09

사례 62번 물건도 마찬가지입니다. 제가 예전부터 주목하고 있던 것인데, 경기도 고양시 대자동에 있는 한우 음식점입니다. 사진에서 보는 것처럼 많은 인테리어 비용을 투자하여 영업을 하고 있었습니다. 하지만 위 상가의 임차인은 권리분석상으로도 대항력이 없기 때문에 다른 사람이 낙찰을 받으면 이사를 가야 하는 상황이었습니다. 그런데 엄청난 시설비를 투자했기 때문에 다른 곳으로 이전하기도 곤란한, 이러지도 저러지도 못하는 진퇴양난에 빠진 경우였죠. 결국, 이 물건은 전문 투자자에게 8억 7천만 원에 낙찰이 되었고, 안타깝게도 한우전문점은 우려했던 일들과 실제로 맞닥뜨리게 되었습니다.

신의 한 수

15

상가를
소호텔로 만들기

다음의 부암동에 위치한 상가 사례를 예로 들면서 설명해보도록 하겠습니다. 자하문 터널을 지나 종로구 부암동으로 가는 대로변에 위치한 2층, 3층 상가입니다. 이 지역의 경우 주민들 대부분이 차량으로 이동해서 도보로 이동하는 인구가 적어 지역상권이 매우 취약한 반면 상명대학교가 주변에 있어 거주지로는 적합한 지역입니다.

지하철 3호선 경복궁역에서 버스로 5분 거리에 위치해 있고 경복궁역

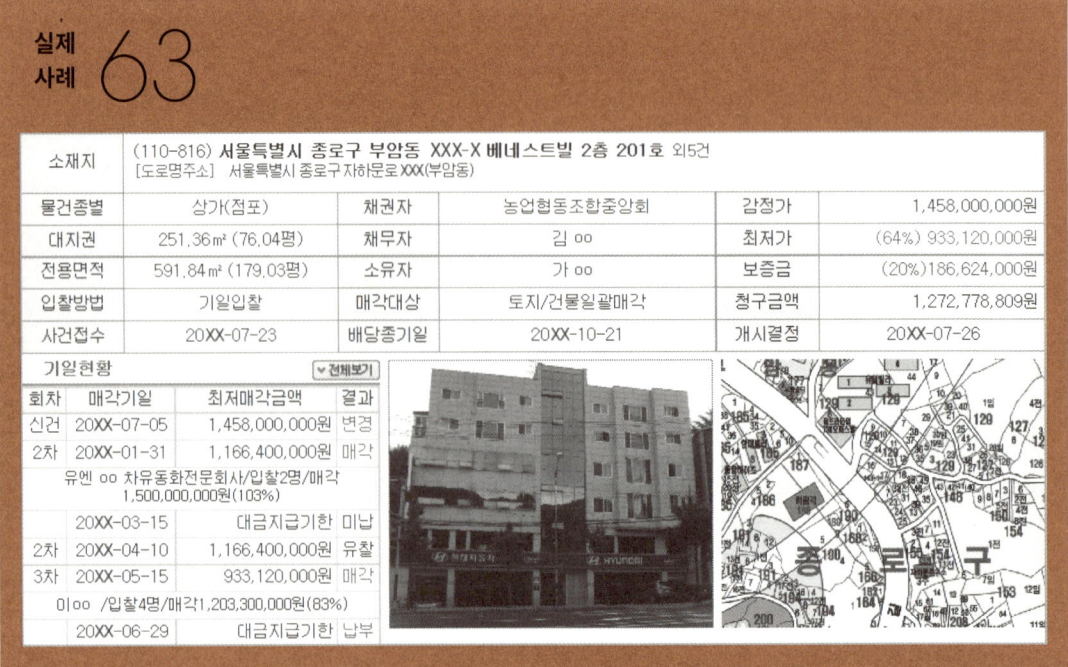

실제 사례 63

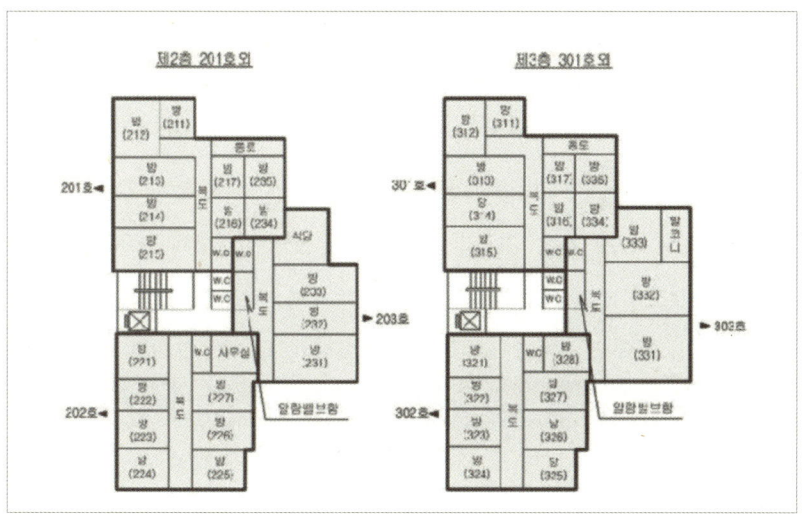

주변에 밀집되어 있는 관공서 및 신문사(서울지방경찰청, 정부중앙청사, 미국대사관, 동아일보, 서울일보 등)에서 출퇴근하는 직장인 수요를 유치할 수 있으며, 상명대 학생 수요도 많습니다. 또한 청와대 근방이라 그곳에 근무하는 직원들이 선호하는 지역이기도 하고요.

이러한 이유 때문인지 이 물건은 소호텔로 바뀌어 사용되고 있었습니다. 2층에 19개 호실, 3층에 20개 호실 총 39개의 사무실이 있었는데 공실이 전혀 없고 작은방은 40만 원, 중간방은 50만 원, 큰방은 60만 원을 받고 있었습니다. 말로만 소호텔이지 실제로는 원룸과 같은 형태였습니다. 하지만 소호텔처럼 공용 복지시설과 공동 식당을 갖추고 있었고, 공동 화장실과 샤워시설을 갖추고 있었기 때문에 법적 위배사항은 없어 보였습니다.

그런데 이미 전 소유주는 모든 객실을 전세로 돌려 모든 전세자금과 이미 설정된 근저당권 대출금으로 목돈을 챙기고 해외로 도피한 상태라 이 물건은 소위 빼먹을 것은 다 빼먹은 깡통 부동산이었습니다. 저는 지인과 함께 11억 5천에 과감하게 입찰했는데 안타깝게도 다른 사람이 12억에 입찰해 떨어졌습니다.

이처럼 거주지역으로 적합한 지역에 있는 상가 건물은 소호텔로 변경해 임대를 놓으면 수익성을 향상시킬 수 있습니다. 하지만 여러 가지 건축 규제(스프링클러, 대피소 등) 때문에 자칫 잘못하면 불법 건축물로 적발될 수 있으니 해당 구청에 자세히 알아보고 추진하시기 바랍니다.

혹시 독자분들 중에 이런 의문이나 걱정을 하고 있는 분도 있을 것 같습니다. '객실이 39개 되면 명도가 굉장히 어렵겠는데?' 하지만 의외로 이런 물건들이 명도하기가 쉽습니다. 전세로 거주하는 대부분의 임차인들은 이미 예전부터 전대차 계약을 하여 다른 사람에게 월세로 임대를 놓았고, 오래전부터 경매가 진행된 터라 대부분의 임차인들이 지금까지 받은 월세로 전세금을 충당하고도 남아 명도에 대한 저항이 강하지 않을 것이라 판단했죠. 그렇게 제가 집중적으로 조사를 한 후 놓친 물건이라 아쉬움이 많이 남는 물건입니다. 이 물건의 투자수익률은 다음과 같습니다. 간혹 투자 물건의 연 수익률 계산법에 대해 문의하는 분들이 많아서 설명해보도록 하겠습니다.

위 공식을 이 물건에 적용하면 다음과 같습니다.

수익률 계산법

● 연 수익률 = 연 순수익 ÷ 총 투자금
▲ 총 투자금 = (낙찰대금 + 세금) − 대출금
▲ 연 순수익 = (월세 합계 − 월 대출이자) × 12개월
※ 공실로 인한 월세 미납금, 각종 공과금 등은 계산 편의상 제외함.

Q. 2년간 매월 지불되는 3만 원의 가치는?

우리가 그냥 일회성으로 지불되는 3만 원이라면 그 가치는 단순히 3만 원입니다. 하지만 자동차 할부처럼 매월 3만 원이 지출되어야 하는 상황이라면 이것은 다르게 보아야 합니다. 예를 들어 2년 동안 매월 지불되어야 하

> **실제 적용 수익률 계산법**
>
> - 연 수익률(60%) = 연 순수익(1억 8천만 원) ÷ 총 투자금(3억 원)
> - ▲ 총 투자금(3억 원) = [낙찰대금(11억 5천만 원) + 세금(5천만 원)] − 대출금(9억 원)
> - ▲ 연 순수익(1억 8천만 원) = [월세 합계(1천 950만 원) − 월 대출이자(450만 원)] × 12
> - ※ 월세 합계 : 1천 950만 원/월 (평균 50만 원 × 39호실)
> - ※ 월 대출이자는 이자율 7%로 계산함.
> - ※ 세금은 취득세, 지방교육세, 소유권이전등기 비용을 포함함.

는 3만 원의 가치는 2년 동안 1천만 원을 은행에서 빌리는 기회비용과 같습니다. 현재의 대출금리(4~5%)로 1천만 원을 빌리면 3만 원 정도의 이자가 발생하기 때문입니다. 그럼 만약 우리가 2년간 매월 3만 원을 지불할 수 있는 경제적인 여건이 된다는 말은 은행에서 1천만 원을 빌려서 2년간 투자 및 운영을 할 수 있다는 뜻입니다. 이 말은 곧 은행에서 1천만 원을 빌려서 공짜 집 같은 시세차익이 높은 부동산에 투자한 후 1천 5백만 원이든, 2천만 원이든 2년 내에만 판다면 원금 이상의 수익을 낼 수 있다는 것이죠.

청개구리의 상가 및 공장 공략하기

40 장사 잘되는 상가라도
↪ 지켜보다 경매에 나올 때를 노려라

바로 여기! 구리시 인창동 ○○빌딩

청개구리 역발상

장사가 잘되는 상가 주변은 경매물건이 절대로 나오지 않으니 볼 필요가 없다.

장사가 잘되기 때문에 현 운영자가 재임대 혹은 재매입하기를 선호하여 얼른 팔고 나오면 된다.

'**인**테리어에 많은 투자를 한 상가'와 유사한 개념입니다. 인테리어 및 시설에 많은 투자를 하지 않았더라도 물건 자체가 장사가 잘되고 있는 상가라면 우리는 유심히 지켜보아야 합니다. 상가를 직접 운영하는 점주의 경우 장사가 잘되고 이윤이 높기 때문에 이전하기가 어려워 낙찰인에게 마진을 주고 다시 매입을 하든지, 아니면 다시 임대차계약을 하든지 둘 중 하나를 선택해야 하기 때문입니다.

다음 물건은 구리역 북쪽으로 1분 거리에 있는 인창동에 위치한 1층 상가입니다. 여기는 구리시의 핵심지역으로 유동인구가 굉장히 많고 구리시 북쪽에 거주하는 주민들이 구리역 지하철을 이용하려면 반드시 지나쳐야 하는 곳으로 굉장히 활발한 상권이 운집해 있습니다. 이 건물 전체가 다 경매로 진행되었으나 1층만 예로 들어 설명을 하려고 합니다.

101호는 동태마을, 102호는 남원추어탕, 103호는 분식점, 104호는 미

실제 사례 64

	경기도 구리시 인창동 XXX-X 금영빌딩 1층 101호 [대지권 2.9평] [전용 14.2평] [유치권]	상가 (점포)	421,000,000 336,800,000 매각 412,000,000	20XX-07-08 [입찰1명] 최○○	잔금납부 (80%) (98%)
	경기도 구리시 인창동 XXX-X 금영빌딩 1층 102호 [대지권 2.9평] [전용 14.2평] [유치권]	상가 (점포)	421,000,000 336,800,000 매각 412,000,000	20XX-07-08 [입찰1명] 신○○	잔금납부 (80%) (98%)
	경기도 구리시 인창동 XXX-X 금영빌딩 1층 103호 [대지권 2.9평] [전용 13.9평] [유치권]	상가 (점포)	438,000,000 350,400,000 매각 425,000,000	20XX-07-08 [입찰1명] 신○○	잔금납부 (80%) (97%)
	경기도 구리시 인창동 XXX-X 금영빌딩 1층 104호 [대지권 3.7평] [전용 18.1평] [유치권]	상가 (점포)	670,000,000 536,000,000 매각 603,670,000	20XX-07-08 [입찰3명] 김○○	잔금납부 (80%) (90%)
	경기도 구리시 인창동 XXX-X 금영빌딩 1층 105호 [대지권 3.3평] [전용 15.8평] [유치권]	상가 (점포)	467,000,000 373,600,000 매각 411,000,000	20XX-07-08 [입찰1명] 신○○	잔금납부 (80%) (88%)

 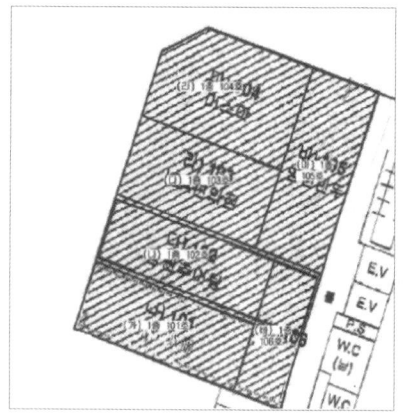

소야, 105호는 명인만두 등으로 사용되고 있었는데 장사도 잘되고 상권도 좋았습니다. 제가 유심히 주목하고 있었고 장사를 하는 임차인들로부터 유치권이 신고가 되어 조금 더 유찰되지 않을까 기다리고 있었는데 아쉽게도 다른 사람이 저보다 먼저 낙찰을 받아버렸습니다.

이런 물건들은 경매로 나오는 경우가 매우 드뭅니다. 현재 장사가 잘되면 월세가 높고 연체가 되지 않기 때문에 건물 소유주는 끝까지 지키려고 하죠. 하지만 가끔 건물 소유주가 사업을 하다 부도가 나거나 보증을 잘못서서 경매로 진행되는 경우가 있는데 앞의 물건이 그런 경우였습니다.

또한 이런 경매물건들은 보통 신건에 낙찰이 되거나 1회 유찰된 후에도 보통 감정가격 전후로 낙찰이 되곤 하는데 대부분 현장에서 장사하고 있는 임차인 분들이 경매 입찰에 참여하기 때문입니다. 경매로 다른 사람에게 소유권이 넘어가면 내부 인테리어 비용, 권리금, 자칫 잘못하면 임대보증금까지 날릴 수 있기 때문에 임차인들이 직접 입찰을 많이 합니다.

신의 한 수 16

주변에 이미 입점한 점포로
상권을 파악하는 법

주거용 건물(빌라, 아파트, 단독주택)과 상업용 건물은 현장을 조사하는 방법이 완전 다릅니다. 저의 경우 현장을 하도 많이 다니다 보니 주거용 건물은 주소만 알아도 대충 시세와 지역 분위기를 알 수 있습니다. 하지만 상업용 건물은 현장에 가보지 않고는 좀처럼 알기가 어렵습니다. 상가는 길 하나 차이로 상권이 달라지고 이면도로로 들어가게 되면 더욱 더 오리무중이 되기 때문입니다.

    제가 상업용 건물을 현장 답사할 때 반드시 조사하는 부분이 있습니다. 먼저 경매대상이 위치해 있는 상가 건물 전체를 다 둘러봅니다. 예를 들면 건물에서 201호가 경매로 나왔다면 제일 위층부터 지하 주차장까지 어떤 업종이 입점해 있고 공실은 몇 개가 있는지 계단을 오르내리며 모든 점포를 반드시 체크합니다. 이 부분은 제가 매우 강조하는 부분인데, <u>그 이유는 기존에 이미 입점된 많은 점포들로부터 훌륭한 고급정보를 얻을 수 있기 때문입니다.</u> 이미 거기서 점포를 운영하는 업주들이 얼마나 많은 고민과 분석을 하고 여기에 입점해 있겠습니까? 저는 그들이 고민한 결과들을 살펴보고 정리하기 위하여 건물 전체를 둘러보는 거죠.

    만약에 201호가 경매로 나왔는데 3층과 4층에 공실 상가가 수두룩하다면 이런 물건은 절대로 매입하면 안 됩니다. 이런 경우 아무리 싸게 사더라도 공실이 길어질 확률이 높고 그러면 이자부담도 늘고 매매도 되지 않아 실투자금이 한곳에 묶이게 되는 실패한 투자가 될 수 있습니다. 또 운영되고 있는 업종은 적합한지, 인근에 같거나 유사한 경쟁업종이 있는지 확인해보아야 합니다. 상권이 우수하고 충분히 승산이 있는 지역임에도 잘못된 업종 선택과 운영 미숙으로 장사가 안 되는 경우라면 매입을 해도 괜찮습니다.

<u>지금부터는 제 필살기인데, 주변에 입점한 점포의 업종을 유심히 살펴보면서도 그 지역의 대략적인 상권을 알 수 있는 방법입니다.</u> 주변 건물 1층 점포에 약국, 커피숍, 꽃집, 미용실, 핸드폰 판매점, 편의점, 빵집, 잘 꾸민 식당 및 술집, 명품점, 은행 등 비교적 부가가치가 큰 업종들이 모여 있는 곳은 대체적으로 상권이 좋습니다. 흔히 강남역, 홍대역과 같은 유명상권에 가보면 쉽게 만나볼 수 있는 모습입니다. 이렇게 상권이 매우 좋은 지역들은 장사할 공간이 부족하여 위에서 언급한 업종들이 1층에서 밀려 2층에 자리를 잡고 있는 경우도 허다합니다.

반면에 주변에 철물점, 카센터, 고물상, 이삿짐센터, 자동차 용품점, 세차장, 싱크대·도배·장판과 같은 인테리어 점포, 페인트 점포, 이삿짐센터, 재활용센터, 점집, 철학관, 잘 안 될 것 같은 식당과 술집 등은 1층에 넓은 공간을 필요로 하고 부가가치가 낮기 때문에 상권이 좋지 않아 월세가 저렴한 지역에만 입점할 수 있는 업종들입니다. 또한 이런 업종들은 대부분 서로 밀집되어 있는데, 좋은 상권에서는 월세가 비싸 수지타산이 맞지 않으므로 이런 업종이 입점하기가 어렵기 때문입니다. 이런 업종들이 입점해 있으면 그 지역은 좋지 않은 상권의 표본이 됩니다.

청개구리의 상가 및 공장 공략하기

41 알박기 상가면 ⇨ 기존 상인이 다시 매입할 수밖에 없다

바로 여기! 서대문구 북가좌동 ○○빌

청개구리 역발상

고정관념 소규모의 구분공간을 다 튼 공간 중 일부를 낙찰 받으면 골치가 아프다.

역발상 법률적으로 원상복구를 해야 하지만 원상복구가 어렵기 때문에 울며 겨자 먹기로 재임대하거나 재매입할 수밖에 없는 상황이 발생한다.

현장 답사를 다니면 참 재미있고 황당한 상황이 많습니다. 부동산은 각각 이용하는 사람도 다르고 집주인들도 달라 여러 가지 예측하지 못한 일들이 자주 발생하는데 저는 이런 다양성과 의외의 변수를 만나게 되면 마음 한편이 설레는 동시에 호기심이 생깁니다. 이번에 설명할 내용 역시 참 재미있는 상황이었습니다. 이것은 누군가가 고의로 알박기를 한 것이 아니라 구분된 상가를 통째로 전부 사용하다 보니 어쩔 수 없이 발생한 경우였습니다.

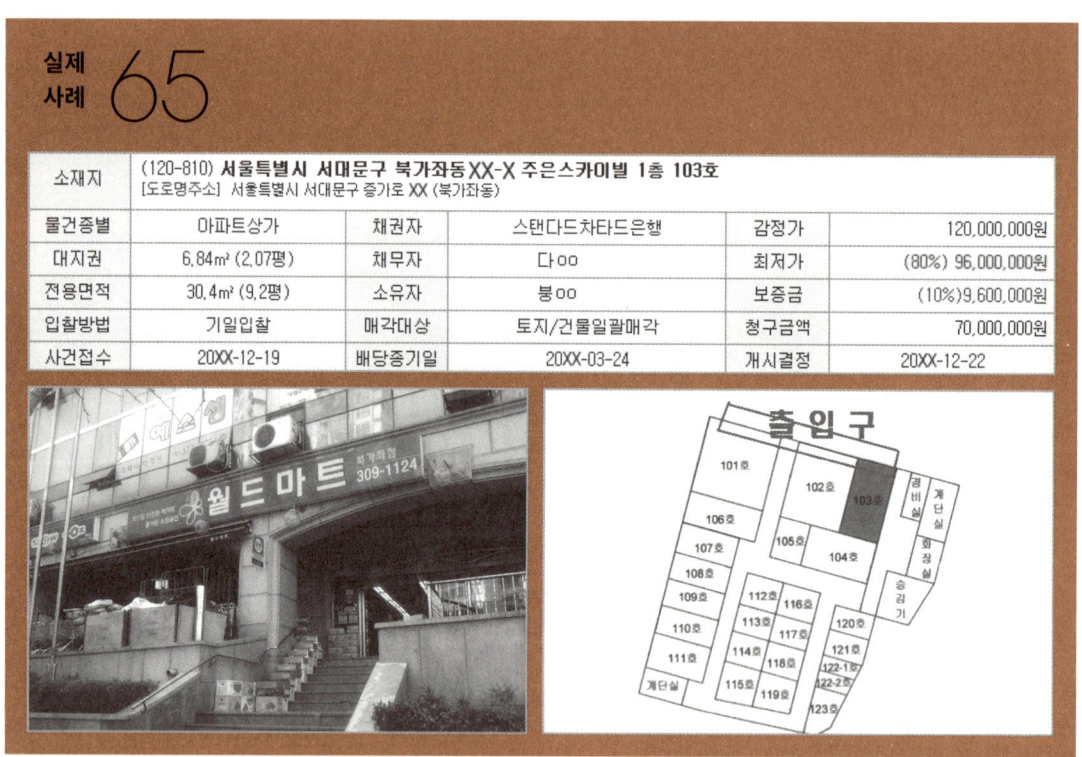

위 물건은 약 200평 규모의 대형마트에서 입구 쪽에 있는 103호(전용면적 9평)가 경매로 나온 것이었습니다. 대형마트에서는 운영상 꼭 필요한 부분이었죠. 저는 지인에게 소개하여 낙찰을 받았고 이 물건을 대형마트 업주에게 매각하기 위해 만났습니다. 대형마트 업주와 매매가격 차이로 협상은 지연되었고, 저는 계속해서 설득하며 생각할 시간을 드리고 기다렸습니다.

그러나 매매 협상이 계속해서 결렬되고 시간이 지연되자 저는 어쩔 수 없이 103호 공간을 별도로 사용하기 위하여 집행관 입회하에 칸막이를 쳤고 별도로 임대를 주었습니다. 만약에 업주와 매매가 성사되지 않더라도 별도 사용이 가능하다는 것을 알고 낙찰을 받았기 때문에 문제가 없었습니다. 법적으로 공용부분(복도)까지 대형마트가 불법으로 사용하고 있었는데, 건축물대장에 나온 원래대로 복도로 사용할 수 있도록 원상복구를 했습니다.

다음의 물건은 신림역 7번 출구 바로 앞에 있는 복합 쇼핑몰입니다. 신림역에서 유명한 쇼핑몰인 '포도몰' 길 건너편에 위치한 건물로 전체 상권은 전반적으로 좋지 않으나 이 경우는 좀 특수한 경우라 소개해보려고 합니다.

건물 6층에는 자마이카 피트니스 신림점이 위치하고 있었지만 이 물건의 사건기록에서는 그런 내용을 찾아볼 수가 없었습니다. 법원에서 집행관과 감정평가사가 이 물건을 조사할 당시 내부 공사 중이었기 때문입니다. 피트니스 센터 한 구석에 있는 3평 남짓한 공간이 경매로 진행되고 있었습니다. 저는 한 번 더 유찰되기를 기다리고 있었는데 피트니스 센터를 운영

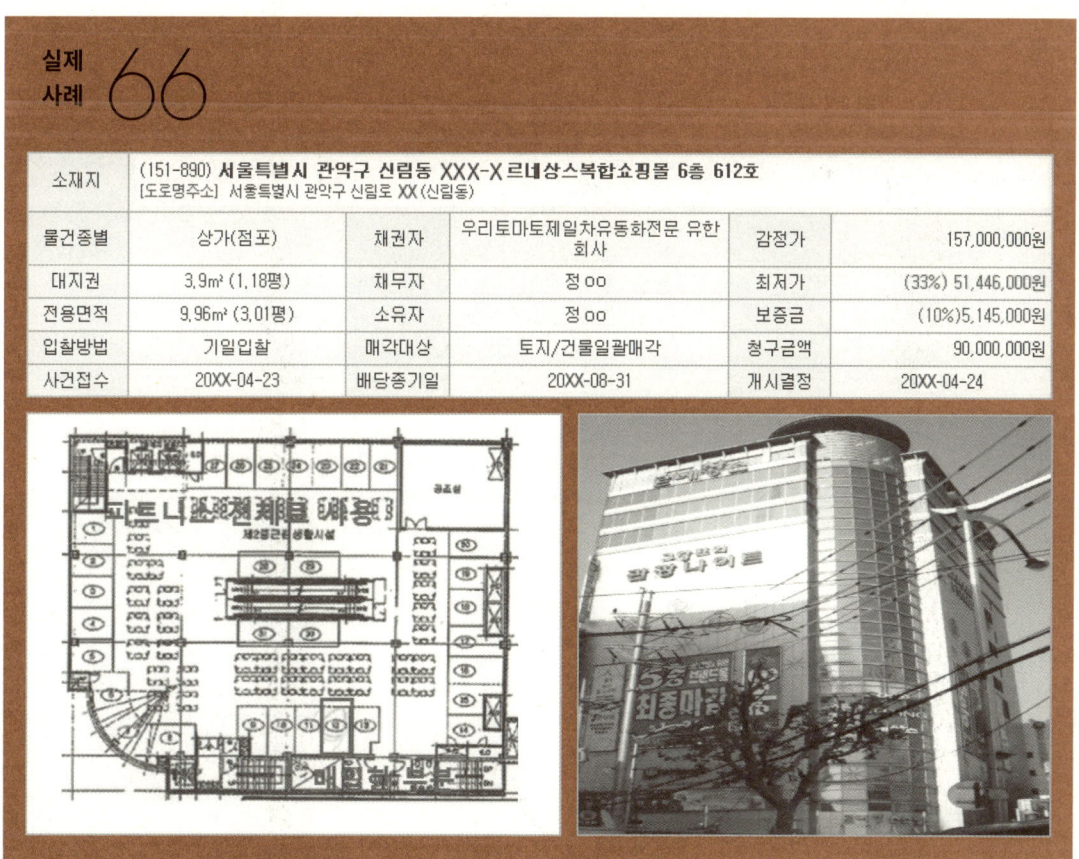

실제 사례 66

소재지	(151-890) 서울특별시 관악구 신림동 XXX-X 르네상스복합쇼핑몰 6층 612호				
	[도로명주소] 서울특별시 관악구 신림로 XX (신림동)				
물건종별	상가(점포)	채권자	우리토마토제일차유동화전문 유한회사	감정가	157,000,000원
대지권	3.9㎡ (1.18평)	채무자	정OO	최저가	(33%) 51,446,000원
전용면적	9.96㎡ (3.01평)	소유자	정OO	보증금	(10%)5,145,000원
입찰방법	기일입찰	매각대상	토지/건물일괄매각	청구금액	90,000,000원
사건접수	20XX-04-23	배당종기일	20XX-08-31	개시결정	20XX-04-24

하고 있는 임차인이 저보다 먼저 낙찰을 받아갔습니다.

원래 이 물건은 좌측 도면처럼 구분소유 되어 있는 푸드코트(식당가) 전체를 헬스장으로 사용하고 있는 형태라 이 경매물건을 낙찰 받으면 좌측 도면상의 중앙 복도 및 중앙 테이블 공간과 같은 공용 사용 부분도 낙찰인이 사용할 수 있도록 원상복구 해야 하죠. 그렇게 되면 사실상 피트니스 센터를 운영하기가 불가능해지므로 피트니스 센터 운영주가 결국 이 물건을 도로 매입해야 하는 상황이 연출됩니다. 즉, 상가로 알박기 전술을 펴는 거죠.

다음 물건도 마찬가지입니다. 지하층 전체를 피트니스 센터로 이용하고 있는데 그중 B06호에 해당하는 부분이 경매로 진행된 것입니다. GX룸으로 사용되고 있는 부분이었는데, 이 물건이 낙찰될 경우 해당 공간은 물론이고 공용으로 사용해야 하는 복도, 화장실도 복구해야 하므로 헬스장 측에선 사실상 운영이 불가능하게 되죠.

이런 상가는 수차례 유찰되어 초저가에 매입이 가능하므로 소액 투자로 최적격입니다. 역시 예상대로 1천 2백만 원에 감정된 것이 반값인 6백 2

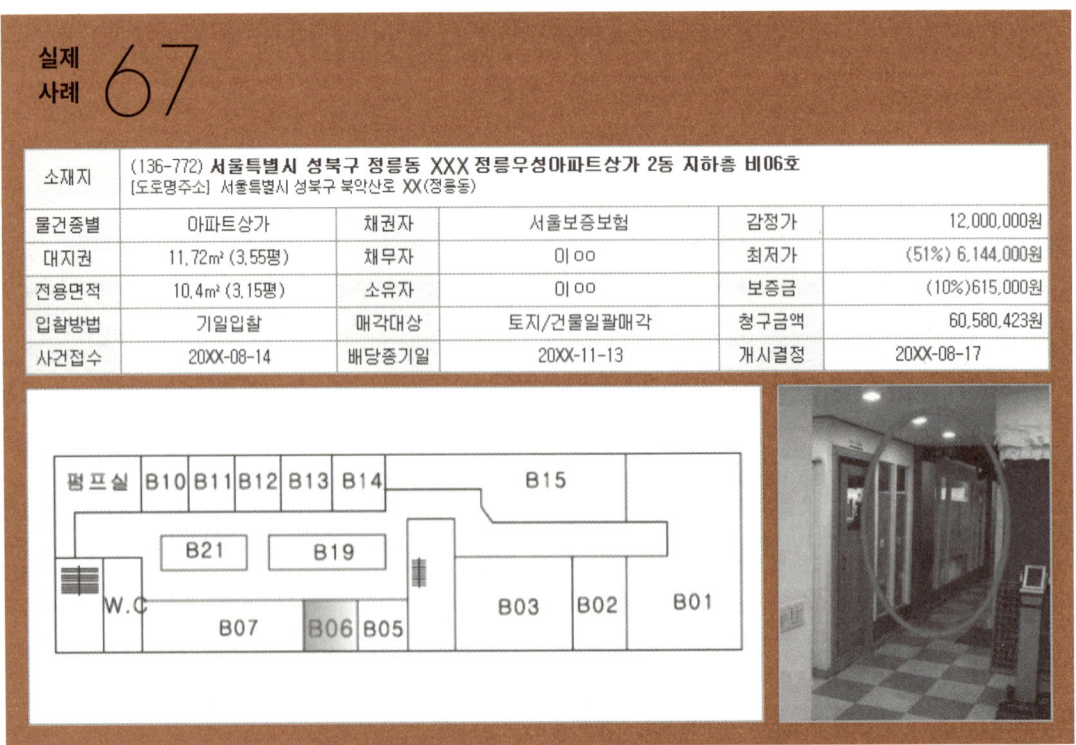

실제 사례 67

소재지	(136-772) 서울특별시 성북구 정릉동 XXX 정릉우성아파트상가 2동 지하층 B06호 [도로명주소] 서울특별시 성북구 북악산로 XX (정릉동)				
물건종별	아파트상가	채권자	서울보증보험	감정가	12,000,000원
대지권	11.72㎡ (3.55평)	채무자	이○○	최저가	(51%) 6,144,000원
전용면적	10.4㎡ (3.15평)	소유자	이○○	보증금	(10%) 615,000원
입찰방법	기일입찰	매각대상	토지/건물일괄매각	청구금액	60,580,423원
사건접수	20XX-08-14	배당종기일	20XX-11-13	개시결정	20XX-08-17

십만 원에 매각되었습니다. 경매에서는 6백만 원만 있어도 부동산 투자가 가능하다는 것을 보여주는 대표적인 사례이기도 하죠.

청개구리의 상가 및 공장 공략하기

42 수요가 적은 단지 내 상가라면
↔ 소액투자자에게 안성맞춤

바로 여기! 동작구 신대방동 ○○상가

청개구리 역발상

고정관념 단지 내 상가는 상권이 매우 협소하다.

역발상 아파트 단지의 고정 배후 수요가 있기 때문에 저가에 매입하고 업종을 잘 선택하면 충분히 좋은 수익을 낼 수 있다.

법원 경매에서 아파트 단지 내 상가는 매우 자주 나옵니다. 하지만 대부분 아파트 단지 상가는 상권이 협소하게 형성되어 있거나 경우에 따라서는 상권이 전혀 형성되지 않은 경우가 많아 대다수 투자자들에게 외면을 받고 유찰이 많이 되는 편입니다.

그러나 모든 아파트 단지 내 상가가 나쁜 것만은 아닙니다. 아파트 단지 내 상가는 소액으로 투자가 가능한 경우가 많아 적은 투자비로 매월 월세수익을 낼 수 있는 수익형 부동산으로 적합합니다. 또한 대단지 아파트 안에 있는 상가는 기본적인 배후 수요가 있기 때문에 어떤 업종이든 열심히 맛있게만 장사를 하면 살아남을 수 있습니다. 음식 배달, 세탁소, 보습 학원 등 생활에서 꼭 필요한 업종이 적합하고요. 또한 저렴하게 창업을 시도해보려는 장년층 수요자들에게 임대도 곧잘 되는 편입니다.

만약 임대가 안 되어 공실이 계속해서 길어진다면 저렴하게 창고용 사무실 용도로 임대를 줘도 괜찮습니다. 사무실을 필요로 하는 수요층 중 위치가 좋은 역세권 주변의 사무실을 찾는 사람도 있지만 위치와 상관없이 짐

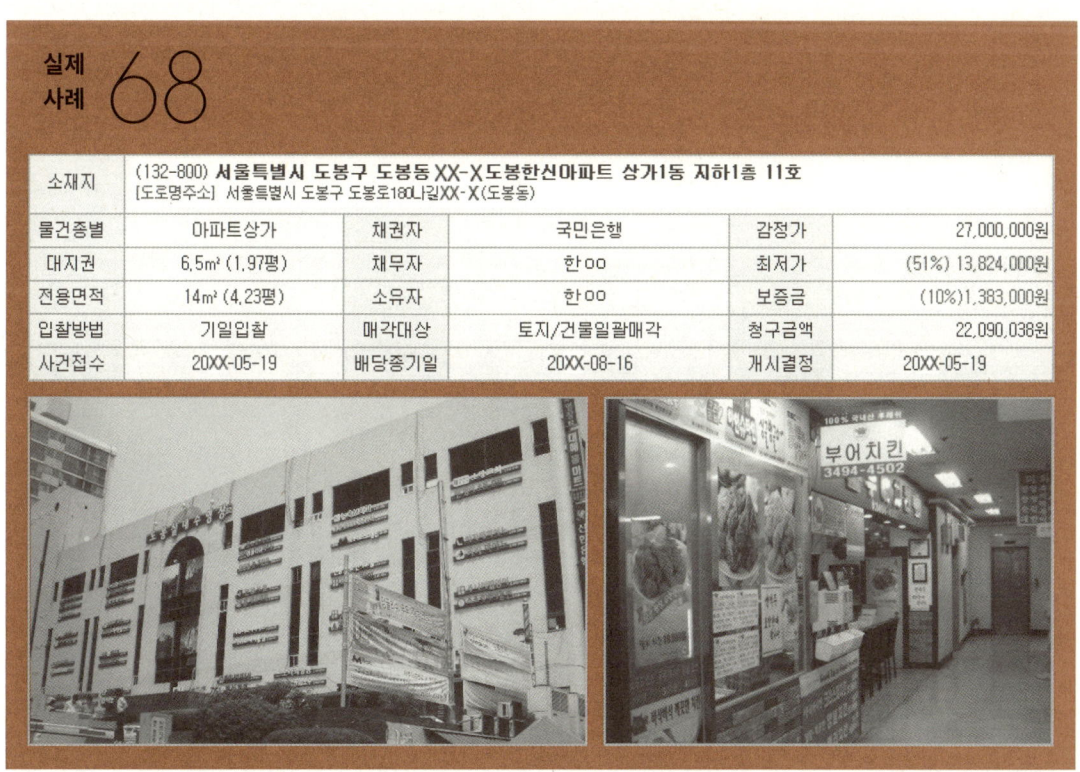

실제 사례 68

소재지	(132-800) 서울특별시 도봉구 도봉동 XX-X 도봉한신아파트 상가1동 지하1층 11호 [도로명주소] 서울특별시 도봉구 도봉로180나길XX-X(도봉동)				
물건종별	아파트상가	채권자	국민은행	감정가	27,000,000원
대지권	6.5㎡(1.97평)	채무자	한○○	최저가	(51%) 13,824,000원
전용면적	14㎡(4.23평)	소유자	한○○	보증금	(10%) 1,383,000원
입찰방법	기일입찰	매각대상	토지/건물일괄매각	청구금액	22,090,038원
사건접수	20XX-05-19	배당종기일	20XX-08-16	개시결정	20XX-05-19

을 보관하기 위하여 공간이 넓고 저렴한 사무실을 찾는 수요들도 꽤 많기 때문입니다. 따라서 이런 물건들은 충분히 유찰되어 저가에 매입하는 것이 포인트이며 나름 쏠쏠한 재미를 볼 수 있는 것이기도 합니다.

위 사례 68번 물건은 도봉구 도봉동 한신아파트 후문에 위치한 상가로 지하 물건이 경매로 진행되어 2천 7백에 감정된 것이 1천 3백까지 떨어졌습니다. '부어치킨'이라는 상호를 가진 치킨집이 운영되고 있었는데 주로 배달 장사를 하고 있었습니다. 아주 좋은 상권은 아니지만 투자금 1천 3백만 원의 가치는 충분히 하고도 남을 물건이었습니다. 참고로 이런 물건은 최악의 경우 보증금 100만 원, 월세 10만 원에 창고로 임대를 주어도 수익률이 약 10%가 되는 물건입니다.

아래 사례 69번의 물건도 비슷한 경우입니다. 서울시 동작구 신대방동에 있는 현대아파트 상가 2층 물건으로 전용면적이 약 4평이며 손뜨개 방으

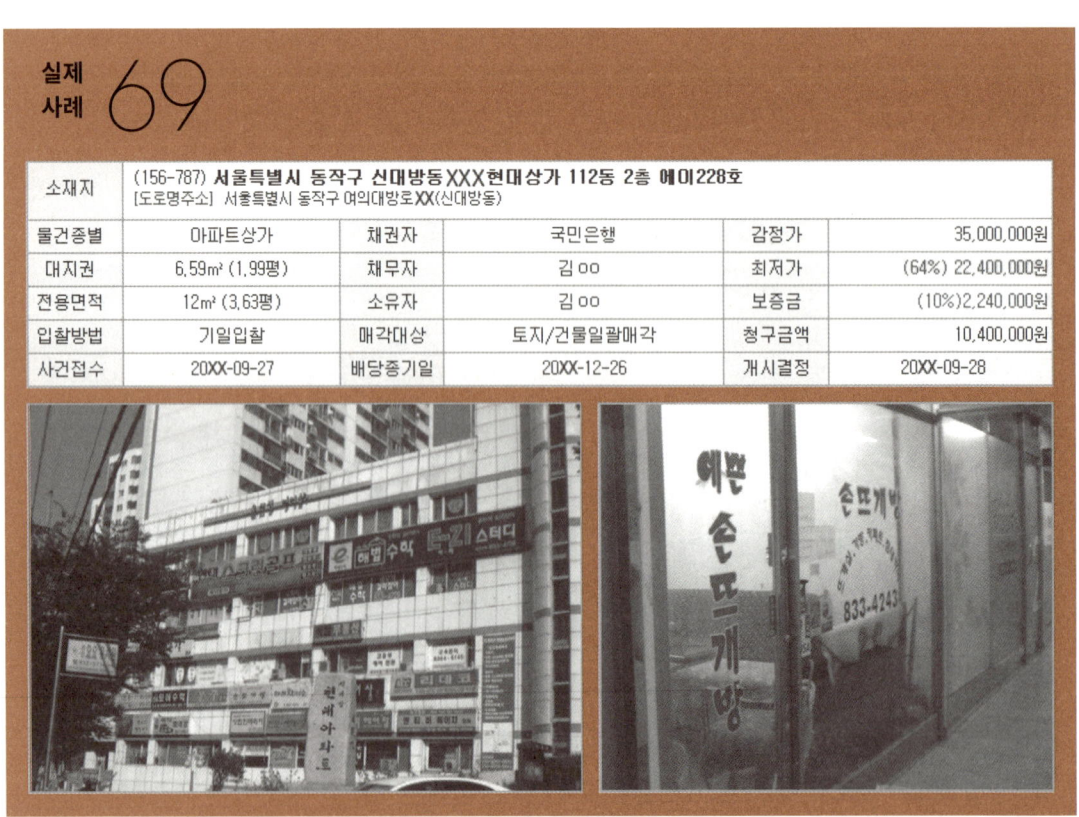

로 이용되고 있었습니다.

　사진에서 보이는 것처럼 이 건물에는 많은 업종들이 입점해 있었고 공실도 거의 없었습니다. 또한 주변에 현대아파트 말고도 보라매 경남아너스빌 아파트, 삼성아파트, 신대방 우성아파트, 보라매 롯데낙천대아파트 등 대단지 아파트가 많고 배후 수요도 많아 충분히 승산이 있는 지역입니다.

　이처럼 아파트 단지 내 상가는 가격대가 매우 저렴하기 때문에 소액 투자자에게 제가 추천하는 아이템입니다.

청개구리의 상가 및 공장 공략하기

43 대단지 아파트 내 상가라도 두터운 수요층으로 투자 가치가 높다

바로 여기! 성남시 분당구 구미동 상가

청개구리 역발상

고정관념 단지 내 상가는 상권이 협소하니 매매수요가 적다.

역발상 대단지아파트에 포위되어 있는 상가는 수요층이 두텁기 때문에, 1층이 아니라 할지라도 투자 가치가 우수하다.

저는 평상시에 지도를 보는 것을 상당히 즐깁니다. 내비게이션이 생겨서 많이 편리해지기는 했지만 우리처럼 부동산에 목숨 건 사람들은 내비게이션에 의지하는 게 그리 좋지 않습니다. 내비게이션을 보고 가다 보면 방위와 인근 지형을 잘 볼 수 없기 때문이죠. 동쪽으로 가고 있는지, 서쪽으로 가고 있는지, 주변에 버스정류장은 없었는지, 길가에 유동인구는 많은지, 인근에 새로 지어지는 건물이 없는지 등 현장에서 체크해야 할 부분들이 많은데 이런 중요한 내용을 쉽게 빠트리게 됩니다. 부동산으로 성공하고 싶은 독자들은 지도를 보며 목적지를 찾아가는 연습만 해도 많은 것을 배울 수 있을 것입니다.

예전에 경기도 성남시 분당구 구미동에 위치한 상가 건물을 조사하러 간 적이 있었습니다. 인근 상권 분석을 위해 지도를 살펴보던 중 깜짝 놀랄 만한 사실을 찾아냈는데 이 지역은 다음 페이지의 지도처럼 중심상권을 아파트 단지가 둘러싸고 있는 형태로 상가로서는 최적의 입지 조건이었기 때문입니다. 물론 주변에 잘 발달된 오리역 상권을 이용하기 위하여 차를 타고 가서 쇼핑을 하거나 식사를 하는 수요도 있으나, 차량을 이용하지 않고 그냥 주변 상가에 유모차를 끌고 이용할 수 있는 상가를 찾는 수요도 많이 있었습니다.

사례 70번 물건은 이런 우수한 입지를 가진 구미동 중심상권에 자리 잡고 있으며 웬만큼만 열심히 장사하면 충분히 소문날 수 있는 곳이기도 합니다. 또한 좌측 사진에서 이 건물에는 공실도 거의 없는 편이었습니다.

실제 사례 70

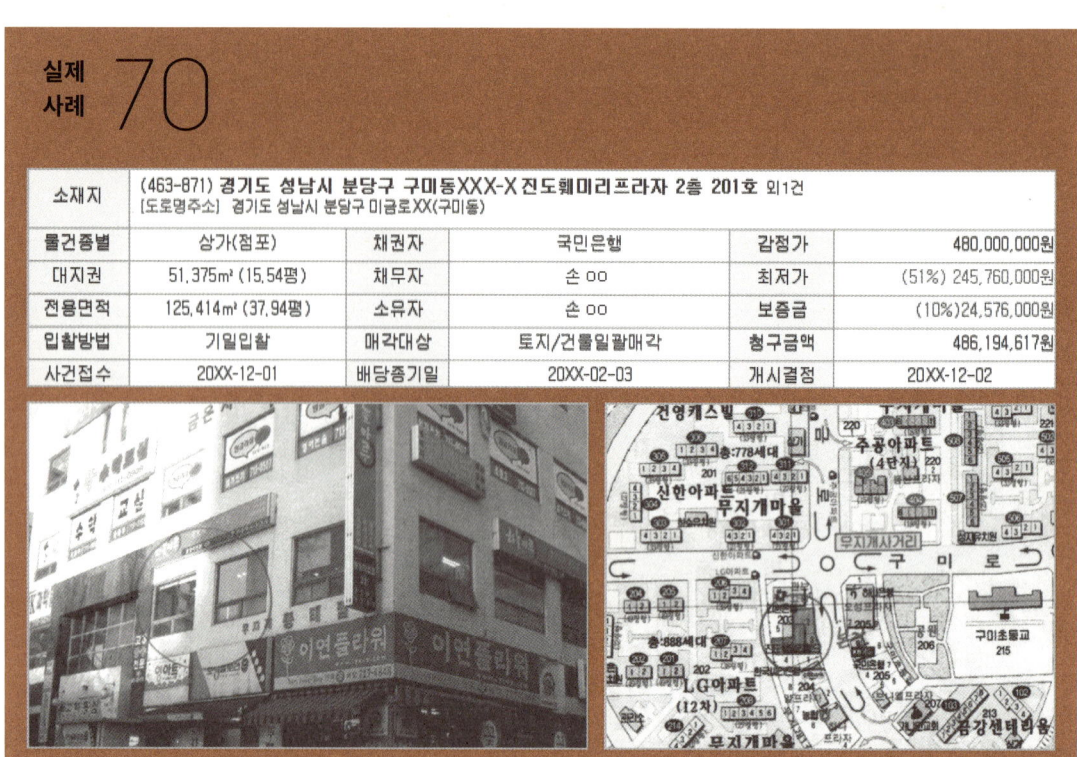

이 물건은 제 지인이 최고가로 낙찰을 받았습니다. 최초 4억 8천에 감정되어 있는 물건을 2억 8천에 낙찰 받았습니다. 그때 이 물건에서 식당을 운영하던 임차인분도 식당이 잘되고 내부 시설에 투자한 것도 있어 경매에 입찰을 했었습니다. 저는 낙찰 받은 지인이게 적당한 가격에 팔라고 조언을 했고 결국 그 임차인에게 매각을 했습니다. 잔금을 내자마자 임차인에게 바로 매각해서 이자 부담도 없었고 바로 현금을 융통할 수 있어 또 다른 좋은 물건에 입찰하는 데 종잣돈으로 사용될 수 있었지요.

신의 한 수 17

재개발·재건축 되는
대단지 아파트 상가에 대한 착각

재개발 혹은 재건축지역에 기존 낡은 상가를 소유하고 있는 사람들은 그 지역이 대단지 아파트로 재개발 혹은 재건축 되면 상가 분양권을 받습니다. 그러면 개발 후 대단지 아파트에 위치한 목 좋은 상가를 많은 돈을 들이지 않고 분양 받을 수 있는 것입니다. 얼핏 보면 굉장히 이익이 되는 장사인 것 같지만 실정은 그렇지 않은 것 같습니다.

한 예로 기존의 오래된 저층 주공아파트가 헐리고, 멋지고 고품격의 고층 아파트로 새롭게 거듭난 송파구 잠실의 엘스, 리센츠, 트리지움, 레이트팰리스, 파크리오 등이 그렇습니다. 기존의 저층 아파트가 있을 때보다 고층의 멋진 아파트로 변신했음에도 주변 상권은 기존보다 훨씬 안 좋아졌습니다.

그 이유는 기존 저층의 낡은 주공아파트일 때는 중서민층이 대부분이라 출퇴근시 주변 상권에서 구매가 이루어졌으나, 지금의 멋진 고층아파트로 바뀌고 나서는 자가용을 이용하여 멀리 이마트와 홈플러스와 같은 대형마트로 쇼핑을 하여 상권의 커다란 변화가 생기기 시작했습니다. 예전 주공아파트에 거주하는 중서민층은 금전적인 제약으로 통상 1~3일 치 정도의 먹거리 쇼핑이 아파트 주변에서 이루어졌으나, 지금은 소득수준이 높은 중상류층으로 바뀌어 대기업에서 운영하는 대형마트에서 한 달 치 쇼핑이 한 번에 이루어지고 있는 실정입니다.

또한 기존 저층의 주공아파트에서 고층의 멋진 아파트로 개발되어 기

존보다 늘어난 층수만큼 거주 인구가 많이 증가했을 것이라 생각할 수 있지만 실질적으로 거주 인구는 거의 늘어나지 않았습니다. 왜냐하면 예전 중서민층의 주공아파트는 어려운 환경으로 인구밀집도가 매우 높았지만, 개발된 멋진 아파트에는 50~60평대 대형 아파트조차도 자녀들이 독립하여 2명의 부부만 사는 경우도 허다하기 때문입니다. 즉 예전보다 상주인구가 많지 않아 인구 밀집도는 떨어지고, 그나마 거주하는 인구도 멀리 떨어진 대형마트에서 다량으로 구매하고 있어 이들이 아파트 단지 주변 상권에 미치는 영향이 매우 미비한 실정입니다.

이처럼 재개발 혹은 재건축지역의 상가 소유자들은 개발된 대단지 내 풍부한 수요층을 독점할 수 있다는 착각을 하는 경우가 많은데, 이러한 점은 유의해야 하는 부분입니다.

청개구리의 상가 및 공장 공략하기

44 도로가 없는 땅에 있어도 ➪ 건축허가를 받았다면 반드시 매입!

바로 여기! 경기도 광주시 맹지 위 상가

청개구리 역발상

고정관념 맹지 위의 건물은 절대로 사면 안 된다.

역발상 맹지라 할지라도 이미 건축허가를 받았거나 건축물이 있으면 개발이 가능하기 때문에 반드시 매입해야 한다.

이번에는 좀 어려운 내용이 포함되어 있어 아래 물건부터 보면서 차근차근 설명을 하도록 하겠습니다.

아래는 제가 작년에 해결한 물건으로 참 재미가 있고 추억에 남는 물건입니다. 경기도 광주시 초월읍 지월리라는 지역에 위치한 건물 3개동짜리 음식점인데, 음식점은 폐업하여 장사를 하지 않고 있었고 그중에 한 개동은 집으로 개조하여 어떤 할머니가 살고 계셨습니다.

이 지역은 북쪽으로 맑은 경안천이 흐르고 남쪽으로는 나무가 우거진 숲이라 경치가 좋고 운치가 있어 전통 음식점 자리로는 최고였습니다. 이런 지역 음식점들은 소문만 나면 서울처럼 먼 곳에서도 많이들 찾아오기 때문에 숲속 깊이 위치할수록 운치도 있고 인기도 높습니다.

하지만 아래 사례 71번 물건은 특이하게도 지적도상 맹지라 건축법상 건축허가를 안 내주거나 사업자 등록이 안 되어야 정상입니다. 건축허가가 나오려면 지적도와 현황상 모두 4미터 이상의 도로가 있어야 하기 때문입니다. 또한 상수원 보호구역인 경안천 인근이라 상수원의 오염 우려로 광주시청에서 더 이상 음식점 허가를 내주지 않는 지역이기도 합니다. 따라서 희소성 있는 이 자리는 매우 비싼 시세로 가격이 형성되고 있었습니다.

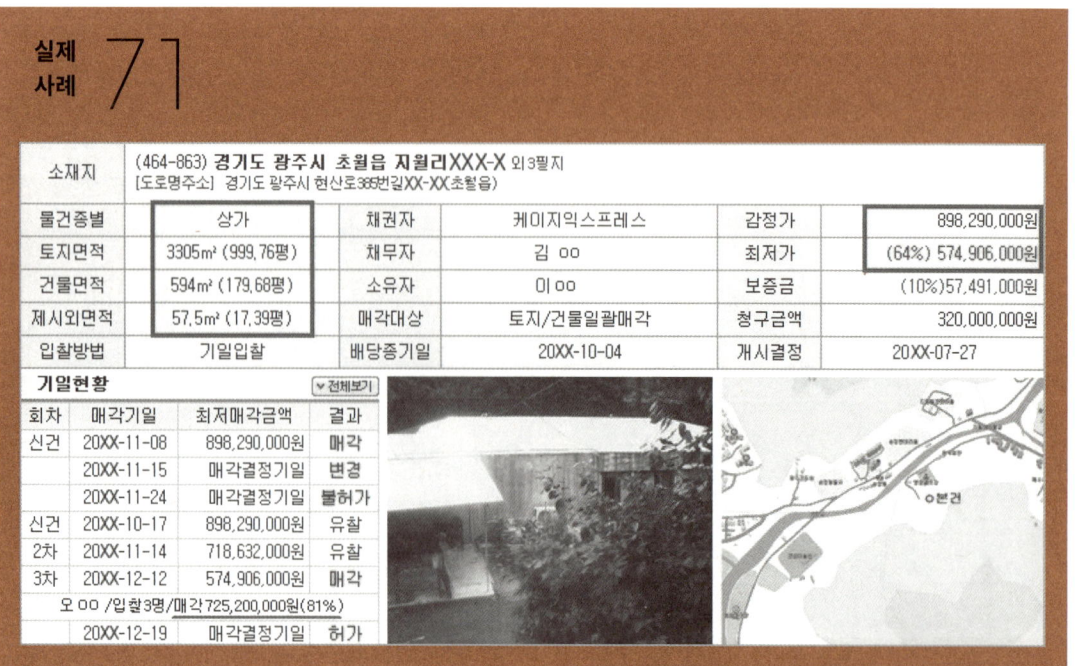

실제 사례 71

이 물건은 도로가 없는 맹지임에도 불구하고 정상적인 건축허가도 받았고 합법적인 음식점 사업자 등록도 나와 있는 상태였는데 예전 소유주가 이 물건으로 통하는 진입로 토지주인과 친하여 토지사용승락서을 받아 합법적인 건축허가를 받았고, 예전 소유주도 음식점을 하려고 미리 사업자 등록을 받아놓은 상태였기 때문입니다.

상황이 이렇다면 이 물건은 다른 시각으로 보아야 합니다. 토지 1천 평을 9억에 감정했으니 평당 90만 원 꼴입니다. 하지만 그것은 맹지라서 건물을 지을 수 없을 때의 가격이고 이와 같은 경우는 기존 건물을 약간의 개축과 리모델링을 통해 새로운 식당으로 바꿀 수도 있고 기존의 사업자 등록을 승계 받으면 음식점 사업도 가능하기 때문에 도로가 있는 정상적인 토지로 봐도 무방합니다.

이런 토지는 평당 250만 원이 넘습니다. 제 지인은 이를 7억 2천에 낙찰을 받아 평당 72만 원에 매입한 경우이니 소위 꿩 먹고 알 먹고 높은 수익률을 올릴 수 있었던 우수한 물건이었습니다. 현재 이 물건은 전체 리모델링하여 한우전문점으로 운영하고 있으며 멋있는 경관과 운치를 자랑하고 있는 음식점이라 저녁시간에는 손님들로 북새통을 이루고 있습니다.

다시 말해, 맹지에 합법적으로 지어져 있는 상가는 기존 건물의 범위 내에서 사용하면 합법적으로 운영이 가능하므로 맹지의 단점이 사라지게 되는 효과를 얻게 되며 그 부동산의 가치는 도로가 연결된 상가처럼 상승하게 됩니다. 상가뿐만이 아니라 주택도 마찬가지의 효과가 있습니다.

청개구리의 상가 및 공장 공략하기

45 4층 이상의 고층상가라도 역세권에 있으면 공실률이 낮다

바로 여기! 경기도 산본시 ○○상가

청개구리 역발상

상가는 1~2층까지만 수익률이 좋다.

역발상 역세권 혹은 우수한 지역에 위치한 고층 상가는 저가에 매입하기 쉽고, 학원과 사무실 등 고층을 선호하는 업종이 있기 때문에 투자 가치가 매우 높다.

역세권 인근에 위치한 1~2층 상가가 비싸다는 것은 누구나 다 아는 사실입니다. 하지만 4층 이상 고층으로 올라갈수록 상가들은 생각만큼 그리 비싸지 않은데 일반적으로 1층과 고층(4층 이상)의 가격 차이가 보통 3배가 넘습니다.

이처럼 고층상가들은 매매가격이 저렴하게 형성되어 있으며 특히 역세권처럼 위치가 좋은 곳에 있다면 임대도 잘되며 공실률도 낮아 높은 임대수익률을 올릴 수 있습니다.

1~2층과 같은 저층을 선호하는 업종이 있고, 저층이 아닌 고층을 선호하는 업종이 있는데 고층을 선호하는 업종은 주로 사무실, 각종 학원(영어, 수학, 미술, 보습학원 등), 요가 스튜디오, 기원, PC방, 종교관련 업종, 마사지 방 등 넓은 공간과 비교적 조용한 공간을 필요로 하는 업종입니다. 반면 유흥과 관련된 업종인 노래방, 술집, 춤 연습실과 같은 곳은 소음이 발생되기 때문에 비교적 민원이 적은 지하층을 더 선호하죠.

이처럼 모든 상가는 다 제 짝이 있습니다. 쓸모없는 상가는 존재하지 않습니다. 최악의 경우 창고로 임대를 준다 해도 월 5만 원은 받을 수 있습니다. 그래서 상가가 경매물건으로 나오면 저렴하게 매입하는 것 못지않게 제 짝을 찾아주려는 노력이 필요합니다. 지하에 들어가야 할 업종이 1층으로

실제 사례 72

소재지	(435-805) 경기도 군포시 산본동 XXXX-XX 군포상가 7층 702호				
	[도로명주소] 경기도 군포시 산본로323번길 XX(산본동)				
물건종별	상가(점포)	채권자	현우공업	감정가	115,000,000원
대지권	12.624㎡ (3.82평)	채무자	이ㅇㅇ	최저가	(51%) 58,880,000원
전용면적	68.88㎡ (20.84평)	소유자	조ㅇㅇ	보증금	(10%) 5,888,000원
입찰방법	기일입찰	매각대상	토지/건물일괄매각	청구금액	683,554,201원
사건접수	20XX-03-02	배당종기일	20XX-05-25	개시결정	20XX-02-26

기일현황			
회차	매각기일	최저매각금액	결과
신건	20XX-07-07	115,000,000원	유찰
2차	20XX-08-11	92,000,000원	유찰
3차	20XX-09-15	73,600,000원	유찰
4차	20XX-10-20	58,880,000원	매각
성ㅇㅇ /입찰8명/매각68,350,000원(59%)			

오면 안 되고, 1층에 들어가야 할 업종이 고층에 입점하면 안 되니까요.

앞 사례 72번 물건은 지하철 4호선 산본역 바로 앞에 위치한 상가 건물 중 7층이 경매에 나온 사건입니다. 현재 기원으로 사용되고 있었고 전용평수도 20평으로 매우 컸습니다. 미납관리비도 거의 없었고 월세 70만 원은 무난히 받을 수 있는 물건이라 제 지인에게 입찰을 권했는데 아쉽게도 2등으로 떨어졌습니다. 이처럼 산본 신도시 핵심 상권지역에 있는 평수가 큰 물건은 기원보다는 보습학원, 어린이 체육시설, 개인병원, 한의원, 치과, 독서실, 사무실 등으로 활용하는 것이 더 적합합니다.

청개구리의 상가 및 공장 공략하기

46

개인에게 인기 없어도 기업에게 인기만점인 아파트형 공장

바로 여기! 구로구 구로동 아파트형 공장

청개구리 역발상

고정관념 월세를 창출하는 수익형부동산은 오직 오피스텔과 상가뿐이다.

아파트형 공장은 공실률이 낮아 수익률이 매우 높은 우수한 수익형부동산이다.

2000년대에 들어서면서 아파트형 공장(최근 '지식산업센터'로 호칭이 변경되었음)이 급격히 늘고 있습니다. 2000년 6곳, 2005년 48곳, 2009년 82곳, 2012년에는 100여 개가 넘는 아파트형 공장이 서울 디지털산업단지(구로디지털단지, 가산디지털단지) 내에 대거 몰려 있습니다. 새로 창업을 하려는 기업들이 대부분 이곳에 자리를 잡았고 강남이나 여의도 동에 사무실을 가졌던 업체들도 이 아파트형 공장으로 이전을 한 것입니다.

이렇게 기업들이 앞다투어 아파트형 공장으로 이주하는 가장 큰 이유는 무엇보다 저렴한 비용 때문입니다. 보통 서울 디지털산업단지(구로디지털단지 + 가산디지털단지) 아파트형 공장의 임대료는 강남의 2분의 1, 관리비는 4분의 1수준이고, 더불어 정부에서 각종 세제 지원과 인센티브도 제공합니다.

또한 정부는 아파트형 공장을 수도권 공장 총량제(제조업의 과도한 수도권 집중을 억제하기 위해 공장 건축면적을 총량으로 설정해 건축을 제한하는 제도)에서 제외시켰습니다. 여기에 지식산업센터 입주 기업에 주어지는 각종 세제 혜택도 연장되었습니다. 서민 경제 및 지역 경제 활성화를 위해 지식산업센터의 수분양자들은 취득세와 재산세 경감 기간을 2019년 12월 31일까지 연장받아 기존대로 취득세 50% 감면과 5년간 재산세 37.5% 감면 혜택을 그대로 누릴 수 있게 되었습니다.

아파트형 공장을 사무실로 분양받은 벤처기업에는 공장등록증 발급 혜택을 부여해 향후 정부 대상 수주 활동을 벌일 때도 유리합니다. 국가공단에 설립된 아파트형 공장 중 벤처집적시설로 인정받은 곳은 전기세 등 각종 공과금 절감 혜택도 받을 수 있습니다. 특히 구로디지털단지에는 대규모 산업 단지의 아파트형 공장이 밀집해 있고 협력·경쟁 업체가 많아 시너지 효과를 누릴 수 있으며 지하철 1·2·7호선 및 서부간선, 남부순환도로에 접한 교통의 요충지여서 항상 수요가 끊이지 않는 곳입니다.

이처럼 최근에 지식산업센터로 이름을 바꾼 아파트형 공장이 일반 아파트 못지않은 시설과 쾌적한 주변 환경을 장점으로 부동산 임대시장에서 인기몰이를 하고 있습니다.

구로디지털단지 아파트형 공장이 가산디지털 단지 아파트형 공장보다 더 쾌적하고 주변 인프라가 더 잘 구축되어 있어 비싸게 거래되고 있습니다. 구로디지털단지의 매매시세는 분양 평당 500~750만 원 전후이며 임대시세는 분양평수 70~72평(전용 면적 40평)을 기준으로 할 때 구로디지털단지역에서 도보로 3분 거리(초역세권)는 280~300만 원, 3~10분 거리(역세권)는 270만 원, 10분(비역세권)이 넘으면 230~250만 원으로 가격이 저렴해지며 관리비는 평당(분양평형) 4천 원 전후로 형성되어 있습니다.

반면 가산디지털단지 아파트형 공장의 시세는 구로디지털단지보다 낮게 형성되어 있는데 매매시세는 평당 450~600만 원 전후이며 임대시세는 가산디지털단지 역에서 가까운 곳이 분양 면적 70~72평(전용평수 40평) 기준으로 270만 원 전후입니다.

다시 정리하면 분양평형 70평 기준으로 구로디지털단지 매매시세는 최소 평당 500만 원, 임대시세는 평당 3만 8천 원 수준이고, 가산디지털단지의 매매시세는 최소 평당 450만 원, 임대시세는 3만 5천 원 전후로 이해하면 됩니다.

이렇게 지하철역 주변에 위치하여 직주 근접이 용이해진 아파트형 공장이 새로운 투자처로 각광을 받고 있지만 일반 개인이 임대사업을 할 때 주의해야 할 부분은 몇 가지 있습니다. 산집법(산업집적활성화 및 공장설립에 관한 법률 시행령 367조 4항)에 의하면 아파트형 공장 입주 자격은 제조,

- 제38조의 2(산업단지에서의 임대사업 등) (1)제33조 제6항에 따른 산업시설 구역(이하 '산업시설 구역')에서 산업용지 및 공장 등의 임대사업을 하려는 자는 제15조 제1항에 따른 공장설립 등의 완료 신고 또는 같은 조 제2항에 따른 사업 개시의 신고를 한 후에 관리 기관과 입주 계약을 체결하여야 한다.

- 제40조 (경매 등에 의한 산업 용지 등의 취득) (1)경매나 그 밖의 법률에 따라 입주기업체의 산업 용지 또는 공장 등을 취득한 자가 그 취득한 날부터 지식경제부령으로 정하는 기간 내에 입주 계약을 체결하지 못한 경우에는 그 기간이 지난날부터 지식경제부령으로 정하는 기간 내에 이를 제3자에게 양도해야 한다.

연구, 개발 등을 하는 업체여야 하고 개인이 임대사업을 하려면 이런 업종의 사업자 등록을 해야 합니다.

아파트형 공장에 대한 무분별한 개인의 임대사업에 제한을 두겠다는 것입니다. 더 알기 쉽게 설명하면, 일반 개인이 임대사업을 할 수 있는 절차는 아파트형 장 매입 시 지식산업센터에 입주 가능한 업종(제조, 연구, 개발 등)으로 사업자 등록을 하고 구청 또는 산업단지공단에 입주계약 및 사업계획 신고를 해야 한다는 것입니다. 그리고 약 3개월이 지나면 사업개시신고를 하게 되는데 이 절차는 매입한 이유가 이 공간에서 사업을 시작하려 했다는 것을 입증하는 절차입니다.

즉 매출이나 사업을 시작하려 했던 흔적(인테리어나 각종 시설) 같은 것들이 있어야 한다는 것입니다. 이렇게 해서 개시신고가 되고 나면 임대사업이 가능해집니다. 다시 말해 산집법에서 담고 있는 취지는 '실제로 사업을 하려고 매입해야 하고 사업적으로 노력을 해라. 그래도 사업이 잘되지 않는 경우만 임대사업을 허가 할 것이다'라는 뜻으로 이해하면 됩니다. (다만 임대사업을 할 경우 초기 면제받은 취·등록세를 다시 반환해야 합니다.)

그런데 산업단지 외 지역의 아파트형 공장은 복잡한 절차 없이 바로 개인이 임대가 가능한 것들도 분양하고 있으니 참고하시기 바랍니다.

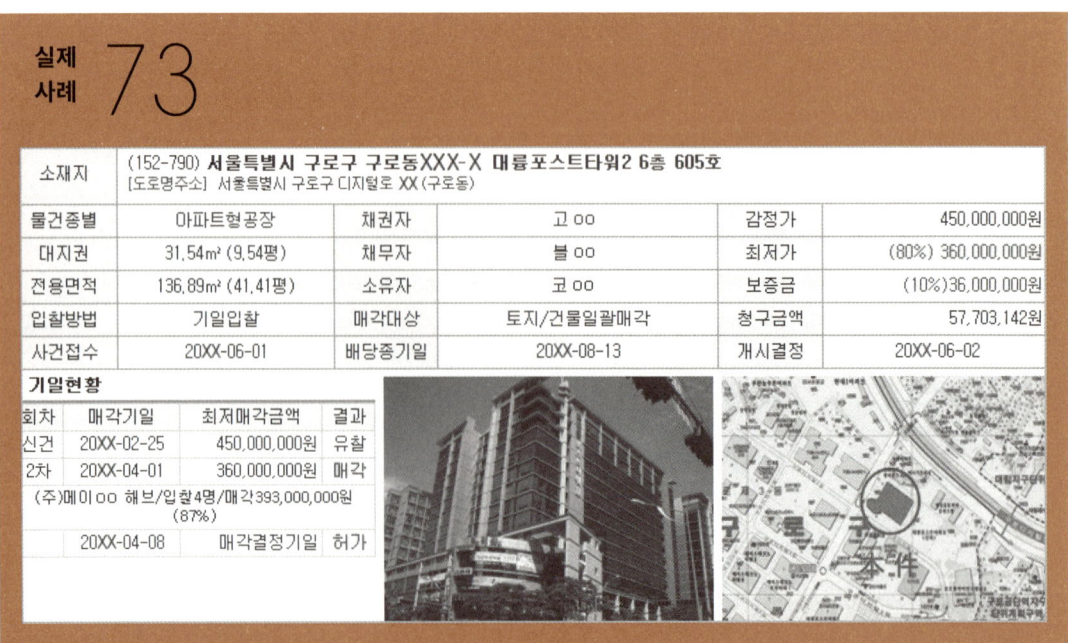

실제 사례 73

사례 73번 물건은 구로디지털단지에 있는 전용평수 41평인 아파트형 공장입니다. 구로디지털단지는 지하철에서 가까울수록 가격이 비싼데 이 아파트형 공장은 지하철역과 도보 3분 거리로 무척 가까운 편입니다. 또한 이 지역에는 대륭건설에서 지은 아파트형 공장이 많은데 이들은 주위에서 인기도 많고 거래도 잘되어 높은 시세를 유지하고 있습니다.

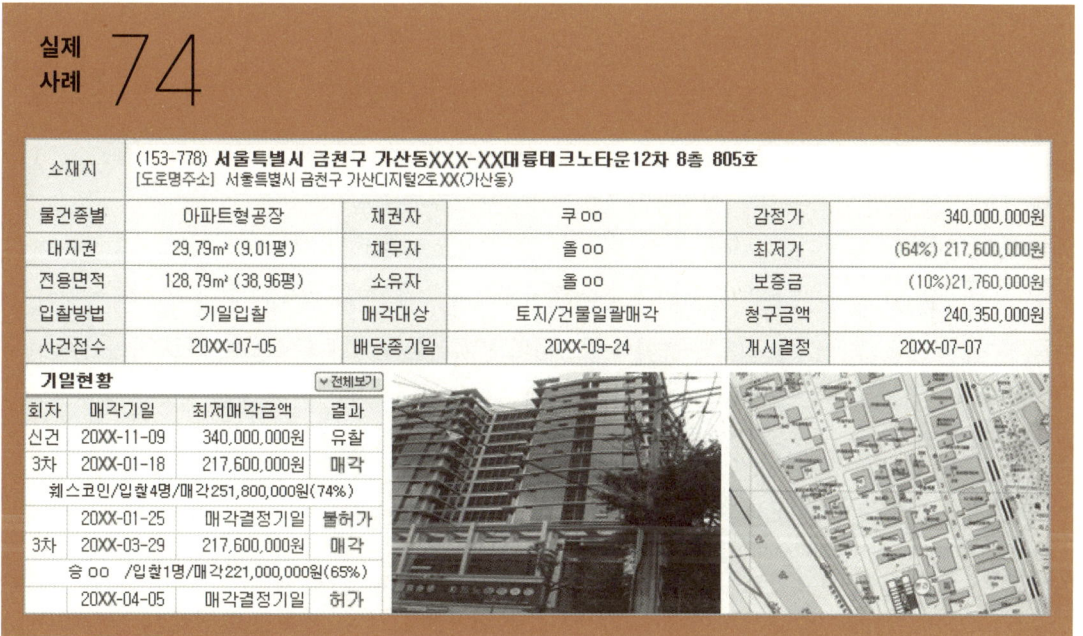

사례 74번 물건은 금천구 가산동 가산디지털단지 내에 있는 아파트형 공장으로 이전 물건과 비슷한 평수인데 비해 가격은 훨씬 저렴합니다. 같은 대륭건설에서 지은 아파트형 공장이지만 가산디지털단지가 구로디지털단지보다 저렴한 시세를 형성하고 있고 또한 지하철 7호선인 가산디지털단지 역에서 도보 15분 이상으로 상당히 먼 곳에 위치하여 가격이 저렴한 것입니다. 하지만 이런 물건들은 월세가 저렴한 만큼 매매가격도 저렴하여 수익률로 비교해볼 때는 비슷하거나 오히려 높습니다.

신의 한 수 18

상가 투자 성공의 열쇠, 우량 임차인 유치 방법

상가건물 임대사업에 성공하려면 공실 없이 매월 임대료를 고정적으로 회수할 수 있도록 우량 임차인을 유치해야 합니다. 곧 상가 투자의 성패는 우량 임차인 유치와 임차인의 체계적인 관리에 달려 있다 해도 과언이 아닙니다. 하지만 대부분 상가 주인들은 임차인을 구하기 위해 주변 중개업소 1~2군데에 의뢰하고 기껏해야 건물 외벽에 현수막을 내건 후 막연히 기다리는 소극적인 관리를 하고 있는 게 전부입니다.

하지만 상가투자에 성공하려면 적극적인 임차인 관리와 우량 임차인 유치를 위한 임대 마케팅에 힘써야 합니다. 이를 통해 연체 및 공실률을 낮춰 임대수익률을 향상시키고, 향후 매각 때는 경쟁력을 갖춘 상품으로 높은 프리미엄을 얻어야 하겠죠. 우량 임차인 유치를 위한 임대 마케팅 전략에는 다음과 같은 방법이 있습니다.

먼저 상가를 경쟁력 있는 임대상품으로 만들어야 합니다. 최근 불경기가 장기화되면서 주변에 임대매물이 넘쳐나고 있습니다. 따라서 다른 상가보다 쾌적한 임대공간과 매력적인 서비스로 경쟁력을 갖춰야 성공할 수 있습니다.

또한 적극적으로 홍보에 나서야 합니다. 임대는 홍보와 광고를 통해 필요한 임차인들에게 많이 알리는 것이 중요합니다. 적어도 주변 중개업소 20군데 이상에 알리고 '피터팬의 좋은 방 구하기'와 같은 온라인 임대 사이트를 적극 활용해야 합니다.

마지막으로 임대조건 협상은 항상 탄력적이어야 합니다. 우량 임차인이라면 임대계약 협상 시 임대료와 기간, 인테리어 조건 등에 대해 융통성을 가지고 탄력적으로 대응해야 합니다. 상가도 이제는 비효율적인 주먹구구식 관리에서 벗어나 선진국처럼 체계적이고 효율적인 관리가 절실히 요구되는 시점이기 때문입니다.

★★★★★ 절대 실수하지 마세요! ★★★★★

1.
상가는 한번 비면 공실기간이 길다

빌라나 아파트와 같이 거주하기 위한 주택의 경우는 임차인이 한번 이사하면 몇 달 안 되어 곧 다른 임차인으로 금방 채워지지만 상가는 좀 다릅니다. 보통 자영업자가 장사를 하기 위하여 상가를 임차하기 때문에 경기가 좋지 않으면 사업 시작을 미루게 됩니다. 요즘과 같이 경기가 지속적으로 좋지 않으면 장사를 시작하려는 사람들이 움츠러들기 마련입니다. 이럴 때는 상가 공실기간이 몇 년간 지속될 수도 있습니다. 제 지인 중 한 분은 이전 임차인이 월세를 자꾸 깎으려 해 이사를 내보냈는데 3년째 공실로 둬야 했습니다.
이렇게 공실 기간이 오랫동안 지속되는 또 다른 이유는 상가 소유주가 이전에 받았던 월세를 고집하기 때문일 수도 있습니다. 불경기에는 상가의 특성상 월세가 떨어지면 매매가격도 현저하게 떨어지는 것은 맞지만 높은 임대료를 고집하는 것은 좋지 못한 방법이라 생각됩니다. 임대료를 낮추어 임차인을 유치하고 임차인의 입장을 최대한 배려하여 사업 운영에 불편한 것이 없는지 지속적으로 관심을 갖고 오랫동안 장사를 할 수 있도록 도와주는 것이 훨씬 유리할 것입니다

2.
낙찰 후 용도를 분명히 하고 입찰해야 한다

본인이 직접 장사를 할 자리인지, 임차인에게 세를 줄 것인지, 직접 장사를 한다면 어떤 장사를 할 것인지 등 매입 목적을 분명히 하고 낙찰을 받아야 합니다. 그냥 무턱대고 시세보다 저렴하다고 낙찰을 받고 상권에 맞지 않는 업종에 임대를 주게 되면 장사가 안 되어 상권도 피해를 입고 임대인도 밀린 월세로 고통을 받게 됩니다. 상가는 월세를 제 날짜에 잘 내는 임차인을 만나는 것이 쉽지 않습니다. 낙찰인 본인이 직접 장사를 할 자리가 아니면 공실 기간이 길어질 것을 염두에 두어 아주 철저히 저가에 낙찰을 받아야 수익이 남는 것입니다.

PART 5

청개구리의
단독 및 다가구주택 공략하기

먼저 알아두기

요즘 같은 시기가 단독 및 다가구주택을 매입하기엔 최적의 시기입니다. 일반 주택은 매매 금액대가 비교적 높게 형성되어 있어 다른 것들보다 매매가 쉽지 않아 환금성이 제일 낮은 종목인 대신에 대지가 크고 건물 소유주가 마음대로 창의적인 변신이 용이하다는 장점이 있습니다. 저가에 사서 건물 여기저기에 독창적인 공을 들인다면 멋진 부동산으로 다시 태어날 수 있기 때문에 가치 상승 또한 수월하게 이루어질 수 있고요.

특히 서울은 앞으로 건물을 지을 땅이 매우 부족한 지역이기 때문에 단독 및 다가구주택을 허물고 용적률이 높은 공동주택으로 개발하려는 시도가 더욱 높아질 것이라고 봅니다. 시간이 지날수록 이런 단독주택들의 희소성은 점점 높아질 것이고요.

주택은 건물주가 각자 자기의 개성에 맞게 창의적으로 꾸미느냐가 관건이 될 것입니다. 아파트나 빌라와는 달리 그 집을 마음에 들어 하는 수요층만 제대로 만나면 매우 높은 수익률을 달성할 수 있습니다. <u>그러므로 여윳돈이 있고 부동산으로 장기적인 관점에서 큰 수익을 내기 원한다면 단독 및 다가구주택을 저는 적극 추천합니다.</u>
서울에 큰 땅을 산다는 마음으로 접근해보세요. 그러면 한결 마음이 편안해질 것입니다. 서울의 땅값은 전쟁이 나지 않는 이상 절대로 떨어지지 않습니다. 그러니 여러분도 한번 눈을 번쩍 뜨고 좋은 단독주택 및 다가구주택 물건을 찾아보시기 바랍니다.

* 실제 사례의 계산법은 이사 비용 및 수리 비용, 취득세 등의 각종 세금, 법무사수수료 등을 제외한 결과입니다.

청개구리의 단독 및 다가구주택 공략하기

47

허름하더라도 ⇨ 저가에 사서 리모델링만 하면 새집으로!

바로 여기! 성북구 길음동 단독주택

15-1

청개구리 역발상

고정관념: 허름한 단독주택은 쓸모가 없다.

역발상: 사람들이 선호하지 않기 때문에 저가에 매입하여 리모델링 후 임대 및 매매를 하면 좋은 투자상품이 된다.

경매물건들을 답사하다 보면 종종 1960~1970년대 지어진 허름한 빨간 벽돌 단독주택이 경매에 나온 경우를 볼 수 있습니다. 위치도 역세권이고 임대수요 또한 풍부한 지역인데도 잘 관리가 되지 않고 노후도가 심해 여기저기 벽이 갈라져 있거나 예전 재래식 화장실을 사용하고 있어 악취가 심한 집들도 있습니다. 보통 이런 경우 집주인들이 연세가 많으신 분들이 많은데, 체력적으로 힘들어 관리를 잘 못하시거나 집에 투자를 해야 할 필요성을 못 느끼시는 경우가 대부분입니다.

많은 경매투자자들이 이런 집들을 냄새나고 귀찮고 볼품이 없어 보이기 때문에 매우 기피하죠. 그래서 이런 물건들은 2~3회 유찰되는 것이 기본입니다. 하지만 위치 좋은 단독주택은 대지지분도 크고 한 필지를 혼자 다 사용할 수 있기 때문에 다른 사람 눈치 안 봐서 좋고 자유롭고 창의적으로 변신이 가능합니다.

리모델링 하기 전

리모델링 한 후

이런 단독주택은 리모델링 비용을 2~3천만 원 정도 책정하고 매입하면 됩니다. 최대한 저렴한 비용으로 멋지게 리모델링을 하고 나면 매우 훌륭한 집으로 변신할 수 있습니다. 기존의 관리가 안 된 정원을 손봐서 방울토마토, 고추, 가지, 상추 같은 저렴하게 심을 수 있는 채소로 텃밭을 만들고, 입구에서 잘 보이는 건물 외벽은 방부목재로 나무 느낌을 살려주면 지방의 멋진 전원주택처럼 훌륭한 집으로 재탄생하게 됩니다. 또한 단독주택은 대지지분이 매우 커서 향후 재개발, 재건축, 뉴타운 등으로 개발될 때 보상가격(감정평가금액)이 높아 미래가치도 좋은 편입니다.

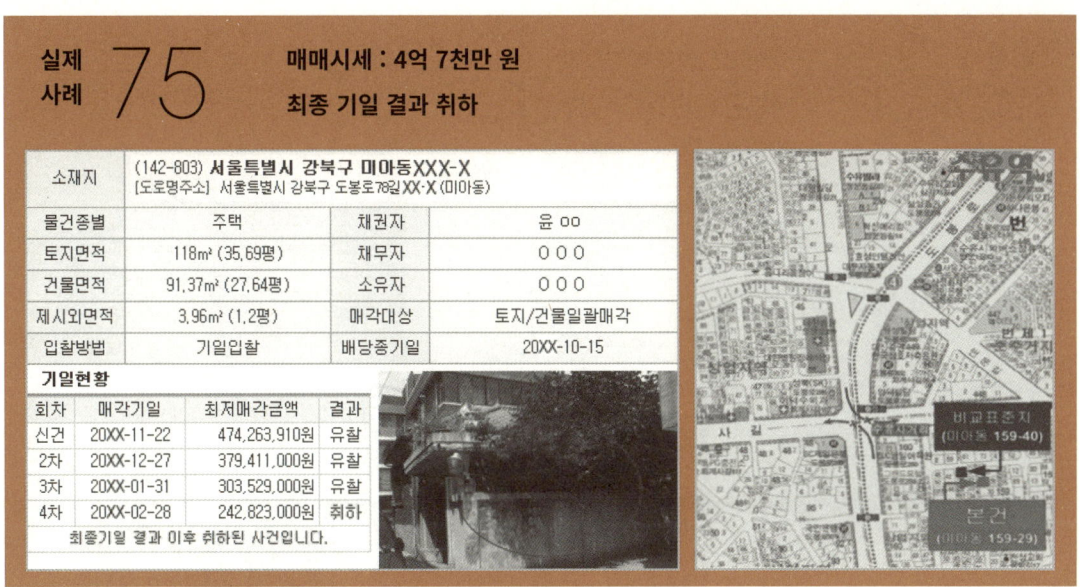

위의 물건은 서울 강북구 미아동에 위치한 단독주택으로 4억 7천만 원에 감정되어 2억 4천만 원까지 유찰이 되었다가 채무자가 빚을 갚고 취하된 사건입니다.

수유사거리 남동쪽 인근에 위치하고 있으며 강북구, 도봉구에서 제일 번화한 상권인 수유역 상권 밀집지역 인근에 있어 이곳에 종사하는 사람들의 임대수요가 풍부한 곳입니다. 이 물건은 지하철 4호선 수유역에서 도보로 10분 거리 내에 있어 위치가 좋은데, 1983년에 지어진 30년 이상 된 단독주택으로 건물이 노후되었고 볼품이 없어 계속 유찰이 된 사건입니다. 그러나 이런 물건도 매입한 후 전체 리모델링을 거치면 완전 새집처럼 변할 수 있습니다.

다음의 물건도 마찬가지입니다. 이 물건은 1967년에 지어진 약 50년 된 단독주택으로 지하철 4호선 미아삼거리역 인근에 위치해 있습니다. 실제로 가보면 거의 무너지기 직전인 건물로 벽 여기저기 금이 간 것은 물론이고 냄새도 나는 것 같았습니다. 하지만 이 건물은 길음동의 핵심 번화가인 현대백화점과 신세계백화점 중간에 위치해 있고 미아삼거리역 주변에 밀집된 상권으로 인하여 임대수요가 풍부한 지역으로서 지하철역에서 가깝고 주변

실제 사례	76

매매시세 : 5억 5천만 원
낙찰금액 : 4억 6천 4백만 원
시세차익 : 8천 6백만 원

소재지	(136-800) 서울특별시 성북구 길음동XXX-X		
	[도로명주소] 서울특별시 성북구 도봉로3길XX-X (길음동)		
물건종별	주택	채권자	국민은행
토지면적	106㎡ (32.06평)	채무자	황ㅇㅇ
건물면적	66.71㎡ (20.18평)	소유자	황ㅇㅇ
제시외면적	1㎡ (0.3평)	매각대상	토지/건물일괄매각
입찰방법	기일입찰	배당종기일	20XX-06-29

기일현황

회차	매각기일	최저매각금액	결과
신건	20XX-08-20	656,163,000원	변경
신건	20XX-09-24	656,163,000원	변경
신건	20XX-10-29	656,163,000원	유찰
2차	20XX-12-03	524,930,000원	유찰
3차	20XX-01-07	419,944,000원	매각
이ㅇㅇ /입찰3명/매각464,520,000원(71%)			
	20XX-01-14	매각결정기일	허가

에 낡은 집들이 많아 향후에 가장 개발이 빨리 진행될 수 있습니다. 이런 물건은 입찰 전부터 건물에 2~3천만 원 정도의 리모델링 비용을 미리 계산하여 저가에 낙찰을 받으면 수익률을 높일 수 있습니다.

청개구리의 단독 및 다가구주택 공략하기

48
오래된 다가구주택이라면 여러 개의 원룸으로 개조

바로 여기! 성북구 길음동 다가구주택

청개구리 역발상

고정관념	오래된 다가구주택은 투자 가치가 떨어진다.
역발상	위치가 좋은 다가구 주택은 원룸으로 개조하면 임대가 잘되어 투자 가치가 높다.

지하철역에서 가깝거나 임대수요가 풍부한 지역에 위치한 오래되고 지저분한 다가구주택들은 건물이 노후화되어 건물가격 대신 대지지분으로 '평당 얼마씩' 가격이 형성되어 있습니다. 1960~1980년대 이런 오래된 구옥이 지어질 당시에는 보통 한 층에 한 가족이 살 수 있도록 방 3개로 지어진 경우가 대부분이었기 때문에 각 층별로 한 세대씩 거주하는 경우가 많습니다.

이런 구옥 다가구주택을 매입하고 건물에 약 2~3천만 원 정도를 투입해 여러 개의 원룸으로 리모델링하는 것도 좋은 방법입니다. 보통 한 층에 4~5개의 원룸을 만들 수 있습니다. 오래된 다가구주택을 원룸으로 바꾸어 임대를 놓는다면 임대수익률도 대폭 상승되고 매매가격도 상승할 수 있습니다.

리모델링 하기 전

리모델링 한 후

이런 주택들은 전반적으로 리모델링을 하면서 거실과 발코니 등과 같은 모든 공간을 전부 방으로 만들 수 있습니다. 방을 최대한 많이 만들고 방마다 중고 가전제품으로 풀옵션을 채우면 월세를 극대화할 수 있고 공실률도 줄일 수 있습니다. 허름하고 관리가 안 되어 있는 단독 및 다가구주택일수록 경쟁이 없어 저가에 매입이 가능하니 이런 물건들을 눈여겨보시기 바랍니다.

법원 경매에서 오래된 다가구주택은 감정가격도 적게 평가되고 유찰도 많이 되는 편입니다. 임차인들과 같은 이해관계인들이 많아 권리관계가 복잡해 보이거나 건물이 노후화되어 볼품이 없어 보이기 때문이죠. 하지만 역세권이거나 임대수요가 풍부한 지역에 오래되고 볼품없는 다가구주

| 실제 사례 77 | 매매시세 : 5억 5천만 원
낙찰금액 : 4억 3천 8백만 원
시세차익 : 1억 1천 2백만 원 |

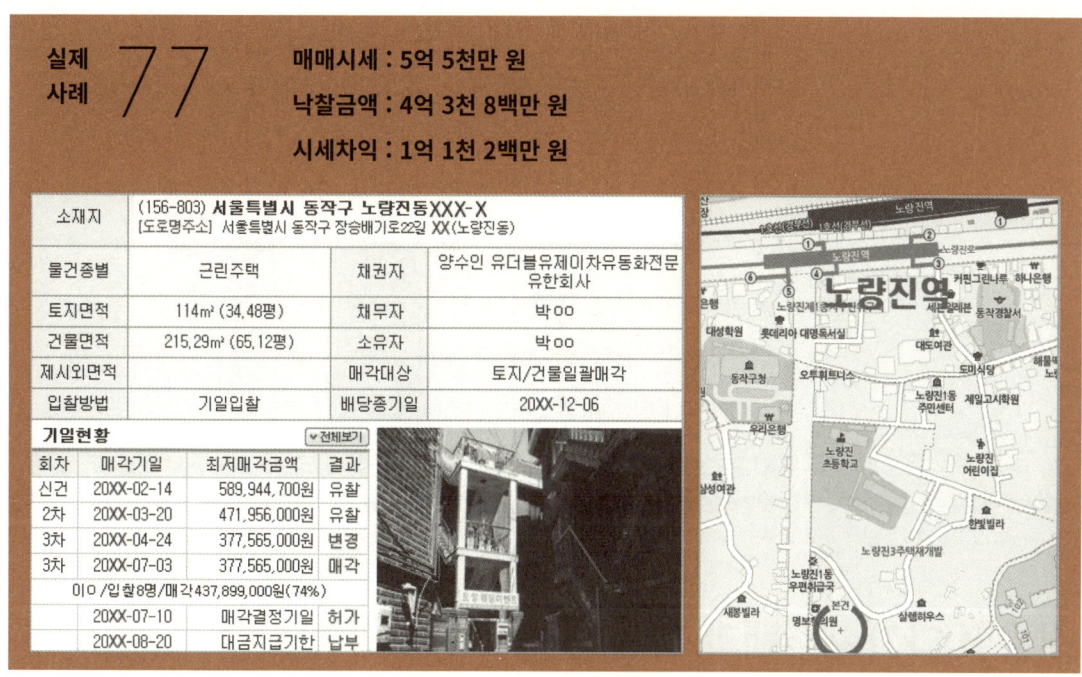

택이 경매에 나오면 주의 깊게 보고 최대한 싸게 매입하여 리모델링한다면 20~30%의 임대수익률을 얻을 수 있습니다.

    위 물건은 서울 동작구 노량진동에 위치한 다가구주택으로 노량진역에서 도보 5분 정도로 매우 가까우며, 노량진역 주변으로 입시학원, 고시학원, 편입학원 등 전국에서 유명한 대규모 학원이 많이 밀집되어 있어 원룸에 대한 수요가 매우 높은 지역입니다.

    또한 이 지역은 지하철 1호선 노량진 역사 바로 앞에 위치하고 있고 지하철 9호선 개통으로 서쪽으로는 여의도 업무지구가, 동쪽으로는 강남 업무지구가 매우 가까워졌으며 저렴한 물가와 집세로 여의도 금융지구 내 직장인들과 강남 업무지구에서 일하는 사회초년생들에게 특히 인기가 많습니다. 게다가 지하철 1호선 국철을 이용하면 서울의 핵심 업무지구인 광화문·시청으로 금방 연결이 되며 서울 대부분의 업무지구로 쉽게 출퇴근이 가능한 사통팔달의 편리한 교통을 자랑하는 지역이기도 합니다. 따라서 이렇게 원룸 수요가 많거나 지하철역에서 가까워 위치가 좋은 물건들을 낙찰받고 원룸으로 리모델링하여 임대를 놓으면 높은 수익을 낼 수 있습니다.

하지만 이렇게 허름한 다가구주택을 원룸으로 리모델링 할 때는 꼭 살펴보아야 할 주의사항이 있습니다. '청개구리의 오피스텔 공략하기'에서 강조한 것처럼 반드시 주변에 도시형 생활주택과 오피스텔의 수급 상황을 확인해야 한다는 점입니다. 오래된 다가구를 아무리 훌륭하게 리모델링하여 원룸으로 만들어도 기초부터 새로 지은 도시형 생활주택과 오피스텔의 시설을 따라갈 수 없기 때문입니다.

노량진동 대부분의 지역은 노량진 뉴타운에 지정되어 땅값이 비싸 사업성이 안 나오고 또한 건물 신축이 제한되어 있는 지역이 많아 주변에 원룸의 공급이 그리 많지 않습니다.

원룸형 다가구주택과 도시형 생활주택의 차이점

도시형 생활주택은 1~2인 가구가 증가함에 따라 이 수요에 대처하기 위해 2009년 5월 정부가 주택법을 개정하여 만든 주택유형이고, 도시형 생활주택이란 용어가 생겨나기 이전에 빌라 같은 건물에 여러 개의 원룸(보통 10~16개 정도)을 지어놓은 건물이 원룸형 다가구주택입니다.

얼핏 봐서는 비슷한 것 같아도 다릅니다. 원룸형 다가구주택은 주택법상 단독주택에 들어가기 때문에 개별 호실별로 분양이 안 됩니다. 때문에 건물 통째로 매각하는 일명 '통매각'식으로 매매가 이루어지고, 도시형 생활주택은 주택법상 공동주택으로 들어가 빌라나 오피스텔처럼 각 호실별로 등기가 되고 매매가 가능합니다. 건물 규모도 더 크고요.

도시형 생활주택은 빌라형(단지형 다세대주택), 원룸형, 기숙사형 등 총 3가지 형태로 분류됩니다. (이해를 돕기 위해 단지형 다세대주택을 빌라형이라고 바꾸어 표현하겠습니다.) 빌라형은 말 그대로 빌라를 단지화한 것이며, 원룸형은 방 하나를 거실 겸 침실로 사용하는 형태이고, 기숙사형은 대학가 주변에서 흔히 볼 수 있는 고시원처럼 화장실과 취사실을 공동으로 사용하는 형태입니다.

크기로 따져보자면 빌라형은 85㎡ 이하, 원룸형은 12㎡ 이상에서 30㎡ 이하, 기숙사형은 7㎡ 이상에서 20㎡ 이하로 나눌 수 있습니다. 도시형 생활주택은 건설기준(소음, 배치, 기준척도 등) 및 관리사무소, 조경시설, 놀이터, 경로당 등 각종 부대시설 및 복지시설 설치 의무기준이 면제되어 그만큼 수익률이 높아집니다.

또한 종전 1세대당 1주차장이었던 주차장 설치 기준이 도시형 생활주택 중 원룸형과 기숙사형에서는 대폭 완화되었는데 원룸형의 경우 세대 당 0.2~0.5대, 기숙사형은 이보다 훨씬 낮은 0.1~0.3대입니다. 게다가 지자체가 지정·고시하는 주차장 완화 구역에서는 10세대당 1대꼴로 주차장 기준을 대폭 완화하여 주차장 설치로 인한 건축면적 손실이 줄어들어 이런 지역에서의 원룸형이나 기숙사형 주택사업의 채산성은 매우 좋아질 수밖에 없습니다.

법원 경매를 통해 역세권 및 임대수요가 풍부한 지역의 단독주택을 저가로 매입하여 허물어버리고 '도시형 생활주택' 혹은 '원룸형 다가구주택'을 건축하는 것이 의외로 수익률이 좋습니다. (물론, 요즘 오피스텔과 도시형 생활주택을 너무 많이 지어 공급이 과잉되어 월세가격이 떨어질 수 있으니 주위를 요해야 합니다.)

땅이 크거나 용도가 준주거지역이어서 20세대 이상 원룸을 많이 만들 수 있으면 '도시형 생활주택'이 유리하고, 땅이 작아 20세대 이하로 지어야 한다면 '원룸형 다가구주택'이 유리합니다. 특히 도시형 생활주택은 최근 정부의 집중 지원을 받아 여러 가지 혜택이 많으므로 다가구주택보다 유리한 면이 많이 있습니다.

성공의 관건은 역시 임대수요가 풍부한 지역의 땅을 얼마나 저가에 매입할 수 있느냐에 있는데, 사업비에서 70~80% 차지하는 토지 매입비용을 줄일 수 있는 방법으로는 법원 경매만큼 좋은 것이 없겠지요.

원룸형 다가구주택

도시형 생활주택

신의 한 수 19

주택의 부가가치를 높이는 다양한 방법들

1. 회사 사무실로 변신

최근 마포구, 강남구, 서초구, 송파구 등을 중심으로 상가들이 매우 밀접해 있는 지역에 단독 및 다가구주택들이 서서히 법인회사 사무실로 변화하는 흐름을 보이고 있습니다. 빌딩이나 상가는 전용률이 낮아 가격 대비 실제 사용공간이 좁고 관리비가 비싸기 때문에 공간 효율성이 높은 단독 및 다가구주택을 회사처럼 멋지게 리모델링하여 운영하는 수요들이 늘고 있는 것입니다. (회사 물품을 보관할 수 있는 창고 공간이 크다는 장점도 가지고 있습니다.)

보통 이런 경우는 사무실과 같은 업무시설이 밀집되어 있는 지역에서 빈번하며 특히 홍대역 근처, 강남역 근처, 역삼역 근처, 선릉역 근처 등 업무용 사무실 선호 지역에서는 대로변 상가가 무척 비싸기 때문에 배후에 있는 단독 및 다가구주택을 개량하여 사무실로 이용하는 사례가 꽤 많습니다. 이런 지역의 경매물건을 유심히 지켜보고 기다리고 있다가 원하는 가격까지 유찰되었을 때 적극적으로 입찰해보시기 바랍니다.

단독주택 사무실

다가구주택 사무실

2. 엔터테인먼트 사무실로 변신

엄청난 인기몰이를 하고 있는 YG 엔터테인먼트 사옥의 경우도 주목해볼 만합니다. 신문기사에 따르면 100억 상당의 가치를 갖는 이 건물은 회사 대표인 양현석 씨가 경매(서울서부지방법원 2006타경12462호)로 28억에 취득한 것입니다. 사실 이 건물은 이전에 관리가 되지 않는 3층짜리 허름한 여관(합정장)이었지만 합정역 인근에 위치해 있고 양화대교 북단에 바로 인접해 있어 교통 접근성이 매우 훌륭합니다. 방송의 요충지인 여의도와 일산의 접근성, 최근 새로운 방송 메카 단지로 떠오르고 있는 상암 디지털미디어단지로의 접근성도 좋으며 서울시의 '합정·망원·당산 문화예술 거점 개발계획' 효과로 한때 부동산 투기열풍이 일기도 했던 지역이기도 합니다. YG 엔터테인먼트에서 이 물건을 매입할 당시만 해도 이 건물은 노후되고 여기저기 파손된 부분이 많아 영업을 하지 않고 있었습니다. 오래된 상가시설을 저가에 매입하여 엔터테인먼트 회사 사무실로 재창조하니 엄청난 부가가치가 생긴 셈이죠.

YG엔터테인먼트 사옥 이전 모습   YG엔터테인먼트 사옥 현재 모습

3. 수익성 높은 점포로 변신

최근 초역세권 및 대학가를 중심으로 단독 및 다가구주택이 분위기 있는 카페나 의류점, 레스토랑으로 변신하고 있습니다. 특히 홍대역, 신촌역 인근과 강남역 인근, 종로구 인사동 및 가회동 인근 쪽이 이런 변화가 점점 뚜렷해지고 있는 추세입니다. 단독 및 다가구주택은 용도를 변경하면 상가로의 전환이 용이하고 장사가 잘돼 손님이 많아지면 주택일 경우와 비교가 되지 않을 정도로 임대수익률이 월등히 높아집니다. 통상적으로 단독주택과 다가구주택 1층을 거주공간으로 선호하는 사람은 거의 없을 것입니다. 주택일 때 별 볼 일 없던 1층 공간이 상가로는 엄청난 부가가치를 발생시키는 공간으로 탈바꿈하는 셈입니다. 또한 단독 및 다가구주택을 주거용으로 사용해야 되는 경우 일부만 점포로 활용하는 방법도 있습니다. 그러니 건물의 모든 공간을 창의적으로 생각할 수 있어야 합니다.

단독주택이 멋진 점포로 변신(좌 헤어숍, 우 카페)

다가구주택이 멋진 점포로 변신(좌 식당, 우 카페)

주택의 일부만 점포로 변신(좌 카페, 우 의류점)

4. 어린이집으로 변신

단독 및 다가구주택이 어린이집이나 유치원으로 활용되는 사례도 늘고 있습니다. 이럴 경우 빌라나 아파트와 달리 정원도 활용 가능하고 여러 가지 놀이시설을 친환경적으로 꾸밀 수 있어 학부모들로부터 인기가 많습니다. 아이들과 함께 정원에 채소도 심고 지렁이도 키우고 소형 풀장도 만들고 작은 미끄럼틀에서 놀 수 있는 등 장점이 많기 때문이죠. 흙을 밟고 뛰어 놀 수 있는 친환경 어린이집처럼 건물이 특성화되면 부가가치는 더 높아집니다.

단독주택 어린이집

다가구주택 어린이집

5. 게스트하우스로 변신

단독주택을 게스트하우스로 사용하는 경우는 주로 인천공항철도가 연결된 상암디지털단지역, 홍대역, 공덕역 주변과 우리나라 전통 관광지가 많은 종로구의 안국역, 경복궁역 주변에 많이 형성되어 있습니다. 단독주택 게스트하우스 사업은 최근 신종 창업으로 떠오르고 있기도 합니다. 초기 사업 리스크가 적고 기본적인 영어만 할 줄 알면 되기 때문에 운영이 그리 어렵지 않습니다. 외국인 관광객들이 좋아할 수 있게 정원을 친환경적으로 꾸미거나 한류 붐에 맞게 방마다 인기 연예인을 활용해 인테리어를 한다면 매우 효과적일 수 있습니다. 어떤 게스트하우스는 각 방마다 '배용준 룸' '이병헌 룸'처럼 스타별로 컨셉을 정해 인테리어를 한 경우도 있습니다.

단독주택 게스트하우스   다가구주택 게스트하우스

6. 고풍스러운 개량 한옥으로 변신

웰빙과 친환경 트렌드에 힘입어 사람들이 서서히 한옥과 같은 친환경주택에 관심을 갖고 있습니다. 특히 질병으로 고생하시는 부모님을 모시고 사는 자녀들이나 아기들 아토피 피부병처럼 친환경 건축자재를 사용하지 않아 발생하는 질병으로 고생하는 사람들이 선호합니다. 건축사 사무실, 디자인 사무실, IT 사무실, 컨설팅 사무실 등 많은 지식과 창의력을 요구하는 업종에서도 한옥을 많이 선호하며 외국인을 대상으로 하는 한정식집, 전통용품 전문점, 미술관, 게스트하우스 등으로도 호황을 누리고 있습니다.

따라서 이런 수요가 밀집된 지역에 단독주택을 경매로 저렴하게 매입하여 우리나라 전통한옥이나 현대식 주택과 접목한 개량한옥으로 만든다면 높은 부가가치가 생깁니다. 최근 서울시도 한옥과 같은 전통주택 건축을 많이 독려하여 외국인 관광의 메카로 조성하려는 정책을 펴고 있고, 실제 종로의 북촌과 같은 한옥보존지구에서 한옥을 지으면 저금리 대출 및 건축 지원금 등 다양한 혜택을 제공하고 있기도 합니다.

하지만 한옥을 건축하는 것이 그리 쉬운 일만은 아닌 것 같습니다. 우리나라 전통 한옥은 주로 소나무(육송)를 사용하여 건축하기 때문에 우리가 주변에서 흔히 보는 일반 벽돌 건축물처럼 건축자재를 손쉽게 구할 수 없고 건축비도 일반 주택에 비하여 2~3배 이상 비싸기 때문입니다. 통상 전통 한옥은 평당 1천~1천 2백만 원 전후의 건축비용이 듭니다. 하지만 비교적 비용이 저렴한 현대식 개량한옥으로 건축하면 평당 500~600만 원 정도로 고풍스러운 한옥을 연출할 수도 있습니다.

게스트하우스 사업을 하는 경우에 일반 단독주택과 개량식 한옥집의 1일 숙박료는 2배 이상 차이가 납니다. 즉 단독주택은 하루에 2~3만 원 정도인 반면 개량 한옥은 6~7만 원 정도인데, 비싸도 손님이 많은 편입니다. 여행객들은 그 나라의 전통을 체험하고 싶어 하는 마음이 크기 때문이죠.

아래 물건은 서울 종로구 가회동에 있는 단독주택으로 주변에 창경궁, 창덕궁, 종묘 등과 가까워 평상시에서 외국인들이 끊이질 않은 곳입니다. 특히 이 지역은 북촌 한옥보존지역이라 주변에 고풍스러운 한옥들도 많고 외국인들을 대상으로 하는 점포들로 하루 종일 불야성을 이루는 곳이죠. 저는 이 물건을 눈여겨보며 한 번만 더 유찰되길 기다렸는데 처음부터 3명이나 경쟁해 19억에 낙찰이 되었습니다. 하지만 결국 채무자가 빚을 청산하고 경매가 취하되었습니다.

개량 한옥

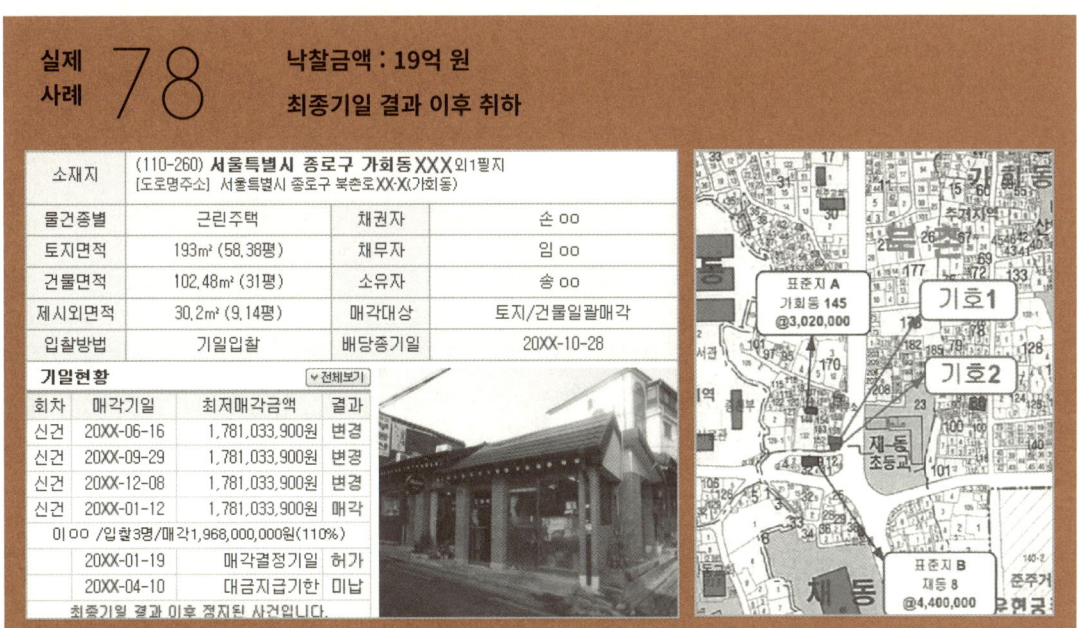

7. 친환경 그린홈으로 변신

2012년부터 정부에서는 '그린홈 100만호 보급사업'을 정책적으로 추진하고 있습니다. 이는 2020년까지 신재생에너지주택 'Green Home 그린홈' 100만호 보급을 목표로 태양광, 태양열, 지열, 소형풍력, 연료전지 등 신재생에너지원을 주택에 설치할 경우 설치비용 중 일부를 정부가 지원해주는 사업입니다. 이때 마을 단위(10가구 이상, 아파트와 빌라 등 공동주택 포함)에 신재생에너지원을 설치하는 경우 그린 빌리지 사업에 해당되어 더 많은 지원 혜택을 받을 수 있습니다. (경우에 따라 다르나 보통 50% 정도 보조를 받을 수 있습니다.)

중국과 유럽의 일부 국가에서는 이미 도시 단위로 신재생에너지만을 사용하는 친환경 시티를 만들고 있으며 지하자원이 거의 없는 우리나라도 향후 대부분의 건물을 친환경 건물로 진화시키려는 움직임이 시작되고 있습니다.

실제로 서울 곳곳에 태양광과 태양열을 활용한 주택들이 점점 늘고 있으며 이런 주택들은 전기 및 도시가스 요금 등에서 90% 이상의 절감 혜택을 볼 수 있고, 정부에서 절반 정도 보조금이 나오기 때문에 점점 많은 수요층들이 선호하고 있습니다. 독자분들도 지금부터 주택 지붕에 관심을 갖고 다녀보면 신재생에너지를 활용하는 주택이 생각보다 많다는 것을 느낄 수 있을 것입니다.

그러나 빌라나 아파트와 같은 공동주택에는 거의 없는 실정입니다. 태양광이나 태양열을 이용하는 장치(모듈)를 옥상에 설치해야 하는데 공동주택은 옥상 부분이 공동소유라 모든 세대원의 동의를 받아야 설치할 수 있기 때문이죠. 특히 빌라와 같은 경우는 옥상을 장독대나 작은 화단, 빨래걸이, 창고로 활용하는 경우가 많은데 태양광 모듈을 설치하면 공동 사용공간이 좁아지기 때문에 대부분 반대를 하는 경우가 많습니다.

최근 탄소배출량 규제, 온실가스 감축과 같은 용어를 언론을 통해 자주 접할 수 있듯이 세계적으로 환경보호를 위해 화석연료를 자제하고 신재생에너지를 활용하는 방법을 중점적으로 모색하고 있습니다. 인천 송도에 유치한 GFC(Green Climate Fund 녹색기후기금)는 지구 온난화를 방지하기 위하여 모든 온실가스(탄소)의 인위적 방출을 규제하기 위한 유엔(UN) 산하 국제기구입니다.

따라서 우리나라도 점차 신재생에너지를 적극 활용하는 친환경 주택들로 변모할 수밖에 없으며 이와 같은 흐름을 읽고 미리 주택에 반영한다면 높은 부가가치를 창출할 수 있습니다. 지금은 친환경주택이 많지 않고 희소

친환경 그린홈

성이 높아 고부가가치를 만들 수 있지만 향후 10년 후 이런 친환경주택들이 주변에 흔해지게 되면 높은 부가가치를 창출하기가 어려워질 테니까요. 명심하세요. 돈을 쫓아 다니는 것보다 돈이 지나가는 곳에 그물을 치고 기다려야 큰돈을 벌 수 있습니다.

8. 벽화로 꾸미기

오래된 단독주택을 개량하기 위하여 인테리어 작업을 하다 보면 대부분의 집소유주들이 주택 내부 인테리어에 집중한 나머지 주택 외벽 인테리어에는 무심한 경우가 종종 있습니다. 건물 내부는 훌륭하게 인테리어를 마쳤는데 건물 외벽이 볼품이 없어 내부에 많은 돈을 들여 인테리어를 한 수고를 무색하게 만들기도 하지요.
　단독주택 건물 외벽은 실제 임대나 매매가 성사될 때 매수인들에게 가장 먼저 보이는 부분으로 상품의 겉 포장지와 같습니다.

　주택 입구에 있는 건물 외벽은 허물어 나무(방부목재)로 울타리를 만들거나 식물을 심어 도로와의 경계를 표시하면 되지만, 바로 이웃집과 경계인 외벽은 분쟁이 생길 수가 있어 허물기가 어렵습니다. 또한 대부분의 사람들은 이웃과의 경계 벽을 허물어 옆집에서 주택 내부가 훤히 보이는 것을 원하지도 않습니다. 하지만 실제로 이웃과의 경계에 있는 외벽은 오래되고 관

벽화로 꾸민 집

리가 되지 않아 매우 지저분한 경우가 대부분입니다.

　　이웃집과 경계면에 위치한 외벽이나 건물 외부에 보기 흉한 부분에 아크릴 벽화를 그리면 비용도 저렴하고 멋진 주택으로 거듭날 수 있습니다. 발생하는 비용은 $1m^2$ 당 4~5만 원 정도입니다. (한 평에 약 12~15만원 정도 비용이 듭니다. 그림이 복잡하고 정교해지면 10만 원 이상 비용이 발생하기도 하고요.) 쉽게 지워지지 않아 수명이 오래가며 특히 아이들이 있는 가정에서 매우 선호합니다. 벽화를 그리면 실질적인 부동산 가치가 상승하는 것은 아니지만, 매매나 임대가 다른 집들보다 빨리 이루어질 수 있어 매매기간을 앞당기는 데에는 도움이 될 수 있습니다.

청개구리의 단독 및 다가구주택 공략하기

49 비교대상이 적은 고급주택은 실제보다 높은 감정 가능

바로 여기! 종로구 평창동 고급주택

청개구리 역발상

고정관념	고급 단독주택은 높은 시세차익을 내기가 어렵다.
역발상	경매로 저가에 매입한 고급 단독주택은 일반 아파트처럼 마땅한 비교대상이 없어서 임자만 제대로 만나면 감정가 이상의 높은 금액으로 매매되어 고수익을 낼 수 있다.

서울에 유명한 고급 단독주택지로 종로구 평창동, 성북구 성북동, 성동구 한남동, 용산구 이태원동, 중구 장충동, 서대문구 연희동 등을 꼽을 수 있는데 고급 음식점들과 명품 점포들이 몰려 있는 곳이기도 합니다. 이런 지역은 대지 1평당 2~3천만 원이 넘는 곳이 허다하여 매매금액은 몇 십억을 호가하죠. 아무래도 일반 투자자들이 접근하기에 어려움이 많습니다. 정·재계 유명 인사와 대기업 회장, 연예인 등 유명인들이 많이 선호하며, 특히 넓은 정원을 가진 큰 집이 인기가 많고 주택 매매 시 집값을 깎으려는 흥정도 거의 없는 편이죠.

아래의 물건은 연예인 김 씨가 거주하던 평창동 집이 경매로 나온 사건입니다. 이 집은 TV를 통해 소개되었을 정도로 내부를 예쁘게 잘 꾸며놓은 고급빌라로 10명이나 입찰해 경쟁을 했습니다.

고급 단독주택들은 일반 아파트처럼 가격을 비교할 수 있는 비교 대상

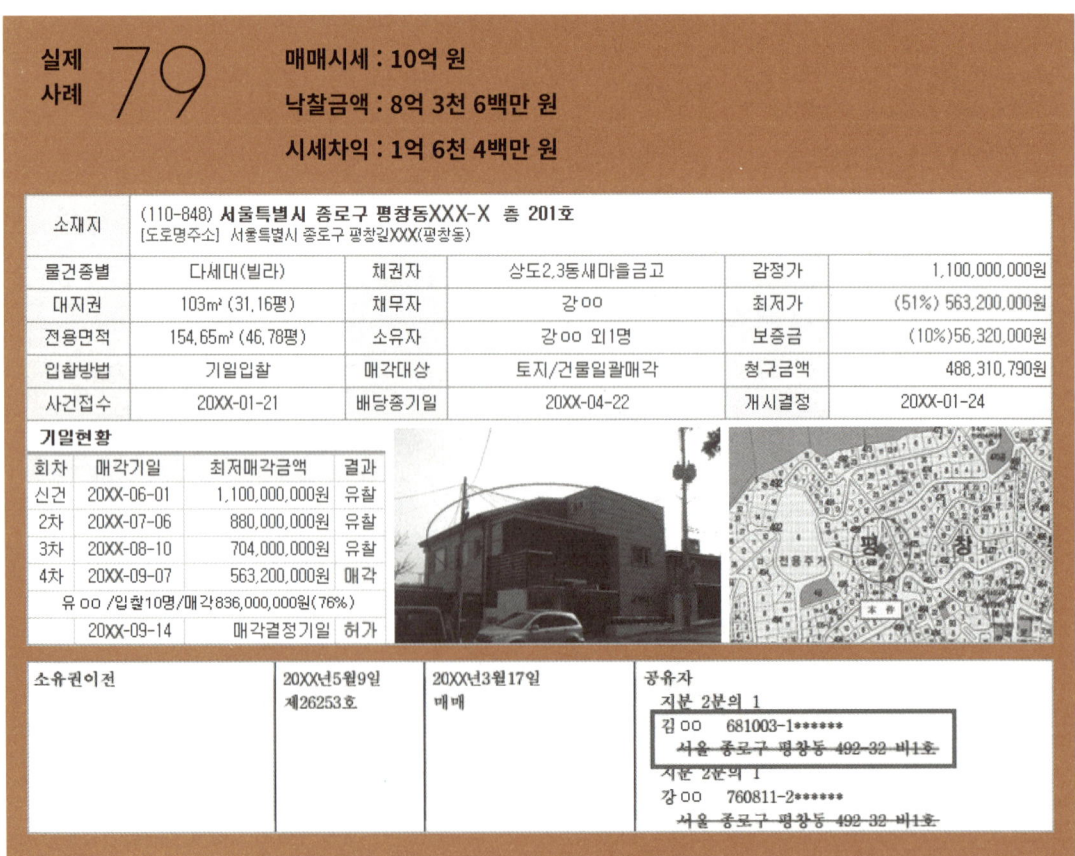

실제 사례 80	매매시세 : 44억 원 최종기일 결과 이후 정지

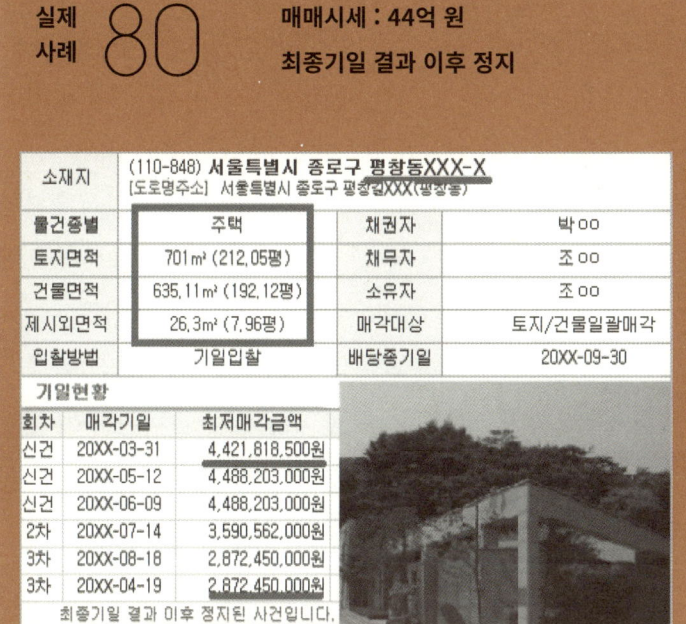

소재지	(110-848) 서울특별시 종로구 평창동XXX-X		
	[도로명주소] 서울특별시 종로구 평창길XXX (평창동)		
물건종별	주택	채권자	박ㅇㅇ
토지면적	701㎡ (212.05평)	채무자	조ㅇㅇ
건물면적	635.11㎡ (192.12평)	소유자	조ㅇㅇ
제시외면적	26.3㎡ (7.96평)	매각대상	토지/건물일괄매각
입찰방법	기일입찰	배당종기일	20XX-09-30

기일현황

회차	매각기일	최저매각금액
신건	20XX-03-31	4,421,818,500원
신건	20XX-05-12	4,488,203,000원
신건	20XX-06-09	4,488,203,000원
2차	20XX-07-14	3,590,562,000원
3차	20XX-08-18	2,872,450,000원
3차	20XX-04-19	2,872,450,000원

최종기일 결과 이후 정지된 사건입니다.

건물도 마땅치 않고 정확한 가격을 알기 어렵기 때문에 임자만 제대로 만나면 감정가 이상의 높은 금액에도 쉽게 매매가 이루어집니다. 아파트의 경우 비싸다고 생각되면 비슷한 다른 아파트를 구입하면 되지만, 고급 단독주택은 유사한 물건이 없거나 매우 드물기 때문이죠. 이런 물건들이 경매로 종종 진행이 되는데 초기 금액대가 높아 2회 유찰은 기본이지만 그럼에도 매매가 잘되고 있습니다.

위 사례 80번 물건도 44억에 감정된 것이 여러 번 유찰되어 28억까지 떨어진 경우입니다. 제가 직접 입찰하고 싶었지만 예산이 부족해 지인에게 소개를 했는데, 채무자가 빚을 갚고 경매가 취하된 사건입니다.

앞으로 서울은 시간이 지날수록 점점 개발이 될 수밖에 없는 구조입니다. 왜냐하면 각종 구직을 위해서, 학교를 위해서, 병원 치료를 위해서 통계상 잡히지 않는 인구의 이동이 서울의 인구를 점차 증가시키고 있지만 서울의 땅 크기는 한정되어 있기 때문에 서울 단독주택의 희소성이 점점 높아질 수밖에 없습니다. 단독주택을 허물고 위로 증축하여 그 땅을 도시형 생활주택이나 빌라, 아파트처럼 여러 사람들이 함께 살 수 있는 공동주택으로 만들려는 개발이 진행될 수밖에 없다는 이야기입니다.

　　이런 추세로 볼 때 단독주택의 향후 미래가치는 점점 높아질 것이며 특히 정ㆍ재계 및 사회적으로 성공한 사람들이 선호하는 평창동, 성북동, 이태원동, 장충동, 연희동 인근 고급주택은 엄청난 투자처로 거듭날 것입니다.

　　또한 서울이 아닌 경기도 지역에도 훌륭한 고급 단독주택지로 추천할 만한 곳이 있는데 고양시 일산 마두동 단독주택 단지, 파주시 교하지구 내 단독주택 단지, 용인시 동백 지구 내 단독주택 단지입니다. 이 지역들은 서울로 출퇴근이 가능할 정도로 서울 접근성이 좋고, 잘 지은 고급주택들이 함께 모여 있어 주민들의 생활수준이 높으며, 주변에 대단지 아파트가 있어 초·중·고등학교, 대형마트, 관공서 등 각종 편의시설을 손쉽게 이용할 수 있는 등 생활만족도가 매우 높은 지역입니다.

　　다음의 물건은 파주 교하에 있는 조용하고 쾌적한 곳에 위치해 있었습니다. 지하에는 주차장이 있고 1층에 화려한 거실과 수영장, 2층에는 방들과 테라스가 있는 100평짜리 멋진 단독주택이었습니다. 그런데 대형평형이 인기가 없다 보니 9억 7천에 감정된 게 4억 7천까지 떨어졌습니다. 이 기회

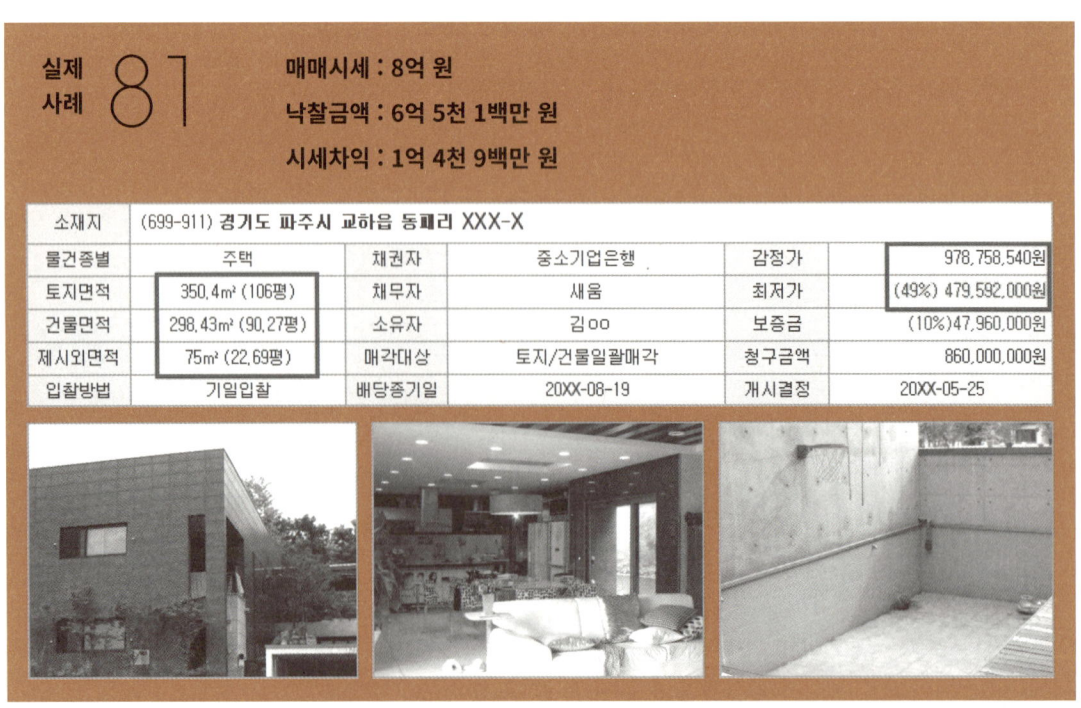

를 놓치면 안 되겠다 싶어 제가 지인에게 추천을 했고, 6억 초반대로 입찰을 했는데 결국 6억 5천만 원에 입찰한 사람이 낙찰 받아갔습니다.

신의 한 수
20

호화주택의
취득세 중과세를 조심하라

제 지인 중 한 분이 서초구 반포 서래마을에 있는 고급빌라를 낙찰 받고 환호성을 지른 적이 있었습니다. 대략 20억 정도의 급매시세를 형성하고 있는 고급빌라를 16억 선에 낙찰 받아 매우 기뻐했고 곧바로 유명 연예인에게 팔아 엄청난 시세차익을 남길 거라는 꿈에 부풀어 있었습니다. (실제로 서래마을은 우리나라의 부의 상징인 지역 중 하나로 불황에도 고급빌라나 고급

호화주택에 적용되어 중과세를 납부해야 하는 기준

1. 단독주택 및 별장
가. 1구의 건물의 연면적이 331㎡(구 100평)을 초과하는 경우
나. 1구의 건물의 대지면적이 662㎡(구 200평)을 초과하는 경우
다. 1구의 건물에 엘리베이터(적재하중 200킬로그램 이하의 소형 엘리베이터는 제외), 에스컬레이터 혹은 67㎡(구 20.3평) 이상의 풀장 중 1개 이상의 시설이 설치된 경우

2. 고급빌라
가. 1구의 공동주택의 연면적(공용면적을 제외한 전용면적)이 245㎡(구 74.1평)을 초과하는 경우
나. 복층형의 경우 복층을 포함한 연면적이 247㎡(구 82.9평)을 초과하는 경우
단, 복층형 시 주의사항은 1개 층의 전용면적이 245㎡(구 74.1평)를 초과할 때 무조건 고급·호화주택으로 적용함.

단독주택들로 곧잘 매매가 되는 지역입니다.)

저는 이 사실을 듣고 바로 경매 사건번호를 조회해봤는데, 간과한 부분이 있다는 사실을 찾아낼 수 있었습니다. 바로 호화주택의 취득세에 대한 사항입니다. 통상 취득세가 4.0% 선인데 호화(고급)주택으로 분류되면 취득세의 5배가 중과되어 무려 취득금액의 20%가 취득세로 지출됩니다. 이 사비용, 미납관리비 등을 포함하지 않더라도 16억에 낙찰을 받았으니 취득세로만 3억 2천만 원을 지불해야 하는 거죠. 즉, 상처뿐인 영광이 되는 경우입니다. 저는 지인에게 서둘러 이 점을 알려주었고, 다행히 운 좋게 매각 불허가 결정을 받아 입찰보증금을 돌려받고 빠져 나올 수 있었습니다.

이렇게 호화주택은 경매에서 커다란 위험 중 하나이며 고급 단독주택이나 고급빌라를 원하거나 투자하는 분들이라면 다음과 같은 사항은 반드시 알고 넘어가야 할 아주 중요한 부분이니 유념하기 바랍니다.

청개구리의 단독 및 다가구주택 공략하기

50 지방의 전원주택이라도 서울과 접근성이 좋으면 Good!

바로 여기! 경기도 안성시 전원주택

청개구리 역발상

| 고정관념 | 전원주택은 귀농용 주거지이지 투자 대상이 아니다. |
| 역발상 | 최근 서울 접근성이 좋은 2억 원 이하 전원주택을 선호하는 사람이 급증했다. |

최근 귀농, 귀촌의 열풍으로 서울에서 차량 2시간 거리 내에 대략 2억 이하 전원주택을 찾는 수요가 많이 생기고 있습니다. 저에게도 부쩍 전원주택을 문의하는 분들이 많은데, 대부분은 베이비붐 세대로 이제는 은퇴하여 조용하고 여유로운 지방에서 평화롭게 살고 싶어 하는 분들이 대다수입니다. 이런 분들은 대부분 서울 및 수도권에 거주하고 있고 전세자금 혹은 거주하고 있는 아파트를 판 후 대출을 갚고 남은 돈으로 작은 텃밭이 있는 지방의 전원주택에서 살고 싶어 하죠.

전세자금과 은퇴자금으로 이분들 대부분이 생각하고 있는 자금 여력이 대략 2억 이하의 전원주택인데, 지금까지 살면서 관계를 맺은 친구 및 가족들이 서울 및 수도권에서 생활 터전을 잡고 있어 여차하면 서울로 쉽게 올 수 있는 차량 접근성이 좋은 지역을 원합니다.

파주, 남양주, 용인, 화성, 평택, 안성 등을 방문하여 2억 내외의 전원주택을 찾으면 생각보다 그리 많지는 않습니다. 일단 대지가 넓어 매매가격이 너무 비싸거나, 너무 산 속 깊이 외져 있다거나, 집이 오래되었다거나, 기타

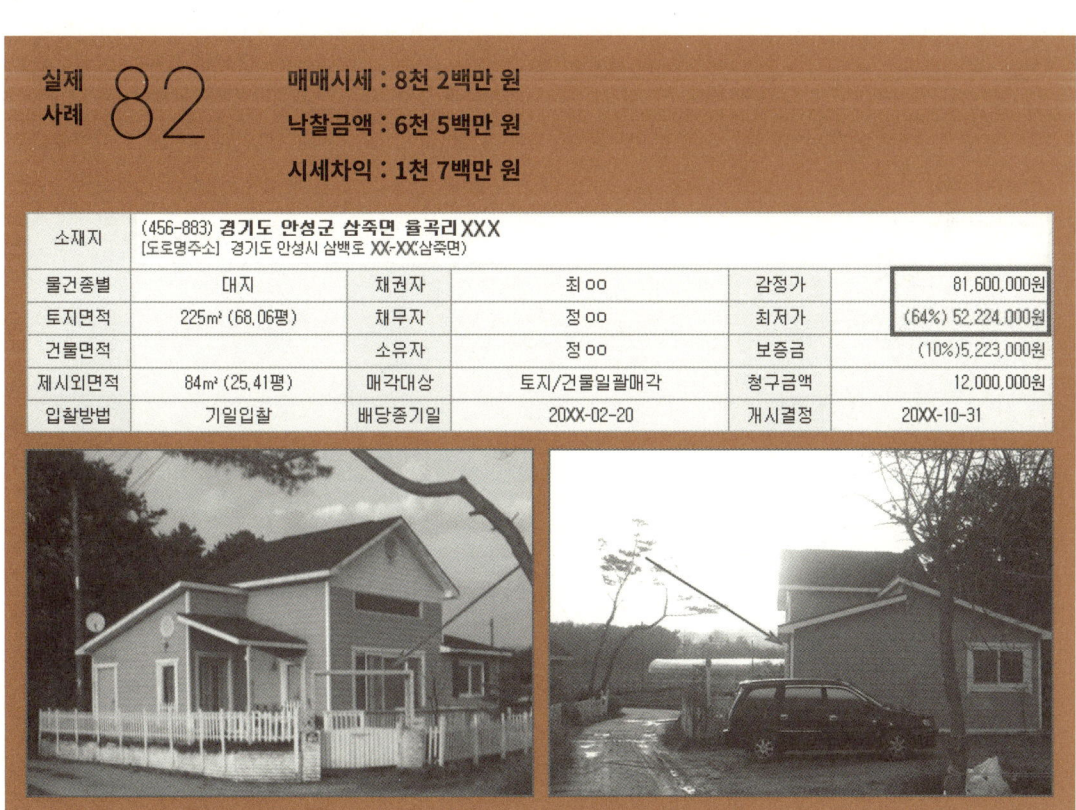

실제 사례 82

매매시세 : 8천 2백만 원
낙찰금액 : 6천 5백만 원
시세차익 : 1천 7백만 원

소재지	(456-883) 경기도 안성군 삼죽면 율곡리 XXX [도로명주소] 경기도 안성시 삼백로 XX-XX(삼죽면)					
물건종별	대지	채권자	최ㅇㅇ	감정가	81,600,000원
토지면적	225㎡ (68.06평)	채무자	정ㅇㅇ	최저가	(64%) 52,224,000원
건물면적		소유자	정ㅇㅇ	보증금	(10%) 5,223,000원
제시외면적	84㎡ (25.41평)	매각대상	토지/건물일괄매각	청구금액	12,000,000원
입찰방법	기일입찰	배당종기일	20XX-02-20	개시결정	20XX-10-31

등등의 이유로 이런 집들을 찾기가 쉽지 않죠.

사례 82번의 물건은 서울 접근성이 좋은 조용한 전원주택을 찾는 제 지인에게 소개했던 물건입니다. 경기도 안성시 삼죽면 율곡리에 있는 전원주택이며 건물가격도 감정가격에 포함되어 8천 1백만 원에 경매가 시작되었다가 계속 유찰되어 몇 천 만원이 떨어진 물건입니다. 중부고속도로 일죽 IC와 영동고속도로 양지 IC가 가까워 서울 접근성도 1시간 정도로 매우 훌륭하고 주위에 나무가 빽빽한 야산과 드넓은 들판으로 전원의 분위기에 흠뻑 취할 수 있는 곳이기도 합니다. 이 지역 주변으로 농가주택과 전원주택이 밀집되어 있고 주민들 중 대 다수가 서울에서 귀농, 귀촌하신 분들이었습니다. 그래서 제 지인도 적극적으로 입찰했지만 아쉽게 떨어진 사건입니다.

청개구리의 단독 및 다가구주택 공략하기

51 쓰러져가는 미등기 무허가 주택이라도 ⇨ '개축'하면 가치 상승

바로 여기! 경기도 미등기 무허가 주택

청개구리 역발상

고정관념 미등기 무허가 주택은 글자 그대로 무허가라 투자 가치가 낮다.

역발상 건축법이 신고제였을 때 존재한 미등기 무허가주택은 개축하여 양성시키면 실제로 건축을 할 수 있게 되므로 투자 가치가 매우 높다.

마지막으로 '미등기 무허가 주택'에 대해 이야기하겠습니다. 이 내용은 어려운 용어가 포함되어 있고 전문가적인 실무 경험이 필요한 부분이니 잘 이해가 되지 않으면 그냥 넘어가도 괜찮습니다.

경기 파주, 남양주, 용인, 화성, 평택 등 많은 지방 지역에 토지를 조사하러 가면 경매대상 토지 위에 미등기 무허가 주택이 있는 경우가 종종 있습니다. 악취가 심한 재래식 화장실에 집도 거의 쓰러지기 직전인 경우도 있고, 일부는 아예 벽이 허물어진 곳도 있습니다. 또 어떤 곳은 집은 있으나 집이 곳 저 곳이 무너져 내려 사람이 안 사는 집도 있습니다. 이런 집들은 나대지도 아니고 건물을 철거하는 데 건물 소유권에 대한 여러 가지 문제가 발생할 수 있어서 법원 경매에서 유찰이 많이 됩니다.

하지만 다른 각도에서 보면 이런 물건들도 엄청난 기회가 될 수 있습니다. 지금은 건축이 허가제이지만 과거에는(1970년대 이전) 주택을 건축하는 것이 신고제여서 예전에는 도로가 없는 맹지이거나 상수도, 하수도, 전기 시설이 전혀 없어도 집을 마음대로 지을 수 있었습니다. 하지만 지금은 건축법이 강화되어 차량이 다닐 수 있는 도로가 없거나 상수도, 하수도, 전기 공급 등의 대책이 없으면 건축허가가 나지 않습니다.

따라서 이런 토지가 경매에 진행되면 저가에 매입할 수 있는데, 특히 맹지이고 건물 노후도가 심하다면 거의 절반 가격으로도 매입할 수 있습니다. 이런 것들을 저가에 매입하여 기존 건물이 있던 자리에 동일한 크기로 새 집을 지으면 훌륭한 전원주택으로 거듭날 수 있습니다. 즉 맹지라도 새롭게 건축허가를 받을 필요가 없다는 말입니다. 이런 것을 '개축'이라고 하는데 기존 건물을 개축한다고 관련 구청에 신고를 하고 건축물대장을 만든 후 등기부등본을 만들어 건물을 정식으로 양성화시킬 수도 있습니다. 자세한 내용은 관련 구청에 문의하면 친절히 설명해줄 것입니다.

다만 중요한 점은 예전에 건축 신고제였을 때부터 존재했어야 하는 오래된 집이어야만 합니다. 구청에서 과거 항공촬영 사진으로 얼마나 오래되었는지 확인이 가능합니다. 단 미등기 건물이 경매 감정가격에 포함되어 있

미등기 무허가 주택이란?
등기부등본상에 아직 소유권보존등기가 되지 않은 건물을 말한다. 미등기건물의 소유권 보존등기는 건축물대장상 자기 또는 피상속인이 소유자로 등록되어 있는 것을 증명하는 자, 또는 판결이나 시·구·읍·면의 장의 서면에 의해 자기의 소유권을 증명하는 자가 단독으로 신청할 수 있다. 관련법은 부동산등기법이다.

개축이란?
기존 건축물의 전부 또는 일부(기둥·보·지붕틀·내력벽 중 3개 이상이 포함되는 경우)를 철거하고 다시 그 대지 안에 종전의 위치를 이탈하지 아니하고, 동일한 규모의 범위 안에서 건축물을 구축하는 것을 말한다.

지 않은 경우 별도로 건물을 매입해야 하는 경우도 있으니 건물 소유 관계를 철저히 조사하고 입찰해야 합니다.

미등기 무허가 주택

★★★★★ **절대 실수하지 마세요!** ★★★★★

1.
활용·자금 계획을 충분히 수립한 후 입찰을 하라

무턱대고 시세보다 싸다고 단독 및 다가구주택을 낙찰 받고 향후 어떻게 활용할 것인지 결정하지 못하여 공실로 오랫동안 방치하는 경우 혹은 보수 공사비가 부족하여 계속 공사가 지연되어 몇 년간 폐가처럼 방치되어 있는 경우가 종종 있습니다. 초기에 보수 공사비용을 책정하지 않고 빠듯하게 돈을 만들어 입찰하면 이런 현상이 발생하게 되니 반드시 주변 인테리어나 건물 보수공사 업체에 해당 건물의 대략적인 견적을 받아 보고 이 비용을 책정하면서 자금 계획을 세워야 합니다. 통상 2천만 원 정도의 큰돈이 필요하기 때문에 철저한 자금계획 수립 후 입찰을 해야 나중에 자금난으로 골치를 썩지 않으니 유념하시기 바랍니다.

2.
다가구주택은 대출이 많이 나오지 않을 수도 있다

통상 법원 경매에서 금융기관 대출은 낙찰가나 감정가격의 80~90% 선에서 대출을 해주는데 다가구주택은 판이하게 다릅니다. 그 이유는 글자 그대로 다가구, 많은 가구가 거주하기 때문에 금융기관에서 소위 '방 빼기(소액임차인의 최우선 변제금에 채권을 보호하기 위하여 방마다 3천 4백만 원씩 빼는 것)'로 대출 가능금액이 현저하게 줄어들기 때문입니다.
통상 낙찰가나 감정가격의 50~60% 정도로 일반 다른 부동산처럼 80% 대출 받을 것으로 예상하고 돈을 준비했다면 낭패가 될 수도 있습니다. 따라서 투자하려는 물건이 다가구주택이라면 금융기관에 대출 가능금액을 반드시 확인한 후에 입찰을 하여야 자금 문제를 사전에 예방할 수 있다는 것을 명심하세요.

APPENDIX

0원 경매가 보이는 우수지역 HOT 12

1. 논현동 영동시장 및 반포 1동 일대

부동산 가격에 영향을 끼치는 요인들에는 여러 가지가 있습니다. 고용, 인구, 부동산 공급과 건설 경기, 부동산 선호 층의 소득 수준, 기준 금리 등 다양한 원인으로 부동산 가격이 움직이지만 기본적으로 사람들이 많이 찾고 소비를 많이 하는 지역은 주택 경기가 아무리 불황이라도 임대나 매매가 강한 편입니다.

왜냐하면 이러한 소비가 이루어지는 상권 혹은 업무지구에 종사하는 사람들이 이왕이면 주변에 거주지를 마련하여 쉽게 출퇴근하고 집에서 쉬기를 원하기 때문입니다. 특히 동대문시장, 남대문시장처럼 상업 지구에 종사하는 사람들은 새벽에 일을 마치는 경우가 비일비재한데, 이런 수요층일수록 더욱더 직장 가까이에서 거주지를 구하고 싶어 합니다. 서울에 이와 같은 지역들이 많이 있는데 가장 대표적인 곳이 강남 지역입니다.

이러한 강남 지역에서도 주변에 밀집되어 있는 업무시설의 직장인들 수요로 초저녁부터 문전성시를 이루는 지역이 있는데 바로 논현 1동에 위치한 영동시장과 그 건너편 경부 고속도로 방향에 위치한 반포 1동 지역입니다.

유명한 맛집이 많아 서울에 사는 사람이면 한 번쯤 가보았을 만한 곳인데 영동시장은 좁은 길을 따라 작은 규모로 형성되어 있고 대부분은 식당, 미용실, 커피숍, 의상실, 네일숍, 술집, 유흥가 등이 밀집해 있습니다. 앞의 지도에 붉은색으로 표시된 지역이며, 이곳 주거 공간의 수요는 가히 폭발적이라 할 수 있습니다.

특히 이 지역은 단기임대(속칭 깔세) 수요와 하우스메이트 수요가 많은데, 월세 가격도 높고 공실기간도 매우 짧습니다. 임대를 놓으면 1주일도 안 되어 세가 다 빠지고 종종 집을 보러 온 분들끼리 서로 집을 얻겠다고 경합을 벌이는 장면이 연출되기도 합니다. 주변 식당, 미용실, 커피숍, 술집, 유흥업 등에 종사하는 사람들은 대부분 밤늦게 혹은 새벽에 일을 마치고 늦게 퇴근하는데 그 시간에는 대중교통 수단도 변변치 않은 터라 최대한 직장과

영동시장

가까운 곳에 위치한 집을 선호하기 때문입니다. 또한 이들 대부분은 목돈이 많지 않은 월급 생활자라 월세가격이 조금 높더라도 보증금이 작은 집을 선호합니다.

이런 지역들은 임대수요가 풍부하여 월세수익률이 매우 높은 편이지만 대부분 구옥들로 이루어진 주택가라 매매시세는 그리 높지 않은 편입니다. 다시 말해, 임대수익률로 매매시세가 형성되는 현 주택시장에서 수익률로 매매가를 환산해보았을 때 이 지역은 비교적 저평가 되어 있는 지역들 중 하나임이 틀림없습니다.

2. 종로구 북촌(원서동, 가회동)과 서촌(누상동, 옥인동, 청운동)

지하철 3호선 안국역 주변 북촌 지역에는 외국인 관광객도 많고 이들을 대상으로 하는 소규모 점포들이 밀집되어 있는데 각 점포마다 개성이 넘치고 독특한 인테리어로 시선을 끌고 있는 상점들이 많죠. 이런 고풍스러운 동네 분위기로 드라마 촬영도 자주 있고, 실제로 드라마 〈겨울연가〉 촬영지였던 중앙고등학교 정문에는 일본인 관광객으로 불야성을 이루기도 합니다.

경복궁을 중심으로 오른쪽(동쪽)은 북촌, 왼쪽(서쪽)은 서촌이라고 불리는데 북촌은 경복궁과 창덕궁, 금원(비원) 사이 북악산 기슭에 있는 한옥보존지구로 청계천과 종로의 윗동네라는 뜻입니다.

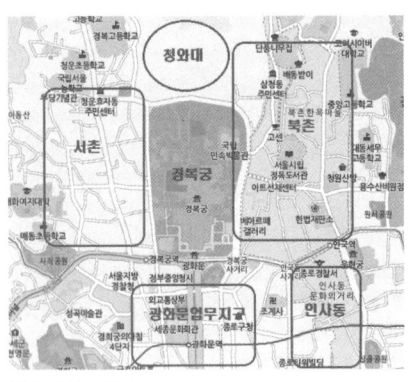
종로구 북촌 일대

북촌은 고관대작들과 왕족, 사대부들이 모여서 거주해온 고급 살림 집터였던 반면에 서촌은 역관이나 의관 등 조선시대의 전문직인 중인들이 모여 살던 곳이었습니다. 그래서인지 한옥의 형태도 크게 차이를 보이고 있는데 북촌은 크고 웅장한 반면, 서촌의 한옥은 작고 아담한 모습을 갖고 있습니다. 최근 서촌에는 회벽 대신 콘크리트로 담을 쌓고 플라스틱 기와로 지붕을 덮은 개량된 한옥이 많이 생겼지만, 북촌은 한옥보존지역으로 선정되면서 예전 한옥의 모습을 많이 유지하고 있는 편입니다.

지하철 3호선 경복궁역과 5호선 광화문역에 위치한 광화문, 시청 업무지구에는 정부중앙청사, 서울지방경찰청, 미국 대사관, 세종문화회관, 각종 신문사 등 많은 관공서 및 업무시설들이 밀집해 있는데 여기에 근무하는 직장인들과 공무원들이 회사와 가깝고 주거환경이 쾌적하다는 이유로 서촌을 선호합니다.

특히 누상동, 옥인동, 청운동에 있는 빌라는 자연경관지구라 개발이 많이 제한돼 대부분 빌라가 오래되어 가격이 저렴한 반면 인왕산 밑이라는 이점으로 주거환경이 쾌적하여 매매 및 임대가 잘되고 있습니다. 특히 서촌 지역은 청와대와 가까운 곳에 있기 때문에 매 시간마다 있는 경찰의 삼엄한 순찰로 범죄가 거의 발생하지 않는, 전국에서 치안이 제일 좋은 지역이기도 합니다.

경복궁의 우측에 위치한 북촌 역시 최우수 임대수익률을 뽐내는 지역입니다. 3호선 안국역이 가깝고 종로 3가역도 멀지 않아 대중교통이 매우 편리합니다. 주변에 종로 젊음의 거리 상권 종사자들, 안국역과 종로에 위치한 대기업 본사와 각종 업무시설 근무자들이 회사와 가까워 선호하는 지역이고 저 역시 이 지역에 부동산을 여러 개 보유하고 있고 또 계속해서 주목하고 있는 지역이기도 합니다.

특별히 제가 이 지역을 최고 우량지역으로 추천하는 것은 수요층이 두터운 것 외에도 중요한 이유가 있습니다. 바로 이 지역들은 전통문화재인 경복궁과 청와대가 주변에 위치하여 각종 고도제한, 층수제한 등 건축 규제가 많고, 한옥보존지역으로 묶여 있어 개발이 까다로워 부동산의 추가 공급이 제한적이라는 점 때문입니다.

  이들 지역에서는 단독주택이나 빌라를 허물고 한옥을 짓는 일이 쉽게 허가가 나고 서울시에서 여러 가지 지원 혜택도 받을 수 있지만, 반대로 한옥을 부수고 빌라나 원룸을 짓는 것은 정책적으로 거의 불가능하게 되어 있습니다. 때문에 기존에 있는 건축물들과 한옥으로만 주거 수요를 감당할 수밖에 없습니다. 주택수요는 넘치고 계속 증가하는 지역인데 반하여 주택의 공급은 제한적이니 우리와 같이 공짜 집을 만들려는 사람들에게 너무나도 좋은 지역이 아닐 수 없죠.

소재지	(110-280) 서울특별시 종로구 원서동 XX-XX 1층 101호 외1건 [도로명주소] 서울특별시 종로구 창덕궁3길 XX(원서동)				
물건종별	다세대(빌라)	채권자	유 OO 제일차유동화전문유한회사	감정가	276,000,000원
대지권	28.87㎡ (8.73평)	채무자	김 OO	최저가	(64%) 176,640,000원
전용면적	67.38㎡ (20.38평)	소유자	유 OO 제일차유동화전문유한회사 외 1명	보증금	(10%) 17,664,000원
입찰방법	기일입찰	매각대상	토지/건물일괄매각	청구금액	144,000,000원
사건접수	20XX-05-24	배당종기일	20XX-10-04	개시결정	20XX-05-25

기일현황			
회차	매각기일	최저매각금액	결과
신건	20XX-06-27	276,000,000원	유찰
2차	20XX-08-01	220,800,000원	유찰
3차	20XX-09-05	176,640,000원	매각
김 OO /입찰5명/매각211,680,000원(77%)			
	20XX-09-12	매각결정기일	허가
	20XX-10-22	대금지급기한	납부

  위 물건은 북촌 인근 원서동에 위치한 빌라인데 주차장이 부족한 지역이라 낙찰을 받자마자 반드시 거주자 우선주차 신청을 하여 주차공간을 확보한 후 임대를 놓아야 합니다. 그게 힘들 것 같으면 주위 공용주차장에 주차공간을 마련해놓아야 임대 및 매매 시 유리합니다. 다행이 이 물건은 자체 주차장이 있는 물건이라 임대 및 매매 선호도가 더 높을 것이며 매매가격은 경기가 좋을 때는 3억도 받을 수 있는 물건입니다. 임대는 내부를 손보면 전세금을 2억 이상 받을 수 있는 우수한 물건이죠.

그런데 이 집은 원래는 101호, 102호 두 개의 별도 세대였는데 지금 집주인이 살면서 공간이 좁고 협소해 하나로 합친 물건입니다. 임대를 줄 목적이라면 원래대로 다시 2개로 쪼개 101호는 투룸으로 만들어 1억 4천만 원에, 102호는 원룸으로 만들어 8천만 원에 전세를 놓으면 좋을 물건입니다.

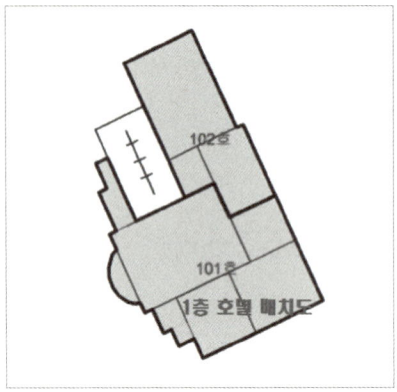 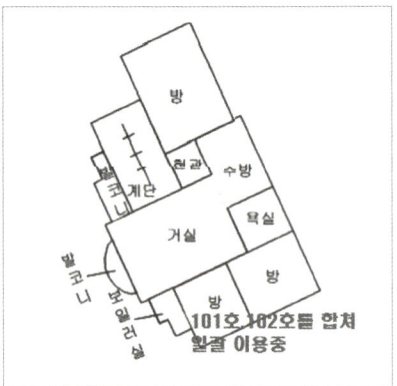

3. 강남구 테헤란로 일대

서울 강남구에서 영동시장 못지않게 높은 임대수익률을 뽐내는 지역은 테헤란로 주변, 특히 역세권 지역입니다. 테헤란로는 강남역 사거리에서 삼성동 삼성교의 구간에 이르는 도로로 가로 길이는 4km, 너비는 50m인 도로이며 통과지역은 역삼동·대치동·삼성동입니다. 1995년을 전후해서 안철수연구소, 두루넷, 네띠앙 등 IT 벤처기업 및 대기업 사옥, 금융기관 등이 많이 입주했으며 호텔, 관공서, 주상복합 건물이 배후에 들어서면서 강남역, 역삼역, 선릉역, 삼성역 등의 지하철역을 중심으로 대규모 업무단지와 직장인들 수요를 충족시킬 수 있는 먹자골목, 유흥 중심의 오피스 상권이 형성되었습니다.

테헤란로 주변은 삼성전자 서초사옥, 강남파이낸스센터, GS타워, 포스코빌딩, 코엑스 등과 같은 업무지구가, 뒤편에는 아파트와 빌라 등 주거지역이 인접해 있고, 서초로·올림픽대로가 동서로 이어지며, 남북으로 영동대로·강남대로·논현로·언주로·선릉로·삼성로와 연결 교차됩니다. 서초로와 강남대로가 교차하는 사거리에 지하철 2호선 강남역이 있고, 논현로와 교차

강남구 테헤란로 일대

하는 사거리에 역삼역, 선릉로와 교차하는 사거리에 선릉역, 영동대로와 교차하는 곳에 삼성역이 있어 교통 소통이 매우 편리한 지역입니다.

테헤란로를 기준으로 위쪽(북쪽)은 술집과 유흥주점들이 많아 아이들을 키우는 주거지역으로 적합하지 않기 때문에 원룸 및 투룸과 같이 1~2인 가구를 대상으로 하는 부동산(특히 빌라와 오피스텔)을 월세로 놓으면 수익률이 우수합니다. 아래쪽(남쪽)으로는 이런 유해시설들이 많지 않아 아이들 키우기에 적합하기 때문에 일반적인 4인 가정이 선호하는 쓰리룸과 같은 주거용 부동산을 매입하는 것이 효과적입니다. 테헤란로에서 남쪽으로 한 블록만 떨어져도 조용한 주택지를 형성하고 있어서 아이들 키우는 가정에서 실수요로 부동산을 매입하는 것도 추천합니다. 특히 테헤란로 주변 역세권에서도 매매가격 대비 임대수익률이 가장 우수한 지역은 역삼역 주변 빌라입니다.

4. 송파구 송파대로 일대

초기 송파구는 잠실을 시작으로 1970년대 강남(영동) 개발과 더불어 강남·서초 업무지구의 배후 주거지로 탄생한 곳입니다. 당시 한강변을 매워 저층의 주공 아파트 1, 2, 3, 4단지와 15층으로 이루어진 5단지가 강남·서초 업무지구 근로자들의 주거공간 역할을 하면서 성장했고 주변에 롯데백화점, 롯데월드 등의 위락시설 등이 조성되었습니다.

송파구 송파대로 일대

최근에는 이들 주공아파트가 엘스, 리센츠, 트리지움, 레이크팰리스 등 고층아파트로 변모했고 아파트 가격 또한 강남에 뒤지지 않아 강남 3구(강남, 서초, 송파구)로 포함되기 시작했으며 송파구 주민들의 교육열이나 소득수준도 상당히 높아졌습니다.

송파구는 송파대로를 중심으로 지하철 8호선이 지나가며 주변에는 대부분 3~4층 높이의 저층 상가가, 그 뒤편으로 빌라나 나홀로 아파트와 같은 주거지가 형성되어 있습니다. 이 지역에서는 8호선 지하철역 인근 주택들이 대체적으로 좋은 시세를 유지하고 있고, 특히 저는 석촌역과 석촌호수 사이에 있는 송파동과 석촌동 지역을 가장 선호합니다. 이 지역은 매매와 임대 시 송파구에서 최우수 지역이며 향후 미래가치도 매우 높습니다. 2018년 개통을 목표로 하는 지하철 9호선 연장으로 석촌역이 환승역으로 탈바꿈하여 더블역세권이 되고, 제2롯데월드타워(서울 송파구 신천동 29번지 지상 11층, 지하 4층 연면적 18만평의 규모)에서 도보 5분 거리로 매우 가깝기 때문입니다.

황금노선이라 불리는 지하철 9호선 연장선 역세권 부동산도 매우 전망이 밝습니다. 특히 현재 지하철역이 닿지 않아 상대적으로 가격이 저렴한 잠실본동, 삼전동, 방이동은 2018년에 지하철 9호선이 개통되면 엄청난 수혜를 입을 지역들입니다. 아직 이 지역들은 지하철 9호선 효과가 반영되지 않아 주의 깊게 눈여겨보아야 합니다.

제2롯데월드타워

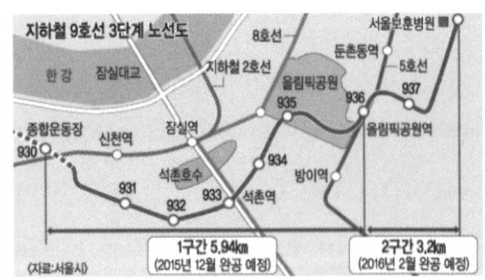

소재지	(138-832) 서울특별시 송파구 방이동XXX-X방이성두빌라 나동 2층 202호					
	[도로명주소] 서울특별시 송파구 위례성대로6길XX-X(방이동)					
물건종별	다세대(빌라)	채권자	중소기업은행	감정가	180,000,000원	
대지권	22.15㎡ (6.7평)	채무자	○○○	최저가	(100%) 180,000,000원	
전용면적	54.18㎡ (16.39평)	소유자	○○○	보증금	(10%)18,000,000원	
입찰방법	기일입찰	매각대상	토지/건물일괄매각	청구금액	48,500,000원	
사건접수	20XX-03-28	배당종기일	20XX-06-09	개시결정	20XX-03-29	

기일현황

회차	매각기일	최저매각금액	결과
신건	20XX-09-19	180,000,000원	변경

최종기일 결과 이후 취하된 사건입니다.

　다음의 물건은 제가 직접 낙찰 받았는데 잔금 납입 전 채무자가 빚을 갚아 취하된 사건입니다. 저는 이 물건처럼 저평가된 신건 물건을 좋아합니다. 특수물건처럼 시세차익도 크면서 대출도 많이 받을 수 있기 때문이죠. 저는 이자가 좀 높더라도 낙찰가의 80% 선까지 대출을 받아 수익률을 최대한 높이는 전략을 활용하고 있습니다.

　석촌호수 남쪽에 인접한 도로를 따라 줄지어 있는 대형 평형대 주상복합 아파트도 경매에 자주 나옵니다. 평소 유심히 살펴보시길 바랍니다. 송파대로를 따라 저층 상가들도 자주 눈에 띄는데 이 상가들도 미래가치가 좋습니다. 특히 제2롯데월드타워와 위례신도시 완공으로 차량과 인구의 이동이 송파대로를 따라 형성될 것이므로 주변 상권은 매우 좋아질 수밖에 없습니다. 석촌역, 송파역, 가락시장역, 문정역 등 역세권 주변부터 상권 발전이 시작될 것이며 주위 주거용 부동산 가격에도 많은 영향을 끼칠 것입니다.

　송파대로의 또 다른 더블역세권인 가락동도 빼놓을 수 없습니다. 예전 수서까지 운행했던 지하철 3호선이 가락시장역을 경유하여 오금역까지 연장되면서 이 지역 부동산 시장에 큰 변화가 생겼습니다. 예전에는 가락동 농수산물 종합시장이 가까워 여기에 납품을 하거나 관련이 있는 수요자들이 선호했고, 지금은 지하철 3호선과 연결되면서 비교적 저렴한 비용으로 거주할 수 있어 강남 업무지구에 직장을 둔 분들로 수요층이 변화되었습니다.

5. 마포구 공덕역 및 홍대역 주변 지역

이번에 추천해드리는 지역은 마포구 공덕역 주변 지역인 공덕동, 신공덕동, 염리동, 도화동 일대와 홍대역 주변 지역인 연남동, 동교동, 서교동 일대입니다. 이들 지역에는 중요한 공통점이 하나 있는데 최근에 인천공항철도와 연결되어 환승역이 되었다는 점입니다. 인천공항에 종사하는 사람들, 우리나라를 잠시 경유해 가는 해외 관광객들, 우리나라를 방문한 외국인들의 서울 접근성이 한결 편해졌고 이들의 소비 수준도 상당히 높아졌습니다.

기존에는 인천공항에 종사하는 직원들 대다수가 공항 주변 영종도에 있는 아파트(운서지구나 공항신도시)나 김포의 검단 신도시에서 집을 구하여 거주하는 편이었는데 인천공항철도가 생기면서 자녀교육 및 각종 인프라 때문에 서울로 이주하려는 수요가 늘었습니다. 그 사람들 대다수가 인천공항철도가 연결되어 직장과 출퇴근이 용이한 마포구 디지털미디어시티역, 홍대역, 공덕역 인근을 선호하는 추세입니다. 또한 인천공항에서 반나절이나 하루 정도 경유해야 했던 외국인 관광객들도 서울역까지 직통으로 43분이면 도착할 수 있어 많은 시간을 서울에서 소비하고 있습니다. 즉 이 지역들은 기존에 풍부한 수요와 더불어 인천공항철도 연결로 인한 추가 수요까지 발생해 향후 미래가치가 크고 수익률도 높은 최고의 투자처가 되고 있습니다.

특히 지하철 5호선과 6호선이 환승되는 더블역세권에 인천 공항철도까지 연결되어 트리플역세권으로 거듭난 공덕역은 마포구에서 업무시설이 가장 밀집된 지역이며 서울서부지방법원, 마포경찰서 등 관공서도 다수 위치해 있고 아현 뉴타운, 북아현 뉴타운 등의 재개발 사업으로 기존의 오래되고 낙후된 지역이 프리미엄 삼성 래미안 단지들로 개발되며 나날이 새롭게 변화하고 있습니다. 바로 마포대교만 건너

마포구 공덕역 일대

소재지	(121-872) 서울특별시 마포구 염리동 XX-XX 우공펠리스 비동 3층 301호				
	[도로명주소] 서울특별시 마포구 마포대로XX가길 XXX(염리동)				
물건종별	다세대(빌라)	채권자	은평새마을금고	감정가	215,000,000원
대지권	36.97㎡ (11.18평)	채무자	강ㅇㅇ 외7명	최저가	(100%) 215,000,000원
전용면적	71.33㎡ (21.58평)	소유자	박ㅇㅇ	보증금	(10%)21,500,000원
입찰방법	기일입찰	매각대상	토지/건물일괄매각	청구금액	443,874,560원
사건접수	20XX-01-14	배당종기일	20XX-03-29	개시결정	20XX-01-15

기일현황			
회차	매각기일	최저매각금액	결과
신건	20XX-08-12	215,000,000원	매각
길ㅇㅇ /입찰1명/매각215,675,000원(100%)			

면 여의도 업무지구로 이어지기 때문에 금융가 직장인들이 제일 선호하는 지역이기도 합니다. 여의도동은 아무리 오래된 30평대 아파트라도 평균 10억 이상의 비용을 지불해야 하기 때문에 가격 부담을 느낀 금융맨들이 비교적 저렴하고 출근이 편한 마포구를 선호하는 것입니다.

우수한 빌라 투자처로는 서울디자인고등학교(구, 동도공고) 및 서울여자고등학교 북쪽 언덕 위에 위치한 염리동 빌라가 상대적으로 저렴하면서 매매 및 임대수익률이 높게 나옵니다. 약간 경사가 있는 언덕이지만 공덕역과 가까워 이 지역에 저렴하게 거주하려는 수요층들에게 인기가 좋은 편입니다.

위의 물건은 제가 눈여겨보던 물건인데 누군가 좋은 물건인 것을 귀신같이 알고 먼저 낙찰 받아갔습니다. 좋은 물건은 기다리지 말고 신건에 낙찰 받는 것도 필요합니다. 이 물건의 시세는 약 2억 6천~7천 대이며 전세는 1억 8천~2억까지 나옵니다.

또한 5호선 애오개역에 있는 서울서부지방법원 뒤편(동쪽)에 위치한 빌라 단지도 좋습니다. 이 지역 빌라는 법원 관련 종사자(법원공무원, 변호사, 법무사 등)들의 수요가 많아 그만큼 가격이 비싸게 감정되는 편이라 인내와 끈기가 필요한 지역이기도 합니다. 또한 공덕역과 대흥역 사이에는 아직도 오래되고 낙후된 상가들이 종종 존재하는데 상가 투자에 관심 있는 분들은 이 지역을 유심히 지켜보시기를 추천합니다. (현재 일부 지역에 개발이 진행되고 있는 실정입니다.) 공덕역 상권이 포화 상태이고 점점 늘어나는 추세라 앞으로 상권이 이 방향으로 확장될 것으로 예상됩니다.

한편, 마포구에 공덕역만큼 임대 및 매매가 빈번하게 발생하는 최우수 핵심 투자지역이 있는데 바로 홍대역 주변입니다. 특히 저는 연남동, 서교동, 동교동, 성산동을 추천하며 이 지역은 일반매매 시장에서 매물이 거의 없는 지역이기도 합니다. 예전부터 이대 상권에서 성공하는 장사는 전국으로 파급 효과가 있을 정도로 새로운 패션과 유행의 중심지로 손꼽혔지만 인터넷 쇼핑몰 발달과 주 수요층의 구매패턴 변화로 점차 쇠락의 길을 걷고 있는 듯합니다. 이와 연결된 신촌 상권 또한 이대 상권과 함께 서울 지역 상권의 다변화로 외부에서 찾아오는 젊은 소비층이 예전만 못하고 연세대와 이대생들, 중국인 관광객들 위주로만 상권을 이루고 있습니다. 이러한 이대, 신촌 상권의 중심축이 홍대 상권으로 옮겨왔습니다. 홍대 상권은 클럽, 공연, 의류, 유흥 등을 아우르는 복합적인 특징을 가지고 있는데 홍익대 학생뿐만 아니라 20~30대 젊은 직장인들이 주를 이루고 있으며 초저녁만 되어도 점포마다 문전성시를 이루고 있습니다. 자고로 사람들이 많이 모이고, 그곳에서 돈을 쓰고, 돈을 쓰기 위해서 머무르는 곳은 더할 나위 없이 좋은 투자지역입니다.

홍대역 일대

좌측 지도에서 붉은색으로 표시한 곳이 그런 지역으로 임대 및 매매수익률이 매우 좋은 곳입니다. 특히 이들 지역은 일반 매매에서 매물이 거의 나오지 않는 지역이라 경매로 나왔을 때 신건에 낙찰 받아도 수익을 볼 수 있습니다. 매물이 없다는 것은 앞으로 가격이 오를 수 있다는 예비 신호이기 때문입니다. 물건을 사두면 언제든지 매수를 해줄 잠재적 수요층이 두텁기 때문에 임대가 쉽고 매매가격 역시 높은 것입니다. 특히 홍대역을 기준으로 서쪽 지역보다는 동쪽(홍대 방향) 지역이 더 우수하고 이 지역 빌라가 경매로 나온다면 두말 않고 사두어도 좋습니다.

6.
고소득 전문직 외국인 밀집 지역
(한남동, 이태원동, 반포 서래마을)

용산구 한남동, 이태원동, 용산동 지역은 국내 주재 외국 기업이나 대사관 직원, 미8군 군부대 등에 종사하는 외국인들이 제일 선호하는 지역으로 매매가격 대비 월세수익률이 매우 높은 지역입니다. 또한 외국인들은 월세를 일시불로 1년 혹은 2년 치를 한꺼번에 선납(전세는 우리나라에만 있는 경우로 외국에서는 선납 방식으로 임대계약을 하는 경우가 많음)하기 때문에 임대인 입장에서 초기 투자금 회수가 빨라 이자부담을 낮출 수 있습니다.

특히 한남동 순천향병원 주변에는 고급 빌라가 많이 있는데 이 지역 빌라들은 매매 및 임대를 원하는 대기수요가 있을 정도로 외국인들에게 인기가 많고 주거지로 쾌적하고 각종 편의시설도 많습니다. 한

한남동, 이태원동, 반포 서래마을

남동 상권은 단국대학교가 이전하면서 약 2년 정도의 많은 어려움을 겪었으나, 다양한 IT 회사(다음커뮤니케이션)와 대기업 본사(기업은행) 이전과 한남 더 힐 펜트하우스가 완공됨에 따라 성인들을 위한 상권으로 탈바꿈되어 제2의 전성기를 누리고 있습니다.

다음의 물건은 한남동의 빌라입니다. 주변에서 근무하는 고소득 전문직 외국인들이 선호하는 지역에 위치한 것으로 월세를 200만 원도 거뜬히 받을 수 있고 나오는 매물이 없어 환금성도 좋은 경우였습니다. 과감하게 3억 7천만 원대에 입찰을 했으나 1천만 원 차이로 아쉽게 떨어졌습니다. 매매시세는 감정가 4억 3천만 원보다 높은 4억 5천만 원 전후로 형성되고 있습니다.

뒷장의 물건은 용산동 2가에 위치한 빌라로 이태원에서 후암동으로 넘어가는 언덕에 위치해 있습니다. 이 지역 바로 남쪽에 미8군 기지가 있어 주한 미군들의 수요가 풍부하죠. 미군들은 근무하는 군부대에서 월세와 같은 거주비용이 지원되기 때문에 월세가 연체될 염려도 없습니다. 매매시세는 감정가보다 높은 3억 정도이며 아쉽게 2등으로 마감한 사건입니다.

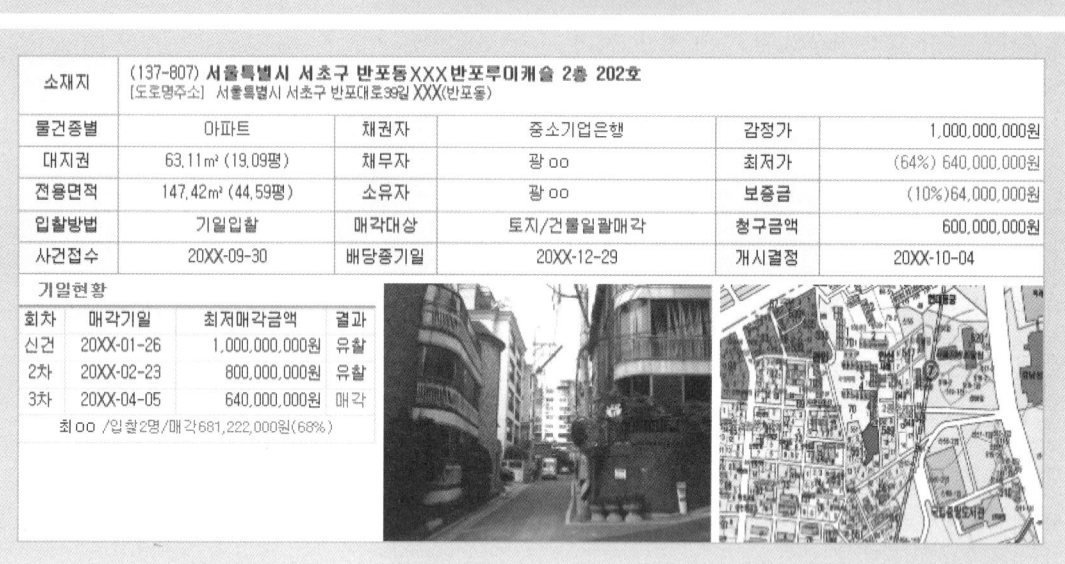

외국인 밀집지역으로 강북에 용산구 한남동이 있다면 강남에는 서초구 서래마을이 있습니다. 반포대교 남단 팔레스호텔 옆으로 난 서래로를 지나다 보면 고급 빌라촌이 밀집한 지역이 바로 서초구 반포4동과 방배본동 일부에 위치한 서래마을입니다. 마을 앞의 개울이 서리서리 굽이쳐 흐른다고 해서 '서래마을'이라고 하며 쁘띠(작은) 프랑스로 불릴 만큼 프랑스인들이 많아 거주하고 있습니다. 자연스럽게 글로벌 빌리지가 세워짐에 따라 다른 여러 나라 외국인들도 서래마을을 거주지로 선택하고 있습니다. 더욱이 지리적으로 비즈니스 중심지인 강남과 인접하고 양재천, 한강공원, 우면산 등 쾌적한 환경 공간이 있어 외국인들과 연예인들에게도 인기가 높은 지역이죠.

서래마을 역시 임대 및 매매수요가 풍부하며 특히 고소득 외국인들이 임대를 얻는 경우 1~2년 치 월세를 선납하기 때문에 월세가 연체될 걱정이 없고 자금 회전도 빨라서 좋습니다. 특히 이 지역에는 아파트가 별로 없고 고급빌라가 많은데 프랑스인들이 아파트보다 빌라를 더 선호하기 때문으로 고급 빌라 매매가 더 빈번합니다.

서래마을 일대

아래쪽 사례와 아래 그림을 봐주십시오. 이 물건은 서래마을 거주를 희망하는 제 지인에게 소개한 물건입니다. 방 4개, 화장실 2개의 고급빌라로 입구부터 대리석으로 장식되어 있으며 현관에 눈부신 샹그릴라 조명이 달려 있는 아주 품격 있는 집으로 서래마을을 찾는 외국인들이 매우 선호하는 종류입니다.

7. 동작구의 떠오르는 샛별, 노량진동

노량진은 크게 노량진 1동과 2동으로 나눌 수 있는데 오른쪽이 노량진 1동, 왼쪽이 노량진 2동입니다. 동작구청은 노량진 2동에 자리하고 있으며, 노량진 1동에는 고시학원, 입시학원 등 각종 대규모 학원이 많이 분포하고 학원생들을 유치하기 위한 고시원과 고시생들을 대상으로 하는 저렴한 가격의 식당이 골목마다 들어서 있습니다. (정확히 말하자면 위 지도상 노량진 1동 경계 부분에 노량진 2동도 일부 포함되어 있습니다.)

노량진은 지하철 1호선 역사 바로 앞에 위치하고 있고 지하철 9호선도 개통되어 서쪽으로는 여의도가 2개의 정거장, 동쪽으로는 강남이 7개의 정거장으로 매우 가깝습니다. 저렴한 물가와 집세로 여의도 금융지구 내 직장인들과 강남 업무지구에서 일하는 사회초년생들에게 특히 인기가 많죠. 게다가 지하철 1호선 국철을 이용하면 4~5개의 정거장 내에 서울 중심 업무지구인 광화문·시청 업무지구 및 종로·을지로 업무지구와 쉽게 연결되어 편리한 교통을 자랑하는 지역입니다.

노량진 하면 예전에 지정된 노량진 뉴타운을 빼놓을 수 없습니다. 2003년 11월 서울시의 2차 뉴타운으로 지정된 노량진 뉴타운은 총 73만 5천 393㎡를 8개 구역으로 나눠 7천 200여 가구의 아파트촌으로 정비됩니다. 이곳은 개발이 완료되면 용산과 영등포 부도심의 배후 주거기능을 담당하는 서울 서남권의 주거 중심지로 탈바꿈되며 특히 지하철1·9호선 환승역인 노량진역과 7호선 장승배기역이 인접해 있는 등 교통 여건도 뛰어납니다. 다만 다른 뉴타운에 비해 상대적으로 사업추진 속도가 느린 편이고 뉴타운 지역이라 대지지분이 비싼 가격대로 형성되어 있는 단점이 있습니다.

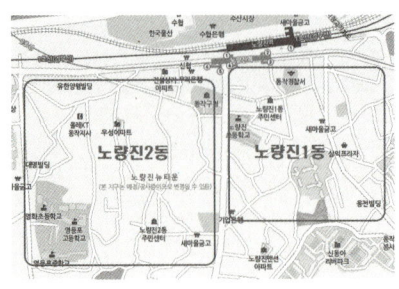

노량진동 일대

노량진 뉴타운의 여파로 과거에 경매물건이 진행되면 최소 대지 평당 3천만 원에서 위치가 좋은 지역은 평당 4천만 원으로 감정 평가되어 경매가 진행되었는데 너무 비싼 감정가로 경매투자자들에게 소

소재지	(156-802) 서울특별시 동작구 노량진동XXX-X(통칭:한림빌라) 에이동 3층 301호 [도로명주소] 서울특별시 동작구 만양로13가길XX(노량진동)					
물건종별	다세대(빌라)	채권자	국민은행	감정가		190,000,000원
대지권	23.56㎡ (7.13평)	채무자	이ㅇㅇ	최저가	(64%)	121,600,000원
전용면적	37.11㎡ (11.23평)	소유자	이ㅇㅇ	보증금	(10%)	12,160,000원
입찰방법	기일입찰	매각대상	토지/건물일괄매각	청구금액		33,159,592원
사건접수	20XX-10-28	배당종기일	20XX-01-27	개시결정		20XX-10-29

기일현황

차	매각기일	최저매각금액	결과
건	20XX-03-08	190,000,000원	변경
건	20XX-04-12	190,000,000원	유찰
차	20XX-05-17	152,000,000원	유찰
차	20XX-06-21	121,600,000원	매각
	김ㅇㅇ/입찰4명/매각160,074,000원(84%)		
	20XX-07-26	대금지급기한	납부

외를 받다가 뉴타운 재개발, 재건축 축소 발표 이후 강남 재건축 아파트와 함께 가격이 주춤해졌습니다. 그래서 최근 경매가 진행되는 물건들은 평당 2천만 원대로 가격이 많이 조정되어 진행이 되고 있습니다. 특히 <u>노량진 1동 쪽 뒤편(남쪽) 언덕에는 경사가 가파른 지역이 있는데 이 지역은 가격이 저렴하고 임대가 잘되어 높은 수익률을 볼 수 있는 지역입니다.</u> 저는 노량진 2동보다 노량진 1동을 더 좋아합니다. 노량진 1동이 지하철역에서 더 가깝고 고시학원 및 입시학원 등 대규모 학원이 밀집해 있어 유동인구가 훨씬 많아 임대나 매매가 더 잘됩니다.

위의 물건은 노량진 1동에 최근 새로 지은 쌍용예가아파트 바로 옆 언덕에 있는 빌라이며 1억 9천에 감정되어 2번 유찰되고 1억 2천까지 떨어졌습니다. 이 지역은 노량진 1동 내에서 가파른 언덕에 있고 노량진 뉴타운에서 '존치구역'에 들어가 있기 때문에 비교적 가격이 저렴한 편입니다. 여기서 존치구역이란 존치정비구역과 존치관리구역으로 나뉘는데, 존치정비구역은 시간경과(노후도) 등 여건 변화에 따라 촉진사업 여건에 해당할 수 있거나 추진사업 필요성이 강한 구역, 즉 노후도(호수밀도, 과소필지, 접도율 등) 등 만족도가 3년 이내에 촉진구역의 지정요건을 충족시킬 수 있는 지역입니다. 존치관리구역은 촉진구역의 지정요건에 해당하지 않으며 기존의 시가지로 유지 관리할 필요성이 있는 구역을 말하고요. 다시 말해서 도시재정비특별법으로 지정은 돼 있으나 노후도 등 개발이 빠른 곳은 존치정비구역이고, 사업이 늦은 곳은 존치관리구역입니다. 즉 개발순서로 재정비촉진구역 → 존치정비구역 → 존치관리구역으로 쉽게 이해하면 됩니다.

8. 대학로 혜화역(연건동, 명륜동, 이화동, 동숭동) 일대

대학로는 1985년 5월 이 일대의 특성을 살려 문화예술의 거리로 개방하면서 도로 이름이 처음 만들어졌습니다. 처음에는 매주 토요일과 일요일 및 공휴일에 혜화동쪽 낙산가든과 서울대학교 사범대학 부속여자중학교 사이의 700m 구간을 '차 없는 거리'로 정하기도 했습니다.

옛 서울대학교 문리과대학·법과대학 시절부터 대학생과 젊은이들이 많이 모였던 곳으로, 1975년 서울대학교 캠퍼스가 관악산 아래로 이전함에 따라 그 자리에 마로니에 공원이 조성되고 연극·영화·콘서트·뮤지컬 등의 문화예술 단체들이 들어서게 되었습니다. 문예진흥원 앞 도로광장에는 야외공연장과 풍류마당이 있어 각종 야외음악회·시낭송회·연극 공연 등을 즐기려는 젊은이들의 발길이 끊이지 않는 곳입니다.

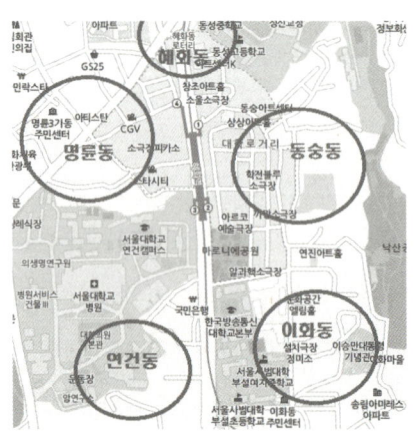

4호선 혜화역 일대

지하철 4호선 혜화역과 1호선 종로5가역이 있어 교통이 편리하고 주변에는 종로구 혜화동, 명륜동, 연지동, 효제동, 충신동, 이화동, 동숭동, 연건동 등이 있는데 이들 대부분 지역은 임대수요도 많고 매매도 잘되는 편입니다. 특히 저는 <u>연건동, 명륜동, 이화동, 동숭동 순으로 이 지역들을 추천합니다.</u>

먼저 연건동은 서울대학병원과 이화사거리 사이에 위치한 작은 지역으로 혜화역에서 가까워 대학상권에 종사하는 사람들이 선호하는 지역입니다. 특히 서울대학병원종사자들이 출퇴근이 도보로 가능하여 가장 선호하죠. 서울대학병원은 많은 부서가 24시간 3교대로 근무하여 밤늦게 퇴근하거나 새

소재지	(110-460) 서울특별시 종로구 연건동 XXX 주미빌라 1층 101호					
	[도로명주소] 서울특별시 종로구 대학로5길 XX(연건동)					
물건종별	다세대(빌라)	채권자	제일은행	감정가	140,000,000원	
대지권	14.025㎡ (4.24평)	채무자	박 ㅇㅇ	최저가	(100%) 140,000,000원	
전용면적	39.78㎡ (12.03평)	소유자	박 ㅇㅇ	보증금	(10%) 14,000,000원	
입찰방법	기일입찰	매각대상	토지/건물일괄매각	청구금액	100,000,000원	
사건접수	20XX-06-08	배당종기일	20XX-09-02	개시결정	20XX-06-09	
기일현황						
회차	매각기일	최저매각금액	결과			
신건	20XX-02-08	140,000,000원	매각			
이ㅇㅇ/입찰3명/매각145,697,500원(104%)						

벽에 출근하는 경우가 많아 조금 비싸더라도 인근에 집을 얻기를 원합니다.

위 물건은 방 2개짜리 투룸 빌라로 서울대학병원에 직장을 둔 신혼부부들이 제일 선호하는 크기입니다. 시세는 1억 7천 전후이며 전세는 1억 2천을 받을 수 있는 물건이죠. 이 지역은 전체적인 규모가 작고 매물도 거의 없는 지역이라 저는 1회 유찰되기를 기다렸는데 신건에 3명이나 경합하여 1억 4천 5백만 원에 낙찰이 되었습니다. 감정가보다 높은 가격에 낙찰을 받아갔지만 그래도 나쁘지 않은 경우입니다. 앞으로 이 지역은 임대수요가 두터워 가격 상승이 예상되기에 저평가되어 있는 지역 중 하나이죠.

여기서 잠시, 저평가되어 있는 지역을 찾는 요령을 간략히 설명해보겠습니다. 쉽게 차량을 구입하는 것을 예로 들어 만일 2000cc 중형차를 사려고 한다면 현대 쏘나타, 기아 K5, 르노 삼성의 SM5, GM 대우 등 동급의 유사한 옵션을 가진 차량들 정보를 비교 분석합니다. 유명한 브랜드인지(임대수요가 풍부한 지역인지), 다른 브랜드 차량에 비해 가격이 저렴한 편인지(주변 다른 지역에 비해 시세가 싼지), 차량 외부나 내부 디자인이 멋있는지(집이 남향에 네모반듯하며 인테리어가 잘되어 있는지) 등 여러 가지를 따져보고 비교하여 가격에 비해 가장 저평가되어 있다고 생각되는 차량을 구매하게 됩니다.

부동산도 마찬가지입니다. 내가 사려고 하는 지역과 유사한 형태와 상권을 지닌 지역과 비교하여 동일 평형대 건물의 월세, 전세 및 매매시세가 어떤지, 공실이 될 염려는 없는지, 대중교통은 편리한지 등 여러 가지 조건을 따져서 비교 분석하고 부동산을 매입해야 하는 것입니다. 이런 분석이 가능하려면 브랜드별 차량 옵션 정보를 숙지해야 하듯이 서울 및 수도권 대부분 지역의 부동산 정보를 머리에 숙지하고 있어야 한결 수월할 것입니다.

다음으로 명륜동입니다. 명륜동은 4호선 혜화역에서 성균관대학교로 가는 메인 도로를 따라 많은 점포들이 즐비해 있는데 이 점포들이 위치한 곳이 명륜동입니다. 이 점포들 뒤쪽으로 주택가들이 형성되어 있는데 이 지역들은 대부분 원룸 형태로 성균관대 학생들이 대부분 거주하고 있습니다. 명륜동 내 임대수요가 많은 노른자위 지역에 아래의 빌라가 경매에 나왔습니다.

소재지	(110-524) 서울특별시 종로구 명륜4가 XXX-XX 명진빌라 에이동 2층 201호				
	[도로명주소] 서울특별시 종로구 창경궁로26길 XX-X(명륜4가)				
물건종별	다세대(빌라)	채권자	임○○	감정가	500,000,000원
대지권	75.93㎡ (22.97평)	채무자	김○○	최저가	(80%) 400,000,000원
전용면적	126.34㎡ (38.22평)	소유자	김○○	보증금	(10%) 40,000,000원
입찰방법	기일입찰	매각대상	토지/건물일괄매각	청구금액	90,000,000원
사건접수	20XX-03-11	배당종기일	20XX-05-18	개시결정	20XX-03-14
기일현황					
회차	매각기일	최저매각금액	결과		
신건	20XX-06-22	500,000,000원	유찰		
2차	20XX-07-27	400,000,000원	매각		
김○○ /입찰1명/매각450,001,000원(90%)					

5억짜리가 4억으로 1회 유찰되었고 실제로 5억 전후 시세를 유지하고 있었습니다. 이 빌라는 방 3개, 화장실 2개인 전용평수 38평의 대형 빌라에 주차도 가능하고 건물도 깔끔히 관리가 잘되어 있었습니다. 거실에 방을 추가로 만들어 각각 하우스메이트 형태로 세를 주면 좋은 물건이죠.

마지막으로 이화동, 동숭동 지역입니다. 이 지역은 4호선 혜화역 대학로 거리의 동쪽으로 낙산공원 사이에 위치하며 위쪽(북쪽) 지역이 동숭동, 아래쪽(남쪽) 지역이 이화동입니다. 동쪽으로 갈수록 언덕 지형이며 위로 올라갈수록 경사가 심해지는 지형적 특징을 지니고 있습니다.

　이 지역들은 주차장이 거의 없고 건물들이 앞뒤로 빽빽하게 둘러싸여 있어 상당히 답답한 느낌이 드는데, 오래전에 건물이 우후죽순으로 지어져 건물과 건물 사이 간격이 좁아 햇빛이 잘 들지 않고, 주차장이나 공원과 같은 각종 편의시설도 열악한 실정입니다. 이런 단점들 때문에 이 지역에 한번 답사를 온 투자자들은 실망하고 매입을 주저하게 되어 경매에서 경쟁자는 현저히 줄어듭니다. 하지만 이 지역은 주위에 소극장, 아트센터 등 예술과 공연을 하는 극장들이 매우 가깝게 위치하고 주변에 유명한 식당들도 대거 위치해 저녁만 되면 인산인해를 이루는 편이라 의외로 수요층이 탄탄한 지역입니다.

9. 서초구의 입구, 사당역 일대

지하철 2호선과 4호선이 만나는 사당역 사거리는 3개의 행정구역이 만나는 흥미 있는 지역입니다. 사당역 사거리는 동서로 남부순환로, 남북으로 동작대로가 교차하는 곳으로 동작대로를 기준으로 동쪽은 서초구 방배동이고, 서쪽은 남부순환로를 기준으로 나눌 때 위쪽(북쪽)은 동작구 사당동, 아래쪽(남쪽)은 관악구 남현동으로 이루어져 있습니다.

　이들 지역은 도로 하나를 두고 가까이 접해 있음에도 주택 가격은 매우 큰 차이를 보입니다. 당연히 강남 3구에 포함되는 서초구가 가장 비싸고 동작구 사당동, 관악구 남현동 순입니다. 예를 들면 방 3개, 화장실 2개를 갖춘 전용 약 18평, 연식 10년 정도 된 빌라가

2·4호선 사당역 일대

방배동은 4억 5천부터, 사당동은 3억 5천부터 시작하며, 남현동은 사당동보다 1~2천만 원 정도 저렴합니다. 이중 제가 추천하는 지역은 관악구 남현동

과 동작구 사당동입니다. 강남 3구의 대표 주거지역인 서초구로 진입하는 초입에 있음에도 매매가격은 큰 차이를 보이기 때문입니다.

최근 매매가격이 급상승한 지역이 있는데 그 대표적인 지역이 송파구와 동작구 사당동, 관악구 남현동 지역입니다. 왜냐하면 이 지역들은 우리나라 부동산 일번지인 강남구와 서초구를 동쪽과 서쪽에서 진입하는 입구에 위치하고 있기 때문에 강남, 서초구에 남편 직장이 있거나 자녀들 학원이 있어 강남, 서초로 이사를 가고 싶지만 경제적인 형편 때문에 잠시 쉬어가는 지역들이기 때문입니다.

특히 사당역 주변은 경기도 지역에 본사를 두고 있는 대기업(삼성전자, LG전자, 하이닉스 등)으로 연결되는 통근버스가 있어 그곳에서 근무하는 직장인들이 선호하기 때문에 언제나 매매 및 임대수요가 끊이지 않는 지역입니다. 또한 상권도 상당히 좋은데 저녁에 사당역의 남현동 방면인 5번 출구로 나와 구경해보면 엄청나게 많은 직장인들이 버스정류장에서 줄을 서서 기다리고 있습니다. 이 정류장 주변에는 식당, 술집, 모텔 등이 밀집되어 밤새도록 불야성을 이루고 있고요. 경기도에 거주하고 있고 서울에서 근무하는 직장인들이 퇴근하려면 사당역에서 경기도로 향하는 버스로 갈아타야 하기 때문이죠.

위 물건은 제가 지인에게 소개해 신건에 입찰, 단독으로 낙찰을 받은 사례입니다. 1987년도에 지어져 오래되기는 했지만 사당역에서 10분 거리에

소재지	(151-926) 서울특별시 관악구 남현동 XXX-XX2동 지하1층 101호 [도로명주소] 서울특별시 관악구 남부순환로256가길XX(남현동)				
물건종별	다세대(빌라)	채권자	이 ㅇㅇ	감정가	110,000,000원
대지권	30.83㎡ (9.33평)	채무자	최 ㅇㅇ	최저가	(100%) 110,000,000원
전용면적	45.9㎡ (13.88평)	소유자	최 ㅇㅇ	보증금	(10%)11,000,000원
입찰방법	기일입찰	매각대상	토지/건물일괄매각	청구금액	56,000,000원
사건접수	20XX-02-23	배당종기일	20XX-05-26	개시결정	20XX-02-24

기일현황			
회차	매각기일	최저매각금액	결과
신건	20XX-07-06	110,000,000원	매각
김 ㅇㅇ /입찰1명/매각113,800,000원(103%)			

위치하여 교통이 편리하고 대지지분이 9.3평으로 매우 큰 물건입니다. 주변 지역에서 재건축 움직임이 있고 실제로 이 지역을 개발하면 조합원 수가 적고 지하철 사당역과 남부순환로가 가깝기 때문에 사업성이 좋습니다. 가까운 시일 내에 재건축이 추진되면 대지지분이 넓기 때문에 24평형 아파트로 바뀔 수 있는 물건이죠. 제 지인은 이 물건을 수리해 전세 1억에 임대를 주었습니다.

참고로, 남현동 대부분 지역은 구릉지에 난개발 된 지역으로 도로도 비뚤비뚤하고 오르락내리락하는 지형이 대부분입니다. 하지만 남현동 602번지에는 특수한 지역이 있는데 빌라가 인근 지역에 비해 3~4천만 원 더 비쌉니다. 그 이유는 도로가 바둑판 모양으로 정비가 잘되어 있고 관악산으로 올라가는 등산로 초입이라 공기가 맑아 조용하고 쾌적한 지역이기 때문입니다. 그래서 이 지역은 주로 고급빌라로 군집을 이루며 형성되어 있고 관악구 남현동 내에서도 서로 가고 싶어 하는 동네이기도 합니다. 즉 같은 동네라 하더라도 도로 및 주택 정리가 잘되어 있는 지역, 혹은 자연친화적인 지역, 고급주택가가 밀집된 지역들은 매매가격도 우수하고 임대도 더 선호하니 현장 답사 시 동네 분위기도 꼭 한번 살펴보아야 합니다.

아래 물건은 남현동 또 다른 고급빌라로, 제 지인이 입찰했고 7명이 경쟁을 하여 아쉽게 떨어진 사건입니다. 전용평수 30평의 고급빌라로 전용면적도 크고 지하철 4호선 사당역에서도 가까워 실수요로 거주하기에 적합한

소재지	(151-801) 서울특별시 관악구 남현동 XX-XX 성원나이스아파트 3층 302호					
	[도로명주소] 서울특별시 관악구 승방3가길 XX(남현동)					
물건종별	빌라형아파트	채권자	장 ㅇㅇ	감정가	450,000,000원	
대지권	37.8201㎡ (11.44평)	채무자	권 ㅇㅇ	최저가	(80%) 360,000,000원	
전용면적	97.81㎡ (29.59평)	소유자	권 ㅇㅇ	보증금	(10%) 36,000,000원	
입찰방법	기일입찰	매각대상	토지/건물일괄매각	청구금액	100,000,000원	
사건접수	20XX-05-19	배당종기일	20XX-08-16	개시결정	20XX-05-20	
기일현황						
회차	매각기일	최저매각금액	결과			
신건	20XX-10-12	450,000,000원	유찰			
2차	20XX-11-16	360,000,000원	매각			
박ㅇㅇ /입찰7명/매각383,800,000원(85%)						

물건입니다.

또한 사당역에서 북쪽으로 조금 떨어진 이수사거리에 위치한 이수역 주변도 우수한 지역으로 지하철 4호선과 7호선이 만나는 환승역이라 교통이 편리하고 주변에 사당동 방향(서쪽)으로 저렴한 대단지 아파트 단지가 많아 아파트를 선호하는 직장인들이 많이 찾습니다. 실제로 사당역 주변은 가격이 비싼 서초구 방배동쪽으로만 아파트 단지(방배 우성아파트와 삼성아파트)가 있을 뿐이고 시세가 저렴한 사당동, 남현동에는 대단지 아파트가 거의 없는 실정입니다. 요즘 이수역 근처에서 사당동 방향으로 위치한 사당동 우성아파트, 신동아 아파트, 극동 아파트 등은 종종 경매로 나오고 있습니다. 좋은 수익률을 볼 수 있어 투자 가치가 매우 우수한 지역입니다. 1990년대에 지어져 좀 오래되었지만 대단지 아파트이고 초역세권에 위치가 좋아 매매도 빈번하고 임대도 금방 나가기 때문입니다.

10. 중구의 핵심 주거지 신당동, 장충동 주변

서울의 한가운데 있다고 해서 한자로 가운데 중 자를 쓰는 중구는 오래전부터 인쇄, 기기, 가구, 건축자재 등과 관련된 각종 상업의 중심지였고 세계적으로 유명한 남대문시장은 동대문시장과 함께 중구의 대표적인 도매시장입니다. 또한 태평로와 소공동은 업무지구, 남대문로는 금융가, 명동은 상업지구이며 그 주변에는 신세계, 미도파, 롯데 등 대형 백화점이 집중해 있고 북창동, 다동은 무교동과 더불어 위락지구를 형성하고 있으며 을지로, 퇴계로, 청계천로는 나란히 동서로 뻗어 중구의 간선도로를 이루는 등 이 지역을 중심으로 도심 기능이 밀집해 있습니다.

중구는 소공동, 회현동, 명동, 필동, 장충동, 광희동, 을지로 3·4·5가동, 신당 1동, 신당 2동, 신당 3동, 신당 4동, 신당 5동, 신당 6동, 황학동, 중림동 등으로 이루어져 있으며 남쪽은 남산으로 막혀 있고 북쪽은 청계천로를 경계로 종로구와 접합니다. 주택지대는 회현동, 남산동, 필동, 장충동, 신당동 일대에 형성되어 있고 이 지역 대부분은 남산 아래 자리를 잡고 있어 경사가 있고 오래된 주거지역이라 대부분 노후되고 낙후된 집들이 많습니다. 이

주거지역들은 을지로, 퇴계로, 동대문·남대문 시장 등 중구의 밀집된 상권 및 업무지구와 가까이 위치해 있어 임대수요도 풍부하고 매매도 잘되는 편입니다.

중구 일대

저는 이 지역들 중 약수역 주변인 신당동, 동대입구역 주변 장충동 지역을 추천하는데 그 이유는 회현동과 남산동은 노후된 주택이 너무 밀집되어 있고, 진입 도로도 좁고 복잡하며, 이들 주거지역까지 남대문 시장과 관련된 상권이 침투해 소음 및 먼지를 발생시켜 좋지 않은 주거환경을 갖고 있기 때문입니다. 또한 필동은 회현동, 남산동보다는 주택 노후 정도나 도로의 편리성은 좋지만 주택가 주변까지 충무로 인쇄와 관련된 업종들이 다수 포진해 소음과 먼지가 발생하고 명동과 가깝다는 이유로 땅값이 비싸 우리와 같이 공짜 집을 원하는 사람들이 저렴하게 매입하기가 어렵습니다.

반면에 도로가 잘 정비되고 신축 주택 및 공공시설 등이 제대로 갖춰진 장충동, 신당동 지역이 주거지역으로 훨씬 좋은데 이 중 약수역 주변 신당동은 3호선과 6호선이 만나는 환승역으로 대중교통도 편리하며 종로의 업무지구와 중구의 상권지구까지 2~4개 정거장이라서 이 지역에 종사하는 직장인들이 최고로 선호하는 곳이기도 합니다.

신당동 지역은 크게 두 지역으로 나눌 수 있는데 약수역에서 버티고개역 방향인 남쪽 언덕 지역과 청구역 방향으로 북쪽 평지인 지역입니다. 이 중 청구역 방향 평지에 있는 빌라들은 대부분 신축빌라라 가격이 만만치 않은데 전용 20평짜리 쓰리룸 빌라가 3억 초중반대이며 매매도 곧잘 되는 편입니다. 반면 버티고개역 방향 언덕지형은 매매가격이 훨씬 저렴한 편입니다. 즉 처음엔 청구역인 평지에서 집을 알아보다가 돈이 부족하면 버티고개역 방향 언덕으로 밀려가는 모습을 보이고 있습니다. 언덕 위에 있어도 평지 못지않게 매매나 임대가 잘되니 적극적으로 투자하셔도 손색이 없을 것입니다.

소재지	(100-835) 서울특별시 중구 신당동 XX-XXX 신신아파트 5층 502호				
	[도로명주소] 서울특별시 중구 동호로11자길XX(신당동)				
물건종별	빌라형아파트	채권자	정○○	감정가	150,000,000원
대지권	15.94㎡ (4.82평)	채무자	우○○	최저가	(100%) 150,000,000원
전용면적	59.04㎡ (17.86평)	소유자	우○○	보증금	(10%) 15,000,000원
입찰방법	기일입찰	매각대상	토지/건물일괄매각	청구금액	100,000,000원
사건접수	20XX-11-19	배당종기일	20XX-02-22	개시결정	20XX-11-22
기일현황					
회차	매각기일	최저매각금액	결과		
신건	20XX-09-15	150,000,000원	매각		
최종기일 결과 이후 정지된 사건입니다.					

위 물건은 장충중·고등학교 언덕 최정상에 위치해 있지만 엘리베이터도 있고 앞으로 가리는 건물이 없어 전망이 훌륭한 물건입니다. 1억 5천에 감정되었지만 시세는 1억 9천 전후이고 전세가는 1억 3천 전후로 받을 수 있는데, 아쉽게도 입찰하기 전 채무자가 빚을 갚고 취하된 사건입니다.

지하철 3호선 동대입구역에서 장충동 족발 골목 방향으로 나오면 장충교회 뒤편으로 거대한 고급주택가가 형성되어 있는데 '장충동 부자 동네'라고 말하는 지역이 바로 여기이며, 유명 정·재계인, 연예인들이 다수 거주하고 있어 상당한 프리미엄이 있는 곳이며 동네가 조용하고 쾌적하여 임대나 매매가 잘되는 지역입니다.

다음 물건은 S기업과 관련된 자제분들이 거주하였던 곳으로 입구부터 대리석과 샹그릴라 등으로 꾸며져 있으며 건물 내부 인테리어도 멋지고 지대가 높아 전망 또한 훌륭합니다. 게다가 3호선 동대입구역이 바로 앞이라 대중교통도 매우 편리한 곳이고요. 8억에 감정되어 5억 1천까지 유찰된 것을 14명이 경합하여 6억 4천에 낙찰되었습니다.

<u>장충동 지역은 중구에서 가장 잘 갖춰진 도심지 주택가라 대부분의 지역이 다 우수한데 그래도 순위를 나눈다면 장충동 2가보다는 장충동 1가의 주택이 더 좋습니다.</u> 장충동 1가에는 상업시설이 거의 없고 대부분 조용한 주택가로 이루어져 있으며 고급주택 및 신축건물이 많아 동네가 쾌적하고 깔끔한 분위기입니다. (수정약국 뒤 장충동 2가는 필동처럼 상업시설과 주

소재지	(100-855) 서울특별시 중구 장충동1가XXX-X 장충레지던스 3층 304호 [도로명주소] 서울특별시 중구 동호로20나길XX(장충동1가)				
물건종별	빌라형아파트	채권자	하나은행	감정가	800,000,000원
대지권	87.69㎡ (26.53평)	채무자	이 ㅇㅇ	최저가	(64%) 512,000,000원
전용면적	155.88㎡ (47.15평)	소유자	이 ㅇㅇ	보증금	(10%)51,200,000원
입찰방법	기일입찰	매각대상	토지/건물일괄매각	청구금액	795,979,055원
사건접수	20XX-09-18	배당종기일	20XX-12-04	개시결정	20XX-09-21

기일현황			
회차	매각기일	최저매각금액	결과
신건	20XX-07-13	800,000,000원	유찰
2차	20XX-08-17	640,000,000원	유찰
3차	20XX-10-05	512,000,000원	매각
김ㅇㅇ /입찰14명/매각646,840,000원(81%)			

택이 혼재되어 있고 발생되는 소음과 먼지로 인해 장충동 1가보다는 쾌적하지 못합니다.)

또한 중구에는 대단지 아파트가 그리 많지 않습니다. 강남처럼 새로 택지가 개발된 지역이나 길음 뉴타운처럼 재개발된 지역이 아니면 대단지 아파트가 많을 수 없죠. 하지만 중구에서 지역 재개발로 인하여 대단지 아파트가 유난히 많은 곳이 있는데 바로 약수역 주변에 동아약수 하이츠아파트 및 길 건너편에 있는 남산타운아파트 단지입니다. 중구나 종로구에 있는 업무지구에 직장을 두고 아파트를 선호하는 수요층들이 약수역 주변 대단지 아파트를 많이 선호하여 이 지역 아파트 단지들도 매매나 임대가 빈번하게 이루어지는 편입니다.

이 지역은 40평이 넘는 대형 평수 아파트들이 종종 경매로 나오며 거래가 잘되는 편이라 저가에 매입하면 좋은 기회가 될 수 있습니다. 특히 남산타운아파트의 경우 버티고개역 정상 부분에 있는 물건들은 남산 조망이 나와 다른 동보다 1억 5천 이상 프리미엄이 붙으니 투자에 참고하시길 바랍니다.

11.
강남구의 명품 거리,
청담 사거리와 신사동 가로수길

청담동은 서울시 강남구에 속한 동으로 강남구 북동쪽 영동대교 남단의 한강변에 있으며, 서쪽으로는 압구정동·논현동, 남쪽은 삼성동과 접해 있고, 북쪽은 한강을 경계로 성동구 성수동·자양동과 마주 보고 있습니다. 지금의 105번지 일대에 맑은 연못이 있었으며, 134번지 주변 한강변의 물이 맑아 이 마을을 청숫골이라고 한 데에서 동 이름이 유래하였습니다. 이 지역은 1970년대 후반부터 건축 붐이 일기 시작했고, 경기고등학교가 이전해오고 영동고등학교가 신설되는 등 고교 배정 학군이 좋아지자 인구가 급증하기 시작하였습니다.

청담동은 우리나라 유행을 선도하는 곳이며 우리나라를 대표하는 연예기획사(JYP, SM 등) 사무실과 연예인들이 자주 다니는 메이크업 숍, 의상실, 스튜디오, 카페, 웨딩숍, 쥬얼리 매장 등이 청담사거리 주변에 다수 위치하여 엄청난 명품 소비시장을 형성하고 있는 곳입니다. 이 지역에 가면 인기 연예인들을 종종 만나볼 수 있기도 해서 이들을 보기 위해 사람들이 몰려들기도 하는데, 특히 대형 연예기획사 사무실 앞에는 외국에서 온 팬들로 장사진을 치는 경우도 있습니다.

청담동은 동서로 이어지는 도산대로를 기준으로 위(북)쪽에 있는 청담1동과 아래(남)쪽에 있는 청담2동으로 나눌 수 있습니다. 청담중학교가 있는 청담 1동 방향으로는 고급 빌라들이 많이 위치해 있고 특히 엘루이 호텔 주변 지역에는 전용평수도 크고(보통 100평 이상) 내부 인테리어는 수입 명품 자제로 마감을 한 고급빌라 및 아파트들이 밀집되어 있습니다.

청담사거리 일대

반대로 영동고등학교가 있는 청담 2동 방향으로는 작고 오래된 빌라들이 밀집되어 있는데 이 지역 빌라들은 청담 1동 고급 빌라들과 달리 상대적으로 저렴하게 감정이 되고 임대 및 매매수요도 풍부한 곳이니 이 지역의 빌라들이 경매에 나오면 주의 깊게 살펴보기 바랍니다.

강남구 청담동과 유사한 형태로 인근에 급격히 발전하는 지역이 있는데 바로 신사동 가로수길입니다. 현대고등학교에서 도산대로 방향 사잇길로 가다 보면 멋진 카페, 의상실, 갤러리들이 즐비한 고급 명품거리가 자리 잡고 있으며 이 지역도 청담동 다음으로 유명 연예인들이 자주 출몰하여 많은 대중들에게 알려진 지역이기도 합니다.

신사동 가로수 일대

신사동 가로수길 뒤편으로 신축 빌라들이 많이 분포되어 있는데 주위 상권 종사자와 소규모 사무실 직장인들의 수요가 꾸준하여 강남구에서 청담동 다음으로 부동산 가격 상승이 예상되는 지역입니다. 이 지역도 낙찰받으면 환금성이 좋고 임대가 잘되며 향후 미래가치도 높은 주요 핵심 투자지역입니다.

아래 물건은 신사동 가로수길 바로 인근에 위치한 나홀로 아파트로 현재 일반 매물로 나온 물건이 없을 정도로 엄청난 인기를 자랑하는 지역에 입지한 물건입니다. 신사동 가로수길 인근 주택들은 상권의 확장으로 인해 주택들이 점점 점포 및 사무실로 변화하고 있는 추세이며 이런 지역은 제가 앞서 언급한 것처럼 부동산 가격 상승이 예상되는 지역이라 현 시세에 사더라도 향후 시세차익을 볼 수 있는 우수한 지역이기도 합니다.

소재지	(135-888) 서울특별시 강남구 신사동 XX-X 루덴하우스 5층 502호					
	[도로명주소] 서울특별시 강남구 강남대로162길XX-X(신사동)					
물건종별	빌라형아파트		채권자	한국외환은행	감정가	540,000,000원
대지권	42.446㎡ (12.84평)		채무자	ㅇㅇ 산업	최저가	(80%) 432,000,000원
전용면적	84.98㎡ (25.71평)		소유자	배 ㅇㅇ	보증금	(10%)43,200,000원
입찰방법	기일입찰		매각대상	토지/건물일괄매각	청구금액	1,167,598,662원
사건접수	20XX-08-16		배당종기일	20XX-11-14	개시결정	20XX-08-18
기일현황						
회차	매각기일	최저매각금액	결과			
신건	20XX-12-08	540,000,000원	유찰			
2차	20XX-01-12	432,000,000원	매각			
노ㅇㅇ /입찰1명/매각432,500,000원(80%)						
	20XX-02-24	대금지급기한	납부			

12.
소액 투자 최우수 지역
연신내역, 불광역, 응암역 일대

요즘 들어 제가 은평구 지역을 자주 답사하는데 그 이유는 소액으로 가장 효과적인 투자를 할 수 있는 곳이기 때문입니다. 다들 아시는 것처럼 은평구는 서울 북서쪽 제일 외곽에 자리를 잡고 있어 앞서 제가 언급했던 지역들 중 제일 집값이 저렴한 지역이라 제 주변에서 소액으로 투자를 원하는 사람들에게 강력히 추천하는 지역입니다.

은평구 내에서도 순위를 매긴다면 1순위로 연신내역 주변, 2순위로 불광역 주변, 3순위로 응암역 주변을 추천하며 이들 지역들은 특별히 지하철 교통이 편리하여 지하철로 출퇴근하는 서민들이 선호하는 지역이기도 합니다.

연신내역과 불광역 주변의 빌라 매매가격은 거의 비슷하게 형성되어 있으며 둘 다 지하철 3호선 라인이라 종로의 광화문이나 시청 업무지구와 5~6개 정거장, 중구 을지로나 퇴계로 상업지구와 7~8개 정거장으로 매우 가깝게 위치해 있습니다. 즉 종로구 업무 및 중구 상업 지구에 종사하는 사람들 중 금전적 여유가 있는 분들은 도심지인 중구 장충동, 신당동을 많이 선호하며, 조금 저렴한 집을 원하는 분들은 서울 외곽인 은평구 연신내역, 불광역을 선호합니다. 또한 이 지역들은 6호선 환승역이라 마포구 공덕역 업무지구와 합정역 상업지구의 종사자들 중 저렴하게 거주하기 원하는 수요층들이 선호하는 지역이기도 합니다.

두 지역 중 어디가 더 좋은지 무게를 달아보라고 한다면 저는 연신내역 주변을 더 가치 있게 보는데 그 이유는 연신내역 주변에 큰 규모의 '연신내 로데오 거리' 상권이 형성되어 있기 때문입니다. 불광역 주위에도 '대조 시장'이라는 중간급 규모의 시장이 있기는 하나 주택 수요에 미치는 영향은 미비합니다.

연신내역, 불광역, 응암역 일대

또 다른 이유로는 불광역 주위보다 연신내역 주위가 훨씬 더 넓은 평지라 연신내역을 이용하는 배후 주거지가 많고 이 사람들이 기회가 되면 연신내역 가까이로 이사오려고 하는 수요층이기 때문입니다. 실제로 출퇴근 시간에 연신내역과 불광역을 가

보면 연신내역을 이용하는 사람이 훨씬 많은데 불광역은 북쪽과 동쪽에 위치한 북한산이 주거지역의 확장을 막기 때문에 사방팔방으로 트여 있는 연신내역보다 배후 수요층이 옅을 수밖에 없습니다.

아래 물건은 제 친구에게 소개해준 물건으로 2억 1천만 원에 감정된 것이 2회 유찰되어 1억 5천 2백만 원에 낙찰 받았습니다. 실제 시세는 1억 9천 전후이며 임차인이 전세보증금 1억에 살고 있었는데 최초 근저당권 이후에 전입신고를 하여 대항력이 없어 한 푼도 배당받지 못해 이사하는 데 많은 어려움이 있었던 사건입니다.

소재지	(122-832) 서울특별시 은평구 녹번동 XX-XX 행복한집(1차) 5층 501호 [도로명주소] 서울특별시 은평구 진흥로12가길 XX(녹번동)				
물건종별	다세대(빌라)	채권자	우리은행	감정가	210,000,000원
대지권	31.69㎡ (9.59평)	채무자	유OO	최저가	(64%) 134,400,000원
전용면적	53.94㎡ (16.32평)	소유자	유OO	보증금	(10%) 13,440,000원
입찰방법	기일입찰	매각대상	토지/건물일괄매각	청구금액	412,069,812원
사건접수	20XX-03-04	배당종기일	20XX-05-18	개시결정	20XX-03-05
기일현황					
회차	매각기일	최저매각금액	결과		
신건	20XX-07-01	210,000,000원	유찰		
2차	20XX-08-12	168,000,000원	유찰		
3차	20XX-09-09	134,400,000원	매각		
황OO /입찰2명/매각152,800,000원(73%)					

은평구에서 그다음으로 추천하는 지역이 바로 응암역 주변입니다. 비가 와야 물이 흐르는 건천인 불광천이 예전에는 쓰레기와 악취로 가득했지만 2002년 오수방지시설을 설치하고 지하수를 끌어올려 물이 흐르게 함으로써 멋진 자연 하천으로 탈바꿈했고 하천변을 따라 자전거 도로와 보행로, 운동기구를 설치하고 갖가지 꽃나무와 수초를 심어 주민들의 휴식처로 탈바꿈 되었습니다. 불광천의 상류는 자동차 도로로 복개하였으나 응암역인 신사오거리부터 하천이 드러나 멋진 시민 공원으로 애용되고 있으며 이와 더불어 불광천 조망이 나오는 주변 주택들은 굉장히 비싼 가격에 거래가 되고 있습니다.

또한 응암역 주변에는 이마트와 은평구청, 서부병원 등 각종 편의시설이 가까이 위치해 있고 연신내역처럼 주위에 넓은 평지로 배후 주택가도 많아 응암역 이용 주민도 점점 늘고 있는 추세입니다. 참고로 6호선 증산역, 새절역 주변은 서쪽으로 가파른 산(봉산) 능선이 있어 주거지의 확장을 막고 있으며, 구산역과 역촌역은 6호선이 일방통행이라 응암역 주변보다 선호도가 두텁지 못합니다. 하지만 최근 수색지역 재개발 여파로 향후 가격 상승에 대한 압력이 커지는 지역이기도 합니다. 응암역 주변 주택(빌라)의 주 수요층은 6호선을 타고 금방 접근할 수 있는 마포구 상암동, 공덕동 업무지구 및 합정역 인근 상업지구에 종사하는 분들이 대부분이며 합정역에서 2호선으로 환승하면 서대문구 핵심 상권인 홍대, 신촌, 이대 상권도 쉽게 갈 수 있어 이 지역으로 출퇴근해야 하는 사람들이 많이 찾는 편입니다.

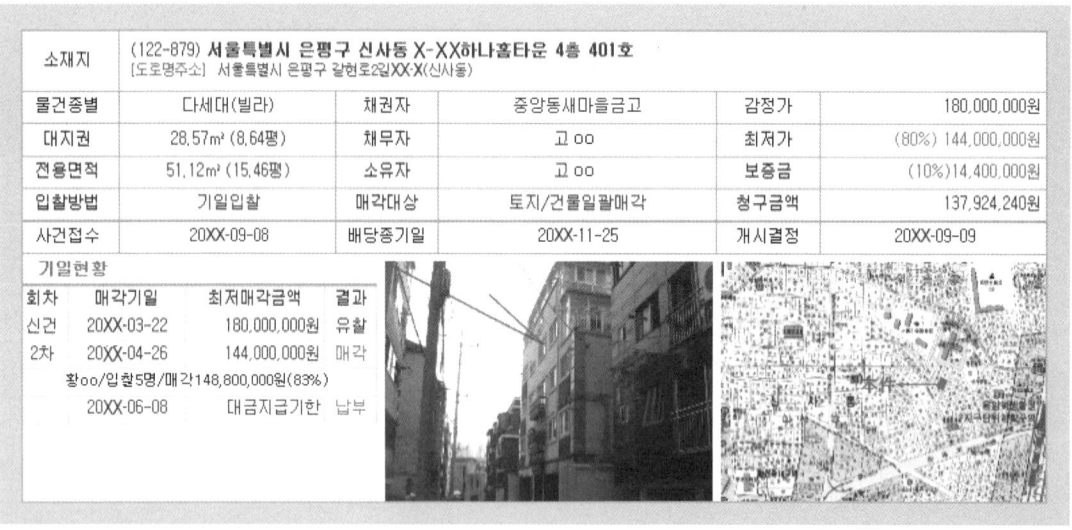

이 물건은 제 지인이 낙찰 받은 물건으로 응암역에서 5분 거리인 신사동에 위치한 빌라입니다. 은평구 신사동은 기독교 대학 주변으로 언덕이 있기는 하나 높지 않은 낮은 구릉지이고 역세권이라 인기가 많은 지역이죠. 이 물건은 건축한 지 2년도 안 된 새 빌라였고요. 현재 마포에 직장이 있는 제 지인이 거주하며 날마다 출퇴근을 하고 있습니다.

나가는 말

8.2부동산 정책 이후 국내 부동산 시장이 많이 술렁이고 있습니다. 정책의 취지는 집이 꼭 필요한 실수요자만 집을 구입하도록 지원하고, 재개발/재건축과 같은 투자 및 투기 수요, 집을 많이 보유한 다주택자에게 과도한 세금을 부과하여 시장 진입을 철저하게 억제하겠다는 것입니다. 부동산 전문 투자자에게는 위기처럼 보일 수 있는 상황이지요.

하지만 최근의 정부 정책은 위기인 동시에 기회입니다. 부동산 시장 가격이 조정되고, DTI 및 LTV 축소 정책으로 고금리 시장이 활성화되면 이자 부담이 늘어나 우량 부동산을 경매로 저렴하게 매입할 수 있는 기회가 찾아올 테니까요. 금융 기관의 대출금 상환 압력이 높아질수록 매물은 쏟아질 것입니다. 이번 정책은 무주택자가 저렴하게 내 집을 마련할 수 있고, 전문 투자자가 우량 물건을 최저 가격으로 구입할 수 있는 기회입니다.

부동산을 소유함으로써 발생하는 이익은 크게 두 가지입니다. 하나는 매도할 때 발생하는 매매(시세) 차익이며, 하나는 보유하면서 발생하는 월세(임대) 수익입니다. 많은 사람이 부동산 매도 시 발생하는 과도한 세금을 걱정하지만 저는 이 또한 기우라고 판단합니다.

우리처럼 항상 연구하는 사람들은 이 책에서 소개한 바와 같이 전세가보다 저렴하게 낙찰받아 임대하는 '0원 경매'로 자기 투자금을 전액 회수하고 매도 시점을 기다릴 수 있습니다. 또 임대 보증금을 올리고 월세를 낮추어 자기 투자금을 최대한 회수할 수도 있습니다. 물론 투기지역으로 지정되지 않은 곳을 찾아 아예 정부의 감시망을 벗어날 수도 있습니다.

이 책에서 소개하는 청개구리 경매법은 단순히 좋은 지역과 물건을 소개하는 데 그치지 않습니다. 발상의 전환을 통해 위기에서 기회를 발굴하는 안목을 키워줍니다. 모두가 위기라고 말하는 오늘의 상황에도 분명 저평가된 기회는 있습니다. 부디 많은 분들이 청개구리 경매법을 통해 부동산 시장에서 새로운 기회를 발굴하시기 바랍니다.

나는
청개구리 경매로
집 400채를
돈 없이 샀다

1,300채 경매 성공의 신화!
400채 '0원 경매' 부동산의 전설!

초판 1쇄 인쇄 2017년 08월 28일
초판 1쇄 발행 2017년 09월 04일

지은이 김덕문
펴낸이 김선식

경영총괄 김은영
기획편집 이호빈 **디자인** 김누 **크로스교** 박인애 **책임마케터** 최혜령, 이승민
콘텐츠개발6팀장 박현미 **콘텐츠개발6팀** 이여홍, 이호빈, 박인애, 김누
마케팅본부 이주화, 정명찬, 이보민, 최혜령, 최혜진, 김선욱, 이승민, 이수인, 김은지
전략기획팀 김상윤
저작권팀 최하나
경영관리팀 허대우, 권송이, 윤이경, 임해랑, 김재경

펴낸곳 다산북스 **출판등록** 2005년 12월 23일 제313-2005-00277호
주소 경기도 파주시 회동길 357 3층
전화 02-702-1724(기획편집) 02-6217-1726(마케팅) 02-704-1724(경영관리)
팩스 02-703-2219 **이메일** dasanbooks@dasanbooks.com
홈페이지 www.dasanbooks.com **블로그** blog.naver.com/dasan_books
종이 (주)한솔피엔에스 **출력·인쇄** (주)갑우문화사

ISBN 979-11-306-1416-8 (13320)

· 책값은 뒤표지에 있습니다.
· 파본은 구입하신 서점에서 교환해드립니다.
· 이 책은 저작권법에 의하여 보호를 받는 저작물이므로 무단 전재와 복제를 금합니다.
· 이 도서의 국립중앙도서관 출판시도서목록(CIP)은 서지정보유통지원시스템 홈페이지(http://seoji.nl.go.kr)와
  국가자료공동목록시스템(http://www.nl.go.kr/kolisnet)에서 이용하실 수 있습니다. (CIP제어번호 : CIP2017021155)

speedauction.co.kr

25만 회원이 함께하는
대한민국 대표 법원경매정보 스피드옥션에서
전국 모든 경매 물건의
자세한 정보를 확인하세요!

스피드옥션 무료이용쿠폰 사용 방법

스피드옥션 로그인 후 맨 오른쪽 상단 요금결제 클릭 ▶ 쿠폰/머니/알 충전 클릭 ▶ 도서 내에 함께 제공하는 쿠폰번호를 입력해 주세요!

쿠폰 이용 시 유의사항

한 개의 ID당 쿠폰 1회만 사용 가능합니다!
본 쿠폰의 이용기간은 최초 쿠폰 가입일로부터 31일입니다.
본 쿠폰의 유효기간은 2019년 12월 31일까지 유효합니다.

쿠폰 이용 관련 문의 : 070-7606-7408